Wolf Lepenies
Die Macht am Mittelmeer

Französische Träume
von einem anderen Europa

Carl Hanser Verlag

1 2 3 4 5   20 19 18 17 16

ISBN 978-3-446-24732-1
Alle Rechte vorbehalten
© Carl Hanser Verlag München 2016
Satz: Greiner & Reichel, Köln
Druck und Bindung: CPI books GmbH, Leck
Printed in Germany

MIX
Papier aus verantwortungs-
vollen Quellen
FSC
www.fsc.org   FSC® C083411

Inhalt

Vorwort

Mit der Ausweitung der Europäischen Union nach Mittel- und Osteuropa wuchs der Einfluss des wiedervereinigten Deutschlands. Neben der wirtschaftlichen übernahm Berlin auch die politische Führungsrolle auf dem Kontinent, die bis dahin Paris für sich beansprucht hatte. Auf Initiative von Präsident Nicolas Sarkozy versuchte Frankreich, den Machtzuwachs Deutschlands durch die Gründung einer Mittelmeerunion unter französischer Führung zu kompensieren. Dieser Versuch scheiterte am Veto der deutschen Kanzlerin. Die schließlich im Juli 2008 in Paris gegründete »Union pour la Méditerranée« unterschied sich nicht nur dem Namen nach von der ursprünglich geplanten »Union Méditerranéenne«. In der »Union für das Mittelmeer« spielte Frankreich keine führende Rolle mehr, diese »Union« wurde zu einem Teil des Brüsseler Apparats und unterlag damit deutschem Einfluss.

Das deutsch-französische Tandem, über Jahrzehnte Motor des europäischen Einigungsprozesses, hatte zu dieser Zeit bereits weitgehend an Antriebskraft verloren. In der Finanz- und Schuldenkrise waren Deutschland und Frankreich nicht fähig, gemeinsam einen wirtschaftspolitischen Kompromiss auszuarbeiten, der innerhalb der Europäischen Union Wachstumsimpulse mit der notwendigen Haushaltsdisziplin verbunden hätte. Dies wäre umso wichtiger gewesen, als Deutschland und Frankreich die ersten Mitglieder der EU waren, die 2004 gegen die so genannten Maastricht-Kriterien verstießen, nach denen Staaten sich in ihren jährlichen Haushalten um maximal drei Prozent und insgesamt nicht höher als zu 60 Prozent ihres Bruttoinlandsprodukts verschulden dürfen. Das politische Gewicht Deutschlands und Frankreichs wog zu schwer, als dass die Europäische Kommission es hätte wagen können, das vorgesehene, möglicherweise mit hohen finanziellen Strafen verbundene Defizitverfahren einzuleiten.

In den folgenden Jahren wurde Deutschland zum Anwalt einer an strikter Haushaltsdisziplin orientierten Wirtschaftspolitik, die von kritischen Stimmen innerhalb und außerhalb Deutschlands mit dem Etikett »Austerität« versehen wurde. Frankreich, das einer stärker wachstumsorientierten, defizit-toleranten Politik den Vorzug geben wollte, konnte sich damit in den EU-Institutionen gegen Deutschland nicht durchsetzen. Schon früh stilisierten Politiker und Publizisten die innerhalb der EU sichtbaren Divergenzen zu einer Art »Himmelsrichtungsstreit«: Deutschland repräsentierte dabei den »Norden«, Frankreich galt als Anführer des »Südens.« Mehrfach wurde die französische Regierung aufgefordert, im Zusammenschluss mit Ländern wie Italien und Spanien Deutschland in eine Minoritätenrolle zu drängen, um die Wirtschaftspolitik der Europäischen Union grundlegend zu ändern. Auf dem Höhepunkt der griechischen Schuldenkrise machte sich François Hollande für die Errichtung einer Wirtschaftsregierung innerhalb der Eurozone stark, in der Frankreich hoffte, in Zukunft zusammen mit Italien und Spanien eine Neuorientierung der EU-Wirtschafts- und Finanzpolitik durchsetzen zu können. Geistespolitisch musste es dabei als paradox erscheinen, dass das »lateinische« Frankreich als Anwalt Griechenlands gegenüber Deutschland auftrat, dessen Klassiker einst das Land der Griechen »mit der Seele« gesucht und die »Tyrannei Griechenlands« nur zu gerne ertragen hatten.[1] Die Erinnerung an einen 1945 von dem Philosophen und Beamten im Pariser Wirtschaftsministerium Alexandre Kojève gemachten Vorschlag wurde lebendig, Frankreich solle sich an die Spitze eines neu zu gründenden »Empire Latin« setzen, um damit seine Führungsrolle gegenüber einem trotz der Niederlage im Zweiten Weltkrieg unweigerlich wieder erstarkenden Deutschland zu behaupten.

Das Scheitern der ursprünglich geplanten Mittelmeerunion mit seinen Folgen habe ich mehrfach publizistisch kommentiert. Daraus ist die Idee zu diesem Buch entstanden. Ich zeichne Versuche nach, im Süden Europas als Gegengewicht zu Deutschland politische Koa-

---

[1] Eliza Marian Butler, *The Tyranny of Greece Over Germany. A Study of the Influence Exercised by Greek Art and Poetry over the Great German Writers of the Eighteenth, Nineteenth, and Twentieth Centuries* (1935), Cambridge (Cambridge University Press) 2012.

litionen zu bilden, die in der Regel unter Führung Frankreichs stehen sollten. Angestrebt wurde eine Union der »lateinischen« Nationen, zu denen neben Frankreich vor allem Italien und Spanien zählten. Am Anfang des Buches steht die Diskussion von Kojèves Aide-Mémoire aus dem Jahre 1945, dem der Verfasser die Überschrift »Esquisse d'une doctrine de la politique française« gab. Eine ausführliche Darstellung der »Esquisse« ist umso angebrachter, als der bis dahin unpubliziert gebliebene, im Nachlass von Kojève aufgefundene Text mit der neuen Überschrift »L'Empire Latin« im Augenblick der deutschen Wiedervereinigung zum ersten Mal in Paris veröffentlicht wurde – als Zeichen des Protests gegen die Dominanz Deutschlands in einer sich nach Mittel- und Osteuropa ausdehnenden Europäischen Union.

In diesem Buch spielt der Terminus »Latinität« eine zentrale Rolle. Die Autoren der *Einführung in die Romanische Sprachwissenschaft* haben seine Bedeutung und seine Wirkung beschrieben.[2] Die »Latinität« ist zunächst ein »sprachliches Faktum«, sie bezieht sich auf die Sprachen und Dialekte der Menschen, die sich aus der Sprache des alten Roms herleiten. Es gibt, so das Motto der *Revue de Linguistique Romane*, keine lateinischen »Rassen«, aber es gibt die »Latinität«. Ob es eine Räume und Epochen übergreifende »romanische« oder »lateinische« Mentalität gibt, ist eine offene Frage, entscheidend ist, »dass die Romanen selbst, natürlich mit wechselnder Intensität, ihre Welt als Einheit *erleben*«. Und schließlich wird die »Latinität« ideologisch überhöht, sie gilt »als Trägerin der Kultur gegenüber der lateinlosen Barbarei der übrigen Welt«. Die Autoren der *Einführung* verweisen in diesem Zusammenhang auf den von Freud so genannten »Realwert der Phantasie«, Soziologen denken dabei an das sogenannte »Thomas Theorem«: »If men define situations as real, they are real in their consequences.«

---

2 Hans-Martin Gauger, Wulf Oesterreicher und Rudolf Windisch, *Einführung in die Romanische Sprachwissenschaft*, Darmstadt (Wissenschaftliche Buchgesellschaft) 1981, S. 3–9. »Was aber ist diese Latinität?«, fragen die Autoren: »Der Gaucho der argentinischen Pampa, der Omnibusfahrer in São Paulo, der Arbeiter in Nîmes, die Verkäuferin in Paris, der Arzt in Palermo, der Kellner in Torremolinos, der Fischer in Figuiera da Foz an der portugiesischen Küste, die Lehrerin in Samedan (deutsch: Samaden) im Engadin, der Leiter des Traktorenkombinats ›Roter Stern‹ in Braşov (deutsch: Kronstadt) in Rumänien: was haben diese Menschen, die alle Romanen sind, gemeinsam?« A.a.O., S. 6.

Mit dem Begriff »Latinität« verband sich die Überzeugung, aufgrund einer gemeinsamen Geschichte, miteinander geteilter politischer Interessen und verwandter Mentalitäten ließe sich eine Koalition von Ländern des südlichen Europas bilden, für die das politische Erbe des Römischen Reichs und der Katholizismus prägend gewesen waren: Frankreich, Italien, Spanien. Emotional verstärkt wurden die Versuche zur Bildung »lateinischer« Koalitionen, die wechselnd als Reich, Union oder Pakt bezeichnet wurden, durch die Beschwörung eines gemeinsamen »Heimatgefühls«, die Anhänglichkeit an ein und dieselbe Herkunftsregion, das »Mare nostrum«, das Mittelmeer. Kein Projekt eines »Lateinischen Reichs« oder einer »Lateinischen Union« kommt ohne eine Apotheose des Mittelmeers aus, wobei seit dem Erscheinen seines Mittelmeerbuchs im Jahre 1949 die entsprechenden Texte sich in der Regel des Vokabulars von Fernand Braudel bedienen.

Zugleich durchzieht diese Texte die für innereuropäische Konflikte häufige Nord-Süd-Spannung, die bereits Autoren der Antike faszinierte und die Montesquieu in seinem Buch *De l'Esprit des lois* so eindrücklich beschrieben hatte, dass Pierre Bourdieu von einem Montesquieu-Effekt sprechen konnte, der bis heute wirksam geblieben ist. Im Streit um die Schuldenpolitik der EU wurde die Nord-Süd-Spannung in der Konfrontation von Deutschland und Griechenland deutlich sichtbar. Sie spiegelte die Konstellation in der bekannten Fabel La Fontaines wider, in der die sich im Genuss des Augenblicks verlierende Grille beim Herannahen des Nordwinds (»la bise«) die sparsame, sorgfältig für die Zukunft vorsorgende Ameise um Kredit bittet, um den Winter zu überstehen – »Hör, sagt sie, auf Grillenehre / vor der Ernte noch bezahl' / Zins ich dir und Kapital« – was die Ameise spöttisch und entschieden ablehnt. Und so, wie Jean-Henri Fabre in seinen *Souvenirs entomologiques* die »seltsamen Fehler« La Fontaines in der Charakteristik von Grille und Ameise benannt hat, lässt sich durch einen Blick in die Statistik zeigen, wie fern die Stereotype vom »fleißigen« Norden und »faulen« Süden von der Realität entfernt liegen.[3] Die Grie-

3 Jean-Henri Fabre, »La Fable de la Cigale et la Fourmi«, in: *Souvenirs entomologiques*. V/13, deutsche Übersetzung von Friedrich Koch: *Erinnerungen eines Insektenforschers*, Band 5, Berlin (Matthes & Seitz) 2015, S. 177–193. Fabre hat neben dem Text La Fontaines

chen arbeiten länger als die Deutschen, die Spanier machen weniger Ferien, sowohl in Frankreich als auch in Italien und Spanien – den »lateinischen« Kernländern – liegt die Arbeitsproduktivität höher als in Deutschland. Auto- und Heterostereotype überschneiden sich dabei: Das »leichte Leben«, die »vie facile« wird nicht nur dem »Süden« vom »Norden« vorgeworfen, der Süden selbst bekennt sich dazu, ebenso wie zu Farniente und Siesta, und nimmt damit in Anspruch, Formen des Lebensgenusses und der Daseinsbewältigung bewahrt zu haben, die dem Norden längst verloren gegangen sind. Vor dem Versuch, Nationen anhand der Nord-Süd-Trennung voneinander unterscheiden zu wollen, schützt dabei auch die Tatsache, dass in der Regel der Nord-Süd-Gegensatz in jedem Land wirksam ist. Die hier geschilderte Episode des »XV. Korps«, die beim Ausbruch des Ersten Weltkriegs zum Streit zwischen dem »Norden« und dem »Süden« Frankreichs führte und damit die »Union Sacrée« der Nation bedrohte, ist dafür ein eindrucksvolles Beispiel.

Angeblich hatte Alexandre Kojève sein Aide-Mémoire für General de Gaulle verfasst – doch de Gaulle verfolgte nicht die Absicht, ein »Lateinisches Reich« zu errichten, weil er Europa mit und nicht gegen Deutschland aufbauen wollte. Den Versuch, eine lateinische Koalition zu bilden, unternahm François Mitterrand – doch tat er dies nicht in seiner Amtszeit als französischer Staatspräsident, sondern davor, als Parteichef der französischen Sozialisten, der mit seinem »Sozialismus des Südens« den Einfluss der deutschen Sozialdemokratie in Europa beschneiden wollte. Ohne sich auf ihn zu beziehen, nahm Nicolas Sarkozy mit seinem Plan zur Gründung einer Mittelmeerunion die Kernidee Alexandre Kojèves wieder auf. Und wie eine Vorahnung dieses Projekts wirkt der aus dem Jahre 1943 stammende Vorschlag Hannah Arendts, den israelisch-arabischen Konflikt durch die Bildung einer Mittelmeerföderation zu lösen.

auch die bildliche Darstellung der Fabel durch Grandville kritisiert. Er hat zugleich darauf hingewiesen, dass die »étranges erreurs« La Fontaines wohl auf eine griechische Quelle zurückgehen: Aesop. Politiker von Syriza wie Alexis Tsipras und Yanis Varoufakis haben Aesops Fabel umgedeutet, um damit die herkömmlichen Nord-Süd-Stereotypen zu widerlegen.

In den daran anschließenden Kapiteln erzähle ich keine fortlaufende Geschichte der Versuche zur Gründung einer gegen Deutschland, manches Mal auch gegen England und die USA gerichteten lateinischen Union oder eines lateinischen Blocks, gehe aber in der Schilderung der einzelnen Episoden chronologisch vor. Am Anfang steht das von den Saint-Simonisten entworfene »Mittelmeersystem«, das utopische Zielsetzungen mit konkreten Planungsschritten zur Erreichung dieser Ziele verband. Das Mittelmeersystem war nicht gegen Deutschland gerichtet – es war vielmehr ein Versuch, in das vom europäischen Süden ausgehende Projekt zur Einigung des Kontinents Deutschland mit einzubeziehen, indem man ihm zu staatlicher Einheit verhalf. Der Einfluss saint-simonistischen Gedankenguts wurde in der Politik Napoleons III. sichtbar, der auf drei Ebenen versuchte, eine Politik im Zeichen der »Latinität« zu betreiben: in der Kolonialpolitik gehörte dazu der Plan zur Errichtung eines arabischen Königreichs, in der Überseepolitik der Versuch, im Zeichen des Panlatinismus aus Mexiko einen Stützpunkt zur Machteindämmung der USA zu machen. Und schließlich gehörte dazu die Gründung einer »Lateinischen Münzunion«, deren Zielsetzung, mit Hilfe der Währungspolitik ein französisches Übergewicht in Europa zu bilden, an der Weigerung Preußens scheiterte, der Münzunion beizutreten.

Die »Träume von einer Lateinischen Föderation im Zweiten Kaiserreich« zerplatzten im Krieg von 1870–71, dessen Ausgang nicht nur von Autoren wie Gustave Flaubert und George Sand als das Ende der lateinischen Welt beklagt wurde. Zugleich löste das von Zola so genannte »Debakel« eine innerfranzösische Debatte aus, in der auf der einen Seite die Revanche im Zeichen einer verstärkten »Latinität« angemahnt wurde, während auf der anderen Seite Stimmen lauter wurden – Ernest Renan ist dafür das herausragende Beispiel –, welche die Lebensweise und das Lebensgefühl des »Südens« für die Niederlage Frankreichs verantwortlich machten und für eine stärkere Orientierung des Landes nach »Norden« plädierten. Dazu gehörte die Aufforderung, von Preußen zu lernen und sich um eine stärkere Anbindung an England zu bemühen. Die Bedeutung des »politischen Romanismus« im 19. Jahrhundert ist umfassend dargestellt worden – mit Blick auf die

Zeit um die Wende zum 20. Jahrhundert, und das heißt am Vorabend des Ersten Weltkriegs, konzentriere ich mich auf exemplarische Beiträge aus zwei Zeitschriften, der *Revue du monde latin* und der *Renaissance latine*.[4] Das Selbstvertrauen des »Südens«, sich in einer künftigen Auseinandersetzung mit dem »Norden« behaupten zu können, beruhte dabei nicht zuletzt auf der Verankerung »lateinischer« Wertvorstellungen und Lebensauffassungen in zwei großen Regionen der außereuropäischen Welt: in Lateinamerika und Lateinafrika.

In Vorahnung des Ersten Weltkriegs nahmen die Aufforderungen an die lateinischen Nationen Europas, sich gegen den gemeinsamen Gegner – Deutschland – zusammenzuschließen, einen beschwörenden Ton an. Umso dramatischer wirken Episoden, in denen die Einheit der Latinität durch interne Nord-Süd-Konflikte bedroht wurde. In der Zeit nach dem Ersten Weltkrieg schien es, als ob die militärische Niederlage und der als Schmach empfundene Vertrag von Versailles Deutschland nicht nur in eine verschärfte Gegnerschaft gegen die siegreichen lateinischen Nationen trieb, sondern auch zu seiner weitgehenden Orientierung nach Osten und zur Distanzierung vom »Abendland« führte. Hinzu kam, dass in einer Art von Trotzreaktion deutsche Stimmen sich häuften, die der lateinischen Welt den unmittelbar bevorstehenden Machtverlust und die Unfähigkeit, sich in der Zukunft zu behaupten, prophezeiten.

Nie, so konnte es scheinen, waren die Chancen zur Bildung einer Koalition der lateinischen Kulturen in Europa größer als zu der Zeit, als in Frankreich mit Pétain, in Italien mit Mussolini, in Spanien mit Franco und in Portugal mit Salazar Diktatoren oder autoritäre Regime an der Macht waren, deren ideologische Überzeugungen sich ähnelten, auch wenn sie nicht miteinander identisch waren. Umso mehr überrascht, dass mit Blick auf die Zeit der europäischen Diktaturen Historiker von der »unmöglichen Lateinischen Union« sprechen. In dieser Zeit machten Paul Valéry wie Albert Camus das Mittelmeer anstelle der »Latinität« zum Bezugsrahmen ihrer persönlichen Überzeugungen

---

4 Beispielhaft für die umfassende Darstellung des »Politischen Romanismus«: Käthe Panick, *La race latine. Politischer Romanismus im Frankreich des 19. Jahrhunderts*, Bonn (Röhrscheid) 1978.

und ihrer institutionellen Aktivitäten. In bewusst apolitischer Manier war dies bei Valéry mit dem Versuch verbunden, in Nizza eine Institution zu gründen, in der die Mittelmeerstudien über den Süden hinaus für ganz Europa attraktiv werden sollten. Albert Camus dagegen formulierte eine bewusste Mittelmeerpolitik, die sich gegen jeden imperialen Anspruch richtete, der sich mit dem Stichwort »Latinität« verband. Als Reaktion auf Nationalsozialismus und Zweiten Weltkrieg wurde die *pensée de midi* zur Antwort auf die »Deutsche Ideologie«.

Dies ist kein Mittelmeerbuch. Ich konzentriere mich auf die Versuche »lateinischer« Koalitionsbildungen in der Auseinandersetzung zwischen Frankreich und Deutschland. Diese Auseinandersetzung ist bis heute aktuell. Sie zeigt sich nicht immer so offen und unverhohlen aggressiv wie im Projekt von Nicolas Sarkozys Mittelmeerunion. Dahinter werden Verletzungen nationalen Stolzes und Projektionen wechselseitiger Vorurteile und Stereotypisierungen sichtbar. Das Nord-Süd-Stereotyp bleibt weiter wirksam, es zeigt, dass der von Nietzsche vorausgeahnte »Prozess einer Anähnlichung der Europäer, ihre wachsende Loslösung von den Bedingungen, unter denen klimatisch und ständisch gebundene Rassen entstehen«, noch nicht an sein Ende gekommen ist.[5] Der »Norden« steht dabei für die Moderne, in der sich die an Zweckrationalität orientierte Industriegesellschaft formte, der »Süden« pflegt eine berechtigte Modernitätsskepsis und versucht, Lebensformen und Lebensansprüche zu bewahren, die sich neoliberalen Nutzenrechnungen entziehen. Der »Süden« sieht sich als Verlierer der Moderne, aber er bewahrt in der Verlusterfahrung seinen Stolz, umso mehr, als er in sich die Erinnerung trägt, dass die Kernelemente der europäischen Zivilisation ihren Ursprung im Süden haben, während im »Norden« traditionell die Barbaren beheimatet sind – ein umgekehrter Montesquieu-Effekt. Empirisch lassen sich solche Gegenüberstellungen schnell als haltlos entlarven, was nicht verhindert, dass sie die Überzeugungen und Handlungen der Akteure prägen. In den jüngsten europäischen Konflikten wurde die Nord-Süd-Spannung erneut sichtbar.

5 Friedrich Nietzsche, *Jenseits von Gut und Böse*, in: *Sämtliche Werke. Kritische Studienausgabe*, Band 5, München/New York (dtv/Walter de Gruyter) 1980, S. 182.

Gegen Deutschland:
Das »Lateinische Reich«

Am 15. März 2013 veröffentlichte die italienische Tageszeitung *La Repubblica* einen Kommentar des Philosophen Giorgio Agamben unter der Überschrift »Se un impero latino prendesse forma nel cuore d'Europa« – »Wenn ein Lateinisches Imperium sich im Herzen Europas formen würde«. Darin zitierte Agamben eine Denkschrift des Philosophen Alexandre Kojève aus dem Jahre 1945. Wenige Tage später, am 24. März, wurde aus der Arabeske Agambens, der für seine Lust an der Provokation bekannt ist, ein Politikum. Die französische Zeitung *Libération*, wie *La Repubblica* ein linksliberales Blatt, publizierte den Kommentar Agambens in einer Übersetzung mit der zugespitzten Überschrift »Que l'Empire latin contre-attaque!«. Zu diesem Zeitpunkt hatte der Streit der französischen und der deutschen Regierung über die notwendigen Maßnahmen zur Beilegung der Finanz- und Schuldenkrise in der EU einen Höhepunkt erreicht. Die Zeit der diplomatischen Floskeln war vorbei; es wurde Klartext gesprochen. Ein Positionspapier der Regierungspartei Parti socialiste (PS) warf Angela Merkel, der »Kanzlerin der Austerität«, ihre »egoistische Unnachgiebigkeit« vor. Mit der Erinnerung an das Projekt zur Gründung eines gegen Deutschland gerichteten Lateinischen Reichs wurde aus dem Konflikt zweier Regierungen eine neue Etappe des europäischen Nord-Süd-Konflikts, in dem sich seit Anfang des 19. Jahrhunderts Frankreich und Deutschland als Hauptkontrahenten gegenüberstanden. An diesen Konflikt erinnerte zwei Jahre später auch Thomas Piketty mit seiner Idee zur Gründung eines Eurozonen-Parlaments: »Wenn es ein europäisches Parlament in der Form gäbe, die ich vorschlage, in dem jedes Land proportional zu seiner Einwohnerzahl vertreten wäre, würden die deutschen Abgeordneten schlussendlich gegenüber ihren Kollegen aus Italien, Frankreich und Spanien in die Minderheit geraten, und das Ausmaß des Defizits würde größer sein, als die Deutschen es wollten. Schließlich würden wir eine fortschrittlichere Politik haben, als die heutige es ist. Wenn Frankreich und Italien ein Eurozonen-Parlament vorschlügen, würde Deutschland natürlich versuchen, es zu verhindern, auf Dauer aber würde dies schwierig sein.«[6]

Die Denkschrift Kojèves, die Agamben zitierte, trug den Titel »Esquisse d'une doctrine de la politique française«. Der Text dürfte den meisten Lesern in Italien und Frankreich unbekannt gewesen sein, mit dem Namen Kojève aber werden zumindest an Philosophie Interessierte eine Vorstellung verbunden haben. Alexander Wladimirowitsch Koschewnikow wurde 1902 in Moskau als Sohn wohlhabender Eltern geboren; sein Onkel war Wassily Kandinsky. Seit 1920 studierte er Sanskrit und Chinesisch, danach Philosophie in Heidelberg und Berlin. 1924 promovierte er bei Karl Jaspers mit einer Arbeit über Wladimir Solowjew. 1928 ging Koschewnikow nach Frankreich, nannte sich Alexandre Kojève und nahm 1937 die französische Staatsbürgerschaft an. An der Pariser École pratique des hautes études hielt Kojève – ursprünglich in Vertretung des ebenfalls aus Russland stammenden Alexandre Koyré, der in Deutschland sein Kommilitone gewesen war – ein Seminar zu Hegels *Phänomenologie des Geistes* ab, das sechs Jahre lang, von 1933 bis 1939, zum Treffpunkt der Pariser Intelligenz wurde. Zu den Hörern zählten Georges Bataille, Raymond Queneau, Jacques Lacan, Maurice Merleau-Ponty und André Breton; Hannah Arendt und ihrem Ehemann Günther Stern hatte Raymond Aron den Zugang zum Seminar vermittelt. Nach Kriegsende wechselte Kojève, für viele seiner Anhänger überraschend, in die Politik und wurde wirtschaftspolitischer Berater der französischen Regierung. In dieser Eigenschaft verfasste er die »Esquisse«. Die Lektüre des Memorandums, von dem die Leser weder in *La Repubblica* noch in *Libération* in Agambens Dar-

---

6 Antoine Dolcerocca und Gokhan Terzioglu, Interview mit Thomas Piketty, »Piketty Responds to Criticisms from the Left«, in: *Potemkin Review*, Vol. 1,1 (6. Januar 2015). Im französischen Magazin *Marianne* wiederholte Piketty seinen Vorschlag: »Je pense que la France devrait s'engager dans un bras de fer avec l'Allemagne, avec à ses côtés l'Italie, la Grèce, peut-être l'Espagne …« Thomas Piketty, »Il faut engager un bras de fer avec l'Allemagne«, in: *Marianne* 947 (12. – 18. Juni 2015), S. 25–28.

stellung eine angemessene Vorstellung gewinnen konnten, zeigt, welche Brisanz darin lag, auf dem Höhepunkt des deutsch-französischen Konflikts an diesen fast siebzig Jahre zuvor geschriebenen Text zu erinnern.

An den Beginn seines Memorandums stellte Kojève die Schilderung der Gefahren, die Frankreich in der Nachkriegszeit drohten. Die erste Gefahr war unmittelbar: Sie lag im wirtschaftlichen und politischen Potenzial, über welches das besiegte Deutschland immer noch verfügte. Selbst ohne seine Ostprovinzen, so Kojève, sei Deutschlands wirtschaftliche Macht immer noch so groß, dass eine Eingliederung des Landes in das »Europäische System« unvermeidlich zur Herabstufung Frankreichs auf eine Nation zweiten Ranges führen musste – wenn nicht, wie von ihm vorgeschlagen, energische Gegenmaßnahmen ergriffen würden. Kojève war davon überzeugt, dass die westlichen Alliierten planten, nach Kriegsende ein »demokratisches« und »friedfertiges« Deutschland zu ihrem Bundesgenossen zu machen – und gab seine Skepsis gegenüber diesem Versuch dadurch zu erkennen, dass er beide Adjektive in Anführungszeichen setzte. In Frankreich wurde diese Skepsis von vielen geteilt; die Vision, die Winston Churchill in seiner Züricher Rede vom 19. September 1946 entwickeln sollte: eine Partnerschaft zwischen Frankreich und Deutschland als erstem Schritt zur Bildung der Vereinigten Staaten von Europa, wurde als gefährliche Illusion angesehen.[7]

Die zweite Gefahr, so Kojève, war weniger unmittelbar, konnte für Frankreich aber tödlich werden: der Ausbruch eines Dritten Weltkriegs. Würde in diesem Krieg Frankreich zum Schlachtfeld, werde das Land die erlittenen Schäden nie mehr reparieren können. Aus diesen Gefahren ergaben sich für die französische Politik zwei Aufgaben von vitaler Bedeutung: Bei einem möglichen Krieg zwischen »den Russen und den Angelsachsen« musste eine wirksame Neutralität Frankreichs gewahrt werden. In Friedenszeiten wiederum galt es, alles zu tun, um Frankreich, nicht zuletzt im Vergleich mit Deutschland, den

---

7 Ein Beispiel französischer Skepsis ist Henri Massis, *Allemagne d'hier et d'après-demain*, Paris (Éditions du Conquistador) 1949.

wirtschaftlichen und politischen Spitzenplatz in einem demokratischen Kontinentaleuropa zu sichern. So weit die »Präambel« des Memorandums.

Kojève skizzierte dann die »historische Situation«, die ihn zu seinen Überlegungen geführt hatte. Sie war mit dem Ende des Mittelalters vergleichbar, als in Europa die feudalen Strukturen sich auflösten und den entstehenden Nationalstaaten Platz machten. Jetzt war das Ende der Nationalstaaten gekommen. An ihre Stelle würden politische Formationen treten, die an nationalen Grenzen nicht haltmachten: Imperien. Der moderne Staat, so Kojève, sei nur noch in Form einer imperialen Union miteinander verwandter Nationen handlungs- und überlebensfähig. Der historische Irrtum Hitlers bestand darin, dass er sein »Drittes Reich« auf eine nationale Basis gründen wollte. Das Genie Stalins dagegen war es, mit der UdSSR ein slawisch-sowjetisches Imperium zu formen; Churchill stand ihm nicht nach, weil er verstanden hatte, dass die imperialen Strukturen des britischen Commonwealth zu einem angloamerikanischen Block erweitert werden mussten. Es war unausweichlich, dass der Nationalsozialismus dem imperialen Sozialismus der Sowjets und dem imperialen Kapitalismus der Angelsachsen unterliegen musste. Deutschland verlor den Krieg, weil es ihn als Nation führte und als Nation gewinnen wollte.

Nachkriegsdeutschland, so Kojève, werde sich entweder dem angloamerikanischen oder dem slawisch-sowjetischen Imperium anschließen. Eine wirkliche Alternative aber sei dies nicht: Mit hoher Wahrscheinlichkeit werde es spätestens in zehn oder fünfzehn Jahren ein germanisch-angelsächsisches Reich geben. Denn eine tief sitzende, von Verachtung geprägte Feindschaft trenne die Germanen von den Slawen, während sie mit England eine aufrichtige, wenn auch nicht immer erwiderte Freundschaft verbinde. Hinzu komme die protestantische Ausrichtung sowohl des preußisch-deutschen Staates als auch der ebenfalls aus der Reformation hervorgegangenen angelsächsischen Nationen – im Gegensatz zur orthodoxen Tradition der Slawen. Der Westen müsse in Europa ein Gegengewicht zum wachsenden Einfluss der UdSSR schaffen. Und nur Deutschland werde dieses Gegengewicht bilden können. Seine Wiederbewaffnung sei daher unausweichlich, stelle Kojève fest – vier Monate nach der Kapitulation des Deutschen Reichs! Aber auch wenn Deutschland nicht wieder aufgerüstet und politisch und wirtschaftlich machtlos bleiben würde, könnte Frankreich davon nicht profitieren. Mit seinen knapp 40 Millionen Einwohnern werde Frankreich nicht in der Lage sein, eine Schaukelpolitik zwischen den beiden großen Imperien zu betreiben, sondern unweigerlich zum Appendix eines der beiden Imperien schrumpfen – wie jeder europäische Staat, der versuchen sollte, in nationaler politischer Isolation zu überleben.

Damit drohte der Niedergang der lateinisch-katholischen Zivilisation, die Frankreich – so die Auffassung Kojèves – stärker geprägt hatte als jede andere Nation. Wer das Überleben dieser Zivilisation nach Kriegsende sichern wollte, musste ihr eine den Zeitumständen angemessene politische Form geben. Damit würde nicht nur den unmittelbar betroffenen Ländern, sondern der ganzen Menschheit ein unschätzbarer Dienst geleistet:»Denn die Angelsachsen, die Deutschen und die Slawen sind nicht im Besitz dessen, was die Lateiner, mit den Franzosen an der Spitze, der zivilisierten Welt gegeben haben und weiter geben.«[8] Kojève war davon überzeugt: Um lateinische und katholische Werte zu bewahren und ihren Einfluss in der Welt zu sichern, musste den untereinander verfeindeten Kräften der slawisch-sowjetischen und angelsächsischen Imperien ein drittes Imperium entgegengestellt werden, das wie ein Puffer wirkte: das Lateinische Reich. Nur wenn es sich an die Spitze dieses Reichs setzte, würde Frankreich seine

8 Ich zitiere die»Esquisse« in meiner Übersetzung nach dem maschinenschriftlichen Typoskript im Archiv der Hoover Foundation, hier S. 11. Der 61 Seiten lange Text trägt am Ende das Datum»27/VIII/45«. Er enthält handschriftliche Korrekturen. Das Typoskript habe ich Victor Gourevitch gezeigt, der in Chicago bei Leo Strauss studierte und das Akademische Jahr 1950–51 in Paris verbrachte – auch, um auf Anregung von Strauss Alexandre Kojève bei der Vorbereitung zur englischen Übersetzung seiner *Introduction à la lecture de Hegel* zu unterstützen. (Die Übersetzung von J.H. Nichols Jr. erschien erst 1980.) Gourevitch hält die Vermutung, dass die handschriftlichen Korrekturen von Kojève selbst stammen, für plausibel:»I am quite confident that the inked-in corrections in this interesting typescript are in Kojève's hand.« (E-Mail vom 29. April 2015) Den Archivaren der Hoover Foundation ist laut Auskunft die Herkunft des Typoskripts unbekannt. Eine deutsche Übersetzung des Memorandums von Kojève, auf die ich nicht zurückgreife, wurde mit der Überschrift»Das Lateinische Reich« in *Tumult. Schriften zur Verkehrswissenschaft* 15 (1991), S. 92–122, veröffentlicht.

politische und damit auch kulturelle Besonderheit bewahren können. Das Lateinische Reich werde nicht stark genug sein, um die beiden anderen globalen Imperien anzugreifen – aber stark genug, um sie ihrerseits von einem Angriff abzuschrecken. Es werde keine imperialistischen Ziele verfolgen und durch seine bloße Existenz Europa den Frieden sichern, denn in einem mörderischen Krieg gegeneinander würden die Sowjets und die Angelsachsen dazu gezwungen sein, ihre Kriegsschauplätze auf Asien und den Pazifik zu beschränken. Ein lateinisch geprägtes Europa werde vor den Folgen dieses neuen Krieges bewahrt werden.

Die Zeit der Nationalstaaten war vorüber, die Zeit der Menschheitsunion aber, einer »allgemein das Recht verwaltenden bürgerlichen Gesellschaft«, wie Kant formuliert hatte, war für Kojève noch nicht gekommen. Eine politische Zwischenphase begann, die Epoche der Imperien: »Bevor er sich in der Menschheit verkörpert, wohnt der Hegelsche Weltgeist, nachdem er die Nationen verlassen hat, in den Imperien.«[9] Zusammengehalten werden die Imperien durch die enge »Verwandtschaft« der sie miteinander bildenden Nationen, durch eine Verwandtschaft der Sprachen, der Zivilisationen und der Mentalitäten, die wirksamer ist als jeder Zusammenschluss auf der Basis vager Rassenideen. Zu dieser Verwandtschaft gehört nicht zuletzt eine gemeinsame religiöse Orientierung. Die lateinischen Nationen, zu denen in erster Linie Frankreich, Italien und Spanien zählen, sind ausgeprägt »katholische« Nationen. Ein in allen drei Ländern verbreiteter Antiklerikalismus ist mit dieser Charakteristik keineswegs unvereinbar, darüber hinaus findet sich in Frankreich sogar bei Protestanten und Juden eine katholische Mentalität. Dennoch wird die Unterstützung des Lateinischen Reichs durch die Katholische Kirche – »einer immensen, aber schwierig zu berechnenden und noch schwerer zu kooptierenden Macht«[10] – nicht leicht zu gewinnen sein. Voraussetzung der Koalition mit dem Katholizismus ist nicht nur eine Radikalreform der lateinischen Regierungen, sondern auch eine grundlegende Transformation

9 »Esquisse«, S. 7.
10 A.a.O., S. 55.

der Katholischen Kirche, vor allem in Italien und Spanien. Es gilt, den Vatikan zu ent-italienisieren – ohne ihn damit amerikanischen Interessen auszuliefern. Schließlich würden sich die Protestantische Kirche mit dem angloamerikanischen, die Orthodoxe Kirche mit dem slawisch-sowjetischen und die Katholische Kirche mit dem Lateinischen Imperium verbünden. Damit würde die Katholische Kirche ihren universalen Anspruch, Kirche der ganzen Menschheit zu sein, nicht aufgeben – vielmehr würde sie in der Allianz mit dem Lateinischen Reich einen wichtigen Schritt auf dem Weg zur Verwirklichung dieses Anspruchs zurücklegen.

Eine »lateinische Mentalität« überdeckte Differenzen der einzelnen Nationalcharaktere. Sie fiel dem Fremden umso mehr auf, als sie den Einheimischen selbst oft unbewusst blieb: »Es scheint so, dass diese Mentalität insbesondere durch eine Kunst der Muße geprägt wird, welche die Quelle der Kunst im allgemeinen darstellt, durch die Fähigkeit, jene ›douceur de vivre‹ hervorzubringen, die nichts mit materiellem Komfort zu tun hat, jenes ›dolce far niente‹, das nur dann zu reiner Faulheit entartet, wenn es nicht die Folge produktiver und fruchtbarer Arbeit ist ...«[11] Die anderen beiden Imperien würden die »Union latine« – so nannte Kojève jetzt das Lateinische Reich – in ihrem Streben nach wirtschaftlichem Erfolg und in ihrem politischen Ehrgeiz stets übertreffen, auf die Vervollkommnung der Muße aber würden sie sich nie so verstehen wie der »vereinte lateinische Westen«. Darin lag eine große Herausforderung für die Zukunft, denn wenn nationale und soziale Konflikte einmal beseitigt sein würden, was vielleicht schneller der Fall sein könnte, als wir es ahnen, werde die Menschheit ihre ganze Energie auf die »Humanisierung« der freien Zeit richten. Hatte nicht bereits Marx als Ziel des Fortschritts, also des Sozialismus, postuliert, dem Menschen ein Maximum an Muße zu verschaffen? In diesem Zusammenhang gehört Kojèves Anmerkung, es sei die Katholische Kirche, die – von der Kunst unterstützt – sich darum bemühe, das kontemplative Leben der Menschen zu gestalten, während der Protestantismus – »den Methoden einer künstlerischen Päd-

11 A.a.O., S. 20.

agogik feindlich gesinnt«[12] – sich im Wesentlichen mit dem arbeitenden Menschen beschäftige. Stärker als von jeder anderen politischen Formation werde die Zukunft der Menschheit, die sich dem »Ende der Geschichte« näherte, von der lateinisch-katholischen Zivilisation bestimmt werden.

Auch wenn die Zeit der Nationalstaaten vorbei war, musste in allen drei Imperien eine Nation die Rolle des primus inter pares spielen. Im slawisch-sowjetischen Imperium war dies Russland, im angelsächsischen Imperium die USA, im Lateinischen Reich werde es Frankreich sein. Die im Vergleich weitaus geringere Bevölkerungszahl ließ Spanien, der Mangel an Industrie Italien hinter Frankreich zurücktreten. Damit aber die »lateinischen Schwestern« gemeinsam ein wirksames Imperium bilden konnten, mussten sie eine Wirtschaftsunion miteinander bilden – und diese musste wiederum über Kolonialbesitz verfügen: Die afrikanischen Kolonien waren »die Basis und das einigende Band des Lateinischen Reichs«.[13] Kojève folgte dabei nicht der Kolonialideologie des 19. Jahrhunderts. Er vertrat vielmehr die Ansicht, dass aus dem »nehmenden« ein »gebender« Kolonialismus werden müsse, um auf der Höhe der Zeit zu sein und zu überleben. In Europa war dies nicht zuletzt geboten, weil die »ökonomischen Bedingungen der wirtschaftlichen Einheit der Mittelmeerregion wieder hergestellt sind«. Es lag im Interesse der europäischen Länder, deren »zu rasches Bereicherungstempo ökonomisch beunruhigend ist«, die »wirklich armen Mitglieder der ökonomischen Mittelmeerregion« zu unterstützen, damit aus ihnen nicht »schlechte Kunden, oder gar ›gefährliche‹« würden. Diese Überlegungen entwickelte Kojève am 16. Januar 1957 in einem durch Carl Schmitt vermittelten Vortrag vor dem Rhein-Ruhr-Club in Düsseldorf zum Thema »Kolonialismus in europäischer Sicht«.[14]

12 A.a.O., S. 22. Dabei mag Kojève mehr an den Calvinismus als an das Luthertum gedacht haben.
13 A.a.O., S. 25.
14 Abgedruckt ist der Vortrag bei Piet Tommissen (Hg.), *Schmittiana. Beiträge zu Leben und Werk Carl Schmitts* VI, Berlin (Duncker & Humblot) 1998, S. 126–143, das hier Zitierte auf S. 139. Vgl. auch Henning Ottmann, »Kojève und Carl Schmitt«, in: *Hegel-Jahrbuch* 2002, S. 176–182. In einem Brief an Nicolaus Sombart berichtete Schmitt vom

In der durch die Kolonien »vereinten lateinisch-afrikanischen Welt« werde, so Kojèves Hoffnung, auch das »muslimische Problem« an Bedeutung verlieren. Im Reich ließen sich die Gegensätze zwischen dem arabischen Islam und dem lateinischen Katholizismus lösen, die auf nationaler Ebene immer wieder zu Konflikten und blutigen Auseinandersetzungen geführt hatten. Als Folge einer Entente zwischen der »Latinität« und dem Islam würden die anderen imperialen Mächte im Mittelmeerraum – dem natürlichen, exklusiven Einflussbereich des Lateinischen Reichs – zurückgedrängt werden: »Die Idee des einen Mittelmeers – Mare nostrum – sollte und müsste das wichtigste konkrete, ja einzige Ziel der Außenpolitik der vereinten lateinischen Länder sein.«[15] Dieses Ziel hatten sich bereits vorher einzelne lateinische Nationalstaaten auf die Fahne geschrieben – und hatten ihre Fähigkeiten damit in grotesker Weise überschätzt. Kein einzelnes Land, nur ein Lateinisches Reich werde das Mittelmeer einen können. Elemente einer lateinischen Währungs- und Wirtschaftspolitik deutete Kojève nur an; er antizipierte die Bildung eines Franc-Blocks, der sich gegenüber dem Dollar, dem Pfund Sterling und dem Rubel behaupten würde. In der Tradition des französischen Merkantilismus schloss dabei Kojève das Verbot von Auslandsinvestitionen für die Mitglieder des Lateinisches Reichs nicht aus.

Wirtschaftliche Autarkie für das Lateinische Reich anzustreben war ein unrealistisches Ziel. Realistisch war die Annahme, dass ein Zusammengehen Frankreichs, Italiens und Spaniens unter Einschluss ihrer Kolonien die Konkurrenzfähigkeit des Reichs auf dem Weltmarkt sichern würde. Kojève ging noch weiter: Er hielt es für möglich, dass

Düsseldorfer Vortrag. Er bewunderte die »unerhörte Präsenz des Kojèveschen Geistes«: »Für den, der ihn zu hören verstand, war er einfach genial.« Schmitt verband mit Kojève das Interesse an geopolitischen Überlegungen. Der Planet war noch kein einheitlicher »Entwicklungsraum«, die »Märkte« nationalstaatlicher Herkunft waren zu klein geworden. Über neue »Großräume« musste nachgedacht werden. Offenkundig erwähnte Kojève gegenüber Schmitt nicht, dass er mit dem Vorschlag zur Gründung eines Lateinischen Reichs bereits 1945 Überlegungen zur Bildung eines neuen »Großraums« vorgelegt hatte. Carl Schmitt an Nicolaus Sombart, 3.2.1957, in: *Schmitt und Sombart. Der Briefwechsel von Carl Schmitt mit Nicolaus, Corina und Werner Sombart*, herausgegeben von Martin Tielke, Berlin (Duncker & Humblot) 2015, S. 96–100.
15 »Esquisse«, S. 31–32.

sich der lateinische Wirtschaftsraum ohne die zyklischen Krisen der angloamerikanischen und ohne die oppressive Rigidität der sowjetischen Ökonomie entwickeln könne. Ein großes Problem aber stellte sich der lateinischen Wirtschaftsunion: der Mangel an Kohle. Die Lösung ergab sich aus der deutschen Niederlage, die Frankreich zu seinem maximalen Vorteil nutzen sollte. Im Schlussteil der »Esquisse« führte Kojève detaillierte Maßnahmen auf, die sicherstellen konnten, dass Deutschland die Schaffung eines Lateinischen Reichs nicht nur nicht hemmte, sondern sogar ungewollt unterstützte.

Erstens würde Deutschland untersagt, andere eisenhaltige Mineralien zu verarbeiten als diejenigen, die es auf eigenem Boden fördern konnte. Alle Hochöfen, Stahl- und Walzwerke, die darüber hinaus nicht erforderlich waren, mussten zerstört werden. Das Eisen, das Deutschland nach Schätzung der Alliierten benötigte, werde in Form von Walzstahl ausschließlich von Frankreich geliefert werden. Deutschland dürfe nie mehr in der Lage sein, kriegswichtiges Material zu produzieren. Zum Nutzen des Lateinischen Reichs werde Deutschland gezwungen werden, die »Stahl-Kohle-Konvention« auf unbegrenzte Zeit einzuhalten. Für dieses Arrangement erwartete Kojève Widerstand von englischer Seite, aber Hinnahme und schließlich Zustimmung der Vereinigten Staaten, denn diese hatten ein Interesse daran, dass Großbritannien im Mittelmeerraum nicht zu stark wurde, wo es sich den Zugang zu den Ölreserven des Nahen Ostens sichern konnte. Eine aktive Unterstützung der UdSSR hielt Kojève für möglich. Selbst die Zustimmung der Deutschen für die »Stahl-Kohle-Konvention« könnte vielleicht gewonnen werden, weil das Abkommen günstiger für sie war als die Zahlung von Reparationen.

Zweitens sollte Frankreich sich die Möglichkeit offenhalten, die Saar zu annektieren und die dort lebende deutsche Bevölkerung zu vertreiben. Damit würde die Kohleversorgung Frankreichs und des Lateinischen Reichs weiter verbessert werden.

Drittens schließlich könnte man Deutschland aus Sicherheitsgründen die Produktion der kriegswichtigen Schwefelsäure verbieten; gleichzeitig würde – wiederum im Tausch gegen Kohle – Frankreich die für die deutsche Landwirtschaft nötigen Düngemittel liefern. Fazit aller Maßnahmen: »Deutschland wird dem Lateinischen Empire als Kohlengrube dienen.«[16] Auch für de Gaulle spielte die Ruhrkohle eine zentrale Rolle in seinen Überlegungen zur französischen und europäischen Sicherheitspolitik nach Ende des Krieges. Am 10. September erklärte er gegenüber dem Pariser Korrespondenten der Londoner *Times*: »Die wirtschaftliche Sicherheit ganz Europas hängt von der Zukunft der Ruhr ab. Wenn Deutschland die Kontrolle über eine jährliche Kohleförderung von 140 Millionen Tonnen und über die Industrieanlagen der Ruhr behielte, würde es seine Wirtschaftskraft wiedergewinnen und sich zur gleichen Zeit die Mittel beschaffen, um wieder zu einer Bedrohung zu werden. Deutschland braucht Kohle, um existieren zu können, aber es benötigt nicht die ganze Kohleproduktion der Ruhr, vor allem nicht beim gegenwärtigen Zustand seiner Industrie.«[17]

In seinen Vorlesungen an der École pratique des hautes études hatte Kojève aus Hegels *Phänomenologie des Geistes* die Vision vom »Ende der Geschichte« entwickelt, die weltweite Durchsetzung einer den Prinzipien der Französischen Revolution verpflichteten Zivilgesellschaft gleichberechtigter Citoyens.[18] Dort würde es keine Herren und Knechte mehr geben. Das politische Szenario aber, das Kojève unmittelbar nach Kriegsende in seinem Memorandum entwarf, funktionierte nach dem Herr-Knecht-Prinzip: Politische und ökonomische Weichenstel-

16 A.a.O., S. 52.
17 Charles de Gaulle, »Déclarations au Correspondant Parisien du ›Times‹«, 10. September 1945, in: *Discours et Messages. Pendant la guerre (juin 1940 – janvier 1946)*, Paris (Plon) 1946, S. 617. Nur wenige Wochen danach kam de Gaulle in einer Rede in Baden-Baden erneut auf das Problem der Ruhr zu sprechen: »Cette Ruhr est à la fois un gage et un instrument. Un gage, car sans elle, l'Allemagne ne pourra se relever, et une fois de plus, nous menacer, nous attaquer et nous envahir. Un instrument, pour le relèvement de l'Europe occidentale et en particulier un instrument qui devra aider la France à devenir une grande puissance industrielle, but qu'elle ne peut atteindre qu'au moyen de la contribution de ce bassin minier.« De Gaulle, »Allocution prononcée au Kurhaus à Baden-Baden, le 5 octobre 1945«, in: *Lettres, Notes et Carnets (mai 1945 – juin 1951)*, Paris (Plon) 1984, S. 96.
18 In den 1990er Jahren hat Francis Fukuyama diese Überlegungen Kojèves popularisiert. Vgl. dazu Erik Willem de Vries, *A Kojèvean Citizenship Model for the European Union*. Ph. D. Diss., Carleton University, Ottawa, Ontario, Kanada, 2002, unter https://curve.carleton.ca/system/files/etd/818dd9ce-f095-4e1b-ba2c-f7b7bdce3efa/etd_pdf/5-c50b9feb1505f9897795e4e2f8ea3a6/devries-akojeveancitizenshipmodelfortheeuropeanunion.pdf.

lungen sicherten auf unbegrenzte Zeit Frankreich, dem Herrn, den Respekt und die Dienstleistungen seines Knechtes Deutschland. Zur Tradition des europäischen Nord-Süd-Vergleichs gehörte es, die Rolle des Herrn dem Norden, die des Sklaven oder Knechtes dem Süden zuzuschreiben. Im Lateinischen Reich tauschten Nord und Süd die ihnen herkömmlich zugewiesenen Rollen.[19] Obwohl Kojèves Lust an der Provokation und sein Sarkasmus Raymond Aron irritierten, nannte er ihn den klügsten Mann seiner Generation. Als Text eines extravaganten, bohèmehafter Lebensweise zugeneigten Philosophen, der zeit seines Lebens Stalin bewunderte, sich selbst als Marxisten von rechts bezeichnete und aller Wahrscheinlichkeit nach für den KGB spionierte, könnte die »Esquisse« heute nur noch eine marginale Aufmerksamkeit beanspruchen.[20] Ihre immer noch spürbare politische Brisanz gewinnt die Denkschrift Kojèves dadurch, dass ihr Verfasser zum Zeitpunkt der Niederschrift eine Karriere in der französischen Ministerialbürokratie begann, die ihn zum gefragten Berater in wirtschaftspolitischen Fragen werden ließ und es ihm ermöglichte, wichtige Etappen auf dem Weg zur Europäischen Gemeinschaft handelnd und gestaltend mitzuerleben. Auch als Bürokrat blieb Kojève Philosoph, bezeichnend, dass viele seiner Briefe an den hochgeschätzten Gegenspieler Leo Strauss auf Briefbogen des französischen Finanz- und Wirtschaftsministeriums geschrieben wurden.[21]

19 Vgl. Pierre Bourdieu, »Le Nord et le Midi: Contribution à une analyse de l'effet Montesquieu«, in: *Actes de la recherche en sciences sociales* 35 (novembre 1980), S. 21–25, hier S. 24.

20 Der amerikanische Philosoph Stanley Rosen, der ihn in den 1960er Jahren regelmäßig in Paris sah, nannte Kojève »something of a farceur, although hardly a café-philosopher« – und gleichzeitig, zusammen mit Leo Strauss, den eindrucksvollsten Denker seiner Generation. Vgl. Stanley Rosen, »Kojève's Paris: A Memoir«, in: *Hommage à Alexandre Kojève. Actes de la »Journée A. Kojève« du 28 janvier 2003*, sous la Direction de Florence de Lussy, Paris (Éditions de la Bibliothèque Nationale de France) 2007, S. 68–85. Dazu auch Victor Gourevitch, der Kojève in den fünfziger Jahren als Student in Paris kennenlernte: »At times I experienced in his presence an intellectual power and concentration I have otherwise experienced only in the presence of great works of mind.« Victor Gourevitch, »Prefatory Note« zum Briefwechsel zwischen Strauss und Kojève, in: Leo Strauss, *On Tyranny*. Corrected and expanded edition, hg. von Victor Gourevitch und Michael S. Roth, Chicago (The University of Chicago Press) 2013, S. 220.

21 Siehe die von 1932 bis 1965 reichende »Strauss-Kojève-Correspondence« in: Leo Strauss, *On Tyranny*, S. 221–314. Hierzu auch Allan Bloom über sein »Studium« mit Ko-

Kojève sah eine dramatische Koinzidenz darin, dass sein Seminar zur *Phänomenologie des Geistes*, in dem er das Ende der Geschichte postuliert hatte, zur gleichen Zeit endete, als der Zweite Weltkrieg begann.[22] Ende 1939 oder Anfang 1940 erhielt Kojève seinen Stellungsbefehl und wurde Soldat.»Der lateinischen Lebensweise verbunden, die er Ende der zwanziger Jahre im Midi in Beaulieu und am Anfang der dreißiger Jahre bei Reisen in Italien kennengelernt hatte«, war er bereit, gegen den Nazismus zu kämpfen:»Dessen Erfolg, selbst wenn er nur vorübergehend gewesen wäre, hätte, in den Augen Kojèves, für immer die unvergleichliche Strahlkraft des lateinischen Geistes im Frankreich der Gegenwart und in der Welt geschwächt.«[23] In der»drôle de guerre«wurde der Soldat Kojève demobilisiert, bevor er noch die Front erreichen konnte. Er schwankte einen Augenblick zwischen Kollaboration und Widerstand, bevor er sich der Résistance in Marseille anschloss. Nützlich wurde er dem Widerstand nicht zuletzt durch seine vielfachen Sprachkenntnisse. Die Philosophie gab er nicht auf. Im Städtchen Gramat im Département Lot verfasste Kojève im Sommer 1943 ein sechshundert Seiten langes Manuskript, das nach seinem Tod als *Esquisse d'une phénoménologie du droit* publiziert wurde.

Am 11. Mai 1940, einen Tag nachdem die Wehrmacht in die Ardennen vorgedrungen war, erreichte Kojève der Anruf eines Teilnehmers seines Hegel-Seminars, der sich im Elsass aufhielt. Robert Marjolin teilte Kojève mit, er befinde sich auf dem Weg nach London, um sich der»France Libre« de Gaulles anzuschließen und im Comité de coordination franco-anglais, das von Jean Monnet geleitet wurde, eine

jève in Paris:»After the war he became a bureaucrat in the French Economic Ministry, where he was occupied with the Common Market and GATT, presiding as he said over the end of history. It was in his office there that I studied with him from 1953 to his death. He was always willing to close his door and talk philosophy ... He was the most brilliant man I ever met.« Allan Bloom,»Alexandre Kojève«, in: Bloom, *Giants and Dwarfs. Essays 1960–1990*, New York (Simon & Schuster) 1990, S. 268, Fußnote.

22 Ab hier folge ich, ohne darauf – mit Ausnahme direkter Zitate – jeweils detailliert hinzuweisen, der Biographie von Dominique Auffret, *Alexandre Kojève. La Philosophie, l'Etat, la fin de l'Histoire*, Paris (Grasset) 1990. Zur Rezeption Kojèves in Deutschland, vornehmlich im Umkreis Carl Schmitts, vgl. Piet Tommissen,»Zweimal Kojève«, in: Tommissen, *Schmittiana. Beiträge zu Leben und Werk Carl Schmitts* VI, S. 9–143.

23 Auffret, S. 372.

Stelle anzutreten. In London arbeitete er an der Zeitschrift *La France libre* mit, zu deren Redaktion Raymond Aron gehörte. Nach der Befreiung Frankreichs wurde Marjolin Stellvertreter Monnets im Commissariat au Plan, das den Auftrag hatte, den Wiederaufbau und die Modernisierung der französischen Wirtschaft zu koordinieren.[24] Als der Krieg beendet war, sah Kojève, der nie eine Karriere als Universitätsphilosoph angestrebt hatte, die wichtigste intellektuelle Herausforderung darin, über die Grundlagen einer neuen Weltordnung und die Wiederherstellung Europas nachzudenken. Für sich beanspruchte er dabei die Rolle des Weisen, der den Herrscher berät. Robert Marjolin, der unterdessen Leiter der interministeriellen Direction des Relations Économiques Extérieures (D.R.E.E.) geworden war und damit eine Schlüsselstellung in der französischen Verwaltung einnahm, schuf die Voraussetzung dafür, dass Kojève diese Rolle tatsächlich spielen konnte. Er berief ihn zunächst als Übersetzer und dann als »chargé de mission« in seinen Stab. Dort und im Secrétariat général du Comité interministériel pour les questions de coopération économique européenne (S.G.C.I.) – beide Institutionen hatten ihren Sitz am Quai Branly – war Alexandre Kojève an den Vorbereitungen für die Umsetzung des Marshall-Plans direkt beteiligt. Seinen eigenen politischen und geschichtsphilosophischen Überzeugungen entsprach es, dass die Amerikaner ihr Hilfeversprechen an die Europäer mit einem entschiedenen Kooperationsgebot verbunden hatten: Die einzelnen europäischen Länder mussten zu übernationaler Zusammenarbeit bereit sein, um die Hilfsgelder tatsächlich zu erhalten. Von da an spielte Kojève eine wichtige Rolle in der französischen Europa- und Wirtschaftspolitik; in europäischen Schlüsselinstitutionen setzte er sich mit Raffinement für die Interessen Frankreichs ein. Dazu gehörten die 1948 gegründete Europäische Kommission für wirtschaftliche Zusammenarbeit (O.E.E.C.), deren Generalsekretär eine Zeitlang Robert Marjolin war, die Europäische Zahlungsunion EZU (1950–58), seit 1960 die Organisation für wirtschaftliche Zusammenarbeit und Entwick-

---

24 Vgl. Robert Marjolin, *Le travail d'une vie. Mémoires 1911–1986*. Préface de Raymond Barre, Paris (Robert Laffont) 1986.

lung (OECD), das G. A. T. T. (General Agreement on Tariffs and Trade) und zunehmend Institutionen der Entwicklungshilfe. Kojève entwarf nicht nur die großen Linien der französischen Politik, er beschäftigte sich auch mit detaillierten Problemen der Verhandlungstaktik wie der Frage, an welchem Zeitpunkt einer Sitzung sich der Delegierte Frankreichs zu Wort melden sollte. Er genoss es sichtlich, einer internationalen Elite von Experten anzugehören, die Einfluss auf die Weltpolitik nahmen und an die Stelle der früheren Aristokratie getreten waren. An Selbstunterschätzung litt er nicht:»De Gaulle trifft die Entscheidungen, die Russland und die force de frappe betreffen, ich, Kojève, entscheide über alles andere.«[25]

Die Umstände, die zur Abfassung der auf den 27. August 1945 datierten»Esquisse d'une doctrine de la politique française«führten, sind unklar,»mysteriös«nennen sie die Herausgeber der von der Bibliothèque Nationale de France 2003 veranstalteten»Hommage à Alexandre Kojève«.[26] Das Dossier, in dem das Memorandum im Nachlass Kojèves gefunden wurde, enthielt verschiedene Ausschnitte aus der Zeitung Le Monde, die dokumentieren, wie sehr Kojève unmittelbar nach Kriegsende die Frage nach der Zukunft Europas bewegte. Dazu gehören eine»Les données d'un accord occidental«überschriebene Meldung vom 7. Juni 1945, ein Artikel vom 17. Juli (»L'Union occidentale vue de Londres«), in dem von einem Treffen zwischen Abgesandten Großbritanniens, Frankreichs, Hollands, Belgiens und Luxemburgs die Rede ist, sowie eine Depesche aus London, die vom Projekt einer»gemeinsamen skandinavischen Staatsbürgerschaft«berichtet. Durch diese Berichte musste sich Kojève in seiner Überzeugung be-

25 Rosen, S. 79. Stanley Rosen berichtet, dass Kojève in der Regel nicht einfach»Ich«, sondern»Ich, Kojève«sagte.
26 Marco Filoni zufolge finden sich im Nachlass von Kojève in der Bibliothèque Nationale eine»provisorische Version«des Textes vom Dezember 1944 mit dem Titel »Le Trident. Esquisse d'une doctrine de la politique française: l'Empire latin«und die endgültige Fassung vom 27. August 1945. Nur die Fassung vom 1944 enthalte handschriftliche Korrekturen, die nicht von Kojève stammen, auf einer beigefügten Seite von Notizen erkenne man die Handschrift von Georges Bataille. Aber auch das Typoskript mit Datum 27. August 1945 enthält handschriftliche Korrekturen ... Marco Filoni, Le Philosophe du dimanche. La Vie et la pensée d'Alexandre Kojève (Übersetzung des italienischen Originals von 2008), Paris (Gallimard) 2010, S. 264–268.

kräftigt fühlen, dass die Nationalstaaten des Kontinents gezwungen waren, eine Union miteinander zu bilden, wenn Europa sich in Zukunft in der Welt behaupten wollte. Von Gewicht ist die Tatsache, dass sich im Nachlass Kojèves auch die Kopie einer Notiz des Schriftstellers und Kunsthistorikers Jean Cassou fand, die sich auf ein »Projet d'union latine« bezog. Die Notiz wurde zwei Monate vor der Befreiung Frankreichs geschrieben; Jean Cassou gehörte zu den »Poeten der Résistance«, in Paris hatte er sich der Widerstandsgruppe im Musée de l'Homme angeschlossen, in Marseille wurde er Mitglied der Gruppe Combat, für die auch Kojève arbeitete. Wenn man aus der Autorschaft Cassous, wie es die Herausgeber der oben genannten Hommage an Kojève tun, schließen darf, dass Kojève mit seiner »Esquisse« und dem Plan zur Gründung eines Lateinischen Reichs ein Projekt aus dem Umkreis der Résistance aufnahm und weiterentwickelte, gewinnt sein Aide-Mémoire ein erhebliches moralisches Gewicht.[27] 1945 verfasste Kojève eine Kurzfassung der »Equisse«, die von Dominique Auffret als »Projet Kojevnikov« bezeichnet wird, von dem er sagt, es sei in einem für Kojève »ungewöhnlichen Stil« geschrieben, ohne diese Charakteristik zu erläutern. 1949, so Auffret weiter, habe Kojève die »Esquisse« überarbeitet und präzisiert – wiederum ohne zu verdeutlichen, worin diese Überarbeitung bestand. Auffrets Schlussfolgerung, dass – zumindest bis zu diesem Datum – Kojève immer noch den Plan verfolgte, durch die Bildung eines Lateinischen Reichs Europa zu stärken und seine Überlebensfähigkeit in der Nachkriegsgesellschaft zu sichern, lässt sich nachvollziehen.[28]

Der Plan Kojèves steckte voller Illusionen, nicht zuletzt, weil in Spanien die Widerstände gegen »lateinische« Koalitionen unter Führung Frankreichs traditionell groß waren. Nach dem Sieg im Spanischen Bürgerkrieg hatte Franco versucht, mit Hilfe des neugegründeten Consejo de la Hispanidad die südamerikanischen Republiken wieder enger an das Mutterland zu binden – ohne Erfolg, wie Jacques Soustelle 1946 in einem »Latinité et Hispanité« überschriebenen Ar-

27 Bibliothèque Nationale de France, S. 86.
28 Auffret, S. 403, Anm. 1. und S. 421, Anm. 2.

tikel nicht ohne Schadenfreude feststellte. Noch nie war die Distanz zwischen Spanien und Südamerika so groß wie am Ende des Zweiten Weltkriegs. Der gaullistische Politiker verfügte als gelernter Ethnologe über präzise Kenntnisse der lateinamerikanischen Zivilisationen, 1938 wurde er Vizedirektor des Pariser Musée de l'Homme und 1941 von de Gaulle beauftragt, in Südamerika die Unterstützung für die France Libre zu organisieren. Soustelle sagte voraus, dass die Propagierung der »Hispanidad« zu einer Entfremdung zwischen Spanien und Frankreich führen würde, einer Entfremdung, die er umso mehr bedauerte, als in Frankreich die Klassik mit dem *Cid* und die Romantik mit Victor Hugos *Ernani* ihren Auftakt genommen hatten. Der gleichzeitig polemische und beschwörende Ton, mit dem Soustelle die »Hispanidad« zurückwies und zugleich für die Wiederbelebung der Latinität plädierte, machte deutlich, dass mit dem letztgenannten Konzept nicht wie selbstverständlich politische Koalitionen zu bilden waren: »Es gibt keine ›hispanité‹, es gibt keine ›gallicité‹, was existiert ist eine Latinität, vielmehr sie wird von dem Tag an wieder existieren, an dem sich erneut das Wort unseres größten Königs bewahrheiten wird: ›Es gibt keine Pyrenäen mehr.‹« Frankreich, Spanien und Iberoamerika bildeten die drei Säulen der Latinität auf beiden Ufern des Atlantiks. Dass diese drei Säulen in der Gegenwart voneinander getrennt waren, so Soustelle, schadete der Menschheit und dem Frieden.[29]

Mit der für ihn charakteristischen Nüchternheit hat Georges Canguilhem die Rolle kommentiert, die Alexandre Kojève in der französischen Hegel-Renaissance spielte. Die lange Vernachlässigung Hegels, das Misstrauen gegenüber jeder Geschichtsphilosophie, das bis in die Zwischenkriegszeit anhielt, hat Canguilhem dabei als Symptom für den Niedergang Frankreichs gedeutet: Während andernorts – in Deutschland, Italien und Großbritannien – »die Geschichte die Philosophie eroberte«, zweifelten die Franzosen daran, die Geschichte noch aktiv gestalten zu können, und wünschten sich deshalb, sie möge stillstehen. Umgekehrt deutete Canguilhem die bald darauf zuneh-

---

29 Jacques Soustelle, »Latinité et Hispanité«, in: *La Sentinelle*, No. 196 vom 26. August 1946, S. 1. »Il n'y a plus de Pyrénées«, soll Ludwig XIV. ausgerufen haben, als er seinem Enkel Philipp von Anjou den spanischen Thron zugeschanzt hatte.

mende Beschäftigung mit Hegel als ein Zeichen für den Glauben der Franzosen –»Oder war es vielleicht nur eine Illusion?« –, wieder aktiv in die Geschichte eingreifen zu können. Zu dieser Deutung passt, dass Kojève in seinem Phänomenologie-Seminar das Ende der Geschichte postulieren konnte, während die »Esquisse« Ausdruck des Wunsches war, Frankreich möge die Initiative an sich reißen, um aktiv die Zukunft Europas zu gestalten.[30] Ähnlich hat General de Gaulle den Immobilismus der französischen Eliten kritisiert, der zur militärischen und moralischen Katastrophe der »drôle de guerre« führte – und hat mit Beginn des Kampfes gegen Nazideutschland seine eigene Bestimmung darin gesehen, Frankreich seine Handlungsfähigkeit und damit seine Größe wiederzugeben.

30 Georges Canguilhem, »Hegel en France«, in: *Revue d'histoire et de philosophie religieuses* 28/29 (1948), S. 282–297, hier S. 294–295.

Ein europäisches Europa, kein Lateinisches Reich: Charles de Gaulle

In Kommentaren zur »Esquisse« ist die Rede davon, Kojève habe sein Memorandum an General de Gaulle adressiert, der von Juni 1944 bis Januar 1946 Chef der provisorischen französischen Regierung war.[31] Eine genaue Lektüre der »Esquisse« lässt eine direkte Adressierung des Textes an de Gaulle nicht als unmöglich, wenn auch als unwahrscheinlich erscheinen. Für Kojève lag der Schlüssel zur Verwirklichung des Lateinischen Reichs in Frankreich. Aber sowohl die Tradition als auch die Lage, in der sich das Land gegenwärtig befand, zeigten die Schwierigkeiten, die sich der Verwirklichung dieses Plans entgegenstellten.[32] Es gab in Frankreich ein weitverbreitetes »antilateinisches Vorurteil«, hinter dem sich ein Minderwertigkeitskomplex verbarg, an dem Frankreich zunehmend litt. Hinzu kam ein ökonomischer und politischer Quietismus, der sich allen Versuchen entgegenstellte, vorhandene Strukturen in Frage zu stellen und zu verändern. Die Gründung des Lateinischen Reichs aber konnte nicht gelingen, wenn Vorhandenes nur reformiert oder repariert wurde – ein Bruch mit vielen Traditionen war notwendig. Dazu gehörte insbesondere der Nationalismus. Ihm abzuschwören fiel den Franzosen besonders schwer, die sich als die erste Nation sahen, welche die Weltbühne betreten hatte. Und schließlich machte es die Spaltung zwischen der »Rechten« und

---

31 Beispiel: »A Memorandum of Advice to Charles de Gaulle Written in 1945 at the End of the Second World War«. Robert Howse, »Kojève's Latin Empire«, in: *Policy Review* 126, 1. August 2004. Zitiert nach http://www.hoover.org/research/kojeves-latin-empire. Für diese Behauptung findet sich kein Beleg, auch nicht in Dominique Auffrets Biographie, wo man einen solchen Hinweis erwarten würde. Ein anderer Biograph, Marco Filoni, schreibt, Kojève sei von niemandem zur Abfassung der »Esquisse« aufgefordert worden, er habe den Text für sich geschrieben, in der Schublade gelassen und ihn nicht zur Veröffentlichung bestimmt; auch unter den Freunden Kojèves sei der Text nicht zirkuliert.

32 Ich beziehe mich hier im Wesentlichen auf die Seiten 40 bis 48 der »Esquisse«.

der »Linken« fast unmöglich, Frankreich auf eine »idée directrice« wie die Gründung des Lateinischen Reichs einzuschwören. Nicht nur die politischen Parteien erwiesen sich in dieser Hinsicht als unfähig zum Kompromiss – das Gleiche galt für die Katholiken und die Gruppen, die aus der Résistance hervorgegangen waren.

In einer für ihn typischen, paradoxen Wendung aber zeigte sich Kojève davon überzeugt, »dass eine große politische Aktion heute gerade deshalb so schwierig ist, weil sie Chancen hat, erfolgreich zu sein«.[33] Der entscheidende positive Faktor war die Existenz des Generals de Gaulle. In der lateinischen Idee, so Kojève, verkörpere sich das französische Streben nach politischer Autonomie und Größe. Und nirgends zeige sich dieses Streben nach Unabhängigkeit und *grandeur* deutlicher als in jedem Wort und jeder Handlung des gegenwärtigen Regierungschefs. Bis hierhin kann man sich de Gaulle als Adressaten der »Esquisse« vorstellen. Dann aber kommt eine kritische Passage, die dies als unplausibel erscheinen lässt. Unglücklicherweise, fährt Kojève fort, richte sich der politische Wille des »Chefs« mehr auf die Bewahrung einer glorreichen Vergangenheit als auf die Verwirklichung eines vielleicht unsicheren, aber politisch gebotenen Zukunftsprojekts. Mit seiner Fixierung auf die französische Nation verfolge de Gaulle eine »anachronistische Utopie«. Aus seinen starken persönlichen Überzeugungen könne nur dann eine wirksame »volonté générale« werden, wenn es gelänge, de Gaulle zur Idee eines Lateinischen Reichs zu bekehren. Kojève sprach in diesem Zusammenhang von einer »Konversion«, die sich vielleicht durch eine Reihe von Dialogen bewerkstelligen ließe, die sich abseits öffentlicher Aufregung vollziehen würden. Nichts aber könne den Erfolg dieser Dialoge garantieren, schrieb Kojève – obwohl er sich selbst ohne Zweifel für den geeigneten Partner im Dialog mit dem General hielt.

Daraufhin folgt wieder eine Volte in der Argumentation Kojèves, die prophetische Züge trägt und ohne Zweifel die Zustimmung des Generals hätte finden können. Mehr noch: Sollte de Gaulle das Memorandum tatsächlich gelesen haben, könnte man vermuten, Kojè-

33 »Esquisse«, S. 42.

34

ve habe ihm den Weg seiner künftigen politischen Wirksamkeit vorgezeichnet. Schreibt Kojève zunächst, der Plan zur Bildung eines Lateinischen Reichs solle nicht mit dem persönlichen Schicksal de Gaulles verbunden werden, zeigt er in den folgenden Sätzen, wie erfolgversprechend diese Verknüpfung sein könnte: »Man müsste eine breitere und vielleicht solidere Grundlage im ganzen Land finden, eine Grundlage, die den General de Gaulle an der Macht halten oder ihn eventuell an die Macht zurückbringen würde, um ihm zu erlauben, in seiner Person eine ›volonté générale‹ zu verkörpern, die sich politisch bereits konstituiert hat. Diese erweiterte Grundlage wäre im Übrigen selbst dann notwendig, wenn ein zur Idee des Reichs bekehrter de Gaulle sich von Anfang an bemüht hätte, sie zu verwirklichen.«[34]

Mit dieser perspektivischen Schilderung nahm Kojève die politische Entwicklung vorweg, die de Gaulle 1958 wieder an die Macht brachte. Als der General 1946 die provisorische Regierung verließ, war es sein erstes Ziel, durch eine umfassende Sammlungsbewegung die »erweiterte Grundlage« zu schaffen, die seinen politischen Ambitionen in Zukunft eine höhere Legitimität verschaffen sollte: das Rassemblement du peuple français (RPF). Diese Bewegung trug ihn schließlich zurück an die Macht, und wenn Kojève 1945 – bedauernd, hat man den Eindruck – schreibt, das gegenwärtige Frankreich sei keine absolute Monarchie, so unterstellten die Gegner des Generals ihm die Absicht, mit der Gründung der V. Republik genau dies zu versuchen. Die V. Republik wurde keine Diktatur, wie einige es befürchtet hatten, aber sie führte zu einer Präsidialmonarchie, deren Etikette und Zeremoniell später auch ein sozialistischer Präsident wie François Mitterrand, der de Gaulle diktatorische Absichten unterstellt hatte, zur wirksamen Selbstinszenierung nutzte.[35] Anders als de Gaulle es vorhatte,

---

34 A.a.O., S. 42–43.
35 Die mit einer Monarchie verbundenen dynastischen Ambitionen kommen in einem Brief de Gaulles an seinen Sohn, den Fregattenkapitän Philippe de Gaulle, vom 12. April 1964 zum Ausdruck, als er von der Hoffnung spricht, dass nach seinem Tod der Sohn es auf sich nehmen werde, Frankreich zu führen: »J'espère que … c'est toi-même qui voudras et pourras assumer à ton tour la charge de conduire la France.« Charles de Gaulle, *Lettres, Notes et Carnets (janvier 1964 – juin 1966)*, Paris (Plon) 1987, S. 52.

wollte Kojève das neue französische politische System mit den Parteien, nicht gegen sie schaffen. In einer detaillierten Analyse versuchte er zu zeigen, welche Rolle die einzelnen politischen Parteien beim Übergang Frankreichs in ein Lateinisches Reich spielen würden. Eine zentrale Rolle nahm dabei die Kommunistische Partei Frankreichs ein, in den Augen Kojèves eine konservative Partei, die im Grunde genommen dem Dreiklang von Vichy anhing: »Travail, Famille, Patrie«. Sollte Moskau den Plan zur Bildung eines Lateinischen Reichs dulden – was Kojève für wahrscheinlich hielt, weil damit angloamerikanische Ambitionen beschnitten wurden –, würden die französischen Kommunisten zu entschiedenen Verfechtern der lateinischen Reichsidee werden. Am Ende hing alles von der Bildung einer neuen politischen Elite ab. Dazu gehörten natürlich Mitglieder der Résistance; ausgeschlossen würden die Linksintellektuellen sein, deren prinzipieller Nonkonformismus sie unfähig machte, an einer neuen politischen Formation konstruktiv mitzuarbeiten; sie würden in die »domaine littéraire« zurückverwiesen, der sie nur durch Zufall entkommen waren. Alte »Vichyssois« würden sich der neuen Elite anschließen können, wenn es sich bei ihnen nicht um bornierte Reaktionäre handelte, sondern um politisch Engagierte, die an die »Nationale Revolution« geglaubt und entsprechend gehandelt hatten. Nur eine solche die politischen Lager übergreifende Elite würde imstande sein, sich über die provinziellen Konflikte zwischen links und rechts zu erheben, »ohne sich dadurch in der absolut reinen, aber nicht zum Atmen geeigneten Luft der abstrakten Theorie oder des Traums wiederzufinden«.[36]

Im vorletzten Kriegsjahr hatte Henry Morgenthau Jr., der Finanzminister im Kabinett von F. D. Roosevelt und dessen dienstältester Mitarbeiter, einen Plan nicht nur zur – weithin akzeptierten – Entmilitarisierung, sondern auch zur Entindustrialisierung Deutschlands vorgelegt: »Deutschlands Weg zum Frieden liegt auf dem Bauernhof«, war seine Überzeugung. Die Ostgebiete sollten Deutschland genommen, das Land in einen Nord- und einen Südstaat geteilt und das Ruhrgebiet »auf ewig« unter internationale Kontrolle gestellt wer-

---

36 »Esquisse«, S. 48.

den. Für die zu erwartende Arbeitslosigkeit in einem zum Agrarstaat geschrumpften Deutschland hatte Morgenthau eine Lösung parat: Millionen Deutscher würden in Arbeitsbataillonen zusammengefasst werden, um in ganz Europa die Schäden zu reparieren, die Hitlers Armeen angerichtet hatten. Die Praktikabilität des Plans wurde auch von Politikern angezweifelt, die seine ideologischen Voraussetzungen teilten. Dennoch war der Morgenthau-Plan die wichtigste Diskussionsgrundlage bei der sogenannten »Zweiten Québec-Konferenz«, zu der sich Mitte September 1944 Großbritannien, Kanada und die USA trafen. Anfangs unterstützte Roosevelt den Plan – und distanzierte sich von ihm, als immer deutlicher wurde, dass die wachsenden Differenzen der Westmächte mit Stalin es notwendig machten, in Deutschland einen künftigen Verbündeten im Kampf gegen den Kommunismus zu finden. Bei vielen Franzosen, die die Wiederkehr eines starken Deutschlands fürchteten, fand der Morgenthau-Plan Sympathie.[37]

Mit Blick auf Deutschland enthielt die »Esquisse« Kojèves so etwas wie einen lateinischen Morgenthau-Plan. Wo Morgenthau Deutschland als Bauernhof gesehen hatte, sah Kojève in Deutschland eine Kohlengrube für das Lateinische Reich. Anfangs konnte Kojève den Eindruck haben, dass die Alliierten mit Deutschland Pläne verfolgten, die seinen eigenen Vorschlägen weitgehend entsprachen. Zwischen 1945 und 1946 verlangten sowohl Frankreich als auch die UdSSR von Deutschland Reparationen, die ihren eigenen Volkswirtschaften zugutekamen. Die Herstellung von kriegswichtiger Schwefelsäure wurde Deutschland im Potsdamer Protokoll von 1945 verboten. Frankreich hielt nach dem Volksentscheid bis 1957 die Saar besetzt; die Sowjets schafften komplette deutsche Fabriken in die UdSSR. Auch England plädierte für die Zerschlagung der deutschen Schwerindustrie, Stahl und Kohle an der Ruhr blieben bis 1952 alliierter Kontrolle unterstellt. Selbst die Westalliierten aber waren sich über Art und Ausmaß der

---

37 »Because Frenchmen were fiercely determined that a strong Germany would never rise again, some of them sympathized with the bizarre view advanced by Secretary of the Treasury Henry Morgenthau during the war that Germany should be reduced to a pastoral state.« George W. Ball, *The Past Has Another Pattern. Memoirs*, New York (Norton) 1982, S. 83.

Strafmaßnahmen gegen Deutschland uneins, so dass deren Wirksamkeit bald erheblich in Frage gestellt wurde.[38]

Wie die Überarbeitung des ursprünglichen Manuskripts der »Esquisse« vermuten lässt, glaubte Kojève bis 1949 an die Möglichkeit zur Errichtung eines Lateinischen Reichs, obwohl bereits der Marshall-Plan die Chancen dafür erheblich reduziert hatte. Auch deckte sich die Ambition de Gaulles, »de faire de la France le champion d'une Europe européenne tout entière réunie«, nicht mit der Absicht, ein Lateinisches Reich unter französischer Führung zu gründen.[39] 1950 musste Kojève von dieser Idee endgültig Abschied nehmen: Der Schuman-Plan wurde geboren. Die Idee einer europäischen Gemeinschaft für Kohle und Stahl, an der Deutschland und Frankreich gleichberechtigt beteiligt sein würden, war das Gegenteil der »Stahl-Kohle-Konvention«, mit der Kojève dem Lateinischen Reich die Dienste der deutschen »Kohlengrube« hatte sichern wollen. Aber Kojève war kein frei schwebender Intellektueller, der realpolitische Entwicklungen vernachlässigen konnte. Er war Angehöriger einer Ministerialbürokratie, die auf politische Vorgaben angemessen zu reagieren hatte, um daraus für ihr eigenes Land das Beste zu machen.[40] Robert Schuman hatte seine Rede am 9. Mai 1950 gehalten. Bereits eine Woche später legte Kojève eine »Strategie« vor, mit der aus seiner Sicht Frankreich auf die Rede reagieren sollte.[41] An erster Stelle stand dabei der Vorschlag, den »Schuman-Plan« mit den Zielsetzungen der Europäischen Kommis-

38 Ich gebe hier die Schilderung bei de Vries, S. 212–213, wieder.

39 Charles de Gaulle, *Le Renouveau (1958–1962)*, in: *Mémoires d'espoir*, Paris (Plon) 1999, S. 24–25.

40 So erratisch und mit sichtbarer Lust an der Provokation Kojève auch agieren konnte – er verstand sich zugleich als loyaler, wenn auch in die Hierarchie nicht eingepasster Staatsdiener. Es hat etwas Symbolisches an sich, dass Kojève, der die Brüsseler Bürokratie verspottete, am 4. Juni 1968 in Brüssel starb – unmittelbar, nachdem er sich in einer Sitzung zu Wort gemeldet hatte, in der das Präferenzsystem des Gemeinsamen Marktes beraten wurde. Wie Kojève es gewünscht hatte, wurde er am Ort seines Todes, in Brüssel begraben. Auf dem Friedhof von Evere liegt sein Grab in unmittelbarer Nähe eines imposanten Marmordenkmals, das Queen Victoria zur Erinnerung an die bei Waterloo gefallenen englischen Offiziere hatte errichten lassen. »La Mort du Sage«, in: Auffret, S. 584–586.

41 Ich folge hier dem Kapitel »Stratégie pour le plan Schuman. 16 mai 1950« bei Auffret, S. 448–453.

sion für wirtschaftliche Zusammenarbeit (O.E.E.C.) zu koordinieren und, wenn möglich, in die O.E.E.C. zu integrieren. Kojève lehnte jeden Exklusivvertrag zwischen Deutschland und Frankreich ab, wenn er in Texten Schumans auf die Worte »Frankreich und Deutschland« stieß, schlug er vor, sie durch die Wendung »Länder der O.E.E.C.« zu ersetzen. Frankreich und Deutschland sollten mit den Verhandlungen zum Gemeinsamen Markt beginnen, Italien und die Beneluxländer umgehend folgen.

Kojève musste erkennen, dass der Schuman-Plan der erste, unumkehrbare Schritt auf dem Weg zur wirtschaftlichen Integration Westeuropas unter Einschluss Deutschlands war. Dieser Integration wollte und konnte er sich nicht mehr widersetzen, jetzt kam es darauf an, so weit wie möglich den Interessen Frankreichs zu dienen. In diesem Kontext war der »Gegner« nicht mehr Deutschland, sondern – England. Wie de Gaulle war Kojève von tiefer Skepsis gegenüber England geprägt, das seiner Vorstellung nach nicht zu Europa gehörte – und selbst nicht zu Europa gehören wollte. Es war nicht schwer vorauszusehen, dass sich Großbritannien jedem Arrangement verweigern würde, das darauf abzielte, supranationale Institutionen zu schaffen, welche die Befugnisse der einzelnen Länder einschränkten. Exklusive Arrangements zwischen Deutschland und Frankreich mussten auf alle Fälle vermieden werden, weil sie Großbritannien die Möglichkeit geliefert hätten, sich einem Bekenntnis zur übernationalen europäischen Kooperation zu entziehen. Kojèves Taktik bestand darin, Großbritannien zu verdeutlichen, dass es die Wirtschaftspolitik des Commonwealth mit den ökonomischen Interessen der Kontinentaleuropäer harmonisieren musste, wenn es zum Gemeinsamen Markt gehören wollte. Großbritannien hätte damit den Verlust seiner politischen Souveränität und damit seine Abhängigkeit akzeptiert. Am 3. Juni 1950 lehnte Großbritannien den Schuman-Plan ab, dafür begannen am 20. Juni die Verhandlungen zwischen den Beneluxländern, Frankreich, Italien und der Bundesrepublik Deutschland, die ein Jahr später in Paris zur Gründung der Montanunion, der Europäischen Gemeinschaft für Kohle und Stahl, führten. Kojève kritisierte, dass die Montanunion nicht genügend in die O.E.E.C. integriert wurde. In wirtschaftlicher Hinsicht war ihr Erfolg mäßig; in der Stahlproduktion erzielten die Sowjetunion und vor allem Japan bessere Ergebnisse. Im Bereich von Kohle und Stahl herrschte nicht der Gemeinschaftsgeist, den eine wirkliche europäische Integration erfordert hätte. Das Verdikt über die Montanunion, das Kojève formulierte und das Auffret zusammenfasst, hat einen aktuellen Klang. Es ist die Kritik an einer vorschnellen »zaghaften, heuchlerischen und vom Egoismus getriebenen« wirtschaftlichen Integration, welche die Entstehung einer politisch kohärenten und einflussreichen Europäischen Gemeinschaft verhinderte.[42]

Am 7. April 1947 kündigte General de Gaulle in einer Rede in Straßburg die bevorstehende Gründung des Rassemblement du peuple français (RPR) an, die eine Woche später mit einer kurzen »Déclaration« vollzogen wurde. In diesem Dokument erklärte de Gaulle, es gehe darum, den wirtschaftlichen Wohlstand, die soziale Gerechtigkeit, die außenpolitische Macht – und die »imperiale Einheit« (l'unité impériale) Frankreichs zu sichern. Von einem Lateinischen Reich war keine Rede.[43] Aber wie für Kojève ging auch für de Gaulle die größte Gefahr für Frankreich von einem wiedererstarkten Deutschland aus, das die USA und Großbritannien schon früh als vorgeschobenes Glacis im Kalten Krieg mit der Sowjetunion nutzen wollten. Erster Schritt zum Wiederaufbau Westdeutschlands war dabei die Schaffung größerer Verwaltungseinheiten. Gegen diese Pläne hatte de Gaulle als Chef der provisorischen französischen Regierung sein Veto eingelegt – und sich der Gründung der Trizone widersetzt. Am 12. Oktober 1945 wurde de Gaulle in einer Pressekonferenz gefragt, ob er eine Möglichkeit sehe, Instruktionen zu ändern, die darauf abzielten, sich von französischer Seite aus jeder Zentralisierung der deutschen Verwaltung zu widersetzen, solange nicht der Status des Rheinlands geklärt war: »Ich werde Ihnen darauf ganz offen antworten. Denken Sie daran, dass wir die Nachbarn Deutschlands sind, das uns in einem Menschenleben drei Mal überfallen hat, und Sie werden zu dem Schluss kommen, dass wir

42 A.a.O., S. 453.
43 Charles de Gaulle, »Déclaration«, in: *Lettres, Notes et Carnets (mai 1945 – juin 1951)*, Paris (Plon) 1984, S. 223–224.

nie mehr ein Reich wollen. [Nous ne voulons plus jamais de Reich.] Dies ist meine Antwort.«[44] In der Zentralisierung der Verwaltung im besiegten und besetzten Deutschland sah de Gaulle den ersten Schritt auf dem Weg zu einem neuen deutschen Einheitsstaat, den er mit allen Mitteln verhindern wollte. Er bekräftigte diese Ansicht zwei Jahre später, als er kein politisches Amt mehr innehatte – und dennoch den Anspruch erhob, für ganz Frankreich zu sprechen: »Damit von Deutschland keine Bedrohung mehr ausgeht, schlägt Frankreich eine praktische Maßnahme vor, die von der Geschichte bestätigt wurde und der Natur der Dinge entspricht: Aus Deutschland darf nie mehr ein Reich werden, das heißt ein Einheitsstaat, der seine Macht in einem Zentrum bündelt und notwendigerweise auf eine Expansion mit allen Mitteln abzielt. Wir wollen kein Reich. [Nous ne voulons pas de Reich].«[45] Als der Marshall-Plan bereits wirksam geworden war, sah de Gaulle Frankreich immer noch »am Rande des Abgrunds«, wenn das Ruhrgebiet und die Saar wieder ganz zu Deutschland gehören sollten.

Es konnte daher nicht überraschen, dass der Plan zur Errichtung einer »Europäischen Gemeinschaft für Kohle und Stahl«, den der in Luxemburg geborene Robert Schuman – »C'est un boche«, erregte sich de Gaulle – auf Initiative Jean Monnets in seiner Regierungserklärung am 9. Mai 1950 skizzierte, auf den erbitterten Widerstand der Gaullisten stieß; de Gaulle spottete über das »méli-mélo de charbon et d'acier«.[46] So wütend war die Ablehnung der Gaullisten, dass sie zusammen mit den Kommunisten gegen den Schuman-Plan demonstrierten, der in Teilen der französischen Presse als »Sieg des deutschen Stahls« apostrophiert wurde. Die »Koalition« von Kohle und Stahl sollte, in den Worten Robert Schumans, einen Krieg zwischen Frankreich und Deutschland »nicht nur undenkbar, sondern materiell auch unmöglich machen«. Letztlich würde, das war die Hoffnung Schumans, die Kooperation zwischen Deutschland und Frankreich »auf Grundlage

44 Charles de Gaulle, »Conférence de Presse«, 12. Oktober 1945, in: *Discours et Messages. Pendant la guerre (juin 1940 – janvier 1946)*, Paris (Plon) 1946, S. 634.

45 Charles de Gaulle, »Conférence de Presse tenue à la Maison de la Résistance Alliée«, in: *Discours et Messages. Dans l'attente (février 1946 – avril 1958)*, Paris (Plon) 1970, S. 149.

46 Jean Monnet, *Mémoires*, Paris (Fayard) 1976, S. 534–535.

der Gleichberechtigung« der erste Schritt auf dem Weg zur Einigung Europas sein. De Gaulle hielt diese Hoffnung anfangs für eine Fiktion. Er konnte kein Europa akzeptieren, in dem zwischen dem siegreichen Frankreich und dem besiegten Deutschland Parität herrschte. Als die Europäische Gemeinschaft für Kohle und Stahl 1951 gegründet wurde – sie sollte den Prozess der europäischen Einigung auslösen –, sah de Gaulle darin einen Sieg für Deutschland und eine Niederlage für Frankreich. Anders als nach dem Ersten Weltkrieg wurde es dem besiegten Deutschland erlaubt, sich dieser Wirtschaftsgemeinschaft anzuschließen, ohne Reparationen zu zahlen. Frankreich dagegen, siegreich und großzügig – »La France victorieuse et généreuse« –, musste alsbald die Saar wieder an Deutschland abtreten. Wie lange noch, fragte sich de Gaulle, würden sich die Deutschen damit bescheiden, »höfliche und redliche Verlierer« zu sein, die sich um das Wohlwollen des Siegers bemühten?[47] Der General machte sich keine Illusionen. 1951 klagte er, die Deutschen würden immer selbstbewusster und fordernder. Er ging in seinen Befürchtungen nicht so weit, dass er die »germanischen Dämonen« wiederkehren sah, die Hitler einst zur Macht verholfen hatten. Aber er fürchtete, dass die Deutschen den Franzosen bald eine neue Niederlage zufügen würden – auf dem Feld der Wirtschaft.

Ein Hang zu Visionen und eine von selbstverständlichem Pathos geprägte Rhetorik verbanden sich bei de Gaulle mit einem ausgeprägten Gespür für das realpolitisch Machbare. Als die Deutschen sich dazu entschlossen hatten, »occidentaux« zu werden, stand für de Gaulle fest: Das Europa der Zukunft, in dem die einzelnen Nationen nicht mehr gegeneinander Krieg führen, sondern miteinander kooperieren würden, konnte nur mit Deutschland gebaut werden, »diesem vielfältigen, schmerzenden, so schwer zu fassenden Volk«.[48] Der Vorschlag zur

---

47 »Il existe entre nous une difficulté croissante de s'accorder. Cette difficulté semble inévitable du moment que l'Allemagne n'est plus le vaincu poli et honnête qui cherche à se gagner les bonnes grâces du vainqueur.« Charles de Gaulle, »Exposé au Conseil des Affaires Étrangères sur l'Allemagne«, 4. Februar 1966, in: *Lettres, Notes et Carnets (janvier 1964 – juin 1966)*, S. 246.

48 De Gaulle hatte mit Paul Claudel einen Briefwechsel über die mögliche Entente zwischen Deutschland und Frankreich geführt. Für ihn gab es dafür zwei Voraussetzun-

Gründung eines gegen Deutschland gerichteten Lateinischen Reichs musste de Gaulle daher als Illusion erscheinen. Umso mehr galt es, Frankreich auf dem Kontinent die Rolle des *primus inter pares* zu sichern – wie auch immer das Europa der Zukunft aussehen würde. Diese Zielsetzung ergab sich aus der *certaine idée de la France*, von der de Gaulle am Beginn seiner Memoiren schrieb, sie habe ihn stets in seinen politischen Überzeugungen und Handlungen geleitet. De Gaulle war davon überzeugt, dass Frankreich seiner historischen Bestimmung nur gerecht werden konnte, wenn es Ambition und Größe – *grandeur* – zeigte.[49] Das Ausmaß französischer Größe aber wurde stets im Vergleich mit Deutschland bestimmt – und würde von Deutschland immer wieder in Frage gestellt werden. An dieser skeptischen Sicht hielt de Gaulle auch dann noch fest, als Deutschland bereits Mitglied der Europäischen Gemeinschaft geworden war. De Gaulle entwickelte die Vision eines *Europe européenne*, eines europäischen Europas. Damit meinte er ein Europa, für das die Vereinigten Staaten kein Führer, sondern ein Partner sein würden, ein Europa, das in der Freundschaft zwischen Deutschland und Frankreich den Garanten seiner Freiheit und seines Fortschritts sah. De Gaulle beglückwünschte sich dazu, dass er in Konrad Adenauer, einem großen Deutschen, der das Vertrauen Frankreichs verdiente, den angemessenen Partner gefunden hatte. Es fiel dabei ins Gewicht, dass Adenauer ein rheinischer Katholik war. Mit einem preußischen Protestanten, schrieb de Gaulle, wäre es erheblich

gen: »Die erste ist, dass sich die Deutschen dazu entschließen, *occidentaux* zu sein. Die zweite Voraussetzung ist ein aufrechtes Frankreich mit einem Staat, der diesen Namen verdient.« (Meine Hervorhebung) De Gaulle an Paul Claudel, 31. März 1950, in: *Lettres, Notes et Carnets (mai 1945 – juin 1951)*, Paris (Plon) 1984, S. 415. Wenn er von *occidentaux* sprach, dachte de Gaulle weniger an den »Westen«, zu dem auch die ungeliebten Amerikaner gehörten. Er dachte an das »Abendland«. In einem Brief vom 6. August 1958, in dem sich de Gaulle bei Robert d'Harcourt, einem Mitglied der Académie française, für die Zusendung des Buches *L'Allemagne d'Adenauer* bedankt, spricht er von den Deutschen als »ce peuple multiple, douloureux, si mal saisissable«. In: *Lettres, Notes et Carnets (juin 1958 – décembre 1960)*, Paris (Plon) 1985, S. 66.

    49 Hierzu Maurice Vaïsse, *La Grandeur. Politique étrangère du général de Gaulle 1958–1969*, Paris (Fayard) 1998. »›Grandeur‹, mot gaullien par excellence«, heißt es in *De Gaulle au présent. Textes choisis et présentés par Henri Guaino*, Paris (le cherche midi) 2015, S. 16. Hans-Martin Gauger hat mich daran erinnert, dass de Gaulle aber nie von Frankreich als der »Grande Nation« sprach.

43

schwerer gewesen, die Aussöhnung und schließlich die Freundschaft zwischen beiden Ländern zu erreichen. Auf diese Weise errichteten »le vieux Français et l'Allemand encore plus vieux«, der alte Franzose und der noch ältere Deutsche, die Kathedrale der europäischen Einheit.

De Gaulle, dem Überschwang nicht fremd war, blieb ein kühl kalkulierender Realist. Konrad Adenauer, den eine tiefe Sympathie für Frankreich auszeichnete, gab den Beziehungen beider Länder in den Augen de Gaulles manches Mal einen zu sentimentalen Anstrich: »Aber im Grundsatz hatte sich an der Lage der Dinge nichts dadurch geändert, dass wir uns bei der Unterzeichnung des Vertrages umarmt haben.«[50] Und so bestand de Gaulle selbst in seinen Unterredungen mit Adenauer – Texten, die in den Schulen beider Länder zur Pflichtlektüre zählen sollten – darauf, dass auch in Zukunft zwischen Frankreich und Deutschland ein politisches Ungleichgewicht gelten müsse. Deutschland, im Zweiten Weltkrieg besiegt, war keine Weltmacht mehr und durfte auch keine mehr werden. Frankreich hingegen war eine Weltmacht und würde es bleiben – nicht zuletzt, weil es über eine atomare Bewaffnung verfügte, die Deutschland nicht gestattet war. Diese Doktrin der politischen Asymmetrie führte de Gaulle folgerichtig dazu, die Idee einer Europäischen Verteidigungsgemeinschaft abzulehnen – einer Gemeinschaft, die das siegreiche Frankreich und das besiegte Deutschland auf die gleiche Stufe gestellt hätte. Obwohl es leicht war, Frankreichs Weltmachtambitionen zu belächeln – nicht zuletzt im Vergleich mit wirklichen Weltmächten wie den USA und der Sowjetunion –, spielten diese Ambitionen in den deutsch-französischen Beziehungen auch weiterhin eine zentrale Rolle. Entscheidend dabei war, dass Adenauer die Rolle Frankreichs als *primus inter pares* in Europa gegenüber de Gaulle rückhaltlos bejahte: »Ich möchte Ihnen gegenüber einen Wunsch ausdrücken: Europa soll unter Führung Frankreichs entstehen. Dies ist mein innigster Wunsch … Ich hoffe, dass Sie so lange wie möglich an der Spitze Ihres Landes stehen werden, denn ich weiß nicht, was sonst aus Frankreich werden würde. Sie

50 Charles de Gaulle, »Exposé au Conseil des Affaires Étrangères sur l'Allemagne«, in: *Lettres, Notes et Carnets (janvier 1964 – juin 1966)*, S. 248.

müssen der Chef Europas bleiben, und ich sage dies nicht, um Ihnen zu schmeicheln: Dies ist meine tiefe Überzeugung.«[51]

Am 8. Juli 1962 legten in einer Messe in der Kathedrale von Reims General de Gaulle und Bundeskanzler Konrad Adenauer den Grundstein der deutsch-französischen Freundschaft; ein halbes Jahr später, am 22. Januar 1963, wurde in Paris der Élysée-Vertrag unterzeichnet. 1962 war auch das Jahr, in dem am 19. März Algerien im Vertrag von Evian seine Unabhängigkeit erlangte. Bereits 1960 waren im sogenannten »Afrikanischen Jahr« vierzehn ehemalige französische Kolonien unabhängig geworden. Der Prozess der Entkolonialisierung war mit der algerischen Unabhängigkeit an sein Ende gekommen. De Gaulle nahm dabei große persönliche Risiken in Kauf; im August 1962 entging er nur knapp einem Attentat im südlich von Paris gelegenen Petit-Clamart, für das ein Kommando der OAS (Organisation de l'Armée secrète) verantwortlich war, zu der sich Offiziere zusammengeschlossen hatten, die gegen de Gaulles Algerienpolitik kämpften. Den Verlust, keine Kolonialmacht mehr zu sein, versuchte de Gaulle ausgerechnet in Algerien zu kompensieren. Dort fand 1960 der erste französische Kernwaffentest statt; im Vertrag von Evian hatte Frankreich durchgesetzt, die Testanlagen in der Sahara noch fünf Jahre nach der Unabhängigkeit Algeriens nutzen zu können. Das Aufgeben seiner letzten Kolonie machte Frankreich, stolz auf seine »force de frappe«, zur Atommacht.

Zwischen der Messe von Reims und dem Vertrag von Evian bestand für de Gaulle ein Zusammenhang. Die deutsch-französische Freundschaft war unabdingbar, um die Einheit Europas zu befördern und seine politische Eigenständigkeit sowohl gegenüber den USA als auch gegenüber der UdSSR zu sichern. Zwischen Deutschland und Frankreich musste dabei, dies war de Gaulles erklärtes politisches Ziel, stets ein Ungleichgewicht herrschen. Das besiegte Deutschland hatte sich

---

51 De Gaulle, »Tête-à-Tête entre le Général de Gaulle et l'Ancien Chancelier allemand Konrad Adenauer«, 10 mars 1966 de 12h 20 à 13h 15 à l'Élysée, in: *Lettres, Notes et Carnets (janvier 1964 – juin 1966)*, S. 268. In dieser Unterredung nannte Adenauer, der als Bundeskanzler 1963 von Ludwig Erhard abgelöst worden war, seinen Nachfolger einen »weichen Mann« und beklagte, dass von der deutschen Außenpolitik keine Initiativen mehr ausgingen.

verpflichtet, auf Atomwaffen zu verzichten. Es war – im Gegensatz zu Frankreich – keine Weltmacht mehr. Die »Force de Frappe« dagegen sicherte Frankreich, das einen ständigen Platz im UN-Sicherheitsrat einnahm, seinen Rang unter den Weltmächten. Im Kreis der europäischen Demokratien würde Frankreich die politische Führungsrolle auf dem Kontinent beanspruchen – und Deutschland würde diesen Anspruch honorieren müssen. Mit dieser Zielsetzung wurde der »Gaullismus«, über linke und rechte Parteigrenzen hinweg, zu einer Konstante der französischen Nachkriegspolitik.

In einem Telegramm an Konrad Adenauer vom 8. Dezember 1965 hatte de Gaulle davon gesprochen, für ein »vereintes, selbstsicheres Europa« zu arbeiten, »das sich über seine Ziele im Klaren ist und entschlossen ist, sich die Mittel zu verschaffen, um diese Ziele zu erreichen«.[52] Ein selbstsicheres Europa zu schaffen – das war ein Ziel, das der Ambition, ein Lateinisches Reich zu gründen, nicht nachstand, aber den Vorzug hatte, realisierbar zu sein. In der Einschätzung der Gefahren, die Frankreich von einem wiedererstarkten Deutschland drohten, unterschied sich dabei de Gaulle kaum von den Befürchtungen Kojèves. Der General zog aus dieser Einschätzung aber den entgegengesetzten Schluss: Deutschlands Ambitionen mussten durch Kooperation, nicht durch Konfrontation kontrolliert werden, Europa konnte nur mit, es konnte nicht gegen Deutschland geschaffen werden. Eine lateinische Option spielte de Gaulle nicht aus. Seine Vision von Europa war nicht »lateinisch«, trug aber katholische Züge. Es war von großer symbolischer Bedeutung, dass die deutsch-französische Aussöhnung mit einer Messe in der Kathedrale von Reims gefeiert wurde, und es war keine beiläufige Bemerkung, wenn de Gaulle Europa als Kathedrale beschrieb – »L'union de l'Europe occidentale. Ah! Quelle cathédrale!«[53] –, die Adenauer und er zusammen gebaut hatten. Auch wird beiden bewusst gewesen sein, dass die Architekten des vereinten Europa – Adenauer, de Gaulle, Monnet, Schuman, de Gasperi, Spaak – fast ausnahmslos Katholiken waren. In den *Lettres, Notes et*

---

52 De Gaulle, *Lettres, Notes et Carnets (janvier 1964 – juin 1966)*, S. 216.
53 »Brouillon du Plan d'une Allocution Prononcée à Bonn, 11 ou 12 juin 1965«, in: De Gaulle, a.a.O., S. 169.

Carnets, die für die europapolitischen Motive de Gaulles aufschluss-reich sind, spielt die »Latinität« so gut wie keine Rolle. De Gaulle woll-te ein »europäisches Europa« bauen, das sich gegen die UdSSR, vor allem aber gegenüber den Angloamerikanern behaupten würde. Da-bei konnte ein eng mit Frankreich verbundenes Deutschland eine grö-ßere Rolle spielen, als jede lateinische Nation es vermocht hätte. Umso mehr musste es de Gaulle schmerzen, dass der Deutsche Bundestag vor Ratifizierung des deutsch-französischen Freundschaftsvertrages darauf bestand, dass diesem eine Präambel vorangestellt wurde, welche die engen Bindungen der Bundesrepublik mit den USA betonte und sich für die Aufnahme Großbritanniens in die EWG aussprach. »Le ma-riage n'a pas été consommé«, stellte de Gaulle verbittert fest.

De Gaulle und die Latinität

Die französische Politik und Diplomatie mussten darauf achten, über den immer enger werdenden Beziehungen zu Deutschland »lateinische« Affinitäten und Erwartungen nicht zu brüskieren. Bei der Lektüre von de Gaulles Reden gewinnt man den Eindruck, dass beispielsweise die Pflege guter Beziehungen zu Italien für ihn eher eine Sache der Pflicht als der Neigung war. Im November 1944 hatte er in einer Rede daran erinnert, wie eng Frankreichs Schicksal mit der Zukunft des Mittelmeers verbunden war. Deswegen war es umso beklagenswerter, dass Italien, »ce peuple latin«, seine »ambitionierte Feindlichkeit« in dem Moment gegen Frankreich gerichtet hatte, als dieses am Boden lag – Italien hatte am 10. Juni 1940 England und Frankreich den Krieg erklärt. Die »natürliche Solidarität« zweier Mittelmeerländer hätte dies verhindern müssen. De Gaulle erklärte seine Bereitschaft, künftig mit einem demokratischen Italien zusammenzuarbeiten, machte aber mit fast drohendem Unterton deutlich, dass auch das »neue Italien« die französischen Kolonialinteressen in Nordafrika werde respektieren müssen.[54]

Wie schwierig die Balance zwischen den Avancen gegenüber Deutschland und den Rücksichten gegenüber dem lateinischen Nachbarn zu halten war, zeigte die Italienreise de Gaulles vom 23. bis zum 27. Juni 1959.[55] De Gaulle war 1958 an die Macht gekommen, 1959 wurde er Präsident, die Reise nach Italien war seine erste Auslandsreise in dieser Funktion. Der Besuch in der Lombardei und in Rom ver-

54 Charles de Gaulle, »Discours prononcé à l'Assemblée Consultative«, 22. November 1944, in: *Discours et Messages. Pendant la guerre (juin 1940 – janvier 1946)*, S. 484.
55 Das Folgende nach Stéphane Mourlane, »Le voyage officiel en Italie du général de Gaulle (23–27 juin 1959). De l'usage du rite et du mythe en politique étrangère«, in: *Cahiers de la Méditerranée* 77 (2008), S. 95–110, zitiert nach http://cdlm.revues.org/4368

folgte zwei Ziele: die französische Führungsrolle in Europa zu festigen und die französisch-italienische Freundschaft im Rahmen der Europäischen Gemeinschaft zu feiern. Die Reise hatte eine große symbolische Bedeutung, weil sie während der Hundertjahrfeiern zur Erinnerung an die Schlachten von Magenta und Solferino stattfand, in denen, unterstützt vom Frankreich Napoleons III., das Königreich Sardinien Österreich besiegt hatte. Damit war der Weg zur Einigung Italiens geebnet worden. Schon vor dieser Auslandsreise hatte de Gaulle Italien eine besondere Aufmerksamkeit geschenkt: Mit den Politikern Amintore Fanfani und Antonio Segni hatte er sich vier Mal getroffen, einmal mehr als mit Konrad Adenauer. Diese »einfache Arithmetik« aber gab den Italienern keinen Anlass zur Beruhigung. Sie hatten aufmerksam verfolgt, dass de Gaulle, bevor er zum Präsidenten ernannt wurde, den deutschen Kanzler in seinem Privathaus in Colombey-les-Deux-Églises empfangen und dass seine erste Auslandsreise nach der Machtübernahme ihn im November 1958 nach Bad Kreuznach geführt hatte. Italien fürchtete die Anbahnung einer privilegierten Entente zwischen Paris und Bonn, die Rom nur schaden konnte. Zusätzlich belastet wurde die Reise de Gaulles durch kritische Kommentare in der italienischen Presse, in denen die Machtübernahme des Generals mit dem Jahr 1922 in Verbindung gebracht wurde, als Mussolinis Marsch auf Rom die Grundlagen für seine Diktatur gelegt hatte.

Die Reise de Gaulles wurde ein großer Erfolg, die Massen drängten sich um ihn, sein Triumph war nur dem Enthusiasmus vergleichbar, mit dem die Italiener ansonsten die Tour de France verfolgten. In der Presse wurden die »gefühlsmäßigen Verbindungen« zwischen Frankreich und Italien hervorgehoben, die durch diese Reise verstärkt werden sollten. In seiner Rede zur Erinnerung an die Schlacht von Solferino erklärte de Gaulle, dass Frankreich vor hundert Jahren mit der Unterstützung seiner Truppen für die italienische Sache eine Schuld abgetragen habe für alles, was es von Italien »in seinen Gesetzen, seinen Sitten, seinen Künsten und seiner Sprache, kurz gesagt in seiner Seele« empfangen hatte. De Gaulle beschwor die »Romanitas« und verneigte sich vor Rom als der Wiege der westlichen Zivilisation. An die Kontinuität der französisch-italienischen Freundschaft erinnerte er, als er den Friedhof von Monte Mario in Rom besuchte, wo französische Soldaten ruhen, die im Zweiten Weltkrieg unter dem Kommando des Marschalls Juin für die Befreiung Italiens kämpften. In seiner Ansprache in Monte Mario nannte de Gaulle die Opfer, welche die Soldaten beider Länder gebracht hatten, »ein unsterbliches Zeugnis lateinischer Brüderlichkeit«. Von einer »Lateinischen Union« aber, von der etwa 1904 der französische Präsident Loubet bei seinem Rom-Besuch gesprochen hatte, war keine Rede.[56] Auch wenn de Gaulle von Blutsbrüderschaft sprach, benutzte er nicht die übliche Wendung von Italien als der »lateinischen Schwester«; 1945 hatte er gegenüber André Malraux von Italien etwas herablassend als von einer »Cousine« gesprochen. De Gaulle war sich dabei bewusst, dass Italien sein Verhältnis zu Frankreich stets mit den deutsch-französischen Beziehungen vergleichen würde. Nicht zuletzt, um den angelsächsischen Einfluss auf dem Kontinent zurückzudrängen, schlug de Gaulle eine enge Kooperation zwischen Frankreich, Italien und Deutschland vor, »ohne davon im Übrigen die Belgier, die Holländer und vielleicht noch andere Nationen auszuschließen«. Dennoch blieben die deutsch-französischen »Intimitäten« für Italien zumal nach der Unterzeichnung des Élysée-Vertrages im Januar 1963 ein Grund zur Besorgnis. De Gaulle aber erklärte seinem Informationsminister Alain Peyrefitte, dass man die Italiener ohne großen Aufwand beruhigen könne: »Diese Tiefenkontakte sind mit Italien nicht notwendig, das mit uns die gleiche Natur teilt; wir sind Lateiner.«[57]

Als de Gaulle 1958 unmittelbar nach seinem Amtsantritt Rom besuchte, unterstellte die linke Presse beider Länder, Frankreich und Italien planten, einen »mediterranen Pakt« abzuschließen, dem au-

---

56 Die Erwartungshaltung eines Teils der Öffentlichkeit wird in einem Artikel aus dem Jahre 1959 deutlich. Dort ist die Rede davon, dass beim Italien-Besuch de Gaulles keine Rede von einem Mittelmeerpakt war. Und dann heißt es: »Dennoch bietet sich die Gelegenheit, sich zu fragen, worum es sich dabei hätte handeln können, und die Frage danach in ihren historischen Rahmen zu stellen, wie es auch immer mit dem Skeptizismus einiger gegenüber dem Wert und dem Interesse derartiger Annäherungen bestellt sein mag.« Henry Marchat, »Pactes méditerranéens d'hier et de demain«, in: *Revue politique et parlementaire*, 693/694 (août/septembre 1959), S. 119.

57 Alain Peyrefitte, *C'était de Gaulle*, 2. Band, Paris (Editions de Fallois/Fayard) 1997, S. 221, zit. nach Stéphane Morlane, Anm. 35.

ßerdem noch Spanien und Marokko angehören sollten. Ein solcher Pakt wurde von der Linken als Versuch verurteilt, Italiens Unterstützung für den Krieg zu gewinnen, den Frankreich gegen die algerische Unabhängigkeitsbewegung führte. Angespielt wurde damit auf einen Plan aus der Endphase der IV. Republik. Sein Urheber war Félix Gaillard, Mitglied des Parti radical, der am 5. November 1957 mit 38 Jahren zum bisher jüngsten Ministerpräsidenten Frankreichs gewählt worden war.

Vorschläge zur Gründung eines »mediterranen Pakts« hatte es schon vorher gegeben – so von Seiten des franquistischen Spanien, das mit der deutlich antikommunistischen Ausrichtung eines derartigen Pakts bemüht war, seine internationale Isolation zu durchbrechen. Spanien erhob dabei, in den Worten seines Außenministers Martín Artajo, den Anspruch, eine Brücke zu bilden zwischen Europa und der »arabischen Welt, die wir verstehen und die uns versteht«, und konnte mit Genugtuung vermerken, dass marokkanische Diplomaten darauf mit der Aussage reagierten, Marokko und Spanien müssten als »privilegierte Anrainer des Mittelmeers« im Pakt eine zentrale Rolle spielen. Das Wohlwollen, das Spanien dem arabischen Nationalismus entgegenbrachte, weckte das Misstrauen Frankreichs, das sich noch steigerte, als 1956, im Jahr der Suezkrise, von einem geplanten Staatsbesuch des ägyptischen Präsidenten Nasser in Madrid die Rede war. Mit einer nicht zu vermeidenden Metapher verspotteten französische Diplomaten das hispano-arabische Projekt als »donquichottesk«, und als Madrid zu erkennen gab, dass der mediterrane Pakt unter Führung Spaniens auch als Wirtschaftshilfe für arabische Länder gedacht war, richtete Frankreich eine Warnung an Madrid, es werde die Schwächung seiner eigenen Interessen in Nordafrika nicht hinnehmen. Erschwerend kam hinzu, dass Frankreich davon überzeugt war, Waffenlieferungen im großen Umfang würden durch die spanischen Besitzungen in Nordafrika an die algerischen Aufständischen gelangen. Das Projekt eines mediterranen Pakts – als Urheber galt der Caudillo Franco »mit seiner gewohnten Weitsicht« – wurde von der spanischen Regierung engagiert, aber eher auf diplomatischer Ebene und ohne große Öffentlichkeitswirkung verfolgt. Italienische Ideen für einen Mittelmeerpakt wiederum scheiterten in der Regel bereits an Differenzen innerhalb der Democrazia Cristiana.[58] Am 8. Februar 1958 bombardierte die französische Luftwaffe ein Lager der algerischen Nationalen Befreiungsfront (FLN) in dem tunesischen Ort Sakiet Sidi Youssef und tötete 69 Menschen, darunter 21 Kinder. Durch die internationale Kritik an dieser Aktion wurde Frankreich gezwungen, eine angloamerikanische Mediation im Algerienkonflikt zu akzeptieren. Ministerpräsident Gaillard versuchte den Konflikt zu entschärfen, indem er am 7. März die Gründung eines »Pacte méditerranéen« zwischen Frankreich und den Ländern des Maghreb vorschlug. In Analogie zum britischen Commonwealth und als Ergänzung zur NATO sollte eine »Communauté méditerranéenne« unter Führung Frankreichs und im Verbund mit anderen südeuropäischen Staaten wie Italien und Spanien sowie Ländern des Maghreb wie Marokko und Tunesien die Bodenschätze der Sahara gemeinsam ausbeuten und eine Verteidigungsgemeinschaft bilden. In dieser wirtschaftlichen und militärischen »Doppelgemeinschaft« sollte jede Einmischung in die inneren Angelegenheiten eines Mitgliedsstaates ausgeschlossen sein. Damit versuchte Gaillard den Vorwurf der heimischen Opposition zu entkräften, der Mittelmeerpakt werde zu einer Internationalisierung des Algerienkonflikts, zum Ende der »Algérie française« und zur Schwächung der französischen Souveränität führen. Der Vorschlag zur Gründung des Mittelmeerpakts wurde von Italien und von Spanien begrüßt, von seiner Erweiterung durch die Einbeziehung Griechenlands und der Türkei war die Rede. Marokko und Tunesien dagegen lehnten den »neo-kolonialistischen« Plan ab, in dem sie den ersten Schritt zur Bildung eines »Eurafrique française« sahen. Als fatal für die Regierung Gaillard erwies sich der Vorschlag des amerikanischen Außenministers John Foster Dulles, ein »Common-

58 Diese Information wie die Darstellung des Projektes von Félix Gaillard entnehme ich dem Beitrag von Elly Hermon: »A propos du plan Félix Gaillard de pacte méditerranéen«, in: *Revue d'histoire diplomatique* 109 (1995), S. 3–28. Olivier Wormser berichtet, dass Kojève bei der Abwertung des Franc durch Gaillard 1957 eine Rolle spielte – es ist nicht unwahrscheinlich, dass er auch an der Konzeption des »pacte méditerranéen« beteiligt war. Olivier Wormser, »Mon ami Alexandre Kojève«, in: *Commentaire* 9 (printemps 1980), S. 120–121.

wealth des westlichen Mittelmeers« zu bilden, dem Frankreich, Tunesien, Marokko und Libyen angehören sollten. Offiziell als Unterstützung der Pläne Gaillards für einen Mittelmeerpakt bezeichnet, wollte die amerikanische Außenpolitik mit diesem »Commonwealth« nicht zuletzt den wachsenden Einfluss Nassers im Mittelmeerraum eindämmen. In Frankreich liefen sowohl die Gaullisten als auch die Sozialisten Sturm gegen den Vorschlag von Dulles, in dem sie einen Versuch zur »Amerikanisierung« der französischen Nordafrikapolitik sahen. Der Mittelmeerpakt, mit dem Gaillard die Algerienkrise entspannen und Frankreichs politische Handlungsfähigkeit stärken wollte, führte zum Sturz seiner Mitte-Links-Regierung am 15. April 1958. Einen Monat lang gelang es in Frankreich nicht, eine Regierung zu bilden. Als am 13. Mai 1958 René Pflimlin zum neuen Ministerpräsidenten gewählt wurde, geschah dies nur noch pro forma. Am gleichen Tag putschten in Algier die Generäle, und am 1. Juni 1958 war de Gaulle wieder an der Macht.

Die Lösung des Algerienkonflikts war für de Gaulle vordringlich – aber sie war für ihn nicht Bestandteil einer Politik, die darauf abzielte, »Mittelmeerpakte« zwischen den Anrainern des Mare nostrum zu bilden. De Gaulle setzte auf die Bildung eines Europa, das unter Führung Frankreichs in der Lage sein würde, neben den amerikanischen und sowjetrussischen Machtblöcken eine eigene Rolle in der Weltpolitik zu spielen. Da in dieser Strategie die wirtschaftliche Zusammenarbeit mit der Bundesrepublik im Zentrum stand, musste Frankreich gegenüber Ländern wie Italien dafür sorgen, dass der drohende Schatten eines deutsch-französischen Europa durch die Hoffnung auf ein stärker lateinisch ausgerichtetes politisches Europa aufgehellt wurde.

Der Besuch de Gaulles in Italien aber machte deutlich, dass der Bezug auf die »Latinität« im Wesentlichen zu einem Element der politischen Rhetorik geworden war. Damit ließen sich – wie 1964 in Bukarest, als de Gaulle Rumänien eine »lateinische Insel in einem slawischen Ozean« nannte – Verwandtschaften der Mentalität in Europa beschwören, ohne dass ein reales politisches Engagement folgen musste. Zum Schauplatz französischer Ambitionen im Zeichen der Latinität wurde für de Gaulle Lateinamerika, das er bereits am 15. August 1940 in einer Rede in London angesprochen und wo sich schon früh in Buenos Aires ein Comité de la France libre gebildet hatte – schließlich befanden sich von den 400 Comités, die es in der ganzen Welt gab, nicht weniger als 300 in lateinamerikanischen Ländern. Lateinamerikanische Intellektuelle erlebten die Zeit des Zweiten Weltkriegs, in der Spanien sich in einem blutigen Bürgerkrieg zerfleischte, Italien mit Frankreich eine »lateinische Schwester« angriff und Frankreich durch Nazideutschland eine schmachvolle Niederlage erlitt, als eine Krise der Latinität, die in »unserem Iberoamerika« gerettet werden musste.[59]

1943 erklärte de Gaulle, wiederum in einer Radiobotschaft aus London, ein Lateinamerikaner fühle sich auf französischem Boden zu Hause und ein Franzose könne in Lateinamerika kein Fremder sein.[60] Bei de Gaulles Mexiko-Besuch im März 1964 sprach das offizielle Kommuniqué von den »gemeinsamen Ansichten und dem Ideal, das die Nationen lateinischen Ursprungs und lateinischer Tradition bewegt«, und de Gaulle begeisterte in Mexiko-Stadt eine Menge von 300 000 Menschen mit einer auf Spanisch gehaltenen Rede und dem legendär gewordenen Satz: »Marchamos la mano en la mano.«[61] Im September und Oktober des gleichen Jahres unternahm er eine fast einmonatige Reise nach Mittel- und Südamerika, die ihn in elf Länder führte, wobei ein Stopp in Washington demonstrativ vermieden wurde. In den Pathosformeln, die de Gaulles Reden prägten, spielte die Latinität eine zentrale Rolle, er betonte die gleiche Grundstimmung die die »Lateiner Amerikas« und die »Lateiner Europas« aneinanderbinde. Solche Wendungen waren eindeutig gegen die USA gerichtet – und wurden mit Distanz von heimischen Politikern aufgenommen, die

59 Juliette Dumont-Quessard, »La défaite de 1940: une étape dans la redéfinition des relations culturelles entre la France et les intellectuels latino-américains«, in: Maurice Vaïsse (Ed.), De Gaulle et l'Amérique latine, Rennes (Presses Universitaires de Rennes) 2014, S. 25.

60 Charles de Gaulle, »Message à l'Amérique Latine Lu à la Radio de Londres«, in: Discours et Messages. Pendant la guerre (juin 1940 – janvier 1946), S. 278.

61 Als François Hollande im April 2014 Mexiko besuchte, erinnerte er in seiner Ansprache an die Rede de Gaulles, wobei er dessen Satz inkorrekt wiedergab: »Marchamos la mano dans la mano.« »Hollande massacre l'Espagnol«, titelte die Zeitung Le Figaro.

realistisch genug waren, auf die Politik eines von Frankreich bestimmten »Dritten Weges« zwischen den USA und den UdSSR keine allzu großen Hoffnungen zu setzen. Auf die politischen Entwicklungen in Europa hatte diese Rhetorik erst recht keinen Einfluss. Nach Beendigung seiner Reise sandte de Gaulle eine Botschaft an den deutschen Bundeskanzler Ludwig Erhard, in der er betonte, welch bedeutende Rolle das deutsch-französische Paar und damit Europa künftig in Lateinamerika spielen konnte. In dieser Botschaft drückte sich aber weniger die Hoffnung auf ein lateinischer werdendes Europa aus als das erneute Bekenntnis zur zentralen Rolle, die Deutschland und Frankreich gemeinsam in einem von de Gaulle gewünschten Europa der Nationen spielen sollten. Am Ende blieben die Besuche de Gaulles in Lateinamerika ohne politische Wirkung – die Südamerikaner, die sich dem spanischen Mutterland verbunden fühlten, sahen im Terminus Lateinamerika »una invención caprichosa y arbitraria« Frankreichs, das sich damit Einfluss auf einem Kontinent sichern wollte, der ihm vollkommen fremd war.[62] In den kommenden Jahren verstärkte sich das »Protektorat« der USA über den Subkontinent.

Der deutsch-französische Freundschaftsvertrag von 1963 führte in Italien erneut zu Irritationen. Doch zugleich äußerte der italienische Außenminister Giuseppe Saragat, der im Februar 1964 Präsident Segni zu einem Staatsbesuch nach Paris begleitete, die Überzeugung, das Konzept der »Latinität« sei zu eng, um darauf die französisch-italienischen Beziehungen zu bauen. De Gaulle konnte dieser Einschätzung nur zustimmen. Erst am Ende seines Lebens hoffte er auf ein Erstarken der Latinität, die in der Moderne als Folge der technisch-wissenschaftlichen Revolution in der Welt an Bedeutung und Einfluss verloren hatte. De Gaulle verband diese Hoffnung mit der Überzeugung, dass die angloamerikanische Zivilisation den Höhepunkt ihrer Entwicklung bereits überschritten hatte.

62 Alberto Buela, *Hispanoamérica contra Occidente. Ensayos Iberoaméricanos*, Madrid (Ed. Barbarroya) 1996, S. 28, zitiert nach Jorge Lombardero Álvarez, »Maeztu y la Hispanidad«, in: *El Basilisco* 2 (1999), No. 25, S. 51–60; www.filosofia.org/rev/bas/bas22504.htm. Umgekehrt war von Lateinamerika statt von Iberoamerika immer dort die Rede, wo die Distanz zu Spanien betont werden sollte.

François Mitterrands
»Sozialismus des Südens«

Das Mittelmeer blieb, über Parteigrenzen hinweg, eine bevorzugte Region der französischen Außenpolitik. Die wechselvolle Geschichte der deutsch-französischen Beziehungen stand dabei oft im Hintergrund, wie in der folgenden Kindheitserinnerung François Mitterrands deutlich wird: »De Gaulle sah seine Mutter weinen, wenn sie sich an 1870 erinnerte ... Meine Großeltern konnten nicht an die Kapitulation von Sedan denken, ohne dass sich bei ihnen der alte Schmerz spüren ließ. Als gelehrige Schüler Clemenceaus hielten sie den kolonialen Expeditionen vor, die Aufmerksamkeit der Franzosen von der Rache am Rhein abgelenkt zu haben. Am Abend rezitierte man Victor Hugos Gedicht ›L'Année terrible‹.«[63] Mit den »kolonialen Expeditionen« waren die Versuche gemeint, den französischen Kolonialbesitz in Afrika zu sichern und wenn möglich auszuweiten. Diese Konzentration der Politik auf den Süden des Mittelmeers wurde von großen Teilen der französischen Öffentlichkeit als Flucht vor einem energischen Engagement an der Ostgrenze Frankreichs wahrgenommen. Auf diese Weise, argumentierten Kritiker, bestimme Deutschland die Außen- und das heißt nicht zuletzt die Mittelmeerpolitik Frankreichs.

In der politischen Karriere François Mitterrands spielte die Sicht auf das Mittelmeer, die sich mit einem Seitenblick auf Deutschland verband, eine große Rolle. Für den Vorsitzenden der Sozialistischen Partei war diese Nord-Süd-Konstellation ebenso wichtig, wenn nicht noch wichtiger als für Mitterrand, den späteren Präsidenten der Republik. Strategische Orientierungen wurden dabei oft genug von persönlichen Antipathien und Präferenzen bestimmt. So wurde die Sorge vor dem Wiedererwachen hegemonialer Bestrebungen in Deutschland

---

63 François Mitterrand, *La Paille et le Grain*, Paris (Flammarion) 1975, S. 14.

durch die Person Willy Brandts gemindert, für den Mitterrand eine ungewöhnlich warme und herzliche Sympathie zu hegen schien. Am 29. März 1973 – einen Tag zuvor war Breschnew in Bonn gewesen – besuchte Mitterrand Brandt. So erinnerte er sich an ihr Zusammentreffen: »Heute, da de Gaulle nicht mehr da ist, hängt die Entwicklung Europas ganz und gar von Deutschland ab … Willy Brandt ist entspannt. Dieses ausgeglichene Deutschland, Tochter Goethes, nicht Wagners, hat etwas Athenisches an sich. Im Namen meiner Freunde bringe ich zum Ausdruck, wodurch es uns beunruhigt. Wird es sich, nunmehr in den Kreis der Imperien zurückgekehrt, selbst daran hindern können, deren Sprache zu benutzen und deren Träume zu träumen? Deutschland wächst in dem Maße, wie unser Europa schmaler wird. Aber dies ist offensichtlich nicht sein Fehler … Auf dem Rückflug … tauschen Émile Loo, Gaston Defferre, Jean-Pierre Chevènement und ich unsere Eindrücke aus. Einer von uns sagt sehr ernst: ›Willy Brandt hat seinen Platz immer bei freien Menschen gesucht.‹ Wir blieben schweigsam. Eine Wärme griff uns ans Herz, die sich in gesegneten Augenblicken Freundschaft nennt.«[64] Auffallend an dieser Passage ist die ungewöhnliche, durch die Person Willy Brandts bestimmte Charakteristik Deutschlands als »athenisch« und »ausgeglichen«. Dass zwei der Parteigenossen Mitterrands, die ihn beim Besuch in Bonn begleiteten, bekannte »hommes du midi« waren – Gaston Defferre als langjähriger Bürgermeister von Marseille und Charles-Émile Loo als sozialistischer Parteisekretär des Bezirks Bouches-du-Rhône –, gibt dieser Charakteristik ein zusätzliches Gewicht. Zur Beruhigung der französischen Politiker, die mit der Angst vor einem neuen Deutschen Reich nach Bonn geflogen waren, hatte aber nicht nur die Person Willy Brandts beigetragen. Eine wichtige Rolle wird seine »Ostpolitik« gespielt haben, deren Ziel nicht in der Vereinigung von Bundesrepublik und DDR lag, sondern im »Wandel durch Annäherung«. Von einer damit verbundenen Entspannung in Europa konnte auch Frankreich profitieren – ohne einen Machtzuwachs Deutschlands befürchten zu müssen.

Zu einer längeren Aussprache zwischen Brandt und Mitterrand

64 A.a.O., S. 181–182.

sollte es am 2. Februar 1974 während einer gemeinsamen Bahnfahrt kommen.[65] Willy Brandt war in München der Theodor-Heuss-Preis verliehen worden, und auf der Rückfahrt nach Bonn stieg Mitterrand in Stuttgart zu und begleitete den Bundeskanzler bis Mainz – im ehemaligen Salonwagen Hermann Görings. Brandt hatte Mitterrand eingeladen – nicht zuletzt, um Spannungen zwischen der SPD und der PS auszuräumen. Die SPD warf der PS Anbiederung an die Kommunisten vor, die französischen Sozialisten kritisierten die Praxis der Berufsverbote in der Bundesrepublik und ärgerten sich über die »guten Manieren«, mit denen die SPD der christdemokratisch orientierten Partei UDF (Union pour la Démocratie Française) Valéry Giscard d'Éstaings begegnete. Beide Politiker wollten die gemeinsame Bahnfahrt nutzen, um sich in Ruhe auszusprechen. Mitterrands Schilderung dieser Stunden, in welcher er den Beginn einer »offenherzigen Freundschaft« sah, ist stark emotional geprägt und endet mit der Erinnerung an ein überraschendes Bekenntnis Willy Brandts: »Wir aßen schnell zu Abend. Nach dem Kaffee stand ich auf, um durch das Zugfenster die deutsche Nacht zu betrachten … Brandt näherte sich, und wir sprachen miteinander. Wenig, um die Wahrheit zu sagen. Vielleicht einige Satzfetzen. Wenn ich an diese Begegnung eine lebendigere Erinnerung habe als an so viele andere, die auf den ersten Blick wichtiger schienen, mit Tagesordnung, Fragen, Antworten und Kommuniqués, so hängt es damit zusammen, dass dieses Mal alles ganz anders war. Wie soll ich es nur sagen? Ich glaube, wir träumten zusammen. Als ich ihn im Bahnhof von Mainz verließ, hielt mich Brandt für einen Augenblick an der Schulter zurück und sagte zu mir: ›Es ist gut, dass Sie es wissen. Ich bin ohne Zweifel der letzte Norddeutsche, der das lateinische Europa akzeptiert.‹«[66] Willy Brandt seinerseits war erstaunt »über den europäischen Willen, der bei Mitterrand zum Ausdruck kam«, und über seine »Freundlichkeit gegenüber den Deutschen«, doch fiel seine

<hr />

65 Zum Folgenden siehe den etwas flapsig überschriebenen Absatz »Eine Bahnfahrt, die ist lustig« bei Ulrich Lappenküper, *Mitterrand und Deutschland. Die enträtselte Sphinx*, München (Oldenbourg) 2011, S. 100–101.

66 François Mitterrand, *L'Abeille et l'Architecte. Chronique*, Paris (Flammarion) 1978, S. 150–151.

Erinnerung an die gemeinsame Bahnfahrt nüchterner aus, den Satz über das lateinische Europa dementierte er später.[67] Klaus Harpprecht hält es, wie er mir auf Nachfrage mitteilte, für wahrscheinlich, dass Willy Brandt sich in Mainz tatsächlich mit dem Satz verabschiedete, den Mitterrand in seinem Tagebuch notiert. Als der Satz gedruckt erschien, fühlte sich da Brandt, der am 7. Mai als Bundeskanzler zurückgetreten war, zu einem Dementi verpflichtet? Wollte er, auch wenn er ihm nicht in Herzlichkeit verbunden war, seinen Nachfolger Helmut Schmidt nicht desavouieren, den aufgrund des schärfer werdenden Konfliktes zwischen PS und SPD Mitterrand gewiss nicht als erklärten Freund eines lateinischen Europas ansah?

Kernpunkt des Streits zwischen SPD und PS war das unterschiedliche Verhältnis beider Parteien zu den Kommunisten.[68] Die SPD hatte mit Zurückhaltung und Misstrauen auf das »Programme commun« reagiert, das die PS 1972 mit der PCF, der Kommunistischen Partei Frankreichs, vereinbart hatte, um bei künftigen Wahlen einem Linksbündnis zum Erfolg zu verhelfen; auch Willy Brandt spottete über die Volksfrontillusionen der Sozialisten. Mit dem »Programme commun« verband die PS aber auch eine außenpolitische Strategie: Sie versuchte, die sozialistischen Parteien in den Ländern Südeuropas, in denen die kommunistischen Parteien gut organisiert waren und im Untergrundkampf gegen die autoritären Regime politische Legitimität erlangt hatten, zu ähnlichen Bündnissen zu überreden. Weil sie diese Strategie strikt ablehnte, betrachtete die SPD mit Misstrauen die Kontakte der PS zu kommunistischen Politikern wie dem Portugiesen Álvaro Cunhal und insbesonders dem Spanier Santiago Carillo, der im Pariser Exil lebte und in regelmäßigem Kontakt mit den französischen Sozialisten stand. Am Ende betrieben SPD und PS aber doch eine gemeinsame Außenpolitik und unterstützten »Sozialdemokraten« wie Mario Soares in Portugal und Felipe González in Spanien. Damit gaben

67 Klaus Harpprecht, *Im Kanzleramt. Tagebuch der Jahre mit Willy Brandt (Januar 1973 – Mai 1974)*, Hamburg (Rowohlt) 2000, S. 534. Das Dementi formulierte Brandt in einem Brief an Karl-Heinz Bender, *Mitterrand und die Deutschen (1938–1995) oder die Wiedervereinigung der Karolinger*, Bonn (Bouvier) 1995, S. 182, Fn 103.
68 Von hier ab folge ich der Darstellung von Christelle Flandre, *Socialisme ou social-démocratie? Regards croisés français-allemands, 1971–1981*, Paris (L'Harmattan) 2006.

die französischen Sozialisten aber nicht den Plan auf, ihren Einfluss im Süden Europas zu stärken und mit Schwesterparteien vor allem in Italien, Spanien und Portugal ein Gegengewicht zur mächtigen deutschen Sozialdemokratie zu bilden. Dieser Versuch gestaltete sich schon deswegen schwierig, weil die SPD, meist mit Hilfe der Friedrich-Ebert-Stiftung, die Demokratisierungsbewegungen in Portugal und Spanien auch finanziell massiv unterstützt hatte. Insbesondere galt dies für Portugal – die Sozialistische Partei Portugals (PSP), die Partei von Mario Soares, war 1971 in Bad Münster gegründet worden. Kaum war 1975 Franco in Spanien gestorben, begannen die deutschen Sozialdemokraten, die PSOE, die Partei von Felipe González, finanziell zu unterstützen. Willy Brandt war stolz darauf,»dass unter meiner Führung die SPD der spanischen Demokratie nicht nur mit schönen Worten auf die Beine geholfen hat«.[69] Bei der Trauerfeier für Brandt hielt Felipe González 1992 eine eindrucksvolle und berührende Rede, in der er Abschied von seinem»Amigo Willy« nahm.

Im Mai 1975 hatten sich die Vorsitzenden von achtzehn sozialistischen und sozialdemokratischen Parteien im dänischen Helsingör getroffen. François Mitterrand hatte dabei für seine Strategie eines Linksbündnisses mit den Kommunisten wenig Unterstützung gefunden. Mit Helmut Schmidt kam es zu einer heftigen Auseinandersetzung, als Mitterrand erklärte, die»Klassenallianz« mit den Kommunisten sei für ihn wichtiger als das Überleben der NATO. Helmut Schmidt wiederum hatte die Genossen bei ihrem Treffen mit wirtschaftspolitischen Ansichten schockiert, die für die meisten eher mit dem Neoliberalismus angelsächsischer Prägung als mit einem Sozialismus à la française vereinbar waren und auch Olof Palme dazu bewogen hatten, Mitterrand ausdrücklich seiner Sympathie zu versichern. Nur wenige Tage später trafen sich – Mitterrand hatte zwei Monate vorher dazu eingeladen – die Vorsitzenden der sozialistischen Parteien Italiens, Spaniens, Portugals, Griechenlands und Belgiens in Mitterrands Landsitz Latche, einem alten, umgebauten Bauernhof in den Landes. Zwei Tage lang diskutierte man dort über den Platz Südeuropas in der Welt-

69 Willy Brandt, *Erinnerungen*, Frankfurt a.M. (Propyläen) 1989, S. 348.

politik, Fragen der Ideologie und die Beziehungen von Sozialismus und Reformismus, wobei einem »Europa à la SPD«, das »die amerikanische Vorherrschaft oder die Kollision zwischen der UdSSR und den USA« akzeptiert, ein »Europa der Arbeiter« entgegengestellt wurde.[70] Das Treffen in Latche war als »privat« bezeichnet worden, die Organisatoren betonten in ihrer Einladung, dass man sich in einem Ferienhaus in der Atmosphäre eines Frühlingswochenendes treffen würde – mit der Möglichkeit, ausführliche Waldspaziergänge zu unternehmen oder mit dem Auto ans Meer zu fahren. In Wahrheit waren die mit der Einladung verbundenen Absichten Mitterrands alles andere als privat; ihm ging es darum, gegenüber der deutschen Sozialdemokratie den Vorrang der französischen Sozialisten zu sichern und, wo immer möglich, in Europa Linksbündnisse zwischen Sozialisten und Kommunisten zu bilden, wie es die PS in Frankreich getan hatte. Kritikern, die der PS einen separatistischen Kurs vorwarfen, der die Einheit der sozialistischen und sozialdemokratischen Parteien zu sprengen drohte, entgegneten die französischen Sozialisten, ihrerseits Treffen zwischen den deutschen, österreichischen und skandinavischen Sozialdemokraten stets akzeptiert zu haben. Willy Brandt, Bruno Kreisky und Olof Palme trafen sich in Wien, um zu beraten, wie sie auf die Manöver Mitterrands reagieren sollten. Brandt, der Mitterrand gegenüber seine Sympathie für die »Latinität« bekannt hatte, sprach spöttisch von der »Oliven-Internationale«, welche die »Sozialisten des Südens« gegen die deutsche Sozialdemokratie zu gründen versuchten.[71]

Am 24. und 25. Januar 1976 fand eine »offizielle« Konferenz der sozialistischen Parteien Südeuropas in Paris statt. Zu der großen, von Mitterrand angeführten Delegation der PS gehörte auch Gilles Martinet, der Mitglied des Exekutivkomitees der Partei war. In einem Artikel in der Zeitung *La Croix*, der unmittelbar vor Beginn der Konferenz erschien, hatte Martinet, der früher Mitglied der Kommunistischen Partei gewesen war, deutlich gemacht, dass die PS im Süden Europas eine Strategie verfolge, die sich offen gegen die deutsche Sozialdemo-

70 Quellennachweise bei Flandre, S. 132 f.
71 A.a.O., S. 138, Fußnote 140.

kratie richtete: »Von einer Hegemonie der französischen PS über die anderen Parteien Südeuropas kann keine Rede sein. Jedoch haben wir ein Interesse daran, uns miteinander zu verständigen, um ein Gegengewicht zum deutschen Einfluss und zur Sozialdemokratie zu bilden. Und dies umso mehr, als die Deutschen beabsichtigen, ihren Einfluss nicht nur in Europa, sondern auch in der Dritten Welt auszudehnen. Man kann also sagen, dass es in Europa eine gewisse französisch-deutsche Konkurrenz gibt. Die PS würde sich erleichtert fühlen, wenn es eine Annäherung mit den sozialistischen Parteien Südeuropas geben würde und wir nicht länger die von der Internationale geduldete Ausnahme wären.«[72]

Gab es ein »lateinisches Modell«, einen »mediterranen Sozialismus«? François Mitterrand hatte stets betont, dass sich die französischen Sozialisten mit den Genossen im Süden nicht nur politisch, sondern auch durch eine nicht näher bestimmte »Affinität« verbunden fühlten, die sie von den anderen sozialistischen Parteien unterschied. Er hob hervor, dass ihn enge persönliche Beziehungen mit Mario Soares, Felipe González und Benedetto Craxi verbanden. Es konnte daher nicht überraschen, dass ein Teil der französischen Presse den Konflikt zwischen der PS und der SPD zu einer Auseinandersetzung zwischen zwei politischen Mentalitäten innerhalb des sozialistischen Lagers hochstilisierte, die alle Elemente der Nord-Süd-Konfrontation aufnahm, die sich in Europa verschärft seit dem Beginn des 19. Jahrhunderts gezeigt hatte. Exemplarisch dafür war der Artikel, den Philippe Tesson, Chefredakteur des *Quotidien de Paris*, am 26. Mai 1975, zwei Tage nach dem Treffen von Latche, unter der Überschrift »Le Rêve Méditerranéen de Mitterrand« veröffentlichte.[73] Mitterrand, so Tesson, war auf der Suche nach einem »socialisme spécifique«: »Im Norden Europas gab es einen Sozialismus der Vernunft. Hier kannten die Sozialisten die Macht – zum Teil seit langen Jahren wie in Schweden oder, mit Unterbrechungen, in Großbritannien. An die Macht kamen sie nicht auf dem Wege des Konflikts, ihre Traditionen waren ›weise‹,

---

72 A.a.O., S. 128.
73 Philippe Tesson, »Le Rêve Méditerranéen de Mitterrand«, in: *Le Quotidien de Paris*, 26. Mai 1975, S. 1, 3.

sie regierten in Demokratien, die so kaltblütig waren wie das Klima und die Gemüter. Belgien ist eine Ausnahme, denn Wallonien, so sagt man, ist die Provence des Nordens. Aus diesem Grund war auch die Sozialistische Partei Belgiens von Mitterrand zum Treffen nach Latche eingeladen worden. Im Süden gab es einen Sozialismus der Leidenschaft. Weil dieser Sozialismus seit einem Jahrhundert nicht mehr an der Macht gewesen war, trug er utopische Züge. An die Macht war er nur in Zeiten gekommen, in denen er sich durch Annäherung an den politischen Gegner kompromittierte, aber diese Vergangenheit leugnete er. Der Sozialismus des Südens ist seinem Wesen nach populärer als sein Bruder im Norden, er lässt sich vom Instinkt leiten, ist generös und geschwätzig. Er hat eine bewegte, zum Teil heroische Vergangenheit hinter sich, wobei er zwischen dem friedlichen Streben nach Brüderlichkeit und der Dauerversuchung nach revolutionärer Umwälzung schwankt und dabei immer wieder in Gegensatz zu einem sich wissenschaftlich gebenden Kommunismus gerät. Der Sozialismus des Nordens kennt weder dieses Problem noch diese Versuchung.«

Nach dieser Gegenüberstellung eines nördlichen und eines südlichen Sozialismus kam Tesson auf die Ambitionen François Mitterrands zu sprechen: »Einen Augenblick lang wurde Mitterrand von der Vernunft des Nordens verführt, heute gibt er sich der Leidenschaft des Südens hin. Der schwedische Traum oder der lateinische Traum? Wozu neigt seine wahre Natur? Seine Natur ist reich und formbar genug, um beide in sich aufzunehmen, wobei ihn dabei die vage Hoffnung antreibt, sie beide miteinander zu versöhnen. Hat er seit 1965 mit einem Quentchen Glück nicht versucht, die Synthese zwischen einem Sozialismus des Herzens und einem Sozialismus des Könnens zustande zu bringen? Das Treffen von Latche und was ihm folgen wird geben seiner Anstrengung eine internationale Dimension. In jedem Fall wird er sich zunächst nach Süden richten. Nicht nur, weil es dafür Gründe der inneren Verwandtschaft gibt, sondern weil die politischen Gegebenheiten in den Ländern Südeuropas einen schnelleren Erfolg von Rezepten versprechen, die dem französischen Sozialismus bekömmlich sind.«

Auch wenn das »Programme commun« der PS und der PCF in Südeuropa nicht flächendeckend nachgeahmt wurde – in Ländern wie Spanien war nach dem Tode Francos eher eine »Sozialdemokratisierung« der Sozialisten zu beobachten –, hatte der Nord-Süd-Konflikt zwischen den französischen Sozialisten und den deutschen Sozialdemokraten zu einer Stärkung François Mitterrands geführt. Die PS hatte immer das Ziel verfolgt, im Lager der Linken den Einfluss der »Lateiner« zu stärken. In der Person von Mitterrand war das gelungen. Während Willy Brandt von 1976 bis 1992 als Präsident der Sozialistischen Internationale agierte, kehrte Mitterrand mit wachsendem Selbstbewusstsein den ideologischen Führer der internationalen Linken heraus, der den deutschen Sozialdemokraten Lehren erteilte und sich mit Kritik nicht zurückhielt. Mit Helmut Schmidt kam es zu einer Konfrontation, nachdem in Deutschland der Radikalenerlass in Kraft getreten war, auf den Mitterrand mit einer Provokation reagierte, der Gründung des »Komitees zur Verteidigung der zivilen und beruflichen Rechte in der Bundesrepublik«.[74] Als der deutsche Bundeskanzler sich öffentlich gegen den Eintritt der Kommunisten in die italienische Regierung aussprach, ließ Mitterrand die folgende Erklärung verbreiten: »Es gehört schon viel Unverfrorenheit dazu, zu glauben, dass die Völker Westeuropas zulassen würden, lange Zeit von einer neuen Heiligen Allianz am Gängelband geführt zu werden. Umso schlimmer für die, die nicht sehen, wie sich die Welt bewegt, weil sie nicht wollen, dass sie sich bewegt.«[75] Mitterrand spielte auf die »Heilige Allianz« an, die nach der Niederlage Napoleons 1813 Preußen, Österreich und Russland miteinander gebildet hatten. In ihr hatten die Anhänger der »Latinität« einen Hauptgegner gesehen.

Zur Probe auf die »lateinische« oder mediterrane Solidarität kam es, als die Frage nach der Aufnahme Griechenlands, Portugals und Spaniens in den Gemeinsamen Markt auf die Tagesordnung gesetzt wurde. Mitterrand hatte stets die Auffassung vertreten, in der Gemeinschaft müsse die Vertiefung Vorrang vor der Erweiterung haben. Auch

---

74 Lappenküper, S. 349.
75 Mitterrand, *L'Abeille et l'Architecte*, S. 202.

64

wenn die konservativen französischen Bauern für die PS kaum potenzielle Wähler darstellten und für sie weniger wichtig waren, fürchteten die Sozialisten bei einer Zustimmung zur Süderweiterung Konflikte mit den heimischen Agrarverbänden. Mehr als Griechenland und Portugal war Spanien eine ernst zu nehmende Konkurrenz für die französische Landwirtschaft. Auch drohte die spanische Industrie, die von amerikanischen Managern und amerikanischem Kapital beherrscht wurde, zu einem Trojanischen Pferd für Europa zu werden. Europa, das sich lange Zeit durch seine Zollunion und Vorzugstarife hatte abschotten können, würde, dies war die Sorge Mitterrands, zu einer ungeschützten Freihandelszone werden. Im Präsidentschaftswahlkampf 1981 legte der Kandidat Mitterrand »110 Propositions pour la France« vor. Die Proposition 13 sah die Einrichtung eines »Rats der Völker des Mittelmeers« (Création d'un Conseil des Peuples Méditerranéens) vor. Unmittelbar vorausgegangen war ihr aber in der Proposition 12 die Forderung, vor einem Beitritt Portugals und Spaniens zur Europäischen Gemeinschaft müsse sichergestellt sein, dass beide Länder die Regeln für den gemeinsamen Agrarmarkt und die Hochseefischerei einhalten würden.

Im Januar 1981 trat Griechenland, im Jahr 1986 traten Spanien und Portugal der Europäischen Gemeinschaft bei. Mitterrand hatte seine Meinung zur Süderweiterung der EG schon Ende der siebziger Jahre geändert. Das Argument, das er nun für einen Beitritt ins Feld führte, gehörte zur Rhetorik des lateinischen Selbstbewusstseins: »Lange Zeit habe ich argumentiert, dass ein kleines Europa mit starken Strukturen besser wäre als ein großes Europa mit einem weichen Körper. Aber ich beuge mich den Notwendigkeiten. Es ist nicht vernünftig und auch nicht vorstellbar, dass drei Länder, die zu Europa gehören und die – wenn man an die Zivilisation denkt – Europa geschaffen haben, auf Dauer abseits stehen. Wenn, wie ich befürchte, die Römischen Verträge sie nicht assimilieren können, dann werden die Verträge scheitern und nicht Europa.«[76] Ähnlich wie es bei de Gaulle der Fall gewesen war, spielte der Bezug auf die »Latinität« in der binneneuropäischen Politik

76 A.a.O., S. 305.

für Mitterrand bald keine große Rolle mehr, ließ sich bei Auslandsreisen aber immer noch wirkungsvoll einsetzen. Bevor Mitterrand 1981 seine Reise nach Mexiko antrat, veröffentlichte der Kulturminister Jack Lang die folgende Erklärung:»Frankreich muss sich mehr den Nationen des Südens, seinen natürlichen kulturellen Alliierten zuwenden. Es gehört zur mediterranen und lateinischen Welt, die keine Grenzen kennt.«[77] Mitterrand sprach von einem »Conseil des peuples latins« und wird sich als homme de lettres bei seinem Mexiko-Besuch gefreut haben, dass Gabriel García Márquez sich bereit erklärte, einer »groupe de réflexion« beizutreten, die über einen Zusammenschluss der lateinischen Völker nachdenken sollte.

77 Guy Martinière, »La ›latinité‹ de l'Amérique«, in: Le Monde diplomatique, Juli 1982, S. 36.

1989 und die Folgen:
Das Scheitern der *Union Méditerranéenne*

Auf die Rhetorik der »Latinität« konnte kein französischer Präsident in Stellungnahmen zur Außenpolitik verzichten, das Mittelmeer – dieser »breite Rubikon«, wie de Gaulle es genannt hatte – zählte nun einmal zum Einflussgebiet Frankreichs. Bei de Gaulle war die »Latinität« eine politische Option gewesen, die gegenüber der europapolitisch notwendigen engen Kooperation zwischen Frankreich und Deutschland in den Hintergrund treten musste. Sein Nachfolger Georges Pompidou machte im Juni 1971 in einer Rede auf dem Flugzeugträger Clemenceau im Hafen von Toulon deutlich, warum für Frankreich seine »présence méditerranéenne« von so großer Wichtigkeit war: Sie bildete ein Gegengewicht zur englischen Sprache, zur deutschen Industrie und zum »Atlantismus« der Skandinavier.[78] François Mitterrand hatte die Berufung auf die Latinität in seiner Rolle als Parteipolitiker benutzt, um die Position der französischen Sozialisten in Europa gegenüber den deutschen Sozialdemokraten zu stärken. In die zweite Amtszeit seiner Präsidentschaft fiel die deutsche Wiedervereinigung, 1989 wurde zum *annus mirabilis* der europäischen Nachkriegsgeschichte. Als die Mauer fiel, waren die Deutschen, so behauptete es jedenfalls der Regierende Bürgermeister von Berlin, die glücklichsten Menschen auf der Welt. Aber nicht jeder sympathisierte mit ihrem Glück. Ein Amerikaner, der Englisch mit einem dicken deutschen Akzent sprach, sagte voraus, das Hauptopfer des Mauerfalls werde Frankreich sein. Henry Kissinger behielt recht. Am Tag nach dem Mauerfall waren sich die französischen Tageszeitungen einig: Jetzt würde die politische Führungsrolle in der Europäischen Union von Frankreich auf Deutschland übergehen. Die

---

78 Daniel Colard, »La politique méditerranéenne et proche-orientale de G. Pompidou«, in: *Politique étrangère* 43 (1978), No. 3, S. 283–306. Die Wendung vom »large Rubicon« findet sich bei Charles de Gaulle, *Le Renouveau (1958–1962)*, in: *Mémoires d'espoir*, S. 25.

Zeit der Zurückhaltung war vorbei, der Ton deutscher Politiker wurde selbstbewusster. Französische Journalisten erinnerten an den Parvenü, der zu seinem Sohn sagt: »Parle fort, nous sommes riches! Sprich laut, jetzt sind wir reich!« Ohne Absprache mit Frankreich, das sich eher Serbien verbunden fühlte, betrieb Außenminister Genscher in der Jugoslawienkrise die Anerkennung Kroatiens. In der Krise, die 1991–1995 zum neuen Balkankrieg eskalierte, prallten die Interessen der deutschen und der französischen Diplomatie fast so heftig aufeinander wie in der Vorkriegszeit – wobei die Europäische Gemeinschaft sich letztendlich deutschen Vorstellungen beugte. Es war die Zeit der engsten Kooperation zwischen Deutschland und Frankreich, es war die Zeit des Maastricht-Vertrages und des Schengen-Abkommens – und dennoch setzte Deutschland seine Interessen durch, als ob es Jahrzehnte der politischen Abstimmung und der Konsensfindung unter den Mitgliedern der Europäischen Union nicht gegeben hätte. De Gaulle hatte diese Situation vorausgeahnt. Jetzt wurden die Deutschen so selbstbewusst und fordernd, wie er es bereits im Jahre 1951 befürchtet hatte. Die Franzosen fragten sich, ob Deutschland, diese »démocratie impériale«, auf dem Weg war, die Bildung eines neuen Heiligen Römischen Reichs Deutscher Nation anzustreben.[79]

Lange vor der Wiedervereinigung wurde Deutschland, mit der starken D-Mark als Grundlage, zur ökonomischen Vormacht in der Europäischen Union. Zur Kompensation beanspruchte Frankreich die politische Führungsrolle auf dem Kontinent. Die meisten deutschen Politiker waren klug genug, diesen Anspruch nicht in Frage zu stellen – zumindest nicht in der Öffentlichkeit. Von Helmut Schmidt stammt der aufschlussreiche Satz: »Ich habe immer sorgsam darauf geachtet, meinem französischen Kollegen den Vortritt auf dem Roten Teppich zu lassen.« Das fragile, aber lange Zeit wie selbstverständlich akzeptierte Gleichgewicht zwischen ökonomischer und politischer Führungsrolle war die Voraussetzung für die Wirksamkeit und Verlässlichkeit der deutsch-französischen Zusammenarbeit. Es war der entscheidende Faktor, der die Entstehung und Weiterentwicklung der Europäischen

---

79 Alain Minc, *La Vengeance des nations*, Paris (Grasset) 1992, S. 8, 37.

Union möglich machte. Nach der deutschen Wiedervereinigung und dem Ende der kommunistischen Regime in Mittel- und Osteuropa ging diese Balance verloren. Das Zentrum Europas verschob sich nach Osten, und ein größer gewordenes Deutschland übernahm auf dem Kontinent die politische Führungsrolle. Seit 1989 sah sich Frankreich als politischer Verlierer im Erweiterungsprozess der Union. Damit wurde für Frankreich eine stärkere Südorientierung wieder aktuell. Erneut war die Rede vom »Lateinischen Reich«. Ein halbes Jahr vor dem Beitritt der DDR zur Bundesrepublik erschien im Mai 1990 in Paris die erste Ausgabe einer neuen Zeitschrift mit dem Titel *La Règle du Jeu*. Ihr Gründer und Herausgeber war der Philosoph und Publizist Bernard-Henri Lévy, dessen Einfluss sich schon damals über das literarische Milieu hinaus in die Politik erstreckte – 2011 sollte er Präsident Sarkozy zur militärischen Intervention in Libyen bewegen.

Für die Herausgeber waren der Fall der Berliner Mauer, das damit verbundene Ende des Kommunismus in Europa und die bevorstehende Erweiterung der Europäischen Union nach Mittel- und Osteuropa Anlass zur Gründung der neuen Zeitschrift: Die »Anstrengung des Gedankens« war gefordert, um auf die neue historische und politische Konstellation zu reagieren. Die Redaktion gab ihre Ablehnung eines von der Hegemonie eines »großen demokratischen Deutschland« geprägten Europas zu erkennen, sie wünschte sich stattdessen ein Europa, das polymorph und polyglott war und in dem die Landkarte der Kultur sich nicht mit der Landkarte der Wirtschaft deckte. Die Zielrichtung dieser Bemerkung wurde an einem Dossier der Zeitschrift deutlich – »Autour d'un inédit de Kojève« –, in dem der Teilabdruck von Kojèves Memorandum vom August 1945, das bis dahin unpubliziert geblieben war, von der Redaktion selbst als »Ereignis« gefeiert wurde.[80] Sie gab dem Memorandum den Titel »L'Empire Latin«, der sich im Typoskript mit dem Titel »Esquisse d'une doctrine de la politique française« nicht findet. In seiner Einführung beschrieb Dominique-

---

80 Von »Teilabdruck« muss die Rede sein, weil die Redaktion Passagen nicht veröffentlichte, die sich ihrer Meinung nach auf »überholte politisch-ökonomische Gegebenheiten« bezogen. Dazu gehörte zum Beispiel die Rolle, welche die deutsche Kohle künftig für die Ressourcen des Lateinischen Reichs spielen sollte.

Antoine Grisoni, wie er Dominique Auffret kennenlernte, als dieser an seiner Kojève-Biographie arbeitete. Auffret zeigte ihm das Memorandum, das sich im Nachlass von Kojève gefunden hatte – der einzige politische Text inmitten Tausender von Seiten philosophischer Natur. Grisoni berichtete, dass keine der Personen, die Kojève nahegestanden hatten, wusste, an wen die »Esquisse« gerichtet gewesen war – was die vielfach geäußerte Behauptung, Kojève habe seine Skizze eines Lateinischen Reichs für de Gaulle geschrieben, vollends unplausibel macht. Am Schluss seiner Einleitung betonte Grisoni – zweifellos gab er damit der Meinung der gesamten Redaktion Ausdruck – die Aktualität des Textes. Er sprach davon, dass die »Esquisse« formuliert wurde, als der heftige Kampf für ein Europa begann, »das sich über eine immer problematischer werdende Achse definierte, die Paris mit Bonn verbinden sollte«. Käme es nicht darauf an, so fragte Grisoni, in diesem historischen Augenblick, da es darum ging, die Allianzen Frankreichs in Europa neu zu bestimmen, der Latinität den Vorrang zu geben?[81]

Dem Abdruck des Textes von Kojève hatte die Redaktion »Gloses sur l'Empire Latin« beigefügt, in dem vier Autoren über ihre Lektüre der »Esquisse« berichteten. Deren Bilanz fiel kritisch aus. Ließ sich tatsächlich von einer lateinischen Verwandtschaft sprechen, die Frankreich, Italien und Spanien miteinander verband? Waren nicht die Unterschiede auffallender, die innerhalb eines einzelnen Landes herrschten? Was hatten ein Katalane und ein Andalusier gemeinsam? Ein Sizilianer und ein Piemontese? Ein Bewohner aus Marseille und ein Elsässer? Im Grunde genommen träumte Kojève nicht von einem Empire Latin, sondern von einem Französischen Reich – und entwarf damit eine ausgesprochen provinziell klingende politische Vision (so Hector Bianciotti, der später ein Gründungsmitglied der Académie de la Latinité wurde). Die »Esquisse« zeugte von der Intelligenz ihres Autors, enthielt aber auch große Irrtümer – so werde beispielsweise die Zukunft der Katholischen Kirche nicht in Europa und durch ihre Verankerung in einem Lateinischen Reich bestimmt werden, sondern

81 Dominique-Antoine Grisoni, »Kojève aujourd'hui«, in: *La Règle du Jeu*, 1re Année, No. 1, mai 1990, S. 88.

durch ihr Engagement in Afrika und in Lateinamerika (Ferdinando Camon). Verführerisch an der Vision Kojèves war der Stolz auf die lateinische Mentalität, ein Virus, das ansteckend hätte wirken können, wenn nicht Pragmatismus und Effizienzdenken auch die »Lateiner« schon längst zu Sklaven des faustischen Mythos gemacht hätten.

Wenn überhaupt, würde das Lateinische Reich nicht als eine Assoziation miteinander verwandter Nationen entstehen, sondern als Internationale einer bestimmten, von »südlichen« Erfahrungen geprägten Sensibilität (Josep Ramoneda).[82]

Alain Minc, Ökonom und als Berater mehrerer Präsidenten eine Graue Eminenz der französischen Politik, betonte in seinem Kommentar die Aktualität der Vision Kojèves vor dem Hintergrund der deutsch-französischen Beziehungen. 1957, als die Römischen Verträge unterzeichnet wurden, und in der Zeit unmittelbar danach hätte angesichts der Dynamik des europäischen Zusammenschlusses eine »lateinische Ambition« Frankreichs lächerlich gewirkt. Seit dem 9. November 1989 aber, dem Fall der Mauer, wurde offensichtlich, so Minc, dass nur eine Lateinische Föderation die Antwort auf ein Kontinentaleuropa sein konnte, das sich unter Führung des neuen Deutschlands bilden würde. Um diese Föderation zu verwirklichen, empfahl Minc den lateinischen Nationen, miteinander einen Pakt nach dem Vorbild des deutsch-französischen Freundschaftsvertrages zu schließen. Selbst in ihrer Abgrenzung von Deutschland blieb auf diese Weise für die »Lateiner« eine Europapolitik Vorbild, die de Gaulle und Adenauer gemeinsam geprägt hatten.[83] Als Konsequenz aus der Wiedervereinigung, der Osterweiterung der EU und dem damit verbundenen Machtzuwachs der Bundesrepublik wollten sowohl François Mitterrand als auch Jacques Chirac die Südorientierung Frankreichs und seine Mittelmeerpolitik verstärken. Aber erst Nicolas Sarkozy versuchte dieser Südpolitik einen starken institutionellen Rahmen in Form einer Mittelmeerunion unter Frankreichs Führung zu geben – und scheiterte damit am Widerstand der deutschen Regierung.

---

82 Héctor Bianciotti (1930–2012) war ein argentinisch-französischer, Ferdinando Camon ist ein italienischer Schriftsteller, Josep Ramoneda ein katalanischer Philosoph.

83 Alain Minc, »Cap au Sud«, in: La Règle du Jeu, S. 131–135.

Seine wichtigste »Bewerbungsrede« hielt der Präsidentschaftskandidat Nicolas Sarkozy am 7. Februar 2007 in Toulon: »Ich bin nach Toulon gekommen, der alten provenzalischen, dem Meer zugewandten Stadt, um den Franzosen zu sagen, dass ihre Zukunft sich hier entscheidet, am Mittelmeer. Hier, wo alles begonnen hat, am Ufer dieses Meeres, das nicht zu unbekannten Ländern führt, sondern zu vertrauten Ufern, zu denen sich seit Tausenden von Jahren unsere Blicke und unsere Gedanken immer dann gerichtet haben, wenn wir von einer bestimmten Idee des Menschen und der Zivilisation geträumt haben.«[84] Sarkozy stimmte eine Hymne auf das Mittelmeer an, den Ursprungsort der drei großen monotheistischen Religionen, den Kreuzungspunkt der Kulturen, das Scharnier zwischen Nord und Süd, zwischen Orient und Okzident. Auffallend groß war der Raum, den er dabei der arabischen Zivilisation und dem Islam gab, indem er die Europäer »Kinder Córdobas und Granadas nannte, Kinder der arabischen Gelehrten, die uns das Erbe des antiken Griechenlands übermittelt und es bereichert haben«, und den Gebetstext zitierte, der sich in der Kirche Notre-Dame d'Afrique in Algier befindet: »Betet für uns Christen und für die Muslime.«

Auch hier setzte Sarkozy eine gaullistische Tradition fort. Am 18. März 1943 hatte General de Gaulle von London aus eine »Botschaft an die Muslime des französischen Afrika« gerichtet und dabei von »unserem traditionell mit dem Islam vereinten Frankreich« gesprochen.[85] Nach der Befreiung Korsikas hielt de Gaulle am 8. Oktober 1943 in Ajaccio eine Rede, in welcher er das »lateinische Meer« als den Ursprung »unserer Zivilisation« feierte. De Gaulle sprach von »unzerstörbaren Freundschaften« unter den Anrainern des Mittelmeers, aber er machte keine Anspielungen auf politische Pakte, Koalitionen oder gar »Reiche«, die sich im Zeichen der Latinität formen sollten. Er hob hervor, dass das Mittelmeer Frankreich mit den »Völkern des Balkan« ver-

84 Nicolas Sarkozy, »Discours à Toulon«, http://sites.univ-provence.fr/veronis/Discours2007/transcript.php?n=Sarkozy&p=2007-02-07.
85 Charles de Gaulle, »Message aux Musulmans de l'Afrique Française Lu à la Radio de Londres«, 18. März 1943; in: *Discours et Messages. Pendant la guerre (juin 1940 – janvier 1946)*, S. 274.

band und insbesondere mit »unserem natürlichen Verbündeten, dem lieben und mächtigen Russland«.[86] Der große Fehler der Europäer, so Sarkozy, sei es gewesen, dem Mittelmeer zu lange den Rücken zuzukehren. Damit war die EU gemeint, die sich ausschließlich mit dem Norden und dem Osten des Kontinents beschäftigt habe. Die Vernachlässigung des Mittelmeers sei verantwortlich für die moralische Krise und Identitätsschwäche, an der Europa gegenwärtig leide: »Wir müssen die Dinge beim Namen nennen: Indem sie dem Mittelmeer den Rücken zuwandten, glaubten Europa und Frankreich ihrer Vergangenheit den Rücken zuzukehren. In Wahrheit haben sie ihrer Zukunft den Rücken zugekehrt. Denn die Zukunft Europas liegt im Süden.« Sarkozy drückte damit einen breiten Konsens innerhalb der französischen Politik aus: Der Sozialist Dominique Strauss-Kahn, dessen Familie aus Marokko stammte, erklärte zur gleichen Zeit, Europa könne seine Zukunft nur in enger Kooperation mit den nichteuropäischen Anrainern des Mittelmeers sichern.

Die Rede Sarkozys verfolgte auch innenpolitische Zwecke, deutlich wurde, dass er um die Stimmen der *pieds noirs*, der ausgewanderten Algerienfranzosen, warb. Kernpunkt seines politischen Programms aber war der Versuch zu einer geopolitischen Korrektur der Macht- und Einflussbereiche innerhalb der EU; es galt, das »Europa des Südens« gegenüber dem »Europa des Nordens« zu stärken. Erreicht werden sollte diese Korrektur durch eine Annäherung zwischen den europäischen und den nichteuropäischen Anrainern des Mittelmeers, die dem Muster der deutsch-französischen Aussöhnung folgte und keine wechselseitigen Schuld- und Reuebekenntnisse zur Voraussetzung der Kooperation machte. Auf die »Eroberung« Afrikas durch China und die USA hatten die Außenminister der EU 1995 bei ihrem Treffen in Barcelona mit der Ankündigung reagiert, eine »euro-mediterrane Partnerschaft« zu entwickeln, zu der neben den EU-Mitgliedern zwölf Anrainer des südlichen Mittelmeers eingeladen wurden. Der sogenannte »Barcelona-Prozess« aber blieb ohne greifbare Resultate, sein Scheitern

---

86 Charles de Gaulle, »Discours prononcé à Ajaccio (Place de la Mairie)«, 8. Oktober 1943, a.a.O., S. 330.

war von dem Augenblick an besiegelt, als die EU ihrer Osterweiterung die Priorität gab. Es genügte nicht, so Sarkozy, einen Dialog zwischen der Europäischen Union und den Ländern Nordafrikas anzustreben: »Ich schlage vor, dass man das Problem anders anpackt. Zunächst einmal liegt es an den Ländern des Mittelmeers selbst, das Schicksal in die Hand zu nehmen, das die Geographie und die Geschichte für sie vorgesehen haben. Es liegt an Frankreich, das gleichermaßen zu Europa wie zum Mittelmeer gehört, gemeinsam mit Portugal, Spanien, Italien, Griechenland und Zypern die Initiative zu einer Mittelmeerunion zu ergreifen, so wie es einst die Initiative ergriffen hat, um eine Europäische Union zu bilden.« Auch wenn Sarkozy betonte, die Mittelmeerunion solle eng mit der Europäischen Union zusammenarbeiten, wurde deutlich, dass seine Initiative darauf abzielte, eine Gemeinschaft zu errichten, die unabhängig von den Brüsseler Institutionen arbeiten – und damit auch deutschem Einfluss entzogen sein sollte. Die »Union Méditerranéenne« würde fortsetzen, was einmal die »politique arabe de la France« genannt worden war, darüber hinaus würden durch sie die Chancen zur Lösung des israelisch-palästinensischen Konflikts erhöht und die Frage nach einem EU-Beitritt der Türkei entdramatisiert werden. Sarkozy verglich seinen Plan zur Gründung einer Mittelmeerunion mit den Vorstellungen Jean Monnets, die erst zur Gründung der EG und dann der EU geführt hatten. Im Sinn hatte er eine Parallelaktion: dem Europäischen Rat würde ein Mittelmeer-Rat, der Europäischen Investitionsbank eine Banque méditerranéenne d'investissement entsprechen, nach dem Vorbild der G8 würden sich die Staatschefs der Union regelmäßig treffen. Frankreich würde nicht nur die Initiative zur Gründung der Mittelmeerunion ergreifen, sondern in dieser Union eine Führungsrolle beanspruchen: »Ich will Präsident eines Frankreichs sein, das Europa zu verstehen geben wird, dass seine Zukunft, ja sein Schicksal im Mittelmeer liegt.« Im Wahlkampfmanifest Sarkozys mit dem Titel *Ensemble* – das fünfte Kapitel hieß »L'Europe et la Méditerranée« – nahm der Plan zur Schaffung der Mittelmeerunion einen zentralen Platz ein.[87]

87 Nicolas Sarkozy, *Ensemble*, Paris (XO Éditions) 2007.

Die Idee zur Errichtung der Mittelmeerunion stammte von einem *homme du midi*, Henri Guaino, einem engen Mitarbeiter und wichtigen Berater Sarkozys. Guaino war ein erklärter Euroskeptiker und ein scharfer Kritiker der Brüsseler Bürokratie. In der französischen Presse war offen die Rede davon, dass Guaino den ursprünglichen Plan zu einer Mittelmeerunion gegen die Deutschen,»contre les Allemands«, konzipiert hatte.[88] Dieser Plan entsprach der immer noch aktuellen gaullistischen Strategie, Frankreichs»Größe« gegenüber Deutschland zu behaupten. Der Wahlkampfslogan Nicolas Sarkozys –»La France forte« – war innenpolitisch gegen die Sozialisten, außenpolitisch gegen Deutschland gerichtet. Am Abend seiner Wahl zum Präsidenten sprach Sarkozy von seinem»großen Traum vom Frieden und von der Zivilisation«, der sich in der Mittelmeerunion erfüllen sollte:»Die Zeit ist gekommen, um eine Mittelmeerunion zu schaffen, die ein Zeichen der Einheit zwischen Europa und Afrika sein wird. Was vor sechzig Jahren für die Europäische Union getan wurde, wollen wir jetzt für das Mittelmeer tun.« Seinen Vorschlag zur Gründung der Union méditerranéenne erneuerte Sarkozy in einer Rede, die er während seines Staatsbesuches in Marokko am 23. Oktober 2007 in Tanger hielt,»in diesem großen marokkanischen Hafen, der sich auf das Mittelmeer öffnet«.[89] Von Tanger aus richtete der neugewählte französische Präsident einen Appell an die Länder des Mittelmeers, vom Dialog zur Politik, vom Sprechen zum Handeln überzugehen und»mit all ihren Kräften und ihrem ganzen Herzen die Union des Mittelmeers zu bauen«. Anders als in Toulon verwendete Sarkozy nicht nur den Begriff»Union méditerranéenne«, sondern auch den Begriff»Union de la Méditerranée«. Wie in Toulon sprach er davon, dass Europas Zukunft im Süden liege und dass der Kontinent nicht nur seine intellektuellen, moralischen und spirituellen Wurzeln kappen, sondern auch seine Zukunft aufs Spiel setzen würde, sollte er dem Mittelmeer den Rücken zukehren. Noch stärker als in Toulon war in Tanger bei Sarkozy die Rede davon, dass über das Mittelmeer hinweg Europa und Afrika

---

88 *Le Monde*, 16. Februar 2012.
89 http://www.ambafrance-jo.org/Discours-de-M-Nicolas-Sarkozy.

sich vereinen würden, dass die Mittelmeerunion zum Anker von »Eurafrika« werden würde, dem großen Traum, den zu verwirklichen die Welt verändern könnte. An Jean Monnet und Robert Schuman, an de Gaulle und Adenauer erinnernd, rief Sarkozy die Anrainer des Mittelmeers dazu auf, »das zu tun, was die Gründerväter Europas getan haben«. Wahrscheinlich aber sei es, dass am Ende die Mittelmeerunion nicht der Europäischen Union in ihrem gegenwärtigen Zustand ähneln, sondern eine einzigartige und originale Schöpfung sein werde. Der Barcelona-Prozess hatte am Anfang dieser Entwicklung gestanden, aber er war zu stockend und zu schüchtern verlaufen. Das Projekt der Mittelmeerunion bedeutete den Bruch mit dieser vorsichtigen Politik: Kühn und mutig würden »die Völker des Mittelmeers sich endlich dazu entschließen, ihr Schicksal in ihre eigenen Hände zu nehmen, ihre Zukunft gemeinsam zu schreiben, eine kollektive Verantwortung und Solidarität zu zeigen, die ihnen die Geschichte der langen Dauer und die Geographie aufzwingen, und nie mehr andere an unserer Stelle entscheiden zu lassen«. Die Union des Mittelmeers, so Sarkozy, werde, geprägt von einer »géométrie variable«, zunächst eine Union der Projekte sein, und so wie Europa mit Kohle, Stahl und Atomkraft begonnen habe, werde die Mittelmeerunion mit nachhaltiger Entwicklung, Energie, Transport und Wasser beginnen.[90]

Die mit der Mittelmeerunion verbundenen Ambitionen Sarkozys waren zum Teil waghalsig: So plante er als Zeichen der Friedensbemühungen im Nahen Osten, die seiner Überzeugung nach durch die Unionsgründung ohne Zweifel Fortschritte machen würden, bei den

90 Hieran knüpfte 2013 Michel Vauzelle, der sozialistische Abgeordnete der Bouches-du-Rhône und Präsident der Region PACA (Provence-Alpes-Côte d'Azur) an, der von Präsident Hollande damit beauftragt worden war, das »Mittelmeerprojekt« wiederzubeleben. Der zentrale Vorschlag in seiner Denkschrift mit dem Titel »Avec la jeunesse méditerranéenne, maîtriser et construire notre communauté de destin« bestand darin, auf Initiative Frankreichs ein »Mittelmeer der Projekte« zu schaffen. Gedacht war an Projekte im zivilgesellschaftlichen Rahmen, die vor allem darauf abzielten, die Jugendarbeitslosigkeit zu reduzieren. Dabei distanzierte sich Vauzelle deutlich vom ursprünglichen, zu ambitionierten Konzept der »Union méditerranéenne«. In ihrem pragmatischen, auf rasche Umsetzung bedachten Zuschnitt ähnelte das »Mittelmeer der Projekte« den frühen Vorstellungen der Saint-Simonisten, auch wenn diese mit dem »Système de la Méditerranée« selbst eine Art Mittelmeerunion erstrebt hatten.

Feierlichkeiten zum 14. Juli auf den Champs Élysées Einheiten der israelischen Armee und die Präsidentengarde der Palästinensischen Autoritätsbehörde gemeinsam aufmarschieren zu lassen. Für die Blockade des Barcelona-Prozesses, für die Frankreich weitgehend das »Europa des Nordens« verantwortlich machte, waren auch die Fortdauer und zunehmende Radikalisierung des israelisch-palästinensischen Konflikts verantwortlich gewesen. Absichtserklärungen wie die, mit der Unionsgründung den Fortschritt rechtsstaatlicher Institutionen in den Mitgliedsländern zu fördern, weckten bei vielen Beobachtern Skepsis, weil sich damit die Hofierung von Diktatoren wie dem ägyptischen Präsidenten Hosni Mubarak verband. Dessen »entschiedene Unterstützung« der Mittelmeerunion schmeichelte Sarkozy so sehr, dass er den »Rais« daraufhin von einem seiner Berater als einen »Weisen der Region« preisen ließ, der für die Co-Präsidentschaft der Union prädestiniert war. Während die politischen Absichtserklärungen der französischen Regierung nebulös blieben, organisierten sich die Unternehmer des Landes in Lobbygruppen wie dem IPMed (Institut de prospective économique du monde méditerranéen), die hofften, aus der künftigen Union ökonomischen Nutzen zu ziehen. Vielleicht lieferte auch das IPMed dem Oberst Gaddafi Anlass, die Gründung der Mittelmeerunion mit harschen Worten abzulehnen. Bei einem »Gipfel« in Tripolis, an dem die Präsidenten von Algerien, Tunesien, Syrien und Mauretanien teilnahmen, schimpfte er, die Urheber der Mittelmeerunion hielten die Araber und Afrikaner für leicht ausbeutbare »Idioten«, die angestrebte Gründung der Union sei ein Affront.

Mit Blick auf die Europäische Union waren die Aussagen Sarkozys in Tanger, verglichen mit der Rede in Toulon, bereits zurückhaltender geworden. Jetzt sollte die »Union de la Méditerranée« kein Ersatz, sondern eine Ergänzung der bestehenden euromediterranen Projekte sein: »Ich werde vorschlagen, dass die Europäische Kommission von Anbeginn der Union des Mittelmeers vollständig assoziiert wird und dass sie an all ihren Arbeiten teilnimmt, so dass die Beziehungen zwischen beiden zu einer Partnerschaft und Komplementarität führen.« Auch nahm Sarkozy den Führungsanspruch Frankreichs zurück: »Dieses Projekt der Union des Mittelmeers wird nicht das Projekt Frankreichs sein. Es wird das Projekt aller sein.« Sarkozy reagierte damit auf die vielfältige Kritik, die an seinem Plan geäußert worden war. Die Zeitschrift *Jeune Afrique* sprach von einer Wiedergeburt des französischen Kolonialismus in neuem Gewand. Algerien, das Sarkozy Anfang Dezember 2007 besucht hatte, verlangte eine Konkretisierung der Aufgaben, welche die künftige Mittelmeerunion übernehmen sollte. Ägypten hatte erhebliche Zweifel an der Finanzierbarkeit des Projekts und hielt es für voreilig, eine Mittelmeerunion zu konstruieren, bevor sich Chancen zu einer Lösung des israelisch-palästinensischen Konflikts abzeichneten. Die Türkei befürchtete, dass auf dem Weg zur Mittelmeerunion ihr Wunsch nach Aufnahme in die EU auf der Strecke bleiben würde. Italien und Spanien zeigten sich zurückhaltend gegenüber einer Initiative, die außerhalb der EU verwirklicht werden sollte. Der polnische Ministerpräsident Donald Tusk erklärte, gegenüber den Initiativen im Süden der Union dürften Pläne wie die »Europäisierung« der Ukraine nicht in den Hintergrund treten.

Der entscheidende Widerstand aber kam aus Deutschland. Nicolas Sarkozy hatte geglaubt, seinen ambitiösen Plan im Stil eines Bonaparte verwirklichen zu können – als *cavalier seul*. Damit alarmierte er die deutsche Kanzlerin. Angela Merkel widersetzte sich dem Vorschlag, dass nur die Anrainer des Mare nostrum Mitglieder der Mittelmeerunion sein sollten, und sprach von einer »Union en miniature, die am Ende eine unglaublich explosive Wirkung haben könnte, nämlich das Wiedererstarken regionaler Differenzen und schließlich die Desintegration der Europäischen Union«.[91] In der französischen Presse war auf der einen Seite die Rede von der »wenig diplomatischen Art«, mit der die deutsche Kanzlerin versuchte, den ursprünglichen Plan Sarkozys zu Fall zu bringen, ein Kommentar sprach von einem »diplomatischen Verdun«, das noch lange die deutsch-französischen Beziehungen belasten würde. Auf der anderen Seite stieß die Mittelmeerunion auch in Frankreich auf Skepsis. Ein Kommentator in *Le Monde* ging so weit, den Widerstand der deutschen Kanzlerin gegen die Pläne des französi-

---

91 Valérie Lainé, »L'appel de Rome pour la Méditerranée«, http://www.rfi.fr/actufr/articles/096/article_60599.asp.

schen Präsidenten mit der Artikelüberschrift zu unterstützen: »Merci, Madame Merkel!«

Beim Besuch der Kanzlerin in Paris Anfang Dezember 2007 konnten die deutsch-französischen Differenzen nicht ausgeräumt werden. Als am 20. Dezember Romano Prodi, José Luis Rodríguez Zapatero und Nicolas Sarkozy in Rom ihren »Appel de Rome pour la Méditerranée« verkündeten, deutete sich bereits an, dass Deutschland sich mit seinem Wunsch nach Veränderung der ursprünglichen »Union Méditerranéenne« durchsetzen würde. Die Rede war jetzt von einer »Union pour les pays riverains de la Méditerranée«. In Tanger hatte Sarkozy noch erklärt: »Ich lade die Staats- und Regierungschefs der Anrainer des Mittelmeers ein, sich im Juni 2008 in Frankreich zu treffen, um die Grundlagen einer politischen, wirtschaftlichen und kulturellen Union zu bilden, die auf dem Prinzip der strikten Gleichheit zwischen den Nationen ein und desselben Meers beruhen würde, der Union des Mittelmeers.« Jetzt wurde deutlich: Aus der Mittelmeerunion, die als gleichberechtigte Parallelinstitution der EU konzipiert war, würde eine Union für das Mittelmeer werden – unter Führung der Europäischen Union, das heißt mit erheblicher Mitsprache der Deutschen. Hämisch sprachen Kritiker von einer durch deutschen Einspruch »korrigierten Mittelmeerunion«, die eine »spektakuläre Baisse« der Ambitionen Sarkozys zeige.

Auch wenn ihr Vorgehen französischen Eigensinn erkennen ließ, hatten Nicolas Sarkozy und Henri Guaino für ihr Projekt den passenden Namen gefunden: »Union Méditerranéenne«. Ganz abgesehen davon, ob es für die Bildung der Union überhaupt eine politische Chance gab: Mit dem Namen »Union Méditerranéenne« wurde eine Union aller Anrainer des Mittelmeers angestrebt, enthalten war darin ein Versprechen der Gleichheit und der Gleichbehandlung, es war ein demokratischer Name. Den Namen dagegen, der schließlich gewählt wurde, »Union pour la Méditerranée«, Union für das Mittelmeer, charakterisiert Asymmetrie und damit Arroganz: Er bezieht sich auf eine Allianz, die großmütig verspricht, etwas für das Mittelmeer zu tun. Das Ganze klingt nach Caritas und Herablassung. Außerdem ist der Name Union für das Mittelmeer ein Paradox. Wie kann man Europa und das

Mittelmeer voneinander trennen? Frankreich: Atlantik, Mittelmeer oder Europa? Italien: Mittelmeer oder Europa? Spanien: Das Mittelmeer, der Atlantik oder Europa? Die ursprüngliche Vision der Mittelmeerunion zielte auf einen gemeinsamen Raum der Zusammenarbeit zwischen den nördlichen und den südlichen Anrainern dessen, was Fernand Braudel das »privilegierte Meer« genannt hatte. Diese Vision war ein Beispiel für die sogenannte »variable Geometrie«, die für die Gründerväter der Europäischen Union und ihre politische Philosophie eine wichtige Rolle gespielt hatte. Das Konzept war ursprünglich in Deutschland von Vordenkern der CDU, von Wolfgang Schäuble und Karl Lamers, entwickelt worden – und so lag beträchtliche Ironie darin, dass es am Mittelmeer schließlich von einer CDU-Kanzlerin zu Fall gebracht wurde. Der Begriff der »variablen Geometrie« zielte auf eine Arbeitsteilung innerhalb der Europäischen Union: Nicht alle Programme und Projekte der Union mussten zu jeder Zeit von jedem Mitglied verantwortet werden. Die Mitgliedsstaaten vertrauten darauf, dass andere Mitglieder in ihren Engagements sich jederzeit für das Wohl des einen, gemeinsamen Europas einsetzten. Um wirksam zu sein, hatte eine »variable Geometrie« ein »regionales Vertrauen« zur Voraussetzung. Ein Beispiel dafür war der nach 1989 auf Initiative des deutschen Außenministers Hans-Dietrich Genscher und seines dänischen Amtskollegen gegründete Ostseerat, der Council of the Baltic Sea States. Ihm gehören zwölf Mitglieder, darunter Russland, an. Aber natürlich sind weder Frankreich noch Italien, weder Spanien noch Griechenland Mitglied des Ostseerates. Warum also mussten alle EU-Länder Mitglieder der Mittelmeerunion werden? Warum konnte diese Initiative nicht vertrauensvoll den Südländern überlassen werden? Der innere Zusammenhalt der EU hatte sich abgeschwächt. Zum Kernproblem Europas wurde eine Vertrauenskrise. Auf dem europäischen Kontinent zeigten sich wieder Konfliktlinien, die das 19. und den Beginn des 20. Jahrhunderts geprägt hatten.

1943: Hannah Arendt und die Mittelmeerunion als Lösung des Nahostkonflikts

Die im November 1995 aus der Taufe gehobene »Euro-Mediterrane Partnerschaft« (EMP) zielte darauf ab, das Mittelmeer zu einer Sicherheitszone zu entwickeln, die auf gemeinsamen Interessen und Wertvorstellungen der beteiligten Länder beruhte. Der sogenannte »Barcelona-Prozess« wäre ohne Fortschritte in den israelisch-palästinensischen Friedensverhandlungen kaum zustande gekommen. 1993 hatten in Washington Israel und die Palästinenser nach langen, in Oslo geführten Geheimverhandlungen eine »Prinzipienerklärung« (Oslo I) unterzeichnet, in welcher Israel die PLO als legitime Vertretung der Palästinenser anerkannte und die PLO sich im Gegenzug darauf verpflichtete, aus ihrer Charta die Passagen zu entfernen, die die Vernichtung Israels zum Ziel erklärten. 1995 wurde im ägyptischen Taba zwischen den Konfliktparteien ein weitergehendes Interimsabkommen geschlossen (Oslo II). Die Fortschritte der israelisch-palästinensischen Verhandlungen machten den Barcelona-Prozess erst möglich, Rückschläge wie die Ermordung des israelischen Ministerpräsidenten Jitzchak Rabin am 4. November 1995 und der Ausbruch der Al-Aksa Intifada im September 2000 führten zu seiner Lähmung.[92]

Für die EU sollte der Barcelona-Prozess nicht zuletzt dazu dienen, die eigene Energieversorgung sicherer zu machen und die Handelsbeziehungen mit den nichteuropäischen Anrainern des Mittelmeers zu stärken. Außerdem sollte die unerwünschte Zuwanderung in die EU gestoppt, der Drogenhandel bekämpft und die Ausbreitung des islamistischen Fundamentalismus verhindert werden. In den Ver-

92 Das Folgende nach David Ohana, »Israel Towards a Mediterranean Identity«, in: Integration and Identity. Challenges to Europe and Israel, ed. Shlomo Avineri u. Werner Weidenfeld, Bonn (Europa Union Verlag) 1999, S. 81–99. Raffaella A. Del Sarto, »Israel's Contested Identity and the Mediterranean«, in: Mediterranean Politics 8 (2003), No. 1, S. 27–58.

handlungsprotokollen des Barcelona-Prozesses wurde sichtbar, dass nicht zuletzt Fernand Braudels Werk den Protokollanten Argumente für eine umfassende Kooperation im Mittelmeerraum lieferte, doch spiegelte die Mare-Nostrum-Rhetorik eine Konvergenz der regionalen, politischen und kulturellen Interessen der Partnerländer vor, die mit der Realität wenig zu tun hatte. Wenn die in Aussicht genommenen Partnerländer als Mittelmeerstaaten charakterisiert wurden, entsprach dieser Terminus der Perspektive der EU, aber nicht immer der Eigenwahrnehmung einzelner Länder. Im besonderen Maße galt dies für Israel. Von der EU wurde die Euro-Mediterrane Partnerschaft mit der 15-plus-12-Formel charakterisiert: 15 Mitgliedstaaten der Union kooperierten mit 12 Anrainern des Mittelmeers. Israels Finanzminister schlug stattdessen eine 16-plus-11-Formel vor, weil sein Land einen besonderen Status beanspruchte. Diese Haltung ging auf die eurozentrische Perspektive der frühen zionistischen Siedler zurück, die in Israel einen Außenposten der europäischen Kultur sahen. Nicht nur sicherheitspolitische Interessen waren der Grund dafür, dass israelische Politiker den Unterschied ihres Landes zu seinen mediterranen Nachbarn hervorhoben und stattdessen Wertvorstellungen betonten, die Israel mit dem »Westen« und insbesondere den USA teilte. In ihrer Sicht gehörte Israel nicht zum Mittelmeer, sondern zu Europa oder zur Anglosphäre.

Wenn Beamte des israelischen Umweltministeriums erklärten »We are all Mediterraneans«, war dies eine Ausnahme, und Shimon Peres gehörte zu den wenigen israelischen Politikern, welche die Mittelmeeroption nicht von vornherein ablehnten. Israelische Intellektuelle dagegen, die sich als Angehörige eines »mediterranen Volks« fühlten, sahen im Mittelmeerbezug eine Chance, um die Spannungen zwischen Israel und seinen Nachbarn in der Region zu mildern. In der Politik der israelischen Regierung drückte sich die Distanz gegenüber der Mittelmeeroption im Entschluss aus, den Barcelona-Prozess von den Friedensverhandlungen abzukoppeln. Die zionistische Zielsetzung zur Errichtung eines »Jüdischen Staates«, die Erfahrung des Holocaust, der Zwang, die Sicherheit des Landes mit eigenen Mitteln zu garantieren, und die religiöse Überzeugung, das »auserwählte Volk« zu sein – sie alle führten dazu, dass Israel die Differenz zu seinen Nachbarn betonte und nicht bereit war, sich als einer unter mehreren Anrainern des Mittelmeers zu verstehen. In diesen Zusammenhang gehört die Erinnerung an eine von Hannah Arendt vor Gründung des Staates Israel entwickelte Zukunftsvision, die eine Lösung des israelisch-arabischen Konflikts im Rahmen einer Mittelmeerkonföderation skizzierte.

1925 hatten jüdische Intellektuelle, darunter Judah L. Magnes, der erste Präsident und Kanzler der Hebräischen Universität, Gershom Scholem und Martin Buber in Jerusalem Brith Shalom (»Friedensassoziation«) gegründet, eine Vereinigung, die sich dem von Buber so genannten »Wirklichkeitszionismus« verpflichtet fühlte. Brith Shalom lehnte einen jüdischen Nationalstaat und damit die Teilung Palästinas ab und strebte die Bildung eines Zweinationalitätenstaates an, in dem Juden und Araber »auf der Grundlage absoluter politischer Gleichheit zweier kulturell autonomer Völker« zusammenleben würden.[93] Die Hoffnung, dass damit ein modus vivendi zwischen Zionismus und arabischem Nationalismus gefunden werden könne, beruhte auf der Annahme, dass das britische Mandat über Palästina weiter bestehen und Verantwortung für den neuen Staat übernehmen werde. 1942 ging aus Brith Shalom die Ichud-Partei hervor, über die Hannah Arendt im gleichen Jahr etwas despektierlich schrieb, zu ihr gehörten unter anderen »wohlmeinende und notorische Brith-Schalomisten wie Dr. Magnes, … wohlmeinende und unpolitische Existentialphilosophen wie Martin Buber, … arbeiterfeindliche Politiker und Advokaten, … [sowie] hochherzige und verdiente Philanthropinnen …«[94] Ichud, zu Deutsch »Union«, schlug vor, in Palästina eine »Föderative Union«

---

93 Zitiert nach den Statuten von Brith Shalom, in: Martin Buber, *A Land of Two Peoples. Martin Buber on Jews and Arabs*. Edited with commentary by Paul R. Mendes-Flohr, New York (Oxford University Press) 1983, S. 74. Die Wiedergabe hebräischer Worte unterscheidet sich in den jeweils zitierten Texten oft voneinander. Auf eine Vereinheitlichung habe ich verzichtet.

94 Hannah Arendt, »Die Krise des Zionismus«, in: Arendt, *Vor Antisemitismus ist man nur noch auf dem Monde sicher. Beiträge für die deutsch-jüdische Emigrantenzeitung ›Aufbau‹ 1941–1945*, München/Zürich (Piper) 2000, S. 94–95. Der Text erschien im *Aufbau* in drei Teilabdrucken am 22. Oktober sowie am 6. und 20. November 1942.

zwischen den Juden und ihren unmittelbaren Nachbarn zu gründen und diese vertraglich an eine Anglo-Amerikanische Union zu binden: »A Covenant between this Federative Union and an Anglo-American Union which is to be part of the future Union of the free peoples«.[95] In der von Buber nachdrücklich favorisierten »bi-nationalen soziopolitischen Einheit« von Arabern und Juden würden die unterschiedlichen Bevölkerungszahlen angeblich keine Rolle spielen und nicht zu Konflikten führen. Buber ging so weit, die der jüdischen Bevölkerung in dieser »Einheit« garantierten Rechte für so unverbrüchlich und unantastbar zu halten, dass für ihn der Anschluss der »Einheit« an eine größere arabische Föderation denkbar schien, deren Errichtung freilich an der Uneinigkeit der Araber scheiterte. Buber hob die Rolle geographischer Faktoren hervor, in seinen Augen würde die jüdisch-arabische Kooperation zu einer Wiederbelebung des Nahen Ostens führen, wobei er so weit ging, vom »organic context of the Middle East« zu sprechen. Für Buber spielten wirtschaftliche und kulturelle Faktoren eine größere Rolle als politische Überlegungen, eine nahöstliche Wirtschaftsunion zu errichten erschien ihm auf alle Fälle vordringlicher als die Gründung eines jüdischen Staates. Als dann 1948 der Staat Israel gegründet wurde, akzeptierte die Ichud-Gruppe diese historische »Niederlage«, hörte aber nicht auf, sich für eine Gleichberechtigung der Araber und der Juden einzusetzen. Mitglieder der Ichud-Gruppe wie Scholem hatten schon früh ihre ursprüngliche Unterstützung eines binationalen Arrangements zwischen Juden und Arabern aufgegeben und sich für die Gründung des Staates Israel eingesetzt.

Hannah Arendt näherte sich den Vorstellungen der Ichud-Partei an.[96] Sie unterstützte den Plan zur Errichtung eines binationalen Staates, der Teil einer arabischen Föderation werden und einer Anglo-Amerikanischen Union angeschlossen sein sollte. Sie erinnerte daran, dass es bis in die zweite Jahreshälfte 1943 Verhandlungen gab – die Briten

95 »The Ichud«, in: Martin Buber, *A Land of Two Peoples*, S. 149.
96 Dazu Amnon Raz-Krakotzkin, »Jewish Peoplehood, ›Jewish Politics‹ and Political Responsibility: Arendt on Zionism and Partitions«, in: *College Literature* 38(1) 2011, S. 57–74. Das Folgende nach Hannah Arendt, »Kann die jüdisch-arabische Frage gelöst werden?«, in: Arendt, *Vor Antisemitismus ist man nur noch auf dem Monde sicher*, S. 117–125. Der Text erschien in zwei Teilen am 17. und 31. Dezember 1943.

und Chaim Weizmann waren daran beteiligt –, die darauf abzielten, König Ibn Saud zum »Präsidenten der Vereinigten Staaten von Arabien« zu machen, die aus dem Irak, Syrien, Palästina, Transjordanien, Ägypten und Saudi-Arabien bestehen würden. In diesem Zusammenhang war sogar die Rede davon, von zionistischer Seite König Saud finanziell zu unterstützen – unter der Voraussetzung, dass er eine »jüdische Nationale Heimstätte« auf dem Boden Palästinas akzeptierte. Als sich Ibn Saud aber weigerte, jüdische Ansprüche auf Palästina anzuerkennen, machte Hannah Arendt einen Vorschlag zur Lösung der »jüdisch-arabischen Frage«, der sich von den ursprünglichen Vorstellungen von Ichud unterschied.

Aus der Geschichte Mittel- und Osteuropas zog Arendt jetzt den Schluss, dass in Staaten, die sich aus verschiedenen Nationalitäten zusammensetzen, Konflikte nicht durch die Gewährung von Minderheitenrechten gelöst werden können. In Palästina galt dies sowohl für ein jüdisches »Commonwealth«, in dem die Araber in der Minderheit sein würden, als auch für einen binationalen Staat innerhalb einer arabischen Föderation, in dem die Juden die Minderheit bildeten. In diesem Fall, so Arendt, könne man nicht ausschließen, »dass Palästina noch zum schlimmsten Diaspora-Problem nach diesem Krieg werden kann, anstatt sich zu einem Ort jüdischer nationaler Emanzipation zu entwickeln«.

Der Lösungsvorschlag Hannah Arendts zielte auf die Bildung einer Föderation ab, wobei ihr die Vereinigten Staaten von Amerika, die Sowjetunion und ein aus dem Britischen Empire hervorgehendes Commonwealth als Beispiele dienten. In einem britischen Commonwealth, das Völker nicht-britischer Herkunft einschlösse, könnten Juden wie Araber den gleichen politischen Status einnehmen. Als »weitere Möglichkeit« zur Lösung der Palästinafrage nannte Arendt eine Mittelmeerföderation. Die detaillierten Bemerkungen hierzu machen deutlich, dass sie für diese Variante, welche die angestrebte Föderation aus dem Einflussbereich der Anglosphäre löste, eine besondere Sympathie aufbrachte. In der Mittelmeerföderation, so Arendt, wären die Araber stark repräsentiert, könnten aber kein Übergewicht gewinnen. Hier würde den Juden »ihre Würde und ihre Stellung unter den Völkern des Mittelmeers wiedergegeben ..., zu deren kulturellen Rahmen sie doch so viel beigetragen haben«. Die Araber wiederum in eine enge Verbindung mit Europa zu bringen würde heißen, »sich der großen und dauerhaften Leistungen« bewusst zu werden, »die das arabische Volk einst zur abendländischen Kultur beigesteuert hat«. Eine Mittelmeerföderation könnte daneben weitere Vorteile mit sich bringen: Spanien, Italien und Frankreich würden ihre Besitzungen in Nordafrika in die Föderation eingliedern und damit die Kolonialfrage »auf faire und gerechte Weise lösen«. Die Araber würden in die Lage versetzt, ihre feudalen und rückständigen Strukturen aufzulösen und ihre »schreckliche Armut« zu überwinden. Zugleich wäre durch die Bildung einer Mittelmeerföderation dem Antisemitismus der Boden entzogen. Wenn Hannah Arendt davon sprach, der Mittelmeerföderation könne durch die Aufnahme weiterer europäischer Nationen ein noch größerer Rahmen gegeben werden, zu dem dann auch Nordafrika und der Nahe Osten gehören würden, nahm sie nicht nur den Plan zur Schaffung einer Mittelmeerunion vorweg, die über Europa hinausreichen würde, sondern auch die Bildung der Europäischen Union. Diese Mittelmeerunion war nicht gegen Deutschland gerichtet – sie war ein Schritt auf dem Weg zu einem Vereinten Europa, das Deutschland mit einschließen würde.

1940 hatte Hannah Arendt deutlich gemacht, dass sie sich die »Lösung der Judenfrage« von einer »europäischen Politik bei gleichzeitiger Aufrechterhaltung aller Nationalitäten« erhoffte.[97] Die Entstehung einer »einheitlichen europäischen Nation« war für sie nicht erstrebenswert, aber sie hoffte auf »einen Nationenverband mit europäischem Parlament« und die »Anerkennung des jüdischen Volkes mit Repräsentanz in einem europäischen Parlament«. Auch war sie davon überzeugt, dass »der gesamte Nahe Osten nur von einem geeinigten Europa her zu halten sein wird«. 1940 sah Hannah Arendt für die Verwirklichung dieser Vorstellungen in der »amerikanischen Judenheit« ein Handicap, aber 1942 war sie davon überzeugt, die amerikanischen

---

97 Hannah Arendt, »Zur Minderheitenfrage. Brief an Erich Cohn-Bendit, Paris, Januar 1940«, a.a.O., S. 225–234.

Zionisten würden »alle Bestrebungen für ein föderiertes Europa unterstützen, weil in solch einem Nationalitätenverband die Judenfrage lösbar und Palästina als jüdisches Siedlungsgebiet zu garantieren ist«.[98] Nun sah sie in der Mittelmeerföderation die Vorstufe zu einer Europäischen Union, deren Stabilität durch die voraufgehende Lösung des jüdisch-arabischen Konflikts gewährleistet sei. 1944 beklagte Hannah Arendt, dass die jüdische Politik ohne Ausnahme Gefahr laufe, zum Monopol von Berufspolitikern zu werden, »who behave like Führers«. Deren politische Strategien orientierten sich an der Aufteilung der Welt durch die Großmächte USA und Sowjetunion, sie vergaßen darüber, dem Aufmerksamkeit zu schenken, was näherliegend war, nämlich »die Beziehung ihres neuen Staates zu seinen Nachbarn, zu den Völkern des Mittelmeers«.[99] Noch 1948 bezeichnete Hannah Arendt die Bildung einer jüdisch-arabischen Föderation als den natürlichen Schritt auf dem Wege zu größeren föderalen Strukturen im Nahen Osten und im ganzen Mittelmeerraum.[100]

Während die israelische Regierung später darauf beharren sollte, die Lösung des Nahostkonflikts von der Bildung einer Mittelmeerunion abzukoppeln, verband Hannah Arendt Konfliktlösung und Unionsbildung zu einem Junktim. Als der Staat Israel gegründet wurde und sich als stabiler erwies, als Arendt befürchtet hatte, traten die Überlegungen zu einer föderativen Lösung des Nahostkonflikts zunächst in den Hintergrund. Durch den Barcelona-Prozess und die Versuche zur Gründung einer Mittelmeerunion aber gewannen die Vorschläge Hannah Arendts eine neue Aktualität.

98 Hannah Arendt, »Die Krise des Zionismus«, a.a.O., S. 104. Dieser Text erschien in drei Teilabdrucken im *Aufbau*: am 22. Oktober sowie am 6. und 20. November 1942.

99 Hannah Arendt, »Free and Democratic«, Artikel im *Aufbau* vom 3. November 1944, abgedruckt in: Arendt, *The Jewish Writings*, ed. Jerome Kohn und Ron H. Feldman, New York (Schocken Books) 2007, S. 230–232, hier S. 232.

100 Diese Äußerungen aus dem im Mai 1948 in *Commentary* veröffentlichten Artikel von Hannah Arendt »To Save the Jewish Homeland: There is Still Time« werden zitiert nach Virginia Tilley, *The One-State Solution: A Breakthrough for Peace in the Israeli-Palestinian Deadlock*, Ann Arbor (The University of Michigan Press) 2005, S. 239.

Nicolas Sarkozy als Leser Fernand Braudels

Als am 13. Juli 2008 im Pariser Grand Palais Staats- und Regierungschefs aus 43 Ländern zusammenkamen, um die »Union pour la Méditerranée« zu gründen, erklärte Präsident Sarkozy: »Davon haben wir
geträumt. Die Mittelmeerunion ist Wirklichkeit geworden.« Niemanden in Frankreich hätte es erstaunt, wenn Sarkozy ausgerufen hätte:
»Ich habe das Mittelmeer [stets] leidenschaftlich geliebt.« Mit diesem
Satz beginnt das 1949 publizierte Meisterwerk Fernand Braudels, *La
Méditerranée et le monde méditerranéen à l'époque de Philippe II.*[101] Die israelische Tageszeitung *Haaretz* schrieb mit leisem Spott, anscheinend
versuche der französische Staatspräsident, »den Traum Fernand Braudels zu verwirklichen«. Schon als Sarkozy im Februar 2007 in Toulon
seine künftige Mittelmeerpolitik skizzierte, war in der französischen
Presse, wenn auch mehr erstaunt als anerkennend, die Rede davon,
dass der Präsidentschaftskandidat offenkundig »seinen Braudel« gelesen habe. In Frankreich kann man nicht über das Mittelmeer sprechen,
ohne sich auf Fernand Braudel zu beziehen. 2007 stand am Beginn
einer Studie des französischen Generalstabs, der aus sicherheitspoli-
tischen Gründen seit langem auf die Bildung einer Mittelmeerunion
drängte, das Kapitel »Auf den Spuren von Braudel«. Sarkozys Vorliebe
für die große Geste und das feierliche Wort ironisierend, forderte die
französische Presse die Historiker des Landes auf, ein neues Buch zu
schreiben: *Das Mittelmeer und die mediterrane Welt in der Epoche des Nicolas Sarkozy*. Die Tageszeitung *Le Monde* mahnte ihre Leser, jetzt, da
sich die Chance abzeichne, »das Mittelmeer in eine Region des Friedens und des Wohlstands« zu verwandeln, sei der Augenblick gekom-

---

101 Fernand Braudel, *Das Mittelmeer und die mediterrane Welt in der Epoche Philipps II.*,
Frankfurt a. M. (Suhrkamp) 1994, 3 Bde.

men, um Braudel wiederzulesen – oder ihn endlich zum ersten Mal zu lesen. Es war ein Echo der Worte, die Braudels Lehrer Lucien Febvre dem Buch seines Schülers mit auf den Weg gab, als *La Méditerranée* 1949 erschien: »Lest, lest wieder und wieder dieses exzellente Buch. Macht es zu Eurem Begleiter für das ganze Leben.«

Vielleicht ist Fernand Braudels *thèse* nicht das beste historische Buch, das je geschrieben wurde, wie ein enthusiastischer Rezensent behauptete. Niemand aber wird der Feststellung widersprechen, Braudels Buch habe die Geschichtsschreibung verändert und ein Bild vom Mittelmeer geprägt, das bis heute wirksam geblieben ist. Mit den Vorarbeiten zu *La Méditerranée* hatte Braudel bereits in den zwanziger Jahren des vorigen Jahrhunderts begonnen. Seine Karriere als Historiker nahm ihren Anfang im Umkreis der *Annales*, der berühmten Zeitschrift, die Braudels Lehrer Lucien Febvre und der Mittelalterhistoriker Marc Bloch 1929 in Straßburg begründet hatten. Damit begann die »Französische historische Revolution«, die in der Geschichtsschreibung zu einer entscheidenden Gewichtsverlagerung führte. An die Stelle einer Chronik der Haupt- und Staatsaktionen trat die Sozial- und Wirtschaftsgeschichte.

Der Einfluss der *Annales* wuchs, als ihre Hauptvertreter auf prestigereiche Posten nach Paris berufen wurden. Ihre intellektuelle und gesellschaftliche Dominanz errang die Schule der *Annales* nach dem Zweiten Weltkrieg. Dabei rückte Fernand Braudel ins Zentrum. Er verankerte die Geschichtswissenschaft außerhalb der etablierten Universitätsstrukturen an der *École des hautes études* und gründete mit der *Maison des sciences de l'homme* ein Mekka der Humanwissenschaften, zu dem Wissenschaftler aus der ganzen Welt pilgerten. 1984, ein Jahr vor seinem Tod, wurde Braudel »unsterblich«: Die *Académie française* wählte ihn zu ihrem Mitglied. Vollständig lautet der erste Satz in Braudels Buch: »Ich habe das Mittelmeer leidenschaftlich geliebt, vermutlich, weil ich – wie so viele andere und nach so vielen anderen – aus dem Norden kam.« Mehr noch als seine Lothringer Herkunft aber haben Braudel die Jahre geprägt, die er – von 1923 bis 1932 – als Lehrer in Algier verbrachte, einer »wunderbaren Stadt«, die ihm die Möglichkeit bot, »das Mittelmeer von der anderen Küste aus, also gleichsam ›seitenverkehrt‹ zu betrachten«.[102] Algier, der »weißen Stadt« im Harlekinsgewand, in der zu Beginn des 16. Jahrhunderts »Berber und Andalusier, zum Islam konvertierte Griechen und Türken bunt durcheinander lebten«, hat Braudel in seinem Buch ein Denkmal gesetzt. Im Ortsregister von *La Méditerranée* steht bei »Algier«: *passim.*

»Mare nostrum« nennt Braudel das Mittelmeer immer wieder; seiner »komplexen, sperrigen, außergewöhnlichen Persönlichkeit, die sich unseren Größenordnungen und Kategorien entzieht«, gilt seine Leidenschaft. Die drei monotheistischen Religionen, die athenische Demokratie, das römische Recht, die arabische Medizin – sie alle sind Produkte des Mittelmeers. »Von den Olivenpflanzungen bis zu den großen Palmenhainen« erstreckt sich eine Welt, in der ihr Bewohner, wohin er auch verschlagen wird, sich heimisch fühlt. Überall wird ihm das Glück zuteil, »im Angesicht der gleichen Bäume, der gleichen Pflanzen, der gleichen Landschaften zu leben, das gleiche Essen auf dem Tisch zu haben, den gleichen Himmel zu schauen, [und] den vertrauten Rhythmus der Jahreszeiten wiederzufinden«. Braudel leidet mit einem Reisenden des 16. Jahrhunderts, der von seinem Ausflug in den Norden Europas berichtet, wo es weder Lavendel noch Thymian gibt, und »wo die Speisen, man sollte es kaum glauben, mit Kuhbutter statt mit Öl angerichtet werden«.

Dieses »nördliche Europa jenseits der Olivenhaine« tritt dem Mittelmeer feindlich entgegen, es ist »ein Europa, das der Reformation offen steht, das Europa der neuen Länder, die mit ihrem aggressiven Auftreten den Anbruch der sogenannten Neuzeit auf eigene Weise charakterisieren«. Den »nordischen, atlantischen, internationalen Kapitalismus« mit »seiner jugendlichen Kraft und seinen scharfen Zähnen« macht Braudel verantwortlich dafür, dass das Mittelmeer bald nach dem Tode Philipps II. am 13. September 1598 »nicht mehr der pulsierende Mittelpunkt der Welt ist«. Die Spannungen zwischen dem

---

102 Fernand Braudel, *Geschichte als Schlüssel zur Welt. Vorlesungen in deutscher Kriegsgefangenschaft 1941*, herausgegeben von Peter Schöttler, Stuttgart (Klett-Cotta) 2013, S. 153. In seiner Examensarbeit beschäftigte sich Braudel mit dem lothringischen Bar-le-Duc in den ersten drei Jahren der Französischen Revolution, sein erster wissenschaftlicher Aufsatz hieß »Les Espagnols et l'Afrique du Nord«.

Norden Europas und dem Mittelmeer bleiben: »Das Mittelmeer, das den Süden Europas schon immer stark beeinflusst hat, hat nicht wenig dazu beigetragen, eine europäische Einheit zu verhindern. Es zieht Europa in seinen Bann, sprengt seinen Zusammenhalt zugunsten eigener Interessen.« Was ebenfalls bleibt, ist der Wunsch nach einem Zusammenschluss der Mittelmeerländer, »die Herstellung eines immer neuen Gleichgewichts und der unumgängliche Austausch« zwischen ihnen.

Kollegen, die Fernand Braudel in der Pariser *Maison des sciences de l'homme* zum ersten Mal besuchten, zeigte er das der *Maison* gegenüberliegende Belle-Époque-Gebäude des Hotels *Lutétia* und erinnerte daran, dass hier im Zweiten Weltkrieg das Hauptquartier der Gestapo und danach ein Sammelplatz für überlebende KZ-Häftlinge untergebracht war. Die endgültige Fassung seines Mittelmeer-Buches hatte Braudel in deutschen Gefangenenlagern in Lübeck und in Trier konzipiert.[103] Er sprach von dieser Zeit ohne Ressentiment, doch mit dem berechtigten Stolz, der dem Geist ansteht, wenn er widrige äußere Umstände zu besiegen in der Lage ist: Braudels Produktivität und seine intellektuelle Neugier hatten in der Kriegsgefangenschaft nicht gelitten. Im Norden, in deutscher Gefangenschaft die Apotheose des Mittelmeers zu verfassen war ein Akt der Befreiung. In der Konfrontation mit dem Norden zeigen sich bei Braudel ein Enthusiasmus des Südens, eine Apotheose von Klima, Licht und Lebensweise und das Lob der »vie facile« – Leitmotive, die allen Versuchen zur Bildung einer »Koalition« der lateinischen Kulturen Schwung und Begeisterung verliehen.

103 Vgl. dazu das Nachwort von Peter Schöttler, »Fernand Braudel als Kriegsgefangener in Deutschland«, in: Braudel, *Geschichte als Schlüssel zur Welt*, S. 187–211.

Nord und Süd:
Der Montesquieu-Effekt

Versuche, aus Unterschieden des Klimas auf eine Differenz der Mentalitäten zu schließen, die innerhalb eines Landes den Norden vom Süden und die Bewohner »kalter« von den Bewohnern »warmer« Regionen trennen, gehen bis in die Antike zurück. Ihre Konjunktur erlebten die Klimatheorien im 18. Jahrhundert, besonders wirksam wurden Überlegungen Montesquieus in seinem Werk *De l'Esprit des lois* (1748). Die Eigenschaften, die hier den Menschen des Nordens zugeschrieben wurden, ähnelten einem Tugendkatalog, Laster dagegen charakterisierten Mentalität und Verhalten der Menschen im Süden. Im Vergleich mit asiatischen Gesellschaften und dem Orient war Europa der Norden, doch blieb innerhalb Europas der Nord-Süd-Gegensatz wirksam. Die Mentalitätszuschreibungen, die Montesquieu vornahm, waren strikt, aber nicht frei von Widersprüchen, er verband präzise Beobachtungen, etwa zu den Unterschieden von englischer und italienischer Oper, mit Experimenten, in denen er beispielsweise die Textur einer Schafszunge mit Hilfe des Mikroskops untersuchte. Von der Schlüssigkeit seiner Schlussfolgerungen konnte Montesquieu viele Leser überzeugen, auch wenn ihm von anderen, wie Herder schrieb, der Vorwurf gemacht wurde, »dass er seinen klimatischen Geist der Gesetze auf das trügliche Experiment einer Schöps-Zunge gebauet habe«.[104]

Das Klima, so Montesquieus Grundannahme, beeinflusst die Physiologie, und die Physiologie prägt die unterschiedlichen Mentalitäten. In den kalten Zonen haben die Menschen mehr Selbstvertrauen und mehr Mut, sie entwickeln wie selbstverständlich ein Bewusstsein

---

104 Johann Gottfried Herder, *Ideen zur Philosophie der Geschichte der Menschheit* (Werke III/1), München (Hanser) 2002, S. 240 (Siebentes Buch/III).

der eigenen Überlegenheit, sind weniger rachsüchtig und zeigen mehr Freimut. Die Bewohner der warmen Länder sind schüchtern wie die Greise, die der kalten Länder sind mutig, wie die jungen Leute es sind. In den kalten Ländern hat man wenig Neigung, sich zu vergnügen, in den gemäßigten Zonen wächst die Neigung dazu stärker, in den warmen Ländern ist sie extrem. Im Süden zeigen die Menschen keine Neugier und verfolgen keine noblen Ziele – das Nichtstun ist für sie Ausdruck des Glücks. Am deutlichsten äußern sich die Gegensätze von Nord und Süd im Moralverhalten: Die Bewohner des Nordens haben wenige Laster, dafür ausreichende Tugenden, in ihrem Verhalten zeigen sie Aufrichtigkeit und Offenheit. Nähert der Beobachter sich den Ländern des Midi, hat er den Eindruck, sich zunehmend von der Moral selbst zu entfernen: Hier vervielfachen die heftigen Leidenschaften die Zahl der Verbrechen, jedermann versucht, sich gegenüber dem anderen Vorteile zu verschaffen.[105]

Der weiterwirkende Einfluss Montesquieus zeigte sich beispielhaft in dem 1824 erschienenen Buch *L'homme du Midi et l'homme du Nord, ou l'influence du climat* des Schweizer Schriftstellers Charles-Victor de Bonstetten. Er schrieb den Menschen des Südens Ungezwungenheit, natürlichen Charme und die Neigung zum laisser-aller zu, was sich in Träumerei, Sensualität, Phantasie und dem Hang zur Faulheit äußere. Die Menschen des Nordens dagegen verkörperten fruchtbare Aktivität, sie strebten nach Eroberung und Nutzung der Natur, sie seien durch Ernsthaftigkeit und Nachdenklichkeit gekennzeichnet, hielten ihre Empfindungen unter Kontrolle, seien ausdauernd und neigten dazu, die Initiative zu ergreifen: »Fassen wir zusammen: Der Mensch des Nordens lebt, um zu arbeiten und zu produzieren, der Mensch des Midi würde nur so viel arbeiten, wie es zum Lebensunterhalt notwendig ist.«[106] Später lieferte der Ausgang dreier Kriege »Klimatheoretikern« den Beleg für die angeblich weltweit festzustellende Über-

---

105 Diese Zusammenfassung nach Montesquieu, *De l'Esprit des lois*. Troisième Partie. Livre Quatorzième »Des lois dans le rapport qu'elles ont avec la nature du climat«, in: *Œuvres complètes* II, Texte présenté et annoté par Roger Caillois, Paris (Gallimard / Bibliothèque de la Pléiade) 1951, S. 475–477.
106 Zitiert nach Jean Boissel, »Le ›midinard‹ ou la supériorité du Nord sur le Midi. Une mythologie française«, in: *Commentaire* 8 (1979), S. 572.

legenheit des »Nordens« gegenüber dem »Süden«: Im amerikanischen Sezessionskrieg besiegte der industrielle Norden die patriarchalischen und agrarischen Südstaaten; 1866 unterlag das katholische Österreich dem nordischen und protestantischen Preußen, und 1870–71 erlebte das lateinische Frankreich ein »Debakel« – so der Titel des Romans von Émile Zola – im Krieg gegen Preußen.[107]

Den großen Einfluss, welchen die im *Esprit des lois* entwickelte Klimatheorie ausübte, hat Pierre Bourdieu damit erklärt, dass sich hier ein soziales Phantasma erfolgreich als Erkenntnis auf naturwissenschaftlicher Grundlage tarnte. Seine politische Wirksamkeit erzielte der »Effet Montesquieu« nicht zuletzt dadurch, dass die Menschen des Nordens als die »natürlichen« Herren, die Menschen des Südens als die »natürlichen« Sklaven betrachtet wurden. Zuschreibungen dieser Art fanden ihren Ort in einer Geopolitik, welche den Einfluss der Geschichte und historisch möglicher Veränderungen zugunsten eines physischen Determinismus zurückdrängte.[108] Politisch brisant an der Grenze zum kulturpolitischen Defätismus wurde der Nord-Süd-Gegensatz dadurch, dass für viele französische Autoren die Angelsachsen und die Deutschen eine zukunftsträchtige Vitalität verkörperten, während Frankreich in Passivität und Dekadenz versank. Sie übernahmen die Unterscheidung »männlicher« und »weiblicher« Rassen, aktiver und passiver Kulturen, die aus dem Umkreis der deutschen Völkerkunde stammten. Andere versuchten, die »lateinischen Rassen« zu verteidigen, und wiesen darauf hin, dass die Mehrzahl der Aktivitätsmerkmale, welche den Menschen des Nordens zugeschrieben wurden, in der Vergangenheit in besonders hohem Maße die Römer, also Lateiner, ausgezeichnet hatten. Beispielhaft für eine bis ins Selbstquälerische gehende Empfindung der Inferiorität und Dekadenz war 1898 die Abhandlung des Pädagogen und Sozialanthropologen Edmond Demolins mit dem Titel *Les Français d'aujourd'hui. Les Types sociaux du Midi et du Centre.* Für Demolins, der im Süden, in Marseille, geboren wurde und im Norden, in Caen, starb, litt Paris unter der Invasion der

107 Boissel, S. 574.
108 Pierre Bourdieu, »Le Nord et le Midi: Contribution à une analyse de l'effet Montesquieu«, S. 21–25.

94

Meridionalen, die versuchten, aus der französischen Metropole eine orientalische Stadt und aus dem lateinischen Frankreich ein Land zu machen, das mehr und mehr dem ottomanischen Empire ähnelte. Im Mittelpunkt seiner Kritik stand der Typus des »Méridional« oder des »Provençal«. Dieser liebte das »leichte Leben«, *la vie facile*, er überanstrengte sich nicht mit der Kultivierung seiner Olivenbäume und seines Weins: »So hat sich sozusagen im Schatten seiner Obstbäume langsam, von Jahrhundert zu Jahrhundert der Typus des trägen Meridionalen entwickelt, des Freundes langer Erholung, des süßen *far niente*, der Siesta und der heißen Vergnügungen, welcher penibler Disziplin und harter Arbeit feindlich gesinnt ist.«[109] Der Meridionale glaubt an die Allmacht des Staates, der für ihn wie ein großer Baum ist, der ihm Schatten gibt und von dem jeder ausreichend Früchte für sich pflücken kann. Fern liegt ihm, sich für das allgemeine Wohl zu engagieren, ihn interessiert nur sein eigener Vorteil und der seiner Familie und seiner Freunde. Im Süden herrschen Klientelismus und eine *politique alimentaire*.[110] Der Meridionale oder Provenzale entfernt sich durch sein Verhalten und seine Mentalität von einem Ideal, das von den »philosophes« der französischen Aufklärung hochgehalten wurde: dem Fortschritt. Ohne Abstriche fanden sich alle Merkmale einer »südlichen« Mentalität, die als mit den Erfordernissen der Moderne nicht vereinbar gelten, während der Finanz- und Schuldenkrise der EU in der Kritik, die vom »Norden« an den Bewohnern südlicher Länder, insbesondere Griechenlands geübt wurde.

Der Nord-Süd-Gegensatz, der Mythos des »Midinard« wurde nicht zuletzt so wirksam, weil ihn eine hohe Ambivalenz auszeichnet und er unterschiedlich, ja gegensätzlich ausgedeutet werden konnte. So warf Edouard Drumont, Verfasser des Buches *La France Juive*, das zum Lehrbuch des französischen Antisemitismus wurde, seinen Landsleuten sowohl ihre Lust an der Dekadenz, gleichzeitig aber auch das verzweifelte Bemühen vor, mit der Modernisierung der Welt Schritt zu halten. Der Eiffelturm, ein »Zeugnis der Dummheit und des schlechten Ge-

---

109 Edmond Demolins, *Les Français d'aujourd'hui. Les Types sociaux du Midi et du Centre*, Paris (Firmin-Didot) 1898, S. 100.
110 Demolins, S. 112.

schmacks«, wurde für ihn zum Symbol des industriellen Frankreich, »dumm wie das moderne Leben« repräsentierte er die Zerstörung des Paris von Notre-Dame und des Arc de Triomphe.[111] Drumont klagte die in seinen Augen von Juden geprägte Bourgeoisie an, »die Arbeit ohne Erholung, ohne Pause« erfunden zu haben, eine Arbeit, »die dem menschlichen Leben keine Minute ließ, um sich zu erholen, um zu beten, um zu denken«. Er nahm Partei für den Midi – und zugleich wurde von ihm selbst und von den antisemitisch gesinnten Autoren, die unter seinem Einfluss standen, der »Midinard« als Verkörperung des »Feindes« dargestellt. Eine »invasion méridionale« bedrohte Frankreich, die mit der »conquête juive« gleichgesetzt wurde. Der Lothringer Maurice Barrès, Verfasser der Trilogie *Le Roman de l'énergie nationale* (1897–1901), stigmatisierte die »Midinards«, weil sie dank ihrer schlechten rassischen Eigenschaften angeblich unfähig zum Patriotismus waren. Drumont und Barrès stimmten darin überein, dass in Frankreich ein Rassenkrieg herrschte: Kelten standen den Lateinern gegenüber. Der Schlachtruf »Gallien den Galliern« hieß nichts anderes als »Frankreich den Nordfranzosen«.[112]

Und dennoch konnte Paul Lafargue mit seiner 1883 veröffentlichten Polemik *Das Recht auf Faulheit* zum Kronzeugen für Drumont werden. Lafargue klagte den Protestantismus, also den »Norden«, an, in seiner Verherrlichung der Arbeit, dieser »geistigen Verwirrung«, den Menschen die vom Katholizismus eingeführten Feiertage geraubt und damit um ihre Muße betrogen zu haben: »Der Protestantismus, diese den neuen Handels- und Industriebedürfnissen der Bourgeoisie angepaßte Form der Kirche, kümmert sich wenig um die Erholung des Volkes, er entthronte die Heiligen im Himmel, um ihre Feste auf Erden abschaffen zu können.«[113] In der Kritik am Protestantismus und seiner Arbeitsethik wurden die gängigen normativen Zuschreibungen im Nord-Süd-Gegensatz umgekehrt: Das erstrebenswerte Ideal mensch-

111 Edouard Drumont, *La Fin d'un monde. Étude psychologique et sociale*, Paris (Albert Savine) 1889, S. IV.

112 Diese Zusammenfassung nach Pierre-André Taguieff, »L'invention racialiste du Juif«, in: *Raisons politiques* 5 (2002), S. 29–51.

113 Paul Lafargue, *Das Recht auf Faulheit* (1883), Hamburg (Europäische Verlagsanstalt) 2001, S. 35.

lichen Lebens fand sich im katholisch geprägten Süden: Spanier und Griechen wurden von Lafargue gerühmt, weil sie die Arbeit verachten. Lafargue folgend beschrieb Drumont in hymnischen Worten den Spanier als die Verkörperung des guten Lebens, der erstrebenswerten *vie facile*: »Sehen Sie sich einen Spanier an … Stolz, kühn das Auge, von guter Haltung, schön anzusehen, lebt er ein würdiges und nobles Leben, er betet, er dichtet Chansons für seine Schöne, er singt sie an unter der Klarheit der Sterne, er trinkt eine Tasse Schokolade oder klares Wasser … er träumt und er arbeitet gerade genug, um den Geboten Gottes zu gehorchen.« Und diesem Spanier, so Drumont, wollte man die anämischen und deprimierten Massen in Manchester und Liverpool als Vorbild hinstellen, die sich mit Hilfe des Alkohols zur Arbeit schleppten. Dies sollte der Fortschritt sein!

So ambivalent die Nord-Süd-Zuschreibungen auch waren, weitverbreitet war im Süden die Abwehr des Fortschritts, wie er vom industrialisierten Norden verkörpert wurde. Diese Fortschrittsabwehr war wie ein Reflex, sie fand sich auch an »unschuldigen« Stellen. In Toulon, in der rue Paul Landrin, wo jeden Tag der Markt stattfindet, die Araber machen den Großteil der Händler aus, steht ein kleines Monument, auf dem ein Gedicht von Jean Aicard eingemeißelt ist. Aicard wurde in Toulon geboren, nicht zuletzt seine *Poèmes de Provence* verhalfen ihm zur Wahl in die Académie française. Wie beiläufig erteilt er in seiner kleinen Pastorale dem Fortschritt eine Abfuhr:

En nous portant dans leur corbeilles,
Les figues, les grappes vermeilles,
L'abricot double et parfumé,
Elles vont, le geste animé,
Parlant un langage sonore
Où le progrès n'est pas nommé,
Mais que notre soleil colore,
Que le Dante parlait encore,
Et que Mistral a tant aimé.

Der Montesquieu-Effekt spielte eine große Rolle in den zahlreichen Projekten des 19. Jahrhunderts, die für den Zusammenschluss der lateinischen Nationen warben. Wie hielt man es mit den klassischen Nord-Süd-Zuschreibungen? Wurden die lateinischen Nationen aufgefordert, den Vorsprung des Nordens aufzuholen und endlich willensstark und selbstbewusst in die Moderne einzutreten? Das konnte nur heißen, eine Art zu leben aufzugeben, die für den Süden als charakteristisch galt und nicht zuletzt dem Norden Anlass zur nachahmenden Schwärmerei geboten hatte. Oder hielt man am Ideal der *vie facile* fest – um den Preis, sich entweder von der Moderne endgültig abzukoppeln oder zeigen zu müssen, dass ein meridionales Verhaltensideal sich mit einer Moderne anderen Typus, als der Norden sie vertrat, durchaus vereinbaren ließ? Die Projekte zur Gründung einer Lateinischen Union schwankten zwischen Selbstüberschätzung und Minderwertigkeitsgefühl. Ihre frühe Ausprägung fanden sie bei den Saint-Simonisten.

Die Saint-Simonisten
und das Mittelmeersystem

Als Napoleon in der Verbannung auf Sankt Helena seine Erinnerungen diktierte, sprach er davon, dass er den gesamten europäischen Kontinent unter seine Herrschaft hatte zwingen wollen – und dabei einem Zusammenschluss des Südens den Vorrang gegeben hätte:»Eines meiner größten Vorhaben war die Agglomeration, die Konzentration geographischer Nachbarn, die durch die Revolution und die Politik getrennt und zerstückelt worden waren. Es wäre schön gewesen, mit einem solchen Gefolge in die Nachwelt einzutreten und den Segen der Jahrhunderte zu erhalten. Einer solchen Ehre fühlte ich mich würdig ... Der ganze Midi Europas wäre zu einem kompakten Zusammenschluss von Lokalitäten, Gesichtspunkten, Meinungen, Gefühlen und Interessen geworden. Was hätte uns bei einem solchen Stand der Dinge schon das Gewicht aller Nationen des Nordens ausgemacht? Wie viele menschliche Anstrengungen wären nicht vor einer solchen Schranke gescheitert?«[114]

Napoleons Ägypten-Expedition von 1798 war der Vorgriff auf eine umfassende Mittelmeerpolitik, die alle Ufer der Méditerranée einschloss. Napoleon träumte davon, Orient und Okzident zusammenzuführen, und war sich bewusst, dass ein solches Vorhaben dem Islam Tribut zahlen musste, wie er im Juli 1798 in seiner an die ägyptische Bevölkerung gerichteten Proklamation deutlich machte:»Ich respektiere, mehr als die Mamluken, Gott, seinen Propheten und den Koran ...«[115] Diese Proklamation aber zeigte ebenso wenig Wirkung wie

---

114 Napoléon,»Dictée de Sainte-Hélène«, zitiert als Motto des Buches von Charles de la Varenne, *La Fédération latine par les unités française, italienne et ibérique*, Paris (E. Dentu) 1862.
115 Zit. nach Émile Temime, *Un rêve méditerranéen. Des saint-simoniens aux intellectuels des années trente (1832–1962)*, Marseille (Actes Sud) 2002, S. 33.

der Appell an den »arabischen Patriotismus«, sich gegen die ottomanische Herrschaft aufzulehnen. Langfristig erfolgreicher war das Zivilisierungsprojekt, das Teil der ägyptischen Expedition war und unter Leitung von Gaspard Monge, dem Gründer der École polytechnique, stand. In Kairo wurde ein Institut des sciences et des arts gegründet; der Vizekönig Muhammad Ali Pascha, der als Leutnant gegen die französische Ägypten-Expedition gekämpft hatte, sandte 1826 eine Mission nach Paris, die westliche Wissenschaften und Technik studieren sollte und sich zu diesem Zweck fünf Jahre lang in der französischen Hauptstadt aufhielt.

Die Projekte Napoleons sollten die Dominanz Frankreichs und damit seine eigene Herrschaft sichern. Das Ende Napoleons führte zu Versuchen, Europa neu zu ordnen – die alten Monarchien taten dies auf dem Wiener Kongress (1814/1815), gleichzeitig wollten Denker wie Saint-Simon und sein ehemaliger Sekretär Auguste Comte den Zusammenschluss der europäischen Länder auf der Grundlage einer von ihnen selbst entwickelten, religiöse Züge tragenden Ideologie oder Weltanschauung befördern. 1814 veröffentlichten der Graf von Saint-Simon und sein Mitarbeiter, der spätere Historiker Augustin Thierry, eine Broschüre mit dem Titel *De la Réorganisation de la Société Européenne*. Die Einheit Europas sollte nicht mit militärischer Gewalt und Zwang, sondern mit friedlichen Mitteln und durch den Fortschritt der Industrie erreicht werden. Sie war der erste Schritt auf dem Wege zur »universellen und friedlichen Assoziation der Menschheit«, zur Herausbildung einer Weltgesellschaft.[116]

Zunächst galt es, eine »anglofranzösische Gesellschaft« zu schaffen und damit die Konföderation zweier Länder zu erreichen, deren Dauerkonflikt die europäische Geschichte geprägt hatte. Es war der erste Schritt auf dem Weg zur Neuordnung und anschließend zur Einheit Europas. Deutschland spielte in diesem Prozess eine wichtige

---

116 *Le Saint-Simonisme, l'Europe et la Méditerranée*. Introduction et notes par Pierre Musso, Houilles (Éditions Manucius) 2008. Darin Claude-Henri de Saint-Simon und Augustin Thierry, »De la Réorganisation de la Société Européenne«, Michel Chevalier, »Le Système de la Méditerranée« sowie »La Prédication d'Émile Barrault du 15 janvier 1832«.

Rolle. Saint-Simon und Augustin Thierry beschrieben Deutschlands »Charakter, seine Wissenschaften, seine Philosophie« mit andächtigem Staunen – ähnlich wie Mme de Staël, die ein Jahr zuvor in ihrem Buch *De l'Allemagne* vermutet hatte, der »Genius der Menschheit« habe in Deutschland Quartier bezogen. Und wie Michelet, der für sich in Anspruch nahm, wie kein anderer »der bewegenden Güte und der bewundernswerten Reinheit der Sitten in Deutschland« Tribut zu zollen, bewunderten auch Saint-Simon und Thierry an der deutschen Nation »die reinste Moral, eine von jeder Täuschungsabsicht freie Aufrichtigkeit und eine Lauterkeit, die jeder Prüfung standhält«. Diese Charakterzüge seien in den schrecklichsten Kriegen, den grausamsten Feindschaften, der unerträglichsten Unterdrückung stets wirksam geblieben: »Niemals ist ein französischer Soldat durch Verrat in diesem Land zu Grunde gegangen, dem Frankreich so viel Kummer bereitet hat.«[117]

Der Möglichkeit zum Seehandel fast völlig beraubt, so Saint-Simon und Thierry, habe Deutschland nicht jenen Handelsgeist entwickelt, der die Berechnung an die Stelle erhabener Gefühle setze, zum Egoismus führe und alles vernachlässige, was groß und edel sei. Anders als in England werde in Deutschland das Verdienst eines Menschen nicht an seinem Besitz gemessen. Bemerkenswert sei dabei, dass die natürliche Güte und Einfachheit der Sitten, die den Volkscharakter auszeichne, sich mehr und mehr auch bei den Regierenden zeige: ihre Autorität sei sanft und väterlich. Das Land der Dichter und Denker sei ein unpolitisches Land – die Deutschen strebten in der Philosophie nach einer besseren Welt, ohne zu versuchen, die eigene gesellschaftliche Wirklichkeit zu verändern.

Langsam aber spüre man, dass sich auch in Deutschland der Geist der Freiheit mehr und mehr ausbreite – eine Revolution sei unausweichlich. Vor dieser Revolution aber hätten die Deutschen Angst, abschreckend stünden ihnen die englische und die französische Revolution vor Augen, und sie fragten sich, ob sie die gleichen Schrecken und

---

117 Die Zitate stammen aus dem Kapitel X »Résumé des Considérations relatives à la France et à l'Angleterre« sowie dem Kapitel XI »De l'Allemagne«, a.a.O., S. 64–66. Jules Michelet, *Introduction à l'histoire universelle*, Paris (Hachette) 1831, S. 83 (Anmerkungen).

das gleiche Blutvergießen würden ertragen müssen. In Deutschland sollte nicht nur die Verfassung geändert werden, es müsse zuallererst seine nationale Einheit erringen. Das geteilte Deutschland sei jedem Usurpator ausgeliefert, nur wenn es zur Einheit finde, könne es mächtig werden. Die deutsche Einheit sei die Voraussetzung für die Einheit Europas.

Die erste und vornehmste Aufgabe des englisch-französischen Parlaments würde daher darin bestehen, Deutschland zu einer neuen Verfassung zu verhelfen, um es vor den Schrecken einer neuen Revolution zu bewahren und die Voraussetzungen für seine Einheit zu schaffen. Von England und Frankreich wurde nichts weniger erwartet als ein Akt des politischen Altruismus: Durch seine Bevölkerungszahl, die fast die Hälfte der Einwohner Europas ausmachte, durch seine zentrale Lage auf dem Kontinent und mehr noch durch seinen »noblen und großzügigen Charakter« war Deutschland dazu bestimmt, in Europa die Führungsrolle zu spielen, sobald die Deutschen unter einer freien Regierung vereint sein würden. Sobald man ihnen gestatten könne, sich dem englisch-französischen Parlament anzuschließen, werde durch die Macht des Beispiels der Adel des Gefühls, der die Deutschen auszeichne, die kommerziellen Interessen der Franzosen und der Engländer abschwächen, die nur dem Eigennutz dienten. Das gemeinsame europäische Parlament werde durch die Aufnahme Deutschlands liberaler, seine Aktivitäten würden selbstloser werden und damit auch anderen Nationen nützen.

Saint-Simon beklagte, dass es in Europa keinen Politiker gab, der es durch sein politisches Talent vermochte, Europa neu zu ordnen; die politische Klasse war in den Denkgewohnheiten des Ancien Régime gefangen. Faute de mieux habe er sich selbst in diese Rolle versetzt und ein politisches System konzipiert, das die Prinzipien der Aufklärung widerspiegele – »Wenn diejenigen, die Verantwortung tragen, sich auf meine Höhe erheben, werden sie das sehen, was ich gesehen habe«. Für Saint-Simon lag das Goldene Zeitalter nicht, wie die Dichter es beschrieben hatten, in der Vergangenheit, sondern in der Gegenwart, er prophezeite, »dass ohne Zweifel eine Zeit kommen wird, in der alle Völker Europas spüren werden, dass man im allgemeinen und gemeinsamen Interesse handeln muss, bevor man sich auf die Ebene der nationalen Interessen hinunterbegibt; dann werden die Übel erträglicher werden, die Unruhen werden sich abschwächen, die Kriege werden verschwinden; dahin bewegen wir uns ohne Unterlass, dorthin trägt uns der Fortschritt des menschlichen Geistes! Was wäre der Klugheit des Menschen würdiger: sich dorthin ziehen zu lassen – oder dorthin zu eilen?«[118]

Saint-Simon hatte damit die Etappen auf dem Weg beschrieben, den die Völker Europas in seinen Augen zurücklegen mussten, um die Einheit des Kontinents zu erreichen. Es gab eine Region, in der sich das vereinte Europa vorausahnen und vorausplanen ließ: das Mittelmeer. Achtzehn Jahre nach der Veröffentlichung der Broschüre von Saint-Simon und Thierry skizzierte der 24-jährige Michel Chevalier, der Chefredakteur der 1831 von den Saint-Simonisten erworbenen Zeitung *Le Globe* geworden war, die Umrisse eines »Mittelmeersystems« als Vorstufe zu einem geeinten Europa. Von allen Saint-Simonisten machte der Bergbauingenieur Michel Chevalier die vielleicht beeindruckendste Karriere, auch wenn der Absolvent der École Polytechnique und der École des Mines 1832 zu einer Gefängnisstrafe von einem Jahr verurteilt wurde und einen beträchtlichen Teil davon im Gefängnis von Sainte-Pélagie absitzen musste.[119] Die französischen Behörden, erschüttert durch die Julirevolution und mit neuen Arbeiteraufständen in Lyon konfrontiert, warfen den Saint-Simonisten, die in Ménilmontant ein »Phalanstère«, eine Art von sozialistischer Kommune, errichtet hatten, die Störung der öffentlichen Ordnung vor; die Bewegung wurde aufgelöst. Im August 1833 amnestiert, ging Chevalier, der im Gefängnis mit dem Saint-Simonismus gebrochen hatte, für zwei Jahre in die USA, um sich mit den dort herrschenden politischen und wirtschaftlichen Verhältnissen und nicht zuletzt mit dem Zustand des Eisenbahnnetzes vertraut zu machen; das publizistische Resultat seines Aufenthalts waren *Lettres sur l'Amérique du Nord* und eine Abhandlung über die Verkehrs- und Kommunikationswege

---

118 Claude-Henri de Saint-Simon und Augustin Thierry, »De la Réorganisation de la Société Européenne«, S. 69.

119 Zu Chevalier vgl. Jean-Baptiste Duroselle, »Michel Chevalier Saint-Simonien«, in: *Revue Historique* 215 (1956), No. 2, S. 233–266.

in den Vereinigten Staaten. Danach wurde Chevalier in den Staatsrat berufen und erhielt 1840 den Lehrstuhl für Politische Ökonomie am Collège de France. Später wurde er Senator und engster Wirtschaftsberater Napoleons III., dessen Staatsstreich er unterstützt hatte. Er galt als Chefökonom des Zweiten Kaiserreichs, zu seinen größten Erfolgen gehörte das britisch-französische Freihandelsabkommen, das er zusammen mit Richard Cobden aushandelte.

Die vier Artikel, die Michel Chevalier im Februar 1832 im *Globe*, dem »Journal de la religion saint-simonienne«, veröffentlichte, trugen Manifestcharakter. In ihnen formulierte er die Grundzüge der saint-simonistischen Industrie- und Friedenspolitik. Berühmt und viel diskutiert wurde der Artikel vom 12. Februar mit dem Titel »Système de la Méditerranée«. Seiner Publikation war am 15. Januar eine »Predigt« (*prédicament*) von Émile Barrault vorausgegangen. Sechs »Prediger« legten seit 1830 die Doktrin der Saint-Simonisten aus, um so die Anhänger der Lehre in ihrem Glauben zu festigen; Barrault, der ein literarisches Manifest der Saint-Simonisten mit dem Titel »Aux artistes« publiziert hatte und im *Globe* für den Literaturteil zuständig zeichnete, war der erfolgreichste unter ihnen, er predigte nicht weniger als dreiundfünfzigmal.[120] Am 15. Januar hieß Barraults Thema: »L'Orient et l'Occident«.[121] In einer Zeit, da sie in Paris von den politischen Autoritäten verfolgt wurden, versicherte Barrault den Gläubigen, eines Tages werde sich der Saint-Simonismus auf der ganzen Welt durchsetzen, denn er sei eine Doktrin des Aufbaus und nicht der Zerstörung, Orient und Okzident würden gleichermaßen von ihm geschätzt, er versöhne die »strahlenden Klarheiten des Midi mit den bleichen Wolken, in die sich der Norden hüllt«. Barrault machte es sich zur Aufgabe, seinen Hörern das Gesetz zu offenbaren, welches »den Geist und die Materie, die Intelligenz und das Fleisch, den Gedanken und die Tat, die Theorie und die Praxis, die Wissenschaft und die Technik in bisher ungeahnter Har-

---

120 Vgl. Pierre Musso, »Préface«, *Le Saint-Simonisme, l'Europe et la Méditerranée*, S. 73–83.

121 A.a.O., S. 85–95. Eine Woche später untersagten die Behörden eine weitere Predigt. Die Verfolgung der Saint-Simonisten, denen die Störung der öffentlichen Ordnung vorgeworfen wurde, erreichte damit ihren Höhepunkt. Der *Globe* wurde verboten.

monie miteinander vereinen würde«. Und als ob er den »Montesquieu-Effekt« ausschalten wolle, fügte Barrault hinzu, der Saint-Simonismus umarme die ganze Menschheit – in welchem Klima die Menschen auch immer lebten. Orient und Okzident, die sich bis jetzt stets feindlich gegeneinander verhalten hatten, würden unter der Herrschaft eines neuen Gesetzes brüderlich, in »göttlichem Gleichgewicht«, miteinander leben. »Association universelle« hieß das Schlüsselwort der saint-simonistischen Doktrin – und das Mittelmeer sollte die Region werden, in der sie sich beispielhaft verwirklichte. Das Mittelmeer würde von der Arena zum Forum werden, zum wahren Mare nostrum. Damit wäre die Geschichte an ihr Ende gekommen, die Bestimmung des Menschengeschlechts hätte sich erfüllt.

Diese Idee nahm Chevalier in seinem dritten Artikel für den *Globe* auf, der am 5. Februar 1832 unter der Überschrift »France: La paix est aujourd'hui la condition de l'émancipation des peuples« erschien. Seine Fortsetzung fand dieser Text, erweitert und zum Teil mit der wortwörtlichen Wiederholung ganzer Sätze, eine Woche später im Artikel »Système de la Méditerranée. Politique Nouvelle«. Das Mittelmeer, zu dem Chevalier auch das Schwarze und das Kaspische Meer zählte, würde zum Zentrum eines politischen Systems werden, das alle Völker der alten Welt vereinte und ihre Beziehungen zur Neuen Welt harmonisch gestaltete. Im Mittelmeer würde der blutigste Konflikt, den die Welt kannte, der Kampf zwischen Orient und Okzident, zwischen Islam und Christentum ein für alle Mal beendet werden. Durch das Mittelmeersystem sollte erreicht werden, was im Europa des 17. Jahrhunderts mit dem Westfälischen Frieden versucht worden war: das Ende aller Religionskriege. Chevalier erinnerte sich offenkundig nicht mehr daran, dass sein »Meister« Saint-Simon in der erwähnten Denkschrift zur Neuordnung Europas von 1814 den Westfälischen Frieden als Lizenz zum Kriegführen kritisiert hatte: die Zielsetzung, in Europa ein Gleichgewicht der Kräfte zu erreichen, ermunterte die einzelnen Nationen zum Versuch, ein Gleichgewicht, das angeblich nicht vorhanden war, mit kriegerischen Mitteln zu erzwingen.

Aus der spirituellen Utopie von »Predigern« wie Barrault machte Chevalier, der als Absolvent der École polytechnique und der École des Mines zu den »Saint-Simoniens pratiques« gehörte, die Utopie eines Ingenieurs und Fabrikanten. Europa war noch weitgehend eine Agrarwirtschaft; die Landwirtschaft war »barbarisch, feudal und in ihrer Entwicklung fast völlig von den kreditgebenden Institutionen isoliert«.[122] Europa stand vor der dringenden Aufgabe, seine Industrialisierung voranzutreiben. Das Mittelmeersystem wurde vom Blickwinkel der Industrie her konzipiert; in seinem Zentrum standen, nach Doktrin der Saint-Simonisten Materie und Geist miteinander vereinend, die Verkehrswege und die Banken. Beide waren so eng miteinander verknüpft, dass es genügte, die Struktur der Verkehrs- und Handelswege aufzuzeichnen, um damit auch die Topographie des Bankensystems vor Augen zu haben. Und so, wie in der Politik die Kooperation an die Stelle des Konflikts treten würde, würden im Wirtschaftsleben Egoismus und Geiz der Bankiers verschwinden und einem generellen Wohlwollen Platz machen.

Voraussetzung für die Entstehung des Mittelmeersystems war die Erfindung der Eisenbahn. Bis jetzt hatte man nur ihren technischen Eigenschaften Aufmerksamkeit geschenkt, ohne die weitreichenden politischen und moralischen Konsequenzen zu erkennen, die aus der Einführung des Schienenverkehrs folgten. Die Schnelligkeit der Eisenbahn war nur unter Gesichtspunkten der Kostenersparnis diskutiert worden – viel wichtiger aber war, dass Menschen und Güter sich jetzt mit einer Geschwindigkeit bewegen konnten, die man vor zwanzig Jahren noch ins Reich der Fabel verbannt hätte. Die Beziehungen von Menschen und Städten ließen sich beschleunigen und damit vervielfachen: Die Eisenbahn war das perfekte Symbol der *association universelle*. Mit Hilfe anderer moderner Erfindungen, insbesondere des Telegraphen, werde es möglich werden, den größten Teil der an das Mittelmeer grenzenden Länder ebenso effizient zu regieren, wie es jetzt bereits mit Frankreich möglich war. Und letztlich waren die

---

122 Michel Chevalier, »France: ›La paix est aujourd'hui la condition de l'émancipation des peuples‹«, in: Saint-Simon et al., *Le Saint-Simonisme, l'Europe et la Méditerranée*, S. 100. Für die Saint-Simonisten war die Industrie im Kern pazifistisch. Auch in den beiden folgenden Artikeln vom 31. Januar und vom 5. Februar beschäftigte sich Chevalier mit der europäischen Friedenspolitik: »Politique Générale: ›La paix est aujourd'hui la condition de l'émancipation des peuples‹«, a.a.O., S. 105–116.

Eisenbahnen auch die Voraussetzung für die Entstehung eines europäischen Patriotismus.

Das Mittelmeer, so Chevalier, konnte man als eine Reihe von Buchten (*golfes*) betrachten, die jeweils den Zugang eines großen Landes zum Meer bildeten. In jeder dieser Buchten gab es einen Haupthafen. Das Mittelmeersystem würde diese Haupthäfen durch parallel zueinander laufende Wasserstraßen und Eisenbahnen in Form von riesigen Netzwerken (*réseaux*) miteinander verbinden. Deutschland nahm in den Überlegungen Chevaliers einen besonderen Platz ein – das Mittelmeersystem der Saint-Simonisten war nicht gegen, sondern mit Deutschland konzipiert. Chevalier sprach von Deutschland als der »Türkei« Europas und zählte »l'Allemagne dix fois à demi absorbée par les Turcs« zum Mittelmeer. Die Überlegungen, die Saint-Simon und Thierry 1814 zur Neuordnung Europas angestellt hatten, wirkten nach. In der »großen Bewegung«, welche die Völker instinktiv zur Einheit drängte, war es den so lange in Kleinstaaten zersplitterten Deutschen bereits gelungen, miteinander so etwas wie eine spirituelle Einheit zu bilden. Obwohl den Norden und den Süden Deutschlands der Gegensatz von Protestantismus und Katholizismus trennte, spürte man im ganzen Land »den gleichen Duft einer kontemplativen mystischen Poesie«, der auf unbestimmte Weise die Seelen der »Teutonie« miteinander verband. Die materiellen Verbindungen zwischen den Deutschen aber konnten sich an Schnelligkeit und Regelmäßigkeit nicht mit denen messen, über welche England und Frankreich bereits verfügten. Von einer wirtschaftlichen Einheit Deutschlands konnte keine Rede sein. Erst »schöne Eisenbahnen« würden in Deutschland die Verbindungen herstellen, welche Menschen enger aneinanderbanden, die zwar die gleiche Sprache sprachen, sich aber nicht verstanden, die über die gleichen Sitten und Gewohnheiten verfügten und sich doch fremd geblieben waren.

Auf der einen Seite war Deutschland dazu bestimmt, Verbindungen nach Osten aufrechtzuerhalten, die sich bis nach Sankt Petersburg, Odessa und die Kamtschatka erstrecken würden. Auf der anderen Seite war Deutschland das Land, in dem die »groupe du Nord« und die »groupe du Midi« sich treffen würden – mit Dresden, der »Stadt der

Franzosen in Deutschland«, im Mittelpunkt. Michel Chevalier machte deutlich, wie sehr gerade Deutschland, das sich auf dem Kontinent so lange abgeschottet hatte, von einer Aufhebung des Nord-Süd-Gegensatzes in Europa profitieren würde, die durch die neuen Transportmittel und die systematisch ausgebauten und erweiterten Verkehrswege möglich geworden war: »Wenn der Berliner Akademiker und der Student aus Göttingen innerhalb von vierundzwanzig Stunden von den Hörsälen ihrer Universitäten zu den Sammlungen des Jardin des Plantes, zu einer Sitzung des Instituts oder in den Louvre gelangen würden; wenn die Anmut Italiens, die Finesse der Hellenen und die elegante Leichtigkeit der Franzosen ... sich mit der Aufrichtigkeit, der Ernsthaftigkeit und der Seelengüte der Germanen verbinden würden; wenn all dies Bestand haben würde – kann man sich überhaupt den Glanz, den Reichtum und die Kraft der Assoziation vorstellen, die sich dann in der Brust Germaniens finden würden?«[123]

Schließlich weitete Chevalier das Mittelmeersystem nach Asien und Amerika aus – und auch die Pläne zur Errichtung des Suez- und des Panamakanals gehörten zu dem »wunderbaren Bild, welches der alte Kontinent bald bieten wird«. Das Mittelmeersystem wurde letztlich zu einer Metapher für die Weltgemeinschaft, in der sich die nationalen Gegensätze und Konflikte im friedlichen Miteinander aufgelöst haben würden. Der erste Schritt zu dieser universellen Assoziation aber musste im Mittelmeer gegangen werden. Die Kosten dafür hatte Chevalier präzise berechnet, realisiert werden konnte sein Projekt nur in einer Mittelmeer-Konföderation, in der das bisher von den einzelnen Nationen für Kriegsvorbereitungen und Kriege ausgegebene Geld zu friedlichen Zwecken genutzt würde. Dass zur Voraussetzung dieser »Confédération méditerranéenne«, die über die europäischen Einheitsbestrebungen zur Errichtung des Weltstaats führen würde, die enge Kooperation von Deutschland und Frankreich gehörte, gibt den Überlegungen Michel Chevaliers aus dem Jahre 1832 einen aktuellen Klang.

Die Saint-Simonisten waren Meister der Propaganda. Dazu gehörte

---

123 Chevalier, a.a.O., S. 124–126. Mit dem Institut war das Institut de France gemeint, die Dachorganisation der großen nationalen Akademien Frankreichs.

auch eine sorgfältig gesteuerte Pressepolitik. 1824 von jungen liberalen Intellektuellen gegründet, war der *Globe* in Frankreich zum Sprachrohr der romantischen Bewegung geworden, in Deutschland gehörte der alte Goethe zu seinen Lesern. Der Kauf durch die Saint-Simonisten bedeutete das Ende des »liberalen *Globe*«, von nun an erschien die Zeitung mit dem Untertitel »Journal de la doctrine de Saint-Simon«, aus dem im August 1831 das »Journal de la religion saint-simonienne« wurde. Um seine Reichweite zu steigern, wurde das Blatt gratis verteilt. Wirtschaftliche Schwierigkeiten und ideologische Differenzen innerhalb der Bewegung – der Streit der beiden »Väter« Bazard und Enfantin, der ein Schisma zur Folge hatte – führten zum Ende des *Globe* im April 1832. Der Vorgang trug Symbolcharakter: Die Zeit der Artikel war vorüber, die Zeit für Aktionen war gekommen. Dazu gehörten Projekte innerhalb Frankreichs wie der Canal de Provence und die Herstellung einer durchgehenden Eisenbahnlinie, die Paris mit dem Midi verbinden würde. Der Schwerpunkt der Aktionen aber lag außerhalb Frankreichs, im Maghreb und in Ägypten. Die Herrschaft der Ottomanen neigte sich dem Ende zu, der Türke galt als »homme malade« – zugleich schien der Orient aus seiner Lethargie zu erwachen. Bereits die Ägyptenmission Napoleons hatte Pläne für einen Kanal zwischen dem Mittelmeer und dem Roten Meer ausgearbeitet; aufgenommen wurden sie von den Saint-Simonisten und von Ferdinand de Lesseps schließlich zu einem erfolgreichen Ende geführt.

Alle Aktionen der Saint-Simonisten kennzeichnete die Mischung aus einem von christlicher Symbolik geprägten Mystizismus und einem Pragmatismus, der dazu führte, dass sie vielen ihrer Projekte eine exakte Finanzplanung zugrunde legten. Aus seiner Gefängniszelle rief Prosper Enfantin, »père suprême du collège saint-simonien«, zu einem neuen Kreuzzug auf: »La grande communion se prépare. La Méditerranée sera belle cette année.«[124] Im Mittelmeer war Enfantin auf der Suche nach der »Femme-Messie«, dem weiblichen Orient, der sich mit dem männlichen Okzident verbinden würde – aber zugleich suchte er nach finanziellen Möglichkeiten zur Errichtung des Suez-

---

124 Temime, *Un rêve méditerranéen*, S. 38.

kanals. Das Gleiche galt für den »Prediger« Barrault, der vor seinem Aufbruch nach Ägypten in Lyon eine »Association saint-simonienne« gründete, um das Kanalprojekt angemessen zu planen.

Die Saint-Simonisten waren Wegbereiter der kolonialistischen Ideologie – »Les colonies – en avant«, hieß der Ruf, mit dem Michel Chevalier seine Glaubensgenossen anfeuerte. Zugleich sahen die Saint-Simonisten in einer vorurteilsfreien Koalition der Kulturen die Voraussetzung erst für die Wirksamkeit des Mittelmeersystems und dann für die Formierung der allgemeinen Assoziation, zu der die Menschheit in Frieden zusammenwachsen würde. Im Vorwort zu seiner Gedichtsammlung Les Orientales (1829) hatte Victor Hugo gefragt, ob die »alte asiatische Barbarei« nicht über mehr bedeutende Männer verfügte, als die westliche Zivilisation hatte glauben wollen. Ähnlich schrieb Michel Chevalier, die christlichen Völker seien »heute nicht die einzigen, die nach Fortschritt dürsten«, wobei für ihn Mehmet Ali, der »industrielle Pascha«, der »Napoleon des Orients«, zum Vorbild eines muslimischen Modernisierers wurde. Der Friedensbringer, »le pacificateur du monde«, werde allen Völkern die Hand ausstrecken, »er wird allen den Fortschritt ermöglichen, ohne am Eingang Wachen aufzustellen, die sie dazu verpflichten, die Tunika der Demokratie anzulegen«.

Der Friedensbringer war – Frankreich. In Zukunft konnten in Europa die Revolutionen ausbleiben, weil »das generöse Frankreich« den Kataklysmus einer schrecklichen Revolution bereits hinter sich gebracht hatte – zum Nutzen der anderen europäischen Nationen, die Feuertaufe und Blutbad nicht mehr durchleben mussten. Den Fortschritt und den Frieden in der Welt habe Frankreich gesichert: »Le génie des révolutions n'a plus à visiter les peuples.« Dies galt selbst für England, wo sich eine schreckliche Kollision zwischen einer hochmütigen Aristokratie und einem ungeduldigen Proletariat anbahnte. Schließlich wurde von Chevalier die welthistorische Rolle Frankreichs christologisch überhöht: »Frankreich hat den revolutionären Kelch getrunken, es hat ihn in einem Zuge geleert; Frankreich ist ans Kreuz gestiegen; Frankreich ist der Christus der Nationen gewesen.«[125]

125 Michel Chevalier, »Le Système de la Méditerranée«, S. 112–113.

Das Mittelmeersystem sollte erst Europa und dann der Welt den Frieden bringen. Doch so wie der Westfälische Frieden – Saint-Simon hatte es beklagt – Anlass für neue Territorialkriege lieferte, die unter dem Vorwand vom Zaun gebrochen wurden, in Europa das verlorene Gleichgewicht der Kräfte wiederherzustellen oder allererst zu schaffen, provozierten Versuche, die Völker des Mittelmeers zu einer Union zusammenzuschließen, Koalitionen zwischen anderen Regionen des Kontinents, die den europäischen Nord-Süd-Konflikt verstärkten.

Napoleon III.:
Politik im Zeichen der Latinität

Die meisten Saint-Simonisten begrüßten den Staatsstreich vom 2. Dezember 1851, der den Franzosen, so der spätere Napoleon III., den »schönen Despotismus« bescherte, nach dem sie verlangt hatten. Vom autoritären Regime erst des Prince-Président und dann des Kaisers erhofften die Saint-Simonisten die Verwirklichung ihrer sozialutopischen Ideale. Louis-Napoléon, der Neffe Napoleons I., war der Abenteurer unter den Politikern des 19. Jahrhunderts. 1836 versuchte er mit einem Putsch an die Macht zu kommen, scheiterte und wurde in die USA verbannt. Er brach sein Versprechen, nie mehr nach Europa zurückzukehren, und unternahm 1840 von England aus einen neuen Versuch zum Umsturz des Königs Louis-Philippe, der ebenfalls misslang. Zu lebenslanger Festungshaft verurteilt, nutzte der Prinz seine Zeit an der »Universität von Ham« – so nannte er sein Gefängnis in der nordfranzösischen Picardie –, um die Schriften der Saint-Simonisten zu lesen und Broschüren und Pamphlete zu verfassen, in denen er unter anderem die Abschaffung des »Pauperismus« forderte und die Herstellung von Zucker aus Rüben propagierte. Noch während seiner Festungshaft hatten die mittelamerikanischen Regierungen, die von Louis-Napoléons Interesse an dem alten Projekt der Saint-Simonisten wussten, den »Gefangenen von Ham« gebeten, sich für den Bau eines Kanals einzusetzen, der den Atlantik mit dem Pazifik verbinden würde; die Regierung von Nicaragua versprach, dem Projekt nach seiner Vollendung den Namen »Canale Napoleone de Nicaragua« zu geben. Den Durchstich auf der Höhe von Panama hielt Louis-Napoléon für zu schwierig.[126]

---

126 2014 begann ein chinesischer Investor mit dem Bau eines Pazifik-Atlantik-Kanals in Nicaragua. Ab 2020 soll »El Gran Canal« riesigen Containerschiffen die Durchfahrt ermöglichen, für deren Tiefgang der Panamakanal zu flach ist. China sichert damit den

1846 spazierte der Prinz – als Maurer getarnt – kaltblütig aus der Festung und floh nach England. Dort veröffentlichte er kurz danach seine Broschüre *Canal of Nicaragua, or, a Project to connect the Atlantic and Pacific Oceans by Means of a Canal*. Ziel war es, den französischen Handel mit China, Japan und Indien zu erleichtern; zugleich sollte der Einfluss der USA in Mittel- und Südamerika zurückgedrängt werden. Louis-Napoléon, der durch den Bau des Nicaragua-Kanals dem »englischen Amerika« schaden wollte, rechnete dabei auf Unterstützung durch England. Dann aber schwand die Bereitschaft englischer Politiker, einen Bonaparte in Mittelamerika an die Macht zu bringen. Als es Louis-Napoléon 1848 gelungen war, auf legalem Wege und mit großer Mehrheit zum französischen Präsidenten gewählt zu werden, fehlte ihm die Zeit, um das Kanalprojekt zu realisieren. Später sollte die Kaiserin Eugénie an den Feierlichkeiten zur Eröffnung des Suezkanals teilnehmen, den ein Cousin ihrer Mutter, der Saint-Simonist Ferdinand de Lesseps, erbaut hatte.

In vielen Bereichen verfolgte Louis-Napoléon als Präsident und später als »Empereur social« eine Politik, die den Vorstellungen der Saint-Simonisten entsprach: Dazu gehörten eine weitreichende Sozialpolitik, welche die ärmeren Schichten an den Segnungen der Industrialisierung teilhaben lassen wollte, der energische Ausbau des Eisenbahnnetzes, die Sanierung der Großstädte, vor allem von Paris, eine Kreditpolitik der Banque de France zum Nutzen der Handwerker und kleinen Gewerbetreibenden, sowie der Abbau von Zoll- und Handelsschranken, der im Freihandelsabkommen mit England gipfelte, das die Zeitgenossen als »coup d'État douanier« bewunderten. Michel Chevalier, der 1833 mit der »Sekte« der Saint-Simonisten gebrochen hatte, nach wie vor aber dem Gedankengut Saint-Simons anhing, wurde zum Chefökonomen des Zweiten Kaiserreichs und zum einflussreichen Berater Napoleons III. Mehrere Jahre lang genossen die aus Bordeaux stammenden, saint-simonistisch orientierten Bankiersbrüder Pereire das Wohlwollen Napoleons III., denen er – gegen

Import des venezolanischen Öls ab und vergrößert seinen Einfluss in Südamerika – auf Kosten der Vereinigten Staaten.

den Widerstand ihres Rivalen James de Rothschild – gestattete, den Crédit mobilier zu gründen. So stark wurde die Politik Napoleons III. von den Saint-Simonisten geprägt, dass sein Biograph Louis Girard ihn als »César saint-simonien« bezeichnen konnte.

Als 1859 der einflussreiche Publizist Émile de Girardin seine Broschüre *L'Empereur Napoléon III et l'Europe* veröffentlichte, machte er deutlich, dass er vom Kaiser eine Politik erwartete, die saint-simonistischen Prinzipien folgte. Einer »politique territoriale«, die auch als »petite politique« bezeichnet wurde, stand die »grande politique« gegenüber, »la politique maritime, la politique de l'universalité des échanges et de la fraternité des peuples«. Das erinnerte an die Idee der »universellen Assoziation« der Saint-Simonisten. Ihre Prophezeiung von der Ablösung des kriegerischen durch das industrielle Zeitalter kam in Girardins Charakteristik der Weltausstellungen von London (1851) und Paris (1855) zum Ausdruck, in denen er den Übergang vom Krieg zur Konkurrenz, »l'avènement de la grandeur commerciale et le déclin de la grandeur territoriale« erblickte.[127] Das entsprach den *Idées Napoléoniennes*, die Louis-Napoléon im englischen Exil verfasst hatte: keine »idée de guerre, mais une idée sociale, industrielle, commerciale et humanitaire«.

Seiner Broschüre stellte Girardin unter anderem einen Satz des russischen Zaren Alexander I. als Motto voran: »Es kann keine englische, französische, russische, preußische, österreichische Politik mehr geben; es gibt nur noch eine allgemeine Politik, die, zum Wohl aller, gemeinsam von den Völkern und den Königen gestaltet werden muss.« Girardin übte scharfe Kritik an der Politik Napoleons I., der, ein »Juif errant de la victoire«, stets nur erobert hatte, um zu erobern – ohne damit langfristige politische Ziele zu verbinden. Seit 1789 habe Frankreich eine lange Reihe von Kriegen geführt, die dem Lande nur geschadet, nie genutzt hatten. Girardin begrüßte es, dass Napoleon III. erklärt hatte, die Zeit der Eroberungen sei unumkehrbar vorbei. Wenn er davon sprach, Napoleon III. könne in Europa die Epoche der Kriege

---

127 Émile de Girardin, *L'Empereur Napoléon III et l'Europe*, Bruxelles (Librairie de l'Office de Publicité) 1859, S. 46. In Frankreich war die Publikation der Broschüre verboten.

und der Revolutionen beenden, hielt er die Äußerungen des Kaisers für aufrichtig, der am 9. Oktober 1852 in Bordeaux ausgerufen hatte: »Certains personnes se disent: L'Empire, c'est la guerre. Moi je dis: L'Empire, c'est la paix.«[128]

Girardin hatte unrecht, wenn er klagte, dass der Kaiser keine Außenpolitik verfolge, die Frankreich im Labyrinth der europäischen Politik eine Orientierung geben könne. Napoleon III. setzte sich ein klares außenpolitisches Ziel: Die Ergebnisse des Wiener Kongresses von 1815, die Frankreich isoliert und auf dem Kontinent zu einem Staat zweiten Ranges gemacht hatten, sollten korrigiert und Frankreich zu früherer Größe zurückgeführt werden. Wichtigstes Instrument dabei war eine »Politik der Nationalitäten«, die Völkern, die das gleiche Territorium bewohnten (*peuples géographiques*), zu nationaler Einheit verhelfen sollte. Die Karte Europas würde auf diese Weise neu gestaltet werden und Frankreich seine »natürlichen« Grenzen erhalten. Während Napoleon III. den europäischen Großmächten versicherte, die Beschlüsse des Wiener Kongresses nicht revidieren zu wollen, »will er Belgien ... an seine Herrschaft gewöhnen, läßt er die katholischen Irländer durch die Aussicht auf sein Protectorat bethören, läßt er seine Frommen, seine Jesuiten, die Rheinlande für Frankreich reclamiren und müssen seine Journale von den heißen Wünschen der Savoyer berichten, die mit der großen Nation wieder vereinigt werden wollen«.[129] Der außenpolitische Durchbruch gelang Napoleon III. im Krimkrieg (1854–56), als das englisch-französische Heer Russland besiegte und dessen Absicht, seinen Territorialbesitz und Einfluss ins Osmanische Reich auszudehnen, vereitelte. Damit wurde die »Heilige Allianz«, der aus den »Monarchien des Nordens« bestehende Block – Russland, Österreich, Preußen –, der Napoleon I. besiegt und die Beschlüsse des Wiener Kongresses betrieben hatte, entscheidend geschwächt. Als Folge musste Russland die Autonomie der Donaufürstentümer Moldau und Walachei anerkennen, die sich 1862 zum Fürstentum Rumänien zusammenschlossen, aus dem wiederum 1881 das Königreich Rumä-

128 Louis Girard, *Napoléon III*, Paris (Fayard) 1986, S. 182.
129 Bruno Bauer, *Rußland und das Germanenthum*, Charlottenburg (Bauer) 1853, S. 34. Zitiert nach dem Neudruck Aalen (Scientia) 1972.

nien wurde – ein Außenposten der »Latinität« in Osteuropa, dem sich Frankreich stets eng verbunden fühlen sollte. Frankreich konnte wieder eine Schiedsrichterrolle in Europa einnehmen.

Der Abenteurer Louis-Napoléon hatte sich bereits 1829 dem Geheimbund der Carbonari angeschlossen, der für die Einheit Italiens kämpfte. Italien wurde zum wichtigsten Schauplatz der napoleonischen Außenpolitik. 1849 schickte der Präsident Truppen nach Italien, um die weltliche Herrschaft des Kirchenstaates wiederherzustellen. 1859 arrangierte der Kaiser sich mit dem Ministerpräsidenten Cavour und schloss mit Piemont-Sardinien eine Allianz gegen die österreichische Besatzungsmacht. Ziel war es, Norditalien zu einigen und daneben ein Königreich in Mittelitalien und das Königreich Neapel zu errichten. Als Kompensation für sein militärisches Engagement erhielt Frankreich Savoyen und Nizza. Die Italienpolitik war aber nur ein halber Erfolg. Nach den gewonnenen Schlachten von Magenta und Solferino zögerte Napoleon III., die siegreiche Kampagne gegen Österreich fortzusetzen. Mit Franz Joseph I. von Österreich einigte er sich darauf, dass Österreich die Lombardei abtreten würde, Venedig aber behalten durfte. Die vollständige Vereinigung der einzelnen italienischen Staaten verhinderte Frankreich dadurch, dass französische Truppen in Rom blieben, um den Bestand des Kirchenstaates zu sichern.

Die halbherzige Italienpolitik Napoleons III. zeigte, dass er sich bewusst war, mit der Zielsetzung einer Einigung der lateinischen Nationen sein politisches Kapital und seine Militärmacht zu überreizen. Auf drei Gebieten aber unternahm er Versuche zur Durchsetzung einer Politik, welche die Verfechter der »Lateinischen Idee« oder die Anhänger einer »Lateinischen Union« zweifelsohne von ihm erwarteten. In der Kolonialpolitik war dies der Versuch zur Bildung eines in Algerien konzentrierten arabischen Königreichs, in der Überseepolitik war es die im Zeichen des Panlatinismus erfolgende, am Ende dramatisch scheiternde Expedition nach Mexiko, und in der Finanzpolitik schließlich war es die Gründung der Lateinischen Münzunion, deren Ausweitung zu einer europäischen Einheitswährung letztlich an der Weigerung des von Napoleon umworbenen Preußen scheiterte, sich dieser Union anzuschließen.

Im September 1852 rief Napoleon III. in einer Rede in Bordeaux aus: »Marseille gegenüber haben wir ein großes Königreich vor uns, das es an Frankreich zu assimilieren gilt.«[130] Der Prinz Louis-Napoléon hatte noch zur Zurückhaltung in der Kolonialpolitik gemahnt, am Ende seiner Herrschaft hatte Napoleon III. den französischen Kolonialbesitz verdreifacht. Algerien stand dabei im Zentrum. Unter König Louis-Philippe war Abd el-Kader, der Führer des algerischen Widerstands gegen die französischen Eroberer, gefangen genommen und in Toulon in Festungshaft gesetzt worden. Als Präsident hatte Louis-Napoléon sich mit seiner Absicht, Abd el-Kader die Freiheit zu geben, nicht durchsetzen können; dies gelang ihm erst nach dem Staatsstreich von 1851. Abd el-Kader, mit dem Napoleon III. freundschaftliche Beziehungen unterhielt, kam gegen das Versprechen frei, nie mehr nach Algerien zurückzukehren. Dort versuchte Napoleon III. eine Politik durchzusetzen, die in manchen Aspekten den späteren Plänen Charles de Gaulles entsprach, bevor sie durch den Algerienkrieg und die Unabhängigkeit des Landes im Jahre 1962 hinfällig wurden. Als der Kaiser 1860 Algier besuchte, erklärte er zum Entsetzen der Siedler, es sei Aufgabe Frankreichs, das Wohlergehen der drei Millionen Araber zu sichern, die unter seine Herrschaft gekommen waren. Der Einfluss der Saint-Simonisten wurde im Wunsch des Kaisers sichtbar, von Algerien ausgehend im Maghreb ein arabisches Reich zu errichten. Napoleon betrachtete sich sowohl als Kaiser der Franzosen wie als Kaiser der Araber. Ziel war es, den Arabern in Algerien zur »perfekten Gleichheit« zu verhelfen; wer von ihnen die Polygamie aufgab, sollte das französische Bürgerrecht erhalten.

Stärker als auf dem europäischen Kontinent versuchte Napoleon III., der damit zum »Mondialiste« wurde, seine »lateinischen« Ambitionen in der Neuen Welt zu verwirklichen – in Mexiko.[131] 1861 hatte Frankreich in Mexiko interveniert, nachdem Präsident Benito Juárez die Rückzahlung der europäischen Schulden seines Landes für zwei

<hr>

130 »Nous avons, en face de Marseille, un vaste royaume à assimiler à la France«, nach Louis Girard, *Napoléon III*, S. 182.
131 Philippe Séguin, »Le Mondialiste«, in: Séguin, *Louis Napoléon le Grand*, Paris (Grasset), S. 229–283.

Jahre ausgesetzt hatte. 1864 erzwangen französische Truppen gegen den Willen des mexikanischen Volkes die Einsetzung des Erzherzogs Ferdinand Maximilian von Österreich zum Kaiser von Mexiko. Im Jahr zuvor hatte Michel Chevalier sein Buch *Le Mexique. Ancien et Moderne* publiziert, das zur Rechtfertigung der mexikanischen Expedition die »lateinischen« Interessen Frankreichs anführte. Auf seiner vom Innenminister Adolphe Thiers angeregten Reise nach Amerika hatte Chevalier 1835 einige Monate in Mexiko verbracht und darüber zwei Jahre später in seinen »Lettres sur le Mexique« berichtet, die im *Journal des Débats* erschienen. Die Bedeutung Mexikos konnte man nicht überschätzen, die Mexikaner, behauptete Chevalier, seien zehnmal reicher als die Amerikaner und hundertmal aktiver. Wie Chevalier schrieb, habe Napoleon III. dem Marschall Forey, dem Kommandeur der französischen Truppen, vor seinem Aufbruch nach Mexiko erklärt, Schicksal und künftiger Einfluss Frankreichs hingen von der Zukunft der katholischen Länder (*États catholiques*) und insbesondere der lateinischen Rassen (*races latines*) ab.

Im Kapitel »Motif tiré de la politique générale de la France en faveur de l'entreprise« lieferte Chevalier eine detaillierte Begründung für die Aussage Napoleons III.[132] Die lateinischen Rassen lebten in Frankreich, Italien, auf der Iberischen Halbinsel und in allen von diesen Nationen errichteten Kolonien. Der »lateinische« Zweig der westlichen Zivilisation wurde durch die Dominanz des katholischen Glaubens geprägt; Frankreich war nicht nur seine Seele, sondern auch sein starker Arm. Die führende Rolle Frankreichs konnte niemand bestreiten, ohne Frankreich würden die lateinischen Nationen nur eine bescheidene Rolle in der Welt spielen und auf lange Sicht zum Untergang bestimmt sein. Für die anderen Lateiner war Frankreich wie eine »große Schwester«, es war die einzige Schutzmacht, die der lateinischen Welt geblieben war, nachdem Spanien sich seine Vormachtstellung von den Vereinigten Staaten hatte rauben lassen. Von Anhängern der »Hispanidad« wurde Michel Chevalier als Urheber des Terminus »Lateiname-

---

132 Michel Chevalier, *Le Mexique. Ancien et Moderne* (1835), Deuxième Édition, Paris (Hachette) 1864, S. 494–508.

rika« attackiert, einer »invención francesa«, welche die Legitimierung der napoleonischen Eroberung Mexikos zum Ziel hatte. Das war insofern nicht korrekt, als der Kolumbianer José María Torres Caicedo 1856 in seinem Gedicht »Las dos Américas« zum ersten Mal von »América latina« gesprochen hatte. Chevalier aber gab dem Terminus sein politisches Gewicht, als er davon sprach, dass sich in der Neuen Welt zwei europäische Strömungen reproduzierten: Südamerika war wie Südeuropa katholisch und lateinisch, das angelsächsische Nordamerika war protestantisch. Frankreich musste sich mit Italien, Spanien und den »lateinischen Schwestern« in Südamerika verbinden.

Für die Interessen Frankreichs war nichts wichtiger, als den Zusammenhalt und den Einfluss der »lateinischen Gruppe« (*le groupe latin*) zu wahren. Napoleon I. war mit seinem Plan, die Einheit der verschiedenen europäischen Staaten herzustellen, zu früh gekommen – erfolgversprechender war es, sich zunächst auf die Einigung der lateinischen Nationen zu konzentrieren. Sie waren auf Frankreich angewiesen – aber auch Frankreich würde ohne die Solidarität der anderen lateinischen Nationen schwach und isoliert bleiben. Die Stärkung Spaniens, Portugals, Italiens und Belgiens, das Chevalier ebenfalls zu den lateinischen Nationen zählte, lag im Interesse Frankreichs – dieses Interesse hatte stets die Außenpolitik Napoleons III. bestimmt. Eine besondere Hervorhebung verdiente dabei die Italienpolitik des Kaisers, die 1859 in den erfolgreichen, gegen Österreich gewonnenen Schlachten von Magenta und Solferino ihren Triumph gefeiert hatte, wodurch die Franzosen den Italienern als »Liberatori« in Erinnerung blieben. Gemeinsam zogen Napoleon III. und Viktor-Emanuel II., König von Piemont-Sardinien, im Triumph in Mailand ein. Durch die Freundschaft mit den lateinischen Ländern, schrieb Chevalier, sollte aber die Allianz mit England nicht beeinträchtigt werden. Dabei werde es sich stets um ein von wechselseitigen Interessen bestimmtes Zweckbündnis handeln, während Länder wie Italien, Spanien und Portugal für Frankreich Familienmitglieder waren, denen man sich emotional verbunden fühlte.

Der Rang und der Einfluss der lateinischen Nationen in der Welt wurden zunehmend bedroht: Die Macht der protestantischen Länder dagegen wuchs zusehends. Blickte man auf die Entwicklung der Bevölkerungszahlen, musste man befürchten, dass die katholisch-lateinischen Nationen in naher Zukunft in einem protestantischen oder orthodoxen Meer untergingen. In Europa wuchs der Einfluss Russlands und Preußens, besonders bedrohlich aber war die Entwicklung in Nordamerika, das die lateinische Welt in Zukunft dominieren würde, selbst wenn sich, was Chevalier für wahrscheinlich hielt, auf dem Kontinent neben dem »englischen Amerika« noch andere Nationen formen würden. Aus dieser weltpolitischen Betrachtung ließ sich die Bedeutung erschließen, welche die mexikanische Expedition nicht nur für die französische Politik, sondern auch für die Politik der anderen lateinischen Nationen hatte. Im katholischen Mexiko sollte ein Gegengewicht zu den mächtigen USA, »dirigée par le génie du protestantisme«, errichtet werden.[133] Umso schmerzlicher war es, dass Napoleon III. 1866 auf Druck der Vereinigten Staaten, die 1859 Mexiko anerkannt hatten und keinen Regimewechsel wünschten, gezwungen wurde, die französischen Truppen aus Mexiko abzuziehen, wodurch das Schicksal Maximilians I. besiegelt war. Ein Jahr später wurde der Kaiser gefangen genommen und auf Befehl des wieder an die Macht gekommenen Benito Juárez standrechtlich erschossen.

Im mexikanischen Abenteuer Napoleons III. sah Heinrich von Treitschke den Versuch zur Kompensation einer Politik, die in Europa weitgehend gescheitert war: »Die Herrscherstellung unter den romanischen Stämmen, schon halb verscherzt in den italienischen Kämpfen, sollte in der neuen Welt wieder erobert werden.«[134] Ein anderer Deutscher dagegen deutete die Mexiko-Expedition Napoleons III. als Schwerpunktverlagerung der Weltpolitik auf die lateinische Sphäre, wobei Frankreich in Zukunft das Zentrum bilden würde. Für den Geologen, Mineralogen und Politiker des Vormärz, den Achtundvierziger-Demokraten Julius Fröbel, der Jahre im amerikanischen Exil verbracht hatte, gehörte die Gründung des mexikanischen Kaisertums »zu den merkwürdigsten Beispielen eines absichtlichen Eingreifens in die

---

133 Chevalier, a.a.O., S. 503.
134 Heinrich von Treitschke, »Das Zweite Kaiserreich«, in: Treitschke, *Historische und politische Aufsätze*, Bd. 3, siebente Auflage, Leipzig (Hirzel) 1915, S. 408.

Weltgeschichte«.[135] Er sah darin einen Zusammenhang mit der Neu-orientierung der französischen Politik auf das Mittelmeer und auf Afri-ka; von Algier und vom Senegal aus waren bereits die Umrisse eines künftigen franco-afrikanischen Reichs erkennbar. Durch die Bildung der Vereinigten Staaten von Amerika war für Fröbel aus einem euro-päischen Staatensystem ein »allgemeines politisches Weltsystem« ent-standen – in ihm nahm Frankreich den zentralen Platz ein, den vorher Deutschland besetzt hatte. Gleichzeitig beobachtete Fröbel einen Re-generationsprozess der mediterranen Welt. Dazu gehörten die Erobe-rung von Algier, der Bau des Suezkanals, die Errichtung einer Eisen-bahnlinie entlang des Nils, die europäische Einmischung im Libanon, der Verfall der türkischen Macht, die Mobilisierung im Süden der sla-wischen Welt, die Fortschritte der Zivilisation in Spanien, die Entste-hung des Königreichs Griechenland und die Kämpfe im Kaukasus: »In-dem die Cultur, als Rückschlag gegen die zwischen dem Untergange des römischen und dem des deutschen Reichs liegende Periode nor-dischen Uebergewichtes, sich in unseren Tagen wieder nach Süden zu ziehen beginnt, hat die Geschichte die leitende Macht der kommenden Periode neu ausgehoben, und ist im Begriffe sie der Nation zuzuschla-gen von welcher ihre Absichten am vollständigsten und frühesten ver-standen und aufgenommen werden.«[136] Diese Nation war Frankreich, das für Fröbel zum obersten »Mediator« der politischen Welt wurde.

Napoleon III. versuchte, so sah es Fröbel, den »Romanismus« nach Amerika zu tragen, um darin eine Stütze für den Romanismus in Eu-ropa zu finden. Alleine aber konnte der Romanismus – die Franzo-sen hätten von »Latinité« gesprochen – keine ausreichende politische Wirkung entfalten. Auch handelte es sich bereits um eine Art Misch-form, zu der »germanische« Elemente gehörten. Hier kam Österreich als Mittler zwischen Germanentum und Romanismus ins Spiel, als »der deutsche Staat welcher unter allen allein an die mediterraneische Culturregion stößt und in der Zukunft derselben betheiligt ist.« Auch hing der Erfolg der Mexiko-Expedition auf lange Sicht von Deutsch-

135 Julius Fröbel, »Die Gründung des mexikanischen Kaisertums«, in: Fröbel, *Kleine Politische Schriften*, Bd. 2, Stuttgart (Cotta) 1866, S. 126.
136 A.a.O., S. 139–140.

land ab: nur deutsche Auswanderer, »deutscher Geist und deutscher Fleiß« würden in der Lage sein, die Herrschaft Maximilians I. zu festigen. Mit Spannung sah Fröbel dem Wettbewerb zwischen der amerikanischen Republik und der mexikanischen Monarchie in der Neuen Welt entgegen.

Die Errichtung der Lateinischen Münzunion hätten die Saint-Simonisten zweifellos als wichtigen Schritt auf dem Weg zur Bildung der »Allgemeinen Assoziation« gesehen, die ihnen als Ziel der Weltgeschichte galt. Die Vorstufe zu dieser Münzunion war erreicht, als am 5. Juni 1832 der neugegründete belgische Staat erklärte, den französischen Münzfuß zu übernehmen.[137] Die Einheit der französischen Währung bildete zu dieser Zeit der sogenannte »Franc Germinal« – so genannt, weil er am 7. Germinal XI, das heißt am 28. März 1803, eingeführt worden war. Der Franc Germinal bestand aus zwei Währungsmetallen, Gold und Silber, im Verhältnis von 1:15,5 (Bimetallismus). In Belgien hatte der wallonische, Französisch sprechende Landesteil sich für eine Währungskoalition mit Frankreich eingesetzt. Die Regierung von König Louis-Philippe versicherte umgehend, durch die gemeinsame Währungspolitik keinen Einfluss auf Belgien ausüben zu wollen. Nach langen Auseinandersetzungen zwischen der französischen Westschweiz und der nach Deutschland gerichteten Ostschweiz orientierte sich seit 1850 auch der Schweizer Franken am französischen Franc. In Folge der italienischen Staatsgründung geschah 1862 mit der Lira italiana das Gleiche. Damit war, ohne vertragliche Grundlage, eine Währungsunion zwischen Frankreich, Belgien, Italien und der Schweiz entstanden, in der Frankreich die Führung übernahm. Seit 1848 gab es in Europa drei große Währungsräume: im Vereinigten Königreich das britische Pfund auf Goldbasis, in Mitteleuropa den preußischen Taler auf Silberbasis und in Westeuropa einen von Frankreich bestimmten Währungsblock auf bimetallischer Grundlage.

Nach Währungsturbulenzen, die durch den Verfall des Goldpreises ausgelöst worden waren, ordneten Frankreich, Italien, Belgien und

---

137 Das Folgende nach Guido Thiemeyer, »Napoleon III., Otto von Bismarck und die Lateinische Münzunion 1865–1867«, in: *Bankhistorisches Archiv* 28 (2002), No. 1, S. 1–20.

die Schweiz ihre Währungsbeziehungen neu. Sie unterzeichneten am 23. Dezember 1865 in Paris eine Währungskonvention, die den Namen »Union Monétaire Latine« erhielt. Belgien, Italien und die Schweiz hatten eigentlich am Goldstandard festhalten wollen, mussten aber dem Drängen Frankreichs nach Einführung des sogenannten »Doppelstandards« nachgeben, wobei wiederum die französische Regierung unter dem Druck der Banque de France und der Hochfinanz stand. Wie sein Onkel wollte Napoleon III. zum »Gesetzgeber für andere Nationen werden« und sah in der Währungsunion ein politisches Projekt, das im Zeichen der Latinität zu einem Zusammenschluss der europäischen Nationen führen würde.[138] 1866 schrieb die *Revue Contemporaine*: »Es bietet sich also dem Franc die große Chance, eines Tages mindestens zu einer der fundamentalen Silben in einer universellen Sprache der Werte zu werden.«[139] Treibende Kraft beim Versuch, die Lateinische Münzunion auszuweiten, war der Finanzminister Napoleons III., Achille Fould. Während in offiziellen Verlautbarungen der Zusammenschluss der einzelnen Währungssysteme im Sinne der Saint-Simonisten als wichtiger Schritt auf dem Wege zur allgemeinen Assoziation der Völker gesehen wurde, gehörte die Münzunion für Fould zur Strategie des Zweiten Kaiserreichs, Frankreich zur Vorherrschaft auf dem europäischen Kontinent zu führen.

Die Einladung der französischen Regierung an andere Nationen, der Lateinischen Münzunion beizutreten, fand ein unterschiedliches Echo. Russland lehnte den Beitritt ab, weil aus geographischen Gründen der französisch-russische Handel von zu geringem Umfang war, um die Kosten eines Wechsels zur Münzunion zu rechtfertigen; Großbritannien machte einen Beitritt vom Übergang zum Monometallismus abhängig. Griechenland dagegen wurde 1869, Kolumbien zwei Jahre später Mitglied der Lateinischen Münzunion. 1908 wurde Griechenland aus der Union wieder ausgeschlossen, weil es im großen Umfang Papiergeld gedruckt hatte, das durch Edelmetall nicht gedeckt

---

138 Henry Parker Willis, *A History of the Latin Monetary Union. A Study of International Monetary Action* (Economic Studies of the University of Chicago, Number V), Chicago (University of Chicago Press) 1901, S. 55–56.
139 Thiemeyer, a.a.O., S. 8.

war und dadurch die Stabilität der gesamten Währungsunion gefähr-
dete. Auf keinen Fall sei Griechenland ein wünschenswertes Mitglied
der Währungsunion, hatte bereits Jahre zuvor der amerikanische Fi-
nanzexperte Henry Parker Willis erklärt, der während des Ersten Weltkriegs Erster Sekretär des Federal Reserve Board wurde. Er hielt das
von politischen Streitereien gelähmte Land für finanziell verrottet und
sah in Griechenland »einen nutzlosen Appendix der Münzunion«.[140]
Frankreich aber war am Beitritt Griechenlands aus politischen Mo-
tiven interessiert, weil es dadurch einen weiteren Bündnispartner in
Südeuropa enger an sich binden konnte.

Auch wenn sie nicht Mitglieder der Münzunion wurden, orientierten sich mehr und mehr europäische Länder – nicht zuletzt in Skandi-
navien – an der französischen Währungspolitik. Letztlich aber hing die
politische Bedeutung der Lateinischen Münzunion vom Beitritt eines
Landes ab – Preußen. Bereits seit dem November 1865 hatte Frankreich
in Gesprächen mit Bismarck versucht, Preußen als Mitglied der geplanten Währungsunion zu gewinnen. Der preußische Finanzminister
von der Heydt aber lehnte ebenso wie die süddeutschen Staaten einen
Beitritt ab. Bismarck dagegen reagierte zunächst positiv und gab im
Januar 1867 gegenüber von der Heydt zu bedenken, »ob nicht ein Anschluss [Preußens] an dasjenige Münzsystem ausführbar ist, welchem,
allein in Europa, mehr als 70 Millionen Seelen zugethan sind«.[141] Eine
Zeitlang versuchte Bismarck, sich die Option des Beitritts offenzuhal-
ten. Für Frankreich wäre ein solcher Schritt umso wichtiger gewesen,
weil Preußen nach dem Sieg über Österreich 1866 sein politisches Gewicht auf dem europäischen Kontinent erheblich verstärkt hatte. Die
Verhandlungen über eine Ausweitung der Lateinischen Münzunion
durch den Beitritt Preußens spiegelten eine Parallele in den außenpolitischen Strategien beider Länder wider: nationale Ziele entweder
mit oder ohne Frankreich bzw. Preußen zu erstreben. Preußen trat der
Lateinischen Münzunion nicht bei; nach dem Sieg über Frankreich
im Krieg von 1870–71 entschied es sich für den Übergang zur reinen

140 Willis, a.a.O., S. 81.
141 Bismarck an Finanzminister von der Heydt, 24. Januar 1867, in: Thiemeyer,
a.a.O., S. 14, Anm. 60.

Goldwährung, wodurch jeder Plan zu einer monetären Allianz mit Frankreich hinfällig wurde. Auch wenn die »Union Monétaire Latine« spätestens mit dem Ausbruch des Ersten Weltkriegs funktionsunfähig war, wurde sie formal erst 1927 beendet.

Stärker als die Idee einer europäischen Föderation war unter den Intellektuellen des Zweiten Kaiserreichs der Wunsch nach einer »Lateinischen Föderation« unter französischer Führung lebendig. Beispielhaft kam dieser Wunsch in einem Buch mit dem Titel *La Fédération latine par les unités française, italienne et ibérique* zum Ausdruck, das der Autor Charles de la Varenne 1862 veröffentlichte, wobei er an seine vier Jahre zuvor erschienene Schrift *Les Autrichiens et l'Italie* anknüpfte. Der Publizist de la Varenne hatte als Zwanzigjähriger aktiv an der Revolution von 1848 teilgenommen, die schließlich Louis-Napoléon an die Macht brachte, sein besonderes Engagement galt dem Kampf der Italiener für die Einheit ihres Landes. Das entscheidende Merkmal der Epoche sah Varenne in der weitgehend noch stummen, aber kontinuierlichen Bewegung, mit der auf dem europäischen Kontinent die zu einer »Familie« gehörenden Völker danach strebten, sich zu einer Föderation zusammenzuschließen. Der nachwirkende Einfluss der Saint-Simonisten wurde deutlich, wenn Varenne in diesem Zusammenhang vom »esprit d'association« sprach, der in immer stärkerem Maße sowohl die Politik als auch die Industrie prägte. Drei große »Familien« beherrschten Europa: die Slawen, gemeinsam mit den Briten die Germanen und die Lateiner. Während aber der Panslawismus immer mehr an Boden gewann, die Vereinigung der deutschen Länder, wie sich 1861 in der Gründung des Deutschen Nationalvereins zeigte, Fortschritte machte und sich sogar die Umrisse einer anglogermanischen Allianz abzeichneten, waren die Lateiner unorganisiert geblieben; einige von ihnen – Varenne dachte an die italienischen Provinzen, die zum Habsburgerreich gehörten – waren immer noch Sklaven »Germaniens«. Wenn sich eine neue Heilige Allianz bilden würde, hätte Frankreich – »seule contre cet océan d'envahisseurs«[142] – ihr nichts entgegenzusetzen. Sollte sich aber die »lateinische Rasse« zu

142 Varenne, *La Fédération latine*, Paris (E. Dentu) 1862, S. 7.

einer Föderation zusammenschließen, könnte keine Macht ihr widerstehen. Varenne dachte an einen Zusammenschluss von Frankreich, Italien, Spanien, Portugal, der französischen Schweiz und Belgien, das schon Napoleon »notre brave petite France de Meuse« genannt hatte. Rechnete man dazu die zehn Millionen Rumänen und ein griechisches Reich, das seine Hauptstadt in einem zurückeroberten Konstantinopel finden würde, wären die Lateiner endgültig die Herren des Kontinents. In Zukunft würden sie ihre Koalition durch ein Bündnis mit dem keltischen und katholischen Irland sowie mit der Skandinavischen Union festigen.

Der »natürliche« Feind der Lateiner war eine anglo-germanische Allianz. Der Zeitpunkt für die Bildung einer großen Lateinischen Föderation war gekommen: »Die Menschen des Nordens, unsere alten und ewigen Feinde, spüren dies und zittern.«[143] Ginge es gerecht zu, prophezeite de la Varenne, müsste der Süden in der kommenden Auseinandersetzung siegen: Nur bei den lateinischen Völkern fand sich ein tiefverwurzeltes Gefühl für die menschliche Würde – die »Barbaren jenseits des Rheins und auf der anderen Seite des Ärmelkanals« dagegen, die nur oberflächlich zivilisiert worden waren, kannten dieses Gefühl nicht und hatten stets versucht, die lateinische Welt zu zerstören. Frankreich nahm im Nord-Süd-Konflikt eine besondere Rolle ein: Es war dazu bestimmt, die Lateinische Föderation anzuführen. De la Varenne unterschlug die imperialen Absichten Frankreichs, wenn er davon sprach, schon für Ludwig XIV. seien die Pyrenäen keine Grenze gewesen und für Napoleon habe es keine trennenden Alpen gegeben. Und wenn er Frankreich in moralischer wie intellektueller Hinsicht den natürlichen Mittler zwischen den südlichen Ländern und dem Rest Europas nannte, verkannte er, dass Spanien diese Mittlerrolle Frankreichs nicht akzeptierte.

Die Lateinische Föderation, so de la Varenne, würde die Landkarte Europas verändern. Italien – dessen Einheit nicht Mazzini, sondern Napoleon I. vorausgedacht und Napoleon III. durch militärische Interventionen gegen Österreich befördert hatte – würde seine nationa-

143 A.a.O., S. 10.

le Einheit erlangen, unter der Herrschaft des Hauses Braganza würden auf der Iberischen Halbinsel Portugal und Spanien sich zusammenschließen. England, das stets befürchtet hatte, das Mittelmeer könne zu einem »lac latin« werden, der sich zunehmend seinem Einfluss entzog, müsse Gibraltar an Spanien zurückgeben. Sobald auch Frankreich seine natürlichen Grenzen – dazu gehörte das linke Rheinufer – eingenommen haben würde, werde Friede in Europa herrschen. In der Lateinischen Föderation würde eine Freihandelszone mit einer einheitlichen Währung errichtet werden, eine lateinische Armee die Föderation nach außen sichern. Nicht zuletzt würde die Stabilität dieser Föderation darauf beruhen, dass sie dem »Absolutismus des Nordens« eine repräsentative Staatsform und dem göttlichen Recht das Völkerrecht entgegensetzte. Die Lateinische Föderation würde die politische Assoziation der einzelnen »Familienmitglieder« befördern und sich zugleich in ganz Europa zum Anwalt der nationalen Befreiungsbewegungen machen.

Wenige Jahre zuvor hatte der Graf Arthur de Grandeffe mit ähnlichen Argumenten für die Errichtung einer Lateinischen Union geworben, in der er die Voraussetzung zur Herstellung des Gleichgewichts der Kräfte in Europa und damit zur Sicherung des Friedens auf dem Kontinent sah. Assoziationen wie die englisch-französische Allianz waren Arrangements auf Zeit, die von einem vorübergehenden Gleichklang der Interessen bestimmt wurden. Eine Lateinische Union dagegen war von Natur aus vorgegeben, ihre Grundlage bildete die wechselseitige Sympathie der drei großen lateinischen Nationen. Spanien und Italien waren die beiden Arme am Körper Frankreichs. Frankreich, die »nation-soleil«, herrschte als »Königin der Mittelmeermächte«, das Mittelmeer war ein »lac français« und Paris, »la ville sans égale, la ville modèle, la ville éternelle du monde chrétien« war das moderne Rom, die Hauptstadt des Westlichen Reichs.[144]

Napoleon, der »Held«, war unvergessen, doch hatte er mit ungeeigneten, weil aggressiv-kriegerischen Mitteln versucht, erst die lateini-

---

144 Arthur de Grandeffe, *L'Empire d'Occident reconstitué ou l'Équilibre européen assuré par l'union des races latines*, Paris (Ledoyen) 1857, S. 25, 35, 38, 43, 86, 88.

schen Völker und dann den ganzen europäischen Kontinent zu einen. Napoleon I. wurde mit Cäsar verglichen. Jetzt aber sei es an der Zeit, hatte sein Neffe Louis-Napoléon gefordert, einen Augustus zu finden – und nahm als Napoleon III. diese Rolle für sich selbst in Anspruch. Frankreich, »la France généreuse«, werde die Rolle des europäischen Friedensstifters einnehmen – nachdem es seine natürlichen Grenzen erreicht, das heißt das linke Rheinufer für sich gesichert habe. Fernziel der Außenpolitik Napoleons III. war es, die einzelnen Nationalstaaten in einer europäischen Föderation zu vereinen, deren Führungsmacht nur Frankreich sein konnte. Die Idee eines »Europas der Vaterländer« war bei Napoleon III. vorgebildet. Deutsche Historiker wie Hermann Oncken sahen in der Nationalitätenpolitik des Kaisers den raffinierten Versuch, durch wechselnde Koalitionsbildungen in Europa und mit Hilfe von Kompensationsgeschäften – dazu gehörte beispielsweise die Unterstützung der Annexion Schleswig-Holsteins durch Preußen – Frankreich in den Besitz des wichtigsten Territoriums zu bringen, das ihm für die Arrondierung seiner »natürlichen« Grenzen noch fehlte: des linken Rheinufers.[145] Die »politique territoriale«, die Louis-Napoléon angeblich in den Hintergrund treten lassen wollte, war längst wieder zur großen Politik geworden. Aus preußischer Sicht war die napoleonische »Nationalitätenpolitik« nichts anderes als eine versteckte »Rheinpolitik«, die schließlich zum Krieg führen musste. Ein Sieg Preußens würde den Traum von einer Lateinischen Föderation beenden.

145 Hermann Oncken, *Die Rheinpolitik Kaiser Napoleons III. von 1863 bis 1870 und der Ursprung des Krieges von 1870/71*, 3 Bde., Stuttgart (Deutsche Verlagsanstalt) 1926.

Der Krieg von 1870–71:
Das Ende der lateinischen Welt

Als 1870 der preußisch-französische Krieg ausbrach, erwachten in Gustave Flaubert die kriegerischen Instinkte. Der Reserveleutnant der Nationalgarde ordnete regelmäßige Patrouillen und Übungen an – und konnte nicht verhindern, dass sich bald Soldaten des Feindes bei ihm zu Hause einquartierten und ihre verhassten Pickelhauben auf seinem Bett ablegten. Paris, so Flaubert, wollte er lieber in Flammen als in der Gewalt der »compatriotes d'Hegel« sehen. Dabei brachte nur der Hass auf die Preußen, nicht Patriotismus Flaubert in Wut, denn weder dem Empire noch später der Republik oder gar der von ihm verachteten Commune galt seine Sympathie. Die drohende Niederlage Frankreichs würde das Ende der lateinischen Welt bedeuten. Am 5. Oktober 1870 schrieb Flaubert an seine Nichte Caroline: »Was auch passiert, die Welt, der ich angehörte, hat gelebt. Die Lateiner sind am Ende. Jetzt ist die Reihe an den Sachsen, welche wiederum die Slawen verschlingen werden. Und so immer weiter.«[146] Ein paar Tage später die gleiche Klage in einem Brief an George Sand: »Ach! Wie bin ich traurig! Ich *fühle*, dass die lateinische Welt stirbt. Alles, was wir einmal waren, geht dahin!«[147] Und wenige Wochen danach heißt es, ebenfalls in einem Brief an Caroline: »Wir treten in eine hässliche Welt, von der die Lateiner ausgeschlossen sein werden. Jede Eleganz, selbst die materielle, wird für lange Zeit fehlen.«[148] Auf die Frage von George Sand, was passieren würde, wenn die Franzosen siegten, gab Flaubert eine Antwort, in der sich der Montesquieu-Effekt widerspiegelte: »Diese Hypothese wi-

---

146 Gustave Flaubert, À sa niéce Caroline, 5. Oktober 1870. In: Flaubert, *Correspondance IV (janvier 1969 – décembre 1875)*, Édition établie, présentée et annotée par Jean Bruneau, Paris (Gallimard / Bibliothèque de la Pléiade) 1998, S. 245.
147 Flaubert, À George Sand, 11. Oktober 1870, a.a.O., S. 246. Kursiv bei Flaubert.
148 Flaubert, À sa nièce Caroline, 28. Oktober 1870, a.a.O., S. 255.

derspricht allen historischen Präzedenzfällen. Wo haben Sie gesehen, dass der Midi den Norden schlägt und die Katholiken die Protestanten dominieren? Die lateinische Rasse stirbt. Frankreich wird Spanien und Italien nachfolgen.«[149] Die Niederlage Frankreichs war der Beginn einer neuen Zeit, der von Flaubert gehassten Moderne, die ganz und gar vom Norden dominiert wurde. Flauberts Diagnose wurde von vielen Beobachtern geteilt, Carlyle sagte voraus, von nun an werde die germanische Rasse zum Protagonisten im Weltdrama werden, und Gregorovius erklärte bereits bei Kriegsausbruch in einem Artikel für die *Augsburger Allgemeine Zeitung*: »Die lateinische Welt sinkt, die germanische steigt nach langer Pause wieder empor.«[150]

George Sand teilte Flauberts Sicht, dass sich im Krieg zwischen Preußen und Frankreich Barbarei und Zivilisation gegenüberstanden, wobei Flaubert irritierte, dass es sich bei den Preußen um eine besondere Art von Barbaren handelte: »Diese Offiziere, die Gläser mit weißen Handschuhen zerbrechen, die Sanskrit können und sich auf den Champagner stürzen, die Ihnen Ihre Uhr stehlen und Ihnen anschließend ihre Visitenkarte schicken, dieser Krieg um des Geldes wegen, diese zivilisierten Wilden machen mir mehr Angst als die Kannibalen.«[151] Auch die Truppen Napoleons I. hatten sich barbarisch benommen, aber bei ihnen handelte es sich um die niederen Schichten Frankreichs, während die preußischen Barbaren gebildet waren, viele von ihnen Doktoren der Philosophie, mit dem General Helmuth von Moltke an der Spitze, den Émile Zola später in seinem Roman *La Débâcle* einen mathematischen Chemiker nannte, der seine Schlachten mit Hilfe der Algebra gewann. Die »impressions prussiennes« Flauberts gipfelten in der Voraussage der französischen Revanche und ahnten die Katastrophe des Ersten Weltkriegs voraus: »Die ganze Welt wird sie [die preußischen Barbaren] nachahmen, wird Soldat sein! Russland hat jetzt vier Millionen. Ganz Europa wird Uniform tragen. Wenn wir

149 Flaubert, À George Sand, 27. November 1870, a.a.O., S. 264.

150 Zitiert nach Heinz Gollwitzer, »Zum politischen Germanismus des 19. Jahrhunderts«, in: *Festschrift für Hermann Heimpel*, Erster Band, Göttingen (Vandenhoeck und Ruprecht) 1971, S. 282–356, hier S. 341.

151 Flaubert, À George Sand, 11. März 1871, a.a.O., S. 288.

unsere Revanche nehmen, wird sie ultra-wild werden, und halten Sie fest, dass man an nichts anderes mehr denken wird, nur daran, sich an Deutschland zu rächen.«[152] Nur für kurze Zeit konnte die Pariser Commune mit ihren bürgerkriegsähnlichen Auseinandersetzungen den Gedanken an Rache verdrängen.

Während des Deutsch-Französischen Kriegs führte George Sand ein Reisetagebuch, das sie 1871 veröffentlichte. Viele Eintragungen spiegeln den Briefwechsel zwischen ihr und Gustave Flaubert wider. George Sand hatte große persönliche Probleme, es gab Krankheiten in der Familie, die »afrikanische Hitze« im Herbst 1870 war kaum zu ertragen, die verdorrte Natur ließ an das Ende der Welt denken: »Deutschland will Frankreich vernichten«, notiert sie am 23. September. Zwei Tage später heißt es: »Aus verschiedenen Orten und unter verschiedenen Gesichtspunkten schreibt man mir: ›Wir erleben die Agonie der lateinischen Rassen.‹ Sollte man nicht lieber davon sprechen, dass wir anfangen, ihre Erneuerung zu spüren?«[153] Bevor aber von Erneuerung die Rede war, galt es, sich zu verdeutlichen, gegen wen die »race latine« kämpfte. Bei den Lateinern mangelte es an Ordnung, die Deutschen waren besessen davon: »Sie kommen kalt und hart wie ein Schneesturm daher, unerbittlich in ihren vorgefassten Meinungen, grausam wenn es sein muss, obwohl sie in ihren häuslichen Gewohnheiten an Sanftheit kaum zu übertreffen sind. Sie denken überhaupt nicht, dies ist nicht der Moment dafür, das Nachdenken, das Mitleid, das Bedauern erwarten sie zu Hause. Haben sie sich einmal in Marsch gesetzt, sind sie unbewusste und schreckliche Kriegsmaschinen.« Inmitten des größten Unglücks sollten die Franzosen sich stolz daran erinnern, das zivilisierteste aller Völker zu sein. Der »Colosse du Nord« dagegen, der sie vernichten wollte, verkörperte die Barbarei. George Sand nahm das Wort Flauberts von den gebildeten Barbaren auf, wenn sie davon sprach, dass es sich bei vielen preußischen Offizieren um Gelehrte (*savants*) handelte. Mit ihrer Disziplin, die an Automaten erinnerte, gaben die Preußen den Franzosen ein Vorbild: Diese aber würden davon

152 A.a.O.
153 George Sand, *Journal d'un voyageur pendant la guerre*, 25. September 1870, Paris (Librairie Nouvelle) 1871, S. 28.

lernen und sich anschließend an den Preußen rächen. Die schreckliche Erfahrung des Kriegs werde Frankreich reifen lassen, ohne es zu ahnen, werde Deutschland dafür sorgen, dass es mit Frankreich wieder voranging. Der deutsche Kaiser machte einen großen Fehler, als er die Partie fortsetzte, die Napoleon III. gerade verloren hatte. In Europa war das Ende der Monarchien gekommen. Wenn Deutschland weiter unter dem Zepter blieb, würde es in zwanzig Jahren das Schicksal Frankreichs erleiden. Gleichzeitig warnte George Sand die Franzosen vor einer hasserfüllten Revanche. Um den Frieden in Europa herzustellen, blieb Frankreich nichts anderes als »une alliance républicaine et fraternelle avec les grandes nations de l'Europe«.[154]

1871 war auch für Ernest Renan ein Jahr der Abrechnung – aber er rechnete nicht mit Preußen ab, sondern mit Frankreich. Wie kein anderer französischer Gelehrter war Renan von der deutschen Wissenschaft geprägt – und so überzeugt von der Überlegenheit der Deutschen, dass er dies lauthals im Literatenrestaurant Brébant verkündete und damit den Zorn der Kollegen und anderer Gäste erregte.[155] Die Schrift *La Réforme intellectuelle et morale de la France* ist eine bittere, in manchen Passagen fast hasserfüllte Kritik Renans an der Republik – nicht zuletzt das allgemeine Wahlrecht und eine oberflächliche Demokratie (*la démocratie superficielle*) waren in seinen Augen verantwortlich für den Niedergang der französischen Eliten und die Schwächung des Militärs. Mit masochistischer Ironie stellte Renan fest, Gerechtigkeit gebe es in der Geschichte nur in begrenztem Umfang, viele Verbrechen, für die ganze Nationen verantwortlich waren, blieben ungestraft – daher sei es ein Zeichen von Frankreichs Größe, dass es für seine Fehler bestraft wurde. Mangel an Disziplin, Unbekümmertheit, Faulheit, eine allgemeine Weichheit (*mollesse*) und die Neigung zum Sich-gehen-Lassen hatten dahin geführt, dass nunmehr der Nachfahre des Großen Kurfürsten daran gehen konnte, das Reich Karls des Gro-

154 George Sand, 9./10. Februar 1871, a.a.O., S. 309.
155 Eine entsprechende Szene schildern Edmond und Jules de Goncourt, *Journal. Mémoires de la vie littéraire* II (1866–1886), Paris (Robert Laffont) 1989, S. 277. Das Datum ist der 6. September, vier Tage nach der Niederlage von Sedan und der Gefangennahme des Kaisers.

ßen wieder aufzurichten. Renan provozierte mit der Äußerung, dass eine »Entgermanisierung« am Beginn des französischen Niedergangs gestanden hatte: »Der militärische Geist Frankreichs bestand in dem, was es an Germanischem hatte; indem es sich mit Gewalt der germanischen Elemente entledigte und sie durch eine philosophische und egalitäre Auffassung der Gesellschaft ersetzte, verwarf es alles, was es an militärischem Geist in Frankreich gab.«[156] Frankreich konnte sich nur regenerieren, wenn es sich Preußen zum Vorbild nahm: »Lasst uns ernsthaft, fleißig, den Autoritäten gehorsam, Freunde der Regel und der Disziplin werden!«[157]

Wie in Preußen nach der Niederlage von Tilsit mussten in Frankreich nach dem Desaster von Sedan Wissenschaft und Militär den Wiederaufstieg der Nation vorbereiten. In Preußen war die Universität mit militärischer Präzision reorganisiert worden – gleichzeitig spielte die Wissenschaft in der Formierung des Generalstabs eine entscheidende Rolle, die Offizierslaufbahn war eine »carrière savante«. Wie Flaubert und George Sand faszinierten und erschreckten Renan die preußischen Offiziere weniger durch ihren militärischen Schneid als durch ihre Bildung. Diese Faszination blieb lange wirksam, und wenn mehr als zwanzig Jahre danach ein junger »homme du midi« mit Namen Paul Valéry in einer englischen Zeitschrift den Deutsch-Französischen Krieg von 1870–71 als eine militärische Konfrontation beschrieb, in der »wilde Banden« gegen eine »organisierte Truppe« kämpften, wurde damit das Verhältnis von Barbarei und Zivilisation, das traditionell zum Selbstwertgefühl des Südens beitrug, in sein geographiepolitisches Gegenteil verkehrt.[158] So konnte es nicht überraschen, dass Preußen 1870 gegen Frankreich eine »guerre savante« führte. Es war dazu in der Lage,

---

156 Ernest Renan, *La Réforme intellectuelle et morale de la France*, Paris (Michel Lévy Frères) 1871, S. 24–25.
157 A.a.O., S. 65.
158 Paul Valéry, »Une Conquête Méthodique«, in: Valéry, *Œuvres* I, Paris (Gallimard/Bibliothèque de la Pléiade) 1957, S. 971–987. Valéry bewunderte den »mécanisme efficace« und die »intelligence disciplinée«, die in Deutschland alle Lebensbereiche prägten, vor allen anderen das Militär: »Nous luttons contre cette armée comme des bandes sauvages contre une troupe organisée.« A.a.O., S. 973. Valérys Essay war 1897 in W. E. Henrys *The New Review* erschienen; 1915 druckte ihn der *Mercure de France* wieder ab.

weil es sich dem »demokratischen Sabbat« entzogen hatte, dem Frankreich verfallen war. Wie Renan zu beweisen versuchte, war es einer Demokratie unmöglich, einen Krieg nach wissenschaftlichen Prinzipien zu gewinnen.

Im engen Schulterschluss mit den anderen lateinischen Nationen Europas sah Renan kein Mittel zur Regeneration Frankreichs. Nachahmenswert war vielmehr England, ein Vorbild an Freiheit, Wohlstand und Patriotismus. Zugleich aber beschritten England und die meisten europäischen Nationen den gleichen Weg wie Frankreich: Es war der Weg des Friedens, der Industrie und des Handels, der von der Schule der Ökonomen und den meisten Staatsmännern als der Königsweg der Zivilisation bezeichnet wurde. Nur zwei Nationen wichen davon ab: Russland und Preußen. In Preußen waren es »eine privilegierte Adelsschicht, Bauern, die einem quasi-feudalen Regime unterworfen waren, ein militärischer und nationaler bis zur Roheit gehender Geist, ein hartes Leben, eine gewisse allgemeine Armut, mit ein wenig Eifersucht auf die Völker, die ein angenehmeres Leben führen, welche die Bedingungen aufrechterhielten, die bis jetzt die Stärke der Nationen ausgemacht hatten«.[159] »Une vie plus douce« – das war eine der Wendungen, in denen sich auch bei Renan die Nord-Süd-Stereotypen zeigten. Er sprach davon, dass Deutschland eine »Vendée du Nord« gegen die Französische Revolution formiert hatte, und beschrieb als charakteristisch für die »races neuves et violentes du Nord ... une sorte de fureur puritaine, la jalousie et la rage contre la vie facile de ceux qui jouissent«.[160] Als er 1931 auf den Ersten Weltkrieg zurückblickte, stellte auch Paul Valéry Deutschland ein Frankreich gegenüber, das er als »un pays de vie facile et douce« charakterisierte.[161]

Programme zur Bildung eines Lateinischen Reichs oder einer Lateinischen Union betonten stets die identitätsstiftende Rolle des Katholizismus in einem Verbund verwandter Nationen. Der antilateinische

159 A.a.O., S. 51–52.
160 Ernest Renan, »La Guerre entre la France et l'Allemagne«, ursprünglich in: *Revue des Deux Mondes*, 15. September 1870, hier in: Renan, *La Réforme*, S. 158.
161 Paul Valéry, »Réponse au Remerciement du Maréchal Pétain à l'Académie Française« (22. Januar 1931), in: *Œuvres* I, S. 1110. Von der »douce France« ist schon im Rolandslied die Rede (Hans-Martin Gauger).

Affekt Renans, für den die Reformation die wichtigste Revolution der modernen Zeit war, zeigte sich nirgends deutlicher als in seiner Kritik des Katholizismus, der in seinen Augen in entscheidendem Maße für den Niedergang Frankreichs verantwortlich war. Von der Kanzel herab hatte der katholische Klerus die Inferiorität und Dekadenz der protestantischen Nationen gepredigt, hatte die Vertreibung der Protestanten aus Frankreich provoziert und die Moral der Franzosen geschwächt. Aber nicht nur Frankreich, alle katholischen Nationen mussten sich von Grund auf reformieren, wollten sie nicht den protestantischen Nationen auf unabsehbare Zeit unterlegen sein. Für die Entwicklung der Menschheit gab es keine schrecklichere Vision als die Entstehung eines Lateinischen Reichs: »Der Tag, an dem die Menschheit ein großes befriedetes Römisches Reich sein würde, das keine äußeren Feinde mehr hätte, wäre der Tag, an dem die Moralität und die Intelligenz in die größten Gefahren gerieten.«[162] Wenn, wie es wahrscheinlich war, das Königtum und ein nach aristokratischen Regeln geführtes Militär bei den lateinischen Völkern keine Heimstatt mehr fänden, würden sie eine neue germanische Invasion provozieren und dieser unterliegen. Diese antilateinischen Bemerkungen fanden sich in einem Manifest, auf dessen Erscheinen Renan wartete, während er Mailand, Verona, Padua und Venedig bereiste …

Das »entgermanisierte« Frankreich hatte den Krieg gegen Preußen verlieren müssen. Seine Zukunft konnte es nur sichern, wenn es sich deutsche Tugenden aneignete. Der Midi konnte gegen den Norden nicht gewinnen, der Süden hatte den Norden Frankreichs mit ins Unglück gezogen: »Jeden Tag wird für mich die Ähnlichkeit zwischen England und Nordfrankreich deutlicher sichtbar. Unser Leichtsinn entstammt dem Midi, und wenn *Frankreich* nicht das Languedoc und die Provence in den Kreis seiner Aktivitäten einbezogen hätte, wären wir heute ernsthaft, aktiv, Protestanten, Parlamentarier. Die Substanz unserer Rasse ist die gleiche wie diejenige der britischen Inseln; obwohl der germanische Einfluss auf den Inseln stark genug war, damit sich ein germanisches Idiom durchsetzte, war er insgesamt doch

162 A.a.O., S. III.

in den drei Königreichen nicht stärker als in Frankreich.«[163] Frankreich wie England machten den Fehler, sich zunehmend von germanischen Einflüssen zu distanzieren. Renans Votum erinnerte an Stendhals Bild vom »fatalen Dreieck«, das in Frankreich von den Städten Bordeaux, Bayonne und Valence gebildet wurde, und fand ein spätes Echo in Joris K. Huysmans Roman *Là-Bas*, in dem Des Hermies klagt, Jeanne d'Arc, unterstützt von Rittern aus dem Midi, habe Karl VII. geholfen, 1453 die Engländer aus Frankreich zu vertreiben, und damit die Chance verspielt, ein aus England, den Niederlanden und Nordfrankreich bestehendes großes Reich zu errichten: »Die Salbung des Valois in Reims hat ... ein Frankreich ohne Zusammenhang, ein absurdes Frankreich geschaffen. Sie hat verwandte Elemente verstreut, die widerstrebendsten Nationalitäten, die feindseligsten Rassen zusammengeflickt. Sie hat uns auf ach so lange Zeit hinaus jene weichschaligen Wesen mit den lackierten Augen eingebracht, die Schokolade lutschen und Knoblauch kauen, – alles andere eher als Franzosen: wohl aber Spanier oder Italiener. In einem Wort, ohne Jeanne d'Arc würde Frankreich nicht unter dieses Geschlecht von lärmenden Prahlhänsen, von schalen, treulosen Windhunden zählen, unter diese verdammte lateinische Rasse, die der Teufel holen soll.«[164]

Der Friede in Europa, so Renan, konnte nicht durch den Ruf nach Rache und durch neue Vergeltungskriege gesichert werden, sondern nur durch eine Tripelallianz zwischen Deutschland, England und Frankreich, einen Bund der Kelten, Germanen und Franken, die einst Europa geschaffen hatten. Diese Allianz, Vorstufe der Vereinigten Staaten von Europa, würde Russland in Schach halten und zugleich in der Lage sein, ein europäisches Gegengewicht zu den USA zu bilden. Sie würde die intellektuelle und moralische Größe Europas bewahren und damit eine Idee verwirklichen, die schon der Traum Napoleons III. gewesen war.

163 A.a.O., S. 27.
164 Joris-Karl Huysmans, »Là-Bas«, in: *Le Roman de Durtal*, Paris (Bartillat) 1999, S. 63, dt. Übersetzung nach Joris-Karl Huysmans, *Tief unten*, Nachdruck der Ausgabe Berlin/Wien 1929, Berlin (Zerling) 1985, S. 47.

Vorbereitung der Revanche

Die Kapitulation Frankreichs und die Proklamation des Deutschen Reichs im Spiegelsaal von Versailles am 18. Januar 1871 wurden von großen Teilen der gebildeten Öffentlichkeit in Frankreich als Niederlage der lateinischen Zivilisation wahrgenommen. Der Wunsch nach Revanche fand seinen Ausdruck in Plänen für die Gründung einer gegen Deutschland gerichteten Lateinischen Union oder eines Lateinischen Reichs. In diesem Zusammenhang muss die Gründung von Zeitschriften wie der *Revue du monde latin* (1883–1893) und *La Renaissance latine* (1902–1904) gesehen werden. An Artikeln aus diesen beiden Zeitschriften lassen sich Merkmale der Lateinischen Union aufzeigen, wie sie Ende des 19. Jahrhunderts in Frankreich angestrebt wurde. [165]

»Politique et Diplomatie« war das Bulletin überschrieben, das monatlich in der *Revue du monde latin* erschien und einen laufenden Kommentar zu den politischen Entwicklungen in Europa lieferte. Im ersten Bulletin vom 25. September 1883 hieß es programmatisch, die Zeitschrift sei nicht gegründet worden, um das Lob der lateinischen Nationen zu singen, es gehe vielmehr darum, die lateinische Welt mit ihren Vorzügen wie mit ihren Fehlern besser zu verstehen. Die größten Fehler der Lateiner seien ihre Unfähigkeit zum Handeln auf lange Sicht und ihre Eitelkeit, die der Innen- wie Außenpolitik der einzelnen Länder geschadet hatten. Die Lektion von 1870 war nicht verstanden worden: Die Lateiner zeigten sich uneins, während deutsche Staaten an der Seite Preußens in den Krieg gegen Frankreich gezogen waren – zum höheren Ruhm der germanischen Rasse! Zu seiner Schande hatte

---

165 Beide Zeitschriften repräsentieren nur einen wenn auch exemplarischen Ausschnitt der weitreichenden Debatte über den »politischen Romanismus«, wie sie im Frankreich des 19. Jahrhunderts geführt wurde. Umfassend dazu Käthe Panick, *La race latine. Politischer Romanismus im Frankreich des 19. Jahrhunderts.*

sich Italien um kurzfristiger Vorteile willen 1882 mit dem Deutschen Reich und Österreich-Ungarn zum Dreibund zusammengeschlossen und damit den Österreichern den Weg zum Balkan und Deutschland den Zugang zum Mittelmeer geöffnet. Um seine Sicherheit zu garantieren und seinen Wohlstand zu mehren, musste das Deutsche Reich versuchen, zu einer Seemacht zu werden – und dies konnte angeblich nur im Mittelmeer geschehen. In der Zukunft würden nicht nur, wie dies in der Frühzeit des Mittelalters der Fall gewesen war, die Ufer des Mittelmeers von den Germanen besetzt werden, jetzt ging es ihnen darum, das ganze Meer zu erobern: »Eine nordische Rasse wird das Erbe der Völker des Midi konfiszieren.«[166] Österreich werde sich – anders als in der Vergangenheit – an der »Germanisierung« des Mittelmeers beteiligen und damit Bismarck helfen, eines der wichtigsten Ziele seiner Politik zu erreichen. Wirksame »Agenten« der Germanisierung würden, von Deutschland aus in Scharen über die Karpaten und den Balkan herfallend, die Juden werden. Entscheidenden Anteil an der »Entlatinisierung« (*délatinisation*) des Orients aber hatte die unfähige lateinische Diplomatie.

Den Schwerpunkt lateinischer Politik musste die Sicherung des Mittelmeers und seiner Ufer bilden – *à tout prix*, wie der Verfasser, »Ein Italiener«, in seinem Artikel betonte. Die oft beschworene »Brüderlichkeit« der Lateiner brauchte dabei nicht zitiert zu werden; es genügte, daran zu erinnern, dass sich ein »Lateiner« stets besser mit einem anderen »Lateiner« verstehen würde als mit einem Deutschen. Anders als zur Zeit Napoleons I. gab es keinen Grund mehr für militärische Auseinandersetzungen zwischen den einzelnen lateinischen Nationen. Das »Germanische Reich« dagegen, dem zu seiner Vollendung immer noch einige deutsche Provinzen fehlten, verspürte die Notwendigkeit, »seinem rauhen Territorium geweihte Erde und blaues Meer einzuverleiben, um sich dadurch zu erholen und damit zu bereichern«.[167] Die Lateiner verfügten zu Hause über alle Voraussetzungen, um ihren Wohlstand zu sichern, sie mussten sich nur aktiv darum bemühen –

166 Un Italien, »La politique latine en Europe«, in: *Revue du monde latin* I (1883), S. 293.
167 A. a. O., S. 295.

die Deutschen dagegen konnten ihre Stellung in Europa nur behaupten oder verbessern, wenn sie ihren Einflussbereich erweiterten. Die Deutschen waren bereit, in Europa einen Eroberungskrieg zu führen, ihr vordringliches Ziel war die »Germanisierung« des Mittelmeers.

Während die reale Bedrohung durch Deutschland wuchs und die politische Einigung der lateinischen Nationen auf sich warten ließ, feierte zumindest die »lateinische Idee« Triumphe: »Aux Latins le monde latin!« hieß das Motto der *Revue*, aber es war nicht ganz klar, was damit genau gemeint war. Auf der einen Seite verführte die Demographie zu machtpolitischen Träumen; mit ihrer Bevölkerungsmehrheit – 80 Millionen Lateinern standen 76 Millionen Germanen gegenüber – konnten die Lateiner es wagen, mit Gewalt gegenüber den »Anglo-Germains« die Vorherrschaft in Europa anzustreben. Auf der anderen Seite war es sinnlos, die »Chimäre des Panlatinismus« zu verfolgen, weil zu wenige Staaten bereit waren, sich für eine Föderation aller Länder des Mittelmeers einzusetzen. Manches Mal konnte es so scheinen, als ginge es nur darum, eine Art von »lateinischem Club« zu gründen, in dem all jene sich regelmäßig trafen und versprachen, einander zu helfen, die sich der »lateinischen Idee« verpflichtet fühlten. Stärker als bisher mussten dabei ökonomische Fragen in den Vordergrund rücken, weil in der Moderne der Rang der Nationen von ihrer Wirtschaftskraft bestimmt wurde. Auch in der Wirtschaft standen sich eine »groupe latin« und eine »groupe anglo-saxon«, »Latinisme« und »Germanisme« gegenüber, wobei der lateinische Geist wesentlich synthetischer Natur war, während die Angelsachsen sich durch ihre analytische Kompetenz auszeichneten. Lateiner und Angelsachsen bildeten gemeinsam die Spitze der menschlichen Evolution, die Slawen waren im Vergleich mit ihnen geringer einzuschätzen. Dennoch galt es für Frankreich, der slawischen Welt eine größere Aufmerksamkeit zu widmen als dies in der Vergangenheit der Fall gewesen war. Die slawische Welt hegte eine unbestreitbare Sympathie für Frankreich und ein ebenso verständliches Misstrauen gegenüber Deutschland. Äußerungen dieser Art erinnerten an Flauberts Wunsch, Russland möge dereinst für das Frankreich zugefügte Unrecht an Deutschland Rache nehmen – ein Wunsch, den ausgerechnet Flauberts Freund Turgenjew als Illusion bezeichnete!

La Renaissance latine publizierte in ihrem ersten Jahrgang drei programmatische Artikel, deren prominente Autoren der Historiker und frühere Außen- sowie Kolonialminister Gabriel Hanotaux, der Romancier Paul Adam und der Soziologe Gabriel Tarde, der Gegenspieler Émile Durkheims, waren.[168] In diesen Artikeln spiegelten sich unterschiedliche Schwerpunktsetzungen, die sich mit der Idee einer »Lateinischen Renaissance« verbinden ließen. Hanotaux schrieb seinen Artikel nach der Rückkehr von einer Afrikareise in Palermo – es war eine Hymne auf das europäische und afrikanische Mittelmeer, die umso emphatischer ausfiel, als sie von einem »Sohn des Nordens« stammte. Allenthalben fanden sich in Sizilien die Spuren des »mediterranen Duells«, in dem Afrika und Europa, Karthago und Rom, Mohammed und Christus, Barbarossa und Karl V. sich gegenübergestanden hatten. Das Schiff, das Hanotaux von Afrika zurück nach Europa getragen hatte, war voll von »Nomaden des Meeres«, die ohne Unterlass von einem Ufer des Mittelmeers auf das andere wechselten, um überall »die gleiche Sprache, die gleichen Sitten und wenn auch nicht die gleichen Götter, so doch den gleichen Aberglauben wiederzufinden«. Mit ähnlich emphatischen Worten sollte ein halbes Jahrhundert später Fernand Braudel die Einheit der Mittelmeerwelt feiern. Wenn Hanotaux Sizilien als den Knotenpunkt der Schiffsbewegungen beschrieb, welche die »Nomaden« von einem Ufer des Mittelmeers zum anderen führten, verdunkelt sich für den heutigen Leser sein Enthusiasmus durch die Nachrichten von den Strömen der afrikanischen Flüchtlinge, die auf dem Seeweg unter Lebensgefahr Europa zu erreichen versuchen. Aber auch Hanotaux sprach bereits von einem bedrohten Idyll: Im Namen der Zivilisation hielt die moderne Welt dem Mittelmeer, der Geburtsstätte der Zivilisation, seine Rückständigkeit vor! Sollte es jetzt mit dem Erbe sowohl des imperialen als auch des katholischen Roms zu Ende sein? Oder konnte man nicht, während neidische Völker von der Götterdämmerung des Mittelmeers sprachen, bereits Anzeichen einer Morgendämmerung, einer »lateinischen

<hr>

168 Gabriel Hanotaux, »La Renaissance latine«, in: *La Renaissance latine* I (1902), S. 1–7; Paul Adam, »Les idées aïeules«, ebd., S. 149–164; Gabriel Tarde, »L'Impérialisme«, ebd., S. 321–340.

Renaissance« erkennen? Es war die Frage, die sich die neue Zeitschrift gleichen Namens stellte.

Das Mittelmeer war von drei großen Katastrophen heimgesucht worden: dem Einfall der Barbaren und des Islams, der Entdeckung Amerikas und der kolonialen und industriellen Expansion des Nordens. Die Muslime hatten, so Hanotaux, den Reichtum des Mittelmeers zerstört; hinterlassen hatten sie nichts als Staub. Die Entdeckung Amerikas öffnete neue Seewege und Handelsrouten: Venedig und Genua verloren an Bedeutung. Zuerst für Portugal, dann aber auch für Spanien, Frankreich, Holland und die germanischen Völker trat der Atlantik in den Vordergrund. Seit dieser Zeit hatten energische Völker – wieder zeigte sich der Montesquieu-Effekt –, »die durch ihr Klima zu dauernder Aktivität und zu kühnen Initiativen gezwungen sind, nichts unversucht gelassen, um sich die Weltherrschaft zu sichern«. Dabei wurden die Völker des Mittelmeers, »habitués à une plus douce façon de vivre«, erst zurückgelassen, dann ruiniert, schließlich vernachlässigt und in ihrer Existenz bedroht. Und doch zeigten sich jetzt, stellte Hanotaux mit Befriedigung fest, die ersten Anzeichen eines Wandels.

Der Wandel wurde vor allem in Afrika sichtbar, dessen Länder sich allmählich von der Herrschaft des Islams befreiten. Nordafrika, sagte Hanotaux voraus, werde wieder zum »Kornspeicher Roms« werden und an jene Zeiten erinnern, da es, mit der Schule von Alexandria und verkörpert in Gelehrten wie Tertullian und Augustinus, das wichtigste Labor des antiken Denkens gewesen war. Die veränderte Geographie spielte für die erhoffte lateinische Renaissance eine entscheidende Rolle. Die Eröffnung des Suezkanals sollte den Häfen des Mittelmeers ihre alte Bedeutung zurückgeben. In der Windrose der Aktivitäten zeigte sich eine deutliche Verschiebung von Westen nach Osten: Dazu gehörten nicht nur der Suezkanal, sondern die Eisenbahnlinien am Sankt Gotthard und am Simplon, die Kanalisierung der Donau, der Durchstich des Isthmus von Korinth, die Transkaspische und die Transsibirische Eisenbahn und nun eine ganz neue Linie, die von Konstantinopel aus den Hellespont überqueren und sich auf den Persischen Golf zubewegen werde, »durch jene so lange verlassenen Regionen, welche die Matrix der menschlichen Zivilisation gewesen sind. Das antike Mesopotamien tritt wieder in die Aktualität ein.« Enthusiastischer hätte, mit der Betonung auf die Kanäle und die Eisenbahnen, auch ein Saint-Simonist wie Michel Chevalier die Chancen für das Entstehen eines neuen Mittelmeersystems nicht beschreiben können.

Ähnlich vielversprechend verlief für Hanotaux die Entwicklung in Nordamerika, dessen Entdeckung den Zivilisationen des Mittelmeers anfangs so sehr geschadet hatte. Lateinische Größe zeigte sich schon darin, dass ein berühmter Lateiner, Christoph Kolumbus, Amerika entdeckt und ein nicht weniger berühmter Lateiner, Amerigo Vespucci, ihm seinen Namen gegeben hatte. Von Mexiko bis Feuerland traf man auf Völker des amerikanischen Kontinents, die lateinischen Ursprungs waren. Die Geschichte ihrer Beziehungen nicht nur zu Europa, sondern auch zu Asien werde mit dem unvermeidlichen Bau des Panamakanals eine neue Wendung nehmen. Die lateinischen Völker hatten alle Chancen, sich gegenüber den Angelsachsen, den Slawen und den Deutschen zu behaupten.

War schon bis hierher der Einfluss der »Klimatheorie« in den Überlegungen von Hanotaux unverkennbar, nahm sie in seiner wiederum entscheidend von der Geographie bestimmten Zukunftsvision eine zentrale Stelle ein. Hanotaux sprach von zwei jeweils unter dem Äquator angesiedelten »Halbinseln«, die sich bis zu den Polen der Erde hin erstreckten: Südamerika und Afrika. Beide gehörten zur »hellen und warmen Seite« des Globus, während die gegenüberliegende Seite aus kompakten und kalten Regionen bestand. Nur die mediterranen Rassen waren imstande, ihr Glück und ihr Fortkommen unter einer brennenden Sonne zu finden, die für alle anderen Rassen mörderisch war. Afrika war für Hanotaux lateinischer Boden – ob es sich nun um Algerien, Tunis, von Frankreich beherrschte Gebiete wie den Sudan und die Elfenbeinküste oder den belgischen Kongo handelte. Der arbeitsame Italiener, der robuste Spanier und der starke Franzose fanden dort ein Betätigungsfeld, das nur auf sie wartete, den Völkern des Nordens aber naturgemäß verschlossen blieb. Natur und Geschichte hatten in einer »entente tacite« zusammengearbeitet, um den lateinischen Völkern eine glänzende Zukunft zu bereiten und ein Imperium entstehen zu lassen, das an Umfang und Bedeutung das alte Römische

Reich übertreffen werde: »Diese Gesellschaften der Zukunft werden vielleicht auf die hochmütige Kälte verzichten, aus denen die traurigen Völker versucht haben, ein allgemeingültiges Ideal zu machen. Die Welt wird nicht länger wie ein düsteres Gefängnis erscheinen, in dem der Mensch herumläuft wie ein gefangenes Tier, mit dem geheimen Verlangen, so bald wie möglich zu entfliehen. Es wird Orte auf der Welt geben, wo man gut leben kann … Die natürliche Menschenfreundlichkeit der mediterranen Völker wird ihre flexiblen und sanften Verhaltensregeln gegenüber einem Teil der Menschheit aufrechterhalten, der nicht der am wenigsten zahlreiche und vielleicht der glücklichste sein wird, weil er weniger unruhig und weniger rau sein wird.« Diese Hoffnung, beendete Hanotaux seinen Artikel, sei noch ein Traum. Die lateinischen Nationen aber könnten, wenn sie nur wollten, ihn in naher Zukunft zu einer Realität machen, Klima und Geographie waren auf ihrer Seite.

In den Zusammenhang der Überlegungen von Hanotaux gehörten Pläne zur Gründung eines »Zollverein méditerranéen«.[169] Im Namen wurde deutlich, dass damit der 1834 gegründete Deutsche Zollverein nachgeahmt werden sollte. Umso wichtiger war es, sich bei den Überlegungen zur Gründung eines mediterranen Zollvereins nicht von der Frage aufhalten zu lassen, was die Deutschen zu einem solchen Plan sagen würden – umso weniger, als Bismarck alles daransetzte, die lateinischen Nationen gegeneinander auszuspielen, um sie dadurch leichter beherrschen zu können. Auch wenn der angestrebte Zollverein als »rein ökonomische Assoziation« bezeichnet wurde, sollte damit ein Gebot des »lateinischen Evangeliums« verwirklicht werden – vom wirtschaftlichen Nutzen sollten die lateinischen Völker, insonderheit »das klassische Italien, das noble Spanien und das heroische Frankreich«, profitieren, die »das Schöne und das Wahre« verkörperten. Wirtschaftliches Zweckdenken, theologienahe Metaphorik

---

169 Das Folgende nach Marc-Amédée Gromier, *Alliance latine et Zollverein méditerranéen*, Florenz (Joseph Pellas) 1885. In dem mir vorliegenden Exemplar des Buches findet sich eine Widmung des Autors, in der Gromier von dem »apostolat latinophile« spricht, in dessen Geist er den Plan zu einem mediterranen Zollverein entwickelt habe. Darin wird der Einfluss der Saint-Simonisten erkennbar.

und ästhetisches Selbstbewusstsein verknüpften sich in vielen »lateinischen« Projekten miteinander – so auch in den Plänen für den Zollverein. Der Nord-Süd-Konflikt spielte dabei eine geringere Rolle als das Bewusstsein, mit einer solchen Gründung einen Beitrag zum Zusammenschluss Kontinentaleuropas zu leisten. Konkurrent waren die angelsächsischen Nationen, deren Wirtschaftskraft der Süden erreichen wollte. Überraschenderweise setzte man dabei auf Bismarck: Im Bestreben, die Macht Englands zu beschränken, werde der Reichskanzler vielleicht helfen, die lateinischen Nationen von der wirtschaftlichen Vorherrschaft der Angelsachsen zu befreien.

Für Paul Adam begann die »lateinische Renaissance« im 19. Jahrhundert mit dem Versuch, die Beschlüsse rückgängig zu machen, welche die Heilige Allianz (Preußen, Österreich, Russland) 1815 auf dem Wiener Kongress gefasst hatte. Damit war die Herrschaft der germanischen und slawischen Dynastien über die lateinischen Völker wiederhergestellt worden, welche die Französische Revolution einst beseitigt hatte. Erst die jakobinischen und dann die napoleonischen Truppen hatten in ganz Europa das Erbe eines Brutus und eines Cicero erneuert; die Theorien der Enyklopädisten hatten geholfen, nicht nur in Europa, sondern auch auf dem amerikanischen Kontinent der griechisch-römischen Seele wieder Leben einzuhauchen. Als Reaktion auf die Beschlüsse der Allianz erhoben sich überall die Völker und setzten, wie in den Revolutionen von 1830 und 1848, das »lateinische Prinzip« durch, welches die Herrschaft des Rechts über die Willkür des Herrschers stellte. Wie ein Flächenbrand verbreitete sich dieses Prinzip in ganz Europa, die Throne gerieten ins Wanken. Paul Adam beschwor den Mithraskult: »Mithras, der orientalische Lichtgott, der Gott mit der phrygischen Mütze, den die [römischen] Legionäre heimlich verehrten, hatte die Bestialität des barbarischen Stiers erdrosselt. Die Hoffnung der ersten Revolution, die für einen Augenblick vernichtet worden war, wurde für immer wiederbelebt.«

Das junge Europa wurde von einer Allianz der lateinischen Eliten geführt. Sie hatte sich die Einheit Italiens, die Einheit Deutschlands und die Konstituierung der Französischen Republik zum Ziel gesetzt. 1870 waren diese drei Ziele erreicht, schrieb Adam, ohne ein Wort darüber zu verlieren, dass erst die Niederlage Frankreichs im Krieg von 1870–71 die Gründung des Deutschen Reichs möglich gemacht – und als Folge zur Gründung der Dritten Republik geführt hatte. Jetzt musste ein neues Ziel angestrebt werden: die Gründung der Europäischen Republik. Zwischen Ariern sollte es keine Kriege mehr geben, die Gleichartigkeit der Interessen und Fähigkeiten müsste sie eigentlich zu Brüdern machen. Die lateinische Welt würde dabei eine prägende Rolle spielen, denn auch die nordischen Völker, welche die Lateiner unter ihre Herrschaft gebracht hatten, waren im Geist griechischrömischer Ideale erzogen worden.

Aber immer noch, klagte Adam, waren die Schüler arrogant genug, ihre Lehrer zu verachten. Die preußischen Agrarier wollten die Länder des Südens dazu zwingen, ihnen ihre enormen Überproduktionen abzunehmen, die Pangermanisten entwarfen auf dem Papier riesige Imperien, in denen die westlichen Kolonien Roms aufgehen sollten. Die Engländer wollten die Lateiner aus Afrika vertreiben, ihrem angestammten legendären Kornspeicher, zu dem Afrika wieder werden könnte, wenn kapitalistische Firmen sich endlich dazu entschlössen, die notwendigen Bahnlinien durch die Sahara zu legen. Die Barbaren hatten ihre lasterhaften Plünderungen nicht aufgegeben, sie rebellierten gegen den Geist von Mithras, den die römischen Legionen in ihren Siedlungen hinterlassen hatten, aus denen bedeutende Städte, darunter wohlhabende Provinzmetropolen wie Aachen und Köln, geworden waren. Europa stand am Beginn einer Entwicklung, in welcher der Zerfall des österreichisch-ungarischen Reichs 75 Millionen Germanen die Chance eröffnen würde, sich zu einer homogenen Nation zusammenzuschließen und damit das europäische Gleichgewicht zu stören. Nur wenn den Völkern des Mittelmeers ein ähnlicher Zusammenschluss gelang, ließ sich der Frieden in Europa aufrechterhalten. Bedroht wurde er umso mehr, als Engländer und Deutsche ihre imperialen Absichten damit rechtfertigten, dass es sich bei ihnen um Über-Rassen handelte, die einen natürlichen Herrschaftsanspruch über minderwertige Rassen geltend machen konnten.

Um dem von Nietzsche propagierten Satanismus der Barbaren zu begegnen, mussten sich die Lateiner zusammenschließen. Wieder gab die Demographie Anlass zur Hoffnung. Gemeinsam hatten Spanien und Italien 45 Millionen Einwohner. Zählte man Frankreich hinzu, sollten 80 Millionen Lateiner es mit 76 Millionen Germanen aufnehmen können. Eine beträchtliche Unterstützung würde aus Lateinamerika kommen, und wenn es dann noch gelänge, die Russen zu Verbündeten zu gewinnen, könnte die nordische Rasse nicht länger ihre kriegerischen Neigungen gegenüber den vereinten romanischen Völkern ausspielen. Die Garantie eines endgültigen Friedens hinge vollständig von der numerischen Überlegenheit ab, die sich aus einem Zusammenschluss der Lateiner ergeben würde. Käme dieser nicht zustande, wäre ein neuer Krieg zwischen den Ariern nicht ausgeschlossen.

Adam träumte von der Errichtung eines Lateinischen Senats, der von den nationalen Parlamenten und Akademien eingesetzt werden und seinen Platz in Rom in der Nähe des Forums finden würde. Mit dem Prestige dieser Institution müsste es gelingen, den Barbaren zu imponieren; der Senat würde die Vorstufe einer Lateinischen Republik bilden. Die nationale Identität der Lateiner beruhte auf miteinander geteilten Ideen, nicht auf Blutsverwandtschaft und rassischen Ähnlichkeiten. Lateiner war man zunächst durch seine Intelligenz, bevor man an eine Machtausübung im Namen lateinischer Ideen denken konnte.

Mehrfach hatte Adam in seinem Beitrag für die *Renaissance latine* den Mithraskult erwähnt. In diesem Kult fand die Latinität ihre mythische Grundlage, wie Adam sie 1907 in seiner Schrift *Le Taureau de Mithra* beschrieb. Im Zentrum des Mythos steht die Stiertötungsszene, die sogenannte »Tauroktomie«. Der junge Gott Mithras verfolgt den Stier, fängt ihn und trägt ihn in eine Höhle, wo er ihn opfert, um die Welt zu erneuern: Aus Blut und Samen des Stiers regeneriert sich die Erde und damit alles Leben. Schriftliche Zeugnisse für den Kult fehlen, auf den überlieferten bildlichen Darstellungen ist Mithras in eine Toga gekleidet und trägt die phrygische Mütze – die in der Französischen Revolution zur Uniform wurde. Der Mithraskult war unter den römischen Legionen weitverbreitet, in seinem Namen schufen sie kämpfend das Römische Reich. Erzählt wird die Geschichte zivilisationsstiftender Gewalt, für Paul Adam verkörperte sich in Mithras auf vollendete Weise der lateinische Geist. Zu Beginn des 20. Jahrhunderts waren die »fremden Seelen« (*les âmes étrangères*) unverschämt genug, an der Zukunft der lateinischen Nationen zu zweifeln. Während Amerika aufblühte, Deutschland zu einem Koloss wurde und England seine Herrschaft über die Meere ausdehnte, wurde es Zeit, an einen Kultus zu erinnern, mit dessen Hilfe es den Lateinern einst gelungen war, Europa zu zivilisieren.[170] Es war umso notwendiger, als die Bestie aus dem Norden wieder zum Leben erweckt worden war und ihre Wut gegen die Herrlichkeiten richtete, die Mithras der Welt geschenkt hatte. Große Schuld daran trug Napoleon I., der den Fehler begangen hatte, ein Französisches Reich statt eines Lateinischen Reichs zu errichten. Dabei war Napoleon der herausragende lateinische Typus, »notre type latin le plus saillant«, in der Art und Weise, wie der »Italiener Buonaparte« Deutschland niedergeworfen hatte, wiederholte sich der Vorgang der Tauroktomie. Doch als Napoleon sich von Josephine de Beauharnais scheiden ließ und 1810 Marie-Louise von Österreich heiratete, schmeichelte er sich in eine deutsche Dynastie hinein – eine politische Karriere, die sich am Vorbild eines römischen Konsuls orientiert hatte, brach ab. Die Gallo-Romanen hatten das Gefühl, wieder unter das Joch der Barbaren geraten zu sein. Napoleon selbst erschien ihnen als Barbar und nicht länger als Imperator. Er hatte alles getan, um ein Französisches Imperium zu errichten, während seine historische Bestimmung darin gelegen hatte, ein »Empire des Latins« zu schaffen. Als Folge triumphierten 1815 »die Nachkommen der Hunnen und der Germanen ... über Lutetia«, und alles, was von Napoleon blieb, waren »hochmütige Inschriften«.[171] Die Aufgabe der Lateiner – Adam unterschlug, wie feindselig die Spanier einem solchen Programm gegenüberstehen mussten – lag darin, den Irrtum Napoleons zu korrigieren und in Europa einen Zustand wiederherzustellen, wie er im Jahre 1808 bestanden hatte, als Murat in Madrid, Joseph in Neapel, Junot in Lissabon und Napoleon in Paris herrschten, »als zwei aus Korsika

170 Paul Adam, *Le Taureau de Mithra*, Paris (Bibliothèque Internationale d'Édition E. Sansot & Cie.) 1907, S. 15.
171 A.a.O., S. 61.

stammende Italiener und zwei Franzosen in diesen Hauptstädten das Rechtsprinzip verkörperten, *le principe du Forum*, das stärker ist als die Könige«.[172] Aus dem Zusammenschluss der Lateiner würde ein Europa hervorgehen, das vereint im »Wirtschaftskrieg gegen die Yankees« bestehen konnte.

Gedankenspiele, ein Lateinisches Reich unter französischer Führung zu errichten, um damit auf dem europäischen Kontinent ein Gegengewicht zu Deutschland zu schaffen und gleichzeitig Europa gegenüber den USA zu stärken, geben den Überlegungen Gabriel Tardes zum Imperialismus ihre Aktualität. Das Römische Reich, so Tarde, sei ein so wunderbares historisches Schauspiel gewesen, dass man leicht dem Irrtum verfallen konnte, die Reichsidee habe hier ihren Ursprung und ihre einzigartige Ausprägung gefunden. In Wahrheit gab es Vorläufer und Nachahmer, welche die gleiche Strategie verfolgten: sich durch Kriege und Annexionen zu vergrößern, bis es keinen Gegner mehr gab, der einen bedrohen konnte, um dann die eroberten Gebiete dauerhaft zu befrieden und die unterworfenen Völker zu zivilisieren – in der naiven Überzeugung, nunmehr Zentrum und Auge der Welt zu sein. Das Römische Reich war ein Reich unter vielen und zugleich – »mit der harmonischen Majestät von Schwesternationen, die sich in einer Art von riesigem Zirkus um sein blaues Meer gruppierten« – das faszinierendste von allen, weil es auch nach seinem Ende für viele Herrscher und Völker ein Vorbild blieb, die alle auf ihre Weise, den »Yankee-Imperialismus« eingeschlossen, den Globus »romanisieren« wollten. Als Napoleon III. verkündete: »L'Empire, c'est la paix«, stellte sich dieser Satz schnell als Lüge heraus. In vielen Fällen aber waren die Friedensversprechen, die sich mit Reichsgründungen verbanden, ernst gemeint und wurden über lange Zeiträume eingehalten. Konnten aber nur Imperien die Hoffnung auf einen dauerhaften Frieden vermitteln? Die »große internationale Frage der Gegenwart«, so Gabriel Tarde, bestand im Nachdenken darüber, ob die Friedenssicherung nur durch eine Reichsgründung erreicht werden könne oder ob sich dafür andere Möglichkeiten böten. Brauchte der Frieden

172 A.a.O., S. 38.

wirklich die Einheit (*unité*) der Völker, oder war nicht ihre Union vielversprechender – war es nicht Zeit, dass die föderale Idee die Reichsidee ablöste?

Zwischen dem antiken Imperialismus und seinen modernen Formen gab es einen entscheidenden Unterschied. Nach wie vor ging es darum, die »niederen Rassen« (*races inférieures*) dadurch zu zivilisieren und befrieden, dass man sie der Herrschaft einer höheren Rasse unterwarf. In Indien und in Nordamerika hatte der »englische Frieden«, in Afrika hatte der »französische Frieden« vielen Völkerschaften diesen »Dienst« erwiesen. Während aber früher der den »Barbaren« aufgezwungene Friede auch den Frieden unter den »Zivilisierten« zur Folge hatte, verhielt es sich jetzt umgekehrt: Die »Neger« wurden zivilisiert, während sich die Konflikte unter den Europäern verschärften und ihre aggressiven Beziehungen auf den Stand der Barbarei zurückführten. Das alles beherrschende Empire bedeutete Frieden, der Imperialismus einzelner Nationen bedeutete Krieg. Die modernen Kolonien wurden für die jeweiligen Metropolen zu weiträumigen Kontaktzonen und boten damit zusätzliche Reibungsflächen, die leicht zum Anlass kriegerischer Auseinandersetzungen werden konnten. Es lag in der Logik des »impérialisme continental«, seine Herrschaft so weit wie möglich auszudehnen. Dieser Expansionsdrang führte dazu, dass die zwei oder drei großen Kolonialmächte versuchten, selbst ihre Schwesternationen oder sogar ihre Mutternation zu dominieren. Allianzen formten sich, um den drohenden Konflikten zu entgehen, aber die Formierung der einen zog die Entstehung einer anderen nach sich und führte erst zur Konkurrenz und dann zum Konflikt zwischen ihnen. Außerdem verfügten die rivalisierenden Imperien über andere Mittel als den Krieg, um ihre Konkurrenten zu beherrschen: »Stumme Invasionen« konnten mit Hilfe der Sprache, der Religion, der Wissenschaft, der Industrie, der Finanzen, der Literatur und der schönen Künste erfolgen. Sie waren aber keineswegs ein Ersatz für den Krieg, sondern bereiteten ihn meist mit friedlichen Mitteln vor.

Der Imperialismus, so Tarde, war ein Ausdruck der verschiedenen Formen des Patriotismus, der sich bei den aufstrebenden Völkern fand: Es gab einen politischen, einen religiösen, einen ökonomischen, einen ästhetischen und selbst einen sprachlichen Imperialismus. Der sprachliche Imperialismus konfrontierte Angelsachsen und Lateiner, den Norden und den Midi. Unzweifelhaft gab es auch geographische und klimatische Faktoren, die diesen Kontrast lebendig erhielten, aber sie waren sekundärer Natur. Es handelte sich um zwei Sprachgruppen, die seit langem voneinander getrennt waren. In ihnen spiegelten sich tiefreichende Mentalitätsunterschiede. Selbst der internationalistisch gesinnte Arbeiter, behauptete Tarde, hatte ein größeres Interesse daran, dass sich seine Sprache im Sprachenkampf, als dass sich seine Klasse im Klassenkampf durchsetzte. Die Siege der Sprache brauchten eine lange Zeit, aber dafür waren sie dauerhaft. Umso mehr musste für einen Franzosen Anlass zur Sorge darin liegen, dass die deutsche Sprache seit 1870 große Fortschritte in Amerika und in Europa, vor allem aber in Russland machte. Neben der Sprache gab es ein anderes wirksames Mittel für das, was Tarde als »annexion morale« oder »conquête sociale« bezeichnete: Verkehrswege, vor allem Eisenbahnen und Kanäle – das große Thema der Saint-Simonisten.

Die Berufung auf die »Latinität« war widersprüchlich.[173] Auf der einen Seite Stolz: Die abendländische Zivilisation war in der lateinischen Welt entstanden, der daraus der Auftrag zur Zivilisierung der »Barbaren« erwuchs. Auf der anderen Seite bis zur Selbstverleugnung gehende Selbstkritik: »Wir, unverbesserliche Söhne der Agora und des Forums, unermüdliche Schwätzer, die glauben, ein Budget mit Phrasen ausgleichen und das leidende Volk mit leeren Reden und den Spielen in der parlamentarischen Arena zufriedenstellen zu können.«[174] Hinzu kam das Gefühl, den Nationen des Nordens hoffnungslos unterlegen zu sein. Slawen, Germanen und Angelsachsen hatten nicht minder große Probleme als die Lateiner, aber sie waren in der Lage, sich Ziele zu setzen, die übergeordneter Natur waren und die Partikularinteressen zusammenzwangen. So kam es zur Herausbildung des Panslawismus und Pangermanismus und zur angloamerikanischen Vorherrschaft im Welthandel. Das geschlagene, in sich zerrissene und ruinierte Frank-

---

173 Das Folgende ist eine Zusammenfassung verschiedener Rubriken »Politique et Diplomatie« aus dem zweiten Jahrgang (1884) der *Revue du monde latin*.
174 *Revue du monde latin* II (janvier-avril 1884), S. 378.

reich, das heroische Anstrengungen unternahm, um sich wieder aufzurichten, hatte das größte Interesse an der Bildung einer Lateinischen
Union. Zu lange hatte der alte, militärische, politische, literarische und
wissenschaftliche Ruhm Frankreichs dem Land einen Rang in Europa
und der Welt vorgetäuscht, den es schon lange nicht mehr besaß. Auf
zwei Wegen konnte Frankreich wieder versuchen zu einer Großmacht
zu werden: durch die Ausdehnung seines Kolonialreichs oder durch
das Schmieden solider, auf Dauer angelegter Allianzen. Die Kolonialpolitik aber werde nur Erfolg haben, prophezeite der Kommentator
der *Revue*, wenn die Allianzpolitik Fortschritte machte. Unabdingbar
war eine Verständigung mit England, wenn auch die Priorität dem Zusammenschluss mit den Anrainern des Mittelmeers gelten sollte. Alle
bisherigen Versuche zur Allianzbildung waren zu schüchtern und zu
wenig auf praktische Umsetzung ausgerichtet gewesen. Grund war das
unter den Lateinern weitverbreitete Gefühl der Inferiorität, die in der
Regel jede lateinische Nation einer »Schwester« zuschrieb. So zögerte beispielsweise Frankreich aus Überheblichkeit, Koalitionen mit Italien, Spanien, Griechenland oder Rumänien zu schließen.

Dafür wuchs in Frankreich die Einsicht, dass es in der Reorgani-
sation seiner Wissenschaft und in der Neuausrichtung des Militärs
von Deutschland lernen musste, um sich in Zukunft gegenüber dem
Nachbarn im Osten zu behaupten. Hinzu kam ein religiöses Element:
Die Gegner des Katholizismus setzten Latinismus und Katholizismus
gleich und wünschten, die aus Deutschland stammenden protestantischen Ideen möchten auch in Frankreich einen stärkeren Einfluss ausüben. Daneben verkörperte für die Anhänger des Gottesgnadentums
und des monarchischen Prinzips der deutsche Kaiser die Idee der Autorität und den Kampf gegen die Revolution.

Die Gründung einer Lateinischen Union wurde von vielen als erster Schritt auf dem Weg zu einem Vereinten Europa gesehen – andere
sahen im Zusammenschluss der lateinischen Völker eine Kompensation für die Unfähigkeit der übrigen Europäer, gegenüber den immer
mächtiger werdenden USA und asiatischen Reichen wie China die
Kräfte zu bündeln und gemeinsame Sache zu machen. Schamlos profitierte Asien von den europäischen Erfindungen und war dabei, Europa

ökonomisch zu besiegen. »Gelbe Horden« drohten über Europa herzufallen wie zur Zeit der muslimischen und tatarischen Eroberungszüge. Mohammed und Dschingis Khan waren noch durch die Macht des Glaubens aufgehalten worden, jetzt aber gab es keinen »noblen Fanatismus« mehr, mit dessen Hilfe Europa seine Abwehrkräfte stärken konnte. Rettung konnte nur eine Europäische Wirtschaftsunion bringen – aber es genügte, die Reden von Bismarck zu lesen, um zu erkennen, dass der preußische Egoismus den Zusammenschluss Europas verhindern werde. Immer mehr verschob sich in Europa das politische Gleichgewicht zugunsten Deutschlands.[175]

»Notre lac« nannten die Lateiner das Mittelmeer. Jetzt drohte die Gefahr, dass Deutschland versuchte, seinen Einfluss im Mittelmeer auszudehnen.[176] 1879 hatten das Deutsche Reich und Österreich-Ungarn einen Zweibund geschlossen. Durch den Beitritt Italiens, das sich dadurch Rückhalt für seine Kolonialpolitik in Afrika erhoffte, wurde daraus 1882 der Dreibund, dem sich wiederum ein Jahr später ein weiteres »lateinisches« Land, Rumänien, anschloss. Dadurch wurde für Österreich der Zugriff auf den Balkan, für Deutschland der Griff nach dem Mittelmeer sehr viel einfacher. Deutschland versuchte mit Territorialversprechen, Verbündete im Mittelmeerraum zu gewinnen. Dem italienischen König Umberto I. (1878–1900) stellte Bismarck für Italiens Unterstützung der deutschen Interessen Tunis, Tripolis, Korsika, Nizza, Savoyen »und vielleicht noch etwas mehr« in Aussicht; Alfons XII. von Spanien sollte für den Verzicht auf Marokko durch den Anschluss Portugals und die Rückgabe von Gibraltar, vielleicht sogar des Roussillon entschädigt werden. Italien und Spanien drohten damit zu Vasallen des »Germanischen Reichs« zu werden. Angesichts der aggressiven deutschen Mittelmeerpolitik musste die Lateinische Union wie eine Utopie, der mediterrane Zollverein wie ein Traum erscheinen. Und das deutsche Streben nach Einfluss machte in Europa

---

175 Dies ist die Zusammenfassung einer zustimmenden Rezension der Broschüre *L'Avenir de l'Europe en face des progrès modernes* von Amédée Bocher durch »H.N.« in der *Revue du monde latin* XIV (janvier-avril 1888), S. 404–405.

176 Das Folgende nach Wachter, »L'Œuvre de M. de Bismarck. L'Allemagne dans la Méditerranée«, in: *Revue du monde latin* VII (septembre-décembre 1885), S. 126–130.

nicht halt – vom November 1884 bis zum Februar 1885 legte die auf Bismarcks Initiative einberufene Berliner Kongokonferenz in der sogenannten »Kongoakte« die Aufteilung Afrikas in Kolonien fest.

In der *Revue du monde latin* stand am Anfang der Rubrik »Politique et Diplomatie« in der Regel eine Diskussion der politischen Lage in Deutschland: Die Entwicklung in Europa wurde zunächst aus deutscher Perspektive beurteilt. Auffallend war dabei die hohe Wertschätzung, die Bismarck entgegengebracht wurde. Gelegentlich nahm sie hymnische Züge an: Bismarck war der größte Staatsmann der Neuzeit. Während die Politiker der anderen europäischen Nationen unter »fortschreitender intellektueller Kurzsichtigkeit« litten und nur das Nächstliegende in den Blick nahmen, ragte Bismarck durch seine Weitsicht hervor. Im Vergleich mit dem »Giganten« Bismarck ähnelten die meisten europäischen Politiker »Pygmäen«. Ein Widerschein dieses Bismarck-Lobs findet sich noch 1915 in Léon Daudets antideutschem Pamphlet *Hors du joug allemand*. Die Grausamkeit Bismarcks, eines unmenschlichen Barbaren und Mephisto, wurde darin verdammt, aber zugleich wurde seine politische Luzidität gepriesen; hätte Wilhelm II. auf den Kanzler gehört, wäre es nie zum Ausbruch des Weltkriegs gekommen.[177]

Die Beziehungen Frankreichs zu Italien waren von wachsender Ambivalenz geprägt. In Frankreich wurde Italiens Mitgliedschaft im Dreibund an der Seite von Preußen und Österreich-Ungarn als Verrat an der lateinischen Idee gebrandmarkt. In Italien wiederum wuchs die gallophobe Stimmung, die durch den Streit mit Frankreich um die konkurrierenden Kolonialinteressen beider Länder in Nordafrika entstanden war. Dabei blieb Italien, das im Laufe seiner Geschichte immer unter den »hommes du Nord« gelitten hatte, dazu berufen, über »ce grand lac latin appelé Méditerranée« zu wachen. Französische Beobachter mussten auch anerkennen, dass Italien den »großen lateinischen Fehler« vermieden hatte, eine kurzfristige Politik zu verfolgen, welche die Zukunft der Gegenwart wegen aufs Spiel setzte. Das Land hatte in den

---

177 Léon Daudet, *Hors du joug allemand. Mesures d'après-guerre*, Paris (Nouvelle Librairie Nationale) 1915, S. 55.

zehn Jahren seit 1866 ein erhebliches Haushaltsdefizit nicht nur ausgeglichen, sondern sogar einen Überschuss erwirtschaftet – und sich damit, wie es in Frankreich mit widerstrebender Anerkennung hieß, wie ein »Land des Nordens« verhalten. Mit erfolgreichen innenpolitischen Reformen wuchsen die außenpolitischen Ambitionen Italiens, die sich in der Bildung strategischer Allianzen und einer zunehmend aggressiven Kolonialpolitik ausdrückten. Auf lange Sicht, so hofften französische Beobachter, lief Italien dabei Gefahr, sich zu ruinieren, weil es auf deutschen Druck seine Handelsbeziehungen zu Frankreich reduzieren musste.

Spanien drohte sich ähnlich zu verhalten wie Italien. Das deutsch-spanische Handelsabkommen war verlängert worden, in Katalonien wuchs der Einfluss Englands. Das Kabinett in Berlin machte Spanien unverhohlen Avancen – dazu gehörte die Aussicht auf die mehr oder weniger offene Annektierung Portugals, die Inbesitznahme Marokkos und die Rückkehr von Gibraltar. Durch das deutsche Versprechen, Spanien einen Platz unter den Großmächten zu reservieren, wuchs die Gefahr, dass das Land sich einer »Germanischen Allianz« anschließen würde. Verringert wurde die Gefahr dadurch, dass es Moltke und Bismarck nicht gelungen war, Spanien den Verdacht zu nehmen, von Deutschland bestenfalls nur als Juniorpartner behandelt zu werden. Damit hatten die Deutschen den Stolz der Spanier unterschätzt, die sich – das galt nicht zuletzt für die Beziehungen zu Frankreich – in Allianzen nur ungern mit einer untergeordneten Rolle begnügten. Das »natürliche« Ziel der spanischen Politik musste eine Einigung mit Portugal und die Schaffung einer Iberischen Union sein. Erster Schritt dorthin konnte die Schaffung eines iberischen Zollvereins nach deutschem Vorbild sein, der auf wirtschaftlichem Gebiet die politische Vereinigung vorbereiten würde. Im militärischen Bereich ließ sich an ein *chassé-croisé* denken: Die portugiesische Armee würde unter das Kommando des spanischen Königs, die spanische Marine unter das Kommando des Königs von Portugal kommen. Dieses Arrangement erinnerte an die Antwort, die Napoleon III. 1854 bei einem Treffen in Boulogne dem englischen Prinzgemahl Albert gegeben hatte, als dieser fragte, wie der Kaiser seinen Plan einer Iberischen Union zwischen

Portugal und Spanien verwirklichen wollte: »Diese Schwierigkeit werde ich zu umgehen wissen. Den Portugiesen werde ich sagen: ›Ich gebe euch Spanien.‹ Und den Spaniern werde ich sagen: ›Ich gebe euch Portugal.‹«[178]

Um die Solidarität der lateinischen Nationen untereinander war es nicht zum Besten bestellt. Selten genug gab es Anlass, diese Solidarität exemplarisch zu feiern. Als im August 1886 eine Gruppe italienischer Journalisten, die per Schiff aus Genua angereist war, eine Ausstellung in Barcelona besuchte, wurde sie begeistert empfangen. Zwei Brüder, hieß es, hatten sich nach langer Zeit wiedergefunden: Italien und Spanien. Die in Madrid erscheinende Zeitung *El Imparcial* sah im Besuch der Journalisten aus Genua eine Vorahnung der Allianz, die beide lateinischen Völker jetzt endlich miteinander bilden würden. Die *Revue du monde latin* berichtete über den Besuch der Journalisten unter der Überschrift »Manifestations Latines«.[179] In dieser italienisch-spanischen Begegnung zeigte sich eine zivilgesellschaftliche Begeisterung, die einer trägen Politik als Beispiel dienen konnte. Die Journalisten beider Länder fraternisierten miteinander, während ihre Regierungen sich seit langer Zeit mehr und mehr in den Orbit der deutschen Politik begeben hatten. »Kurzsichtige Staatsmänner« hatten sich dem deutschen und dem habsburgischen Kaiserreich in die Arme geworfen und damit zugleich den ökonomischen Interessen Großbritanniens gedient. Das Treffen der Journalisten machte für den Autor der *Revue du monde latin* deutlich, dass die italienischen wie die spanischen Politiker die Stimmungslage ihrer Bevölkerungen verkannten und ihren Interessen nicht dienten.

Für die Verfechter der Lateinischen Union spielte ein Land an der Peripherie Europas eine besondere Rolle: Rumänien. Den Auftakt in der ersten Nummer der *Revue du monde latin* machte der Abdruck der Novelle »Furnica. Conte Roumain« von Carmen Sylva, dem »nom de

178 William Smith, »La politique extérieure de Napoléon III: une politique des nationalités?«, in: *Pourquoi réhabiliter le Second Empire?*, Colloque présidé par Jean Tulard. Palais des Congrès de Paris – 21 Octobre 1995, Paris (Bernard Giovanangeli Éditeur) 1998, S. 139–140.

179 Costanzo Stella, »Manifestations latines«, in: *Revue du monde latin* X (septembre-décembre 1886), S. 168–174.

plume«, hinter dem sich Königin Elisabeth von Rumänien verbarg. Erinnert wurde an die »lateinische« Vorgeschichte Rumäniens. Das Römische Reich hatte mit der Eroberung des Dakerreichs in der Regierungszeit Trajans (98–117) seine größte Ausdehnung erreicht. Dacia wurde zu der am schnellsten romanisierten Provinz des Reichs. Wenn von den »Rumänen Trajans« die Rede war, verband sich damit die Erinnerung an eine Handvoll Lateiner, die in ein barbarisches Land verschlagen worden waren. Mit seiner »großen römischen Vergangenheit«, umgeben von Tschechen, Slawen und Türken, bildete Rumänien eine lateinische Diaspora an der Ostgrenze Europas. Auch wenn die »lateinische Idee« in Kultur und Politik zu einem Bestandteil der rumänischen Phraseologie geworden war, lieferten die Rumänen immer wieder echte Zeugnisse ihres lateinischen Patriotismus, sie waren Lateiner bis ins Mark. Gefährlich war die Ausbreitung des Panslawismus, die Rumänien bedrohte und das Land zum eigenen Schutz die Annäherung an Deutschland suchen ließ. Außerdem bildete Rumänien für viele Westeuropäer eine Art von »lateinischem Orient«, man glaubte, dort lebten Schwarze und der Zar in Moskau sei das geistliche Oberhaupt der Rumänen. Die für die Lateiner typischen negativen Selbstzuschreibungen waren bei den Rumänen besonders ausgeprägt: Angeblich wurde der Rumäne als Stipendiat geboren, lebte als Funktionär und starb als Pensionär.

Projekte zur Bildung einer Allianz der lateinischen Nationen blieben auf Europa nicht beschränkt. Eine zusätzliche Motivation erhielten sie dadurch, dass die Latinität in der Geschichte und Gegenwart zweier Weltregionen eine große Rolle spielte: in Lateinamerika und in Lateinafrika.

Lateinamerika

Überall in der Welt entdeckten die Autoren der *Revue du monde latin* ein lateinisches Eckchen – so im frankophonen Teil Kanadas, »ce petit monde latin«, in Andorra, Bulgarien und Mozambique. Bei diesen Entdeckungsreisen spielten die Länder Lateinamerikas und darunter wiederum Brasilien eine herausragende Rolle.[180] In den dreizehn Jahren, in denen die *Revue du monde latin* erschien, standen sich mit Brasilien und Frankreich zwei Nationen gegenüber, deren politische Verfassung unterschiedlicher kaum sein konnte. Brasilien war eine konstitutionelle Monarchie, in der seit 1831 Dom Pedro II. regierte. Im Lande gab es noch Sklaverei, und die Wirtschaft befand sich nach kostspieligen Kriegen gegen Argentinien und Paraguay in einem schlechten Zustand. In Frankreich stabilisierte sich zur gleichen Zeit die im September 1870 ausgerufene Dritte Republik. Unter Politikern wie Jules Grévy und Jules Ferry erlebte das Land die bis dahin vielleicht liberalste Periode seiner Geschichte. Wie konnte es zu den engen Beziehungen zwischen einer Sklavenhaltergesellschaft in Form einer konstitutionellen Monarchie auf der einen und einer liberalen Republik auf der anderen Seite kommen? Verantwortlich dafür war in erster Linie Deutschland. Elsass-Lothringen war vom Deutschen Reich annektiert worden, preußische Besatzungstruppen wurden in mehr als zwanzig französischen Departements stationiert. Frankreich hatte hohe Reparationen zahlen müssen, die Niederschlagung der Pariser Commune hatte große Opfer gefordert. Militärisch besiegt, politisch gedemütigt und diplomatisch isoliert, musste Frankreich nach Wegen suchen, um sich zu regenerieren. Die meisten Politiker der Dritten Republik dachten dabei in

---

180 Marie-José Ferreira dos Santos, »*La Revue du monde latin* et le Brésil, 1883–1896«, in: *Cahiers du Brésil Contemporain* 1994, No. 23–24, S. 77–92.

erster Linie an die Ausdehnung des französischen Kolonialreichs, die öffentliche Meinung dagegen verlangte nach Revanche an Deutschland und die »Heimholung« von Elsass-Lothringen. In diesem Kontext gewannen die Beschwörung der »lateinischen Brüderlichkeit« und der Ehrgeiz Frankreichs, als Schutzherr der lateinischen Welt zu agieren, eine besondere Bedeutung. Von 1880 bis 1920 blickte Frankreich nach Brasilien wie auf eine lateinamerikanische Kopie seiner selbst, für alle lateinamerikanischen Republiken war es die ältere Schwester, Paris wurde zur »Hauptstadt Lateinamerikas«.[181] In der *Revue du monde latin* spielten Brasilianer eine wichtige Rolle. Der Zeitschriftengründer, Charles de Tourtoulon, berief zwei Brasilianer in das Herausgebergremium der *Revue*. Der Mitherausgeber F. Santa Anna Nery war Chefredakteur der einzigen südamerikanischen Zeitschrift, *La Voix du Brésil*, die in Paris in französischer Sprache erschien; zugleich arbeitete er als Pariser Korrespondent für das in Rio beheimatete *Jornal do Comercio*. Nery galt als der wahre brasilianische Botschafter in Paris. Er gehörte nicht nur dem Herausgebergremium der *Revue* an, sondern beteiligte sich bei ihrer Gründung auch an der Finanzierung der Zeitschrift. Als im November 1885 Charles de Tourtoulon als Herausgeber ausschied, trat an seine Stelle der Comte de Barral, dessen brasilianische Mutter mit dem Kaiserpaar eng befreundet war. Zur gleichen Zeit wurde Nery Chefredakteur. Von 1883 bis 1892 erschienen nicht weniger als neunzehn Artikel in der *Revue du monde latin*, die sich mit Brasilien und brasilianischen Themen beschäftigten. Ziel dieser Artikel war es nicht zuletzt, das politische Image Brasiliens in Frankreich zu verbessern und die Wirtschaftsbeziehungen zwischen beiden Ländern zu fördern.

Die brasilianischen Eliten hatte sich schon immer in Richtung Frankreich orientiert; so stark war in Brasilien der französische Einfluss, dass man von einer »Ideen-Kolonisation« sprach. Die Französische Revolution beeinflusste die Freiheitsbewegungen in Lateinamerika, die sogenannte *Inconfidência Mineira*, der Aufstand in den

---

181 Jens Streckert, *Die Hauptstadt Lateinamerikas. Eine Geschichte der Lateinamerikaner im Paris der Dritten Republik (1870–1940)*, Köln (Böhlau) 2013.

Goldminen von Minas Gerais, hatte den Sturm auf die Bastille zum Vorbild. Die Revolution von 1830 führte auch in Brasilien zur Errichtung einer konstitutionellen Monarchie, und schließlich beschleunigte die Proklamation der Dritten Republik in Frankreich die Bildung einer republikanischen Partei in Brasilien. Aber die brasilianischen Eliten blickten nicht nur nach Paris: Auf der einen Seite fühlten sie sich *afrancesados* und ahmten beinahe äffisch französische Vorbilder nach, auf der anderen Seite erklärte ein bedeutender Dichter wie Machado de Assis, nicht Frankreich, Italien sei »von der Vorsehung dazu bestimmt worden, der Führer der lateinischen Rasse zu sein, um sie durch die Jahrhunderte zu jener moralischen und intellektuellen Perfektion zu führen, deren sie fähig ist«.[182] Am Ende des 19. Jahrhunderts begannen die brasilianischen Eliten sich von ihren europäischen Vorbildern zu lösen. Dennoch blieben die Herausbildung des Brasilianertums und die Formierung der brasilianischen Nationalität stark durch Frankreich beeinflusst.

Die brasilianischen Mitarbeiter der *Revue du monde latin* waren Anhänger der Monarchie, sie sahen die Einheit des Landes und seinen Zusammenhalt durch Pedro II. gewährleistet. Die *Revue* blieb das Sprachrohr eines konservativ gefärbten Panlatinismus mit patriotischem Einschlag. Brasilien konnte die Lateiner Europas nicht länger als seine Herren akzeptieren, wünschte sich aber, mit ihnen brüderlich zusammenzuleben, um die miteinander geteilten lateinischen Werte in der ganzen Welt zu verbreiten. Lateinamerika verstand sich als die große Ressource für die lateinischen Nationen Europas: Den Europäern wollte es im Falle neuer Emigrationswellen als Heimatland in der Fremde dienen. 1914 kehrte Paul Adam von einer Reise zu dieser »lateinischen Zivilisation jenseits der Meere« zurück und beschrieb in seinem Buch *Les Visages du Brésil* die »lateinischen Kräfte, die in einem Zeitraum von vierhundert Jahren in der Neuen Welt dem Geist des Mittelmeers, mit all seiner erstaunlichen, all seiner göttlichen Schöpferkraft eine neue Heimstatt gaben«.[183] Wie keine andere Sprache war angeblich das Por-

182 Ferreira Dos Santos, a.a.O., S. 86
183 Paul Adam, *Les Visages du Brésil*, Paris (Société Générale d'Éditions Illustrés/ Pierre Lafitte et Cie) 1914, S. III.

tugiesische dem Dialekt der römischen Legionäre treu geblieben. Brasilien, so Adam, verdankte seine Unabhängigkeit den *philosophes* und den *conventionnels*; die Soziologie Auguste Comtes, der in Brasilien stärker verehrt wurde als in Frankreich, bestimmte die Politik des Landes. Zusammen mit den Vereinigten Staaten würde Brasilien über die Zukunft des amerikanischen Kontinents entscheiden und dabei der »lateinischen Idee« das gebührende Gewicht verleihen.

Französische Intellektuelle, die glaubten, mit dem Schlagwort »Latinität« politische Koalitionen schmieden zu können, unterschätzten den Widerstand, den große Teile der Spanisch sprechenden Welt derartigen Versuchen entgegensetzten. Wenn Autoren wie der Kubaner José Marti von »unserem Amerika« sprachen, dachten sie nicht an ein lateinisches, sondern an ein hispanisches Amerika – ein südliches Amerika autochthoner Werte, das sich dem Materialismus und Rationalismus, der Plutokratie und dem Imperialismus des Nordens entzog und private wie politische Einstellungen zurückwies, die als »nordomanía« gebrandmarkt wurden. Viele Südamerikaner wiederum sprachen von Lateinamerika statt von Iberoamerika, weil sie schon sprachlich eine zu enge Bindung an Spanien leugnen wollten. 1892 erlebte die »Hispanidad« mit den Feiern zum 400. Jahrestag der Entdeckung Amerikas einen Aufschwung, der sich nach 1898 noch verstärkte: Spanien reagierte auf den Verlust seiner Überseebesitzungen (Kuba, Puerto Rico, Philippinen, Guam) mit der Propagierung eines »concepto de imperio spiritual«, das auf Eigenständigkeit – und nicht auf lateinische Koalitionsbildungen unter französischer Führung bedacht war. Typisch war die offiziöse Wortwahl unter der Diktatur Primo de Riveras (1923–1930), in der nicht von Lateinamerika, sondern von »Hispanoamérica« oder »Iberoamérica« die Rede war. Den Schlüsseltext verfasste Ramiro de Maeztu y Whitney (1874–1936), Sohn eines baskischen Vaters und einer englischen Mutter, mit seiner *Defensa de la Hispanidad* (1934). De Maeztu unterstützte die Diktatur Primo de Riveras, von dem er sich die Wiederbelebung der »römisch-katholischen Mission« erhoffte, die einst Spaniens Größe ausgemacht hatte. Säulen der Hispanidad bildeten »la religion católica y el régimen de la monarquia española«. Das entsprach der Charakteristik der Latinität, für die – am stärksten in den Schriften von Charles Maurras – ebenfalls der Katholizismus und ein autoritäres Regime als grundlegend galten. De Maeztu aber übertrumpfte mit seiner Beschreibung der »Hispanidad« die »Latinität«: Man konnte Engländer, Franzose, Deutscher oder Italiener sein, ohne katholisch zu sein – Spanier aber konnte man nur als Katholik sein.[184]

184 Das Vorhergehende nach Jorge Lombardero Álvarez, »Maeztu y la Hispanidad«, in: *El Basilisco* 2, 25 (1999), S. 51–60. www.filosofia.org/rev/bas/bas22504.htm.

Lateinafrika

Die lateinischen Nationen Europas verband mit Lateinamerika das Gefühl kultureller Wahlverwandtschaft. Mit »Lateinafrika« verbanden sich politische Ansprüche und Begehrlichkeiten: hier konkurrierten die kolonialen Interessen Frankreichs, Italiens und Spaniens miteinander.[185] Die französischen Siedler in Algerien galten im Mutterland als die »Latins d'Afrique«. Jünger als die europäischen Lateiner, hatte ihre Vitalität nicht im Kampf gegen despotische Monarchien gelitten, ihr Vertrauen in die Zukunft war unerschöpflich. Sie hatten sich mit Italienern und Spaniern vermischt, sie waren Afrikaner, die sich gegenüber den Franzosen Europas als eine neue lateinische Sohnesrasse verstanden. Sowohl die »alten Kreolen« als auch die jungen Algerier fühlten sich gegenüber den Regierungsbeamten und gegenüber den Dekreten, die sie aus Europa erreichten, aufsässig wie Steuerpflichtige gegenüber der Finanzbürokratie.

In Afrika fanden die lateinischen Siedler, die in der Regel von den Küsten des Mittelmeers stammten, ein vertrautes Klima vor. In Afrika aber war es noch heißer als in der Heimat, und dementsprechend wirkte sich das Klima auf das Temperament der Bewohner aus, ob es sich nun um die Mattigkeit der Kreolen oder um die Glut der Algerier handelte. Wenn davon die Rede war, dass der physiologische Zustand der Siedler an ihre italienischen Ahnen erinnerte, wurde darin, wie so oft, der Montesquieu-Effekt sichtbar. Die Kreuzung der verschiedenen Nationen miteinander hatte die »Rasse« nicht verändert: Unverändert herrschte dort das lateinische Element vor, hatte sich verjüngt, war stärker und zugleich beweglicher geworden. In der Regel hatten

---

185 Das Folgende nach Marius-Ary Leblond, »Les Latins d'Afrique«, in: *La Renaissance latine* I (1902), No. 5, S. 110–122.

sich die widerstandsfähigsten Elemente der drei lateinischen Nationen des westlichen Mittelmeers auf afrikanischem Boden miteinander vermischt. Die Italiener assimilierten sich am schnellsten, die Spanier hatten damit die größten Schwierigkeiten. Manche behaupteten, es wäre für den Maghreb von Vorteil gewesen, wenn sich dort nur Franzosen angesiedelt hätten: »Wir teilen diese Meinung nicht: Es ist nur legitim, dass die drei der afrikanischen Küste benachbarten Völker dort ihre einheimische Bevölkerung ansiedeln, und Frankreich sollte stolz darauf sein, der Fusion der drei Schwesterrassen vorzustehen und sich an der Herausbildung einer neuen lateinischen Rasse zu beteiligen.«[186] Sobald sie die überbevölkerten Länder hinter sich gelassen hatte, wurde die lateinische Rasse fruchtbar: in Algerien hatte ein Ehepaar häufig vier bis fünf Kinder. Der starke Bevölkerungszuwachs spielte eine besondere Rolle für Frankreich, das sich traditionell in demographischer Konkurrenz mit Deutschland befand und den Konkurrenten mit Hilfe seiner Kolonien einholen, wenn nicht übertreffen konnte.[187]

Der »Afrikaner« war ein Kolonisator, er dehnte seinen Handlungsspielraum von Algerien bis nach Timbuktu und in den Tschad aus. Er war ein *homo novus*, der auf jungfräulichem Boden lebte, der Europäer kam ihm vor wie ein Greis, der ihn mit seiner langen Erfahrung ärgerte und nicht verstehen wollte, dass diese Erfahrung in den Kolonien wenig zählte. Der Afrikaner fühlte sich eingeengt durch die bürokratischen Bestimmungen, welche die Metropole ihm auferlegte – ein Zustand, den bereits Jules Ferry in seinem Rapport *Le Gouvernement de l'Algérie* (1892) erkannt und beklagt hatte. Europa durchlief eine Periode der Anarchie, der Instabilität und der ökonomischen Unsicherheit. Dieser Zustand färbte auch auf die Kolonien ab, aber im Gegensatz zu den Europäern reagierte der Algerier darauf ohne moralische

---

186 A.a.O., S. 112.

187 Die Bedeutung, welche die demographische Konkurrenz mit Deutschland für Frankreich hatte, hob Pierre Drieu la Rochelle, der spätere Kollaborateur, in seinem Pamphlet *Mesure de la France* (1922) hervor. Sie ist bis heute wirksam geblieben. Die einzige Kennzahl, mit der Frankreich gegenwärtig Deutschland übertrifft, ist die in die Zukunft projizierte Bevölkerungszahl: 2050 wird es mehr Franzosen geben als Deutsche. Angesichts der durch die Flüchtlingskrise verursachten Masseneinwanderung nach Deutschland mag sich diese Prognose als voreilig erweisen.

Skrupel, in seinem Verhalten nahm er sich Freiheiten heraus, die selbst in Marseille als kühn gegolten hätten. Die Siedler mussten mühsam ihren Lebensunterhalt sichern, sie konnten der Ausbildung einer Verhaltensmoral wenig Zeit widmen. Die daraus resultierende Anarchie, schrieb Leblond, war der Kunst günstig. Mehr als in der Heimat von der Natur inspiriert, war sie fruchtbarer und freier zugleich. Die Rede war von einer jungen Generation von Schriftstellern, deren Werke den Romanen von Paul Adam am nächsten kamen, einem Autor, der wie kein anderer in der Zeit um die Jahrhundertwende die Idee der Latinität verkörperte und das Projekt einer Lateinischen Union propagierte. Den kolonialen Temperamenten erschienen die Akademien und Universitäten Europas ein wenig senil. Sie verstanden nicht, warum in der Kunst Hierarchien und bürokratische Strukturen eine Rolle spielten und revoltierten gegen die alteingesessene Pariser Kritik. In den Gedichten des Heimatlandes vermissten sie lyrische Wärme und sahen darin Zeichen der Ermattung, nur Französisch-Afrika, davon waren sie überzeugt, konnte der Literatur frisches Blut und neue Energie geben.

In den Häfen von Algier und Oran schacherten die Händler wie ihre Vorfahren einst in Rom und Ostia, ungebrochen blieb ein römischer Stolz, der Paris nur noch als eine ausschließlich intellektuelle Metropole wahrnahm. Die Zollbestimmungen waren ein Zeichen fremder Tyrannei. Am Ende seines Artikels verglich Leblond die Lage in Algerien mit der Situation in den englischen Kolonien. In Übersee nahm für die Anhänger der »lateinischen Idee« der Vergleich mit der Anglosphäre einen immer größeren Raum ein, der Blick auf Deutschland trat demgegenüber in den Hintergrund. England hatte seinen Siedlern die volle regionale Unabhängigkeit zugestanden, während Frankreich seinen Kolonien den Zentralapparat der kaiserlichen Bürokratie aufgezwungen hatte. Leblond zitierte russische und deutsche Beobachter, die von den Erfolgen der französischen Kolonialpolitik beeindruckt waren. In der Berliner Kongokonferenz von 1885 war Madagaskar zum französischen Interessengebiet erklärt worden, obwohl das Deutsche Reich und das Königreich Madagaskar nur zwei Jahre zuvor einen Freundschaftspakt geschlossen hatten. Kaiser Wilhelm II.

soll »absolute Bewunderung« für das »wahrhaft lateinische Werk« des Generals und Generalgouverneurs Galliéni in Madagaskar geäußert haben – die »Latinität« bestand in der Ausbeutung und Unterdrückung der indigenen Bevölkerung mit Hilfe der Fremdenlegion.[188] Die Siedler leisteten Arbeiten, die denen der alten Römer würdig waren. Aber es gab zu wenige von ihnen, alle Hoffnung ruhte auf dem Zuzug von Italienern und Spaniern, um der Drohung einer »angelsächsischen Invasion« begegnen zu können.[189]

Es sei üblich, so Leblond, das kolonisatorische Genie der Angelsachsen zu loben, um die Leistungen der Lateiner schlechtzumachen. Ein Vergleich der lateinischen Nordafrikaner mit den englischen Südafrikanern aber fiel zugunsten der Lateiner aus. Ähnliches galt für den Vergleich Australiens mit Algerien, der sich auf die demographische Entwicklung stützte. Dreiundsechzig Jahre nach der Gründung von Sidney hatte die Stadt 500 000 Einwohner, sechsundsechzig Jahre nach der Einnahme Algiers lebten dort 600 000 Europäer.

Die Zukunft der »Lateiner« in Afrika hing von der Entwicklung der Wirtschaft ab. Die Aussichten schienen günstig: Das fruchtbare Marokko und die »fetten Teile« des Sudans boten sich für weitere Expansionen an. Gefahr drohte von der Religion: In der Vergangenheit hatten der Klerikalismus und insbesondere die Inquisition Italien und Spanien ruiniert und in Frankreich die Entwicklung des Midi verzögert, der vor dem Albigenserkreuzzug (1209–1229) wirtschaftlich floriert hatte. Auch wenn die Gefahr bestand, dass die Nachbarschaft der Araber zur Entstehung des Fanatismus bei einer Bevölkerungsschicht führte, die aus Italienern und Spaniern bestand, »wird es zur größten Ehre Frankreichs gehören, ein lateinisches Afrika geschaffen zu haben«. Aus Sicht der Mittelmeervölker setzte die lateinische Zivi-

---

188 Als Militärbefehlshaber von Paris hatte Joseph Simon Galliéni seinen Anteil am französischen Sieg in der ersten Marneschlacht im September 1914, als er Taxis requirierte, um die Soldaten an die Front zu bringen.

189 In den Jahren vor dem Ersten Weltkrieg war Paris ein Gentleman's Agreement mit England hochwillkommen, das Frankreichs Einfluss in Marokko und im Gegenzug Englands Interessen in Ägypten und im Sudan absicherte – auf Kosten des Deutschen Reichs, das in den Marokkokrisen von 1904 und 1911 versuchte, sich einen Rest kolonialer Zugriffsrechte zu bewahren.

lisation auf dem Wege der Kolonisierung die spanische Reconquista in Afrika fort. Jeder Nation des Midi kam ein Teil der muslimischen Welt zu: Italien hatte Anspruch auf Tunesien, Spanien auf Marokko und Frankreich auf Algerien.

Während Charles Maurras über die traditionellen Grenzen der Latinität wachte und Maurice Barrès die französischen Bastionen im Osten verteidigte, errichtete Louis Bertrand der Latinität Schutzwälle am Tor zur Wüste: »Er ist der Schöpfer und Prophet eines afrikanischen Imperialismus.«[190] Bertrands Romanfolge *Le Cycle Africain* ließ sich mit dem *Roman de l'Énergie Nationale* von Maurice Barrès vergleichen. Im Gegensatz aber zu Barrès, dessen Patriotismus in französischem Boden wurzelte – »La Terre et les Morts« –, fand er sich für Bertrand an allen Plätzen, an denen Franzosen gelebt und gekämpft hatten und gestorben waren. Bertrand, der bis 1930 am Lycée in Algier unterrichtet hatte, nahm für sich in Anspruch, der erste Autor zu sein, der in Algerien ein lateinisches Land gesehen hatte. Im Auftaktroman seines afrikanischen Zyklus, *Le Sang des races*, findet sich in der Vorrede das Leitmotiv seines lateinafrikanischen Engagements: »Im Mittelmeer von heute erkenne ich den Lateiner aller Epochen wieder. Für mich durchbrach das lateinische Afrika das trompe l'œil des modernen islamischen Dekors. Es wurde in den heidnischen Nekropolen und in den christlichen Katakomben wiederbelebt, in den Ruinen der Kolonien und der Ansiedlungen, mit denen Rom seinen Boden abgesteckt hatte ... Das Afrika der Triumphbögen und der Basiliken, das Afrika des Apuleius und des heiligen Augustinus erstand vor mir.«[191] Bertrand verband mit dieser Wahrnehmung eine pädagogische Mission, denn die Franzosen, die Algerien in Besitz nahmen, waren sich dieses lateinischen Erbes nicht bewusst. Und auch Maler wie Eugène Fromentin, auf dessen Bildern sich ein exotisches, fremdes, frankreichfeindliches Afrika spiegelte, wussten von diesem Erbe nichts. Dabei

190 David Clark Cabeen, *The African Novels of Louis Bertrand: A Phase of the Renaissance of National Energy in France*, Ph. Diss. University of Pennsylvania, Philadelphia (Westbrook Publishing) 1922, S. 7. Mit Ausnahme der Passagen, die *Le Sang des Races* und *Le Livre de la Méditerranée* betreffen, folge ich der Darstellung von Cabeen.

191 Louis Bertrand, *Le Sang des races*. Édition complète, revue et corrigée, Paris (Ollendorff) 1920, S. ii.

hatte bereits der heilige Augustinus dem Muslim deutlich gemacht, dass er in Afrika ein Fremder und ein Eindringling war.

Für Louis Bertrand wurde in den Städten und Siedlungen Nordafrikas – zu ihnen gehörte Tipasa, das für Albert Camus eine so große Rolle spielen sollte – die lateinische Vergangenheit an jeder Ecke lebendig.[192] Von Flauberts Roman stark beeinflusst, traf er Salammbô überall. Die Ruinen Afrikas lebten, weil das Volk, das sich in ihrer Nähe aufhielt, unbewusst die Gesten und Gedanken der Menschen der Antike bewahrte, die einst ihre Fundamente gelegt hatten. Zwischen Antike und Gegenwart herrschte eine reziproke, zauberhafte Verbindung, eine äußere, auf den ersten Blick sichtbare Harmonie, der die Zeit nichts hatte anhaben können. Überall sonst, auch in lateinischen Ländern wie in Frankreich selbst, in Spanien und in Italien, hatten sich die Sitten tiefgreifend gewandelt, hatten die Landschaften ihre Physiognomie gewechselt, war alles von Grund auf anders geworden: »Ici, presque rien n'a bougé.« Trotz aller politischen und religiösen Umwälzungen waren die Sitten und die moralische Atmosphäre unverändert geblieben. Eindrucksvoll beschrieb Bertrand, wie die *gens togata* in den weißgewandeten, vornehm drapierten Nomaden überlebt hatte, die sich an Markttagen in den Karawansereien drängten. Überlebt hatte sie auch in den lässigen Rauchern, die sich an der Tür der maurischen Cafés niederließen wie die Gäste bei Festen in der Antike. Die engen Gassen mit ihren kalkbeschichteten Wänden bildeten das Dekor für die Komödien eines Plautus und eines Terenz. Und selbst der kleine, raffinierte und laszive Esel fehlte nicht, der sich in den *Metamorphosen* des Apuleius herumtreibt: »Für den Franzosen, der dem Gedenken an die großen Vorfahren treu geblieben ist, übertrifft an Schönheit kein Ort auf der Welt die verehrungswürdige Hinfälligkeit der afrikanischen Trümmer; nichts anderes könnte ihm den lebendigen Sinn der Tradition besser vermitteln; und vergeblich würde er andernorts die Sohnesrührung suchen, die für ihn dieser so stark vom lateinischen Genie geprägten und nach so vielen Jahrhunderten um den Preis des Blutes seiner Väter

---

192 Das Folgende nach dem Kapitel »Les Villes« im Abschnitt »L'Afrique latine«, in: Louis Bertrand, *Le Livre de la Méditerranée*, Paris (Plon-Nourrit) 1926, S. 77–81.

wiedergewonnenen Erde entstammt.«[193] Später wurde Léopold Sédar Senghor, der von 1935 bis 1938 am Lycée Descartes in Tours französische Schüler in Französisch, Latein und Griechisch unterrichtet hatte, zum Kronzeugen des Einflusses, den die Latinität auch in Schwarzafrika ausübte: »Ohne jede Hemmung beanspruchen wir Senegalesen, wir, Schwarzafrikaner französischer Zunge, unseren Anteil an diesem Erbe Roms … wir kommen zu euch wie Pflegekinder, Menschen des 20. Jahrhunderts, welche die lateinischen Werte nutzen wollen, um unsere ›barbarischen‹ Böden zu befruchten.«[194]

Die französische Kolonialpolitik stieß bei Bismarck auf wenig Widerstand, weil der Kanzler glaubte, durch sie würde sich die zur Revanche drängende Erinnerung an die verlorenen Ostprovinzen, an Elsass-Lothringen abschwächen. Außerdem entzog sich Bismarck lange Zeit Versuchen, ein deutsches Kolonialreich zu errichten, das mit England und Frankreich konkurrieren konnte. Dem Journalisten und Forschungsreisenden Eugen Wolf, der ihn zu einer aktiven Kolonialpolitik drängte, entgegnete er: »Ihre Karte von Afrika ist ja sehr schön, aber meine Karte von Afrika liegt in Europa. Frankreich liegt links, Russland liegt rechts. In der Mitte liegen wir. Das ist meine Karte von Afrika.«[195] In Frankreich wurde die Kolonialpolitik im starken Maße durch die Erinnerung an das lateinische Erbe Afrikas legitimiert, auch stellte sich in Afrika, so sah es jedenfalls Bertrand, die Einheit der lateinischen Nationen fast zwanglos her, die in Europa so schwer zu erreichen war: »Wenn die berühmte Union der lateinischen Völker, von der so oft die Rede war, an irgendeinem Ort überhaupt Wirklichkeit geworden ist, so ist es unser Nordafrika.«[196] Europa erneuerte sich in Afri-

---

193 A.a.O., S. 81.
194 Léopold Sédar Senghor in seiner »Eloge de la Latinité«, die er am 30. Oktober 1962 hielt, als er von der Stadt Rom auf dem Kapitol empfangen wurde, abgedruckt in: *Liberté I. Négritude et Humanisme*, Paris (Éditions du Seuil) 1964, S. 354–357. »Négro-africains« habe ich als »Schwarzafrikaner« übersetzt. Das Lob der Latinität sang Senghor auch in Brasilien, wo er 1964 in Bahia über »Latinité et Négritude« sprach und den Zusammenhang von »Africanité«, »Latinité« und »Indianité« hervorhob. Dazu Senghor, *Liberté III. Négritude et Civilisation de l'universel*, Paris (Éditions du Seuil) 1977.
195 Volker Ullrich, *Bismarck*, Reinbek (Rowohlt) 1998, S. 101.
196 Louis Bertrand, »Nietzsche et la Méditerranée«, in: *Les Grands Coupables*, Paris (Fayard) 1919, S. 34.

ka – um den Preis, dass den muslimischen Arabern das Recht bestritten wurde, Afrika ihre Heimat zu nennen: »L'Algérie sans les Arabes« war eine Wunschvorstellung Bertrands; er fürchtete, dass der Zivilisierte in der Kolonie zum Barbaren werden könnte – von einer möglichen Zivilisierung des Barbaren war bei ihm keine Rede.

Die Begeisterung für das lateinische Afrika war in Frankreich fast ungeteilt – zu den Ausnahmen gehörte der Roman *Le Choc des races* (1923), der, so lässt der Titel es vermuten, als Antwort auf Bertrands *Le Sang des races* (1920) entstanden war. Der Autor, Charles Géniaux, wusste, dass er mit seinem Buch – es handelte von der Liebesbeziehung zwischen einer Christin und einem Muslim – die Lobsänger des lateinischen Afrika, das er ironisch nur »ce beau sujet de rhétorique« nannte, schockieren würde. Er wollte schockieren, denn die spanische, sizilianische und kalabresische »Kanaille«, die er in Marokko, Algerien und Tunesien getroffen hatte, machte aus der Idee eines lateinischen Mittelmeers ein Schreckensbild: »Sollten wir, in Erinnerung an das antike Rom, die Sizilianer feiern, die nach der Einnahme von Tripolis über die Füße der Tunesier marschierten, um damit ihre zweifelhafte Überlegenheit als Europäer zu demonstrieren?«[197] Géniaux hatte eng mit Muslimen zusammengelebt, die er den Einwanderern aus Sizilien und Spanien um Längen vorzog. *Le Choc des races* blieb eine Ausnahme, die enthusiastische Verklärung der Latinität, das Eintreten für eine Union der lateinischen Nationen wurde als Folge der Erfahrungen, die in den Kolonien gesammelt worden waren, noch verstärkt – wobei das französische Algerien eine herausragende Stelle einnahm.

197 Charles Géniaux, *Le Choc des races*, Paris (Fayard) 1923, S. 5.

Die Lateiner am Vorabend
des Ersten Weltkriegs

Um die Jahrhundertwende glichen Vorschläge zur Bildung einer Lateinischen Union Versuchen zu einer Art von »Familienzusammenführung«. Miteinander zerstrittenen Familienmitgliedern sollte verdeutlicht werden, dass sie aufgrund ihrer Geschichte und Kultur zusammengehörten. Später würde sich ihr Zusammenschluss gegen Deutschland richten. Das Verhältnis zur »Anglosphäre« war demgegenüber ambivalent. Manche Autoren sahen in der Gründung einer Lateinischen Union die Vorstufe zu einer Einigung Europas – einer Einigung, die unabdingbar war, damit sich Europa gegenüber den immer mächtiger werdenden Vereinigten Staaten behaupten konnte. In dem Maß, in dem auch bei den lateinischen Nationen eine »Politik der Zahlen und der Wirtschaft« an Bedeutung gewann, wurde der Blick auf andere Koalitionen frei. Wirtschaftspolitische Klugheit verlangte von den Lateinern, in Europa die Allianz mit England zu suchen: Auch wenn Vorbehalte gegenüber den »Völkern des Nebels« blieben, durften die jahrhundertelangen »petites querelles« mit dem »Erbfeind« auf der anderen Seite des Kanals Frankreich nicht davon abhalten, sich mit England zu arrangieren. Und für ein föderales Europa galt es vorrangig, sich mit den föderalen USA, seinem schärfsten Konkurrenten, zu verständigen.

Lange Zeit ambivalent blieb in der Vorkriegszeit auch das Verhältnis zu Deutschland. Im 19. Jahrhundert konnte ein gebildeter Franzose dem Einfluss deutscher Musik, Philosophie und Dichtung kaum entgehen. Als Ernest Renan die deutsche Literatur kennenlernte, war ihm, als betrete er einen Tempel. Alles kam ihm rein, erhaben, moralisch, schön und rührend vor. Saint-Simon und Michelet benutzten ähnliche Adjektive, wenn sie von Deutschland sprachen. Anders als Renan verspürte Baudelaire nicht den Wunsch, in Deutschland ein protestantischer Pastor zu werden, doch auch er wandte sich Richard Wagner zu, weil er sich unsterblich in einer Gesellschaft langweilte, in der jedermann Voltaire ähnlich sah oder doch versuchte, ihn nachzuahmen.

1897 schrieb der junge Paul Valéry, der weder die deutsche Sprache noch Deutschland kannte, für die Londoner *New Review* einen Essay, der später den Titel »Une Conquête méthodique« erhielt. In ihm fragte Valéry nach den Gründen des politischen, ökonomischen und wissenschaftlichen Aufschwungs in Deutschland, den die Franzosen mit einer Mischung aus Bewunderung und Argwohn verfolgten. Verantwortlich dafür war in erster Linie das Methodenbewusstsein, das die Deutschen entwickelt hatten. Bei ihnen war die Undiszipliniertheit, das Laster der Intelligenz, verschwunden. In Moltke verkörperte sich das neue Ideal des vollkommen durchdisziplinierten Menschen, der in Kaserne wie Universität gleichermaßen heimisch war. Zwar konnten die Engländer und die Franzosen sich ebenfalls disziplinieren, wenn es nottat, aber für sie lag immer ein Opfer darin, während in Deutschland die Disziplin das Leben selbst war. Die Sehnsucht nach Organisation und Arbeitsteilung gehörte zum deutschen Nationalcharakter. Nach Deutschland pilgerten die begabtesten jungen *agrégés*, welche die französische Universität hervorbrachte. Wie ein hoher Beamter des Pariser Erziehungsministeriums sich ausdrückte, benötigte Frankreich ein Bad in Realismus, und die Intelligenz des Landes ging an deutsche Universitäten, um dort die harte Schule der Tatsachen zu durchlaufen.[198] Aber auch das Militär war entschlossen, vom Gegner zu lernen, wie in der späteren Charakterisierung Pétains, des »Siegers von Verdun«, durch Paul Valéry deutlich wird: »Ihre schwierig zu erzielenden Triumphe waren die Nachwirkungen und die lange gereiften Früchte eines Lebens der Reflexion, das von einem ganz und gar wissenschaftlichen Bemühen um Präzision in der Anschauung und von Sorgfalt in den Schlussfolgerungen geprägt war.«[199]

---

198 Mit geringen Änderungen übernommen aus Wolf Lepenies, *Die drei Kulturen. Soziologie zwischen Literatur und Wissenschaft*, München (Hanser) 1985, S. 80–82 (»Der Einfluss Deutschlands und die Germanisierung der Sorbonne«).

199 Paul Valéry, »Réponse au remerciement du Maréchal Pétain à l'Académie française«, in: *Œuvres* I, S. 1102.

Nach dem verlorenen Krieg gegen Preußen hatten Autoren wie Flaubert und George Sand den Niedergang der lateinischen Welt beklagt – Victor Hugos pathetischer Ausruf, 1870 habe Preußen den Sieg, Frankreich aber den Ruhm gebracht, war eine Trostfloskel geblieben. Der Versuch, den Wiederaufstieg der Latinität durch verstärkten Kontakt mit der germanischen Welt zu befördern, war gefährlich. Für Léon Daudet war die Zeit von 1880 bis 1905 eine Periode intellektueller Anarchie; in Frankreich fand sich keine orientierunggebende Idee, kein einziges solides politisches Projekt für die Zukunft. Mit der Liebe für die französische Sprache war auch das Bewusstsein französischer Größe verloren gegangen: »Man ist stolz auf allen vieren zu laufen ...« Politiker wie der ehemalige Außenminister Gabriel Hanotaux, klagte Daudet, erdreisteten sich, den klaren politischen Blick Wilhelms II. zu loben und in Kaiser Franz Joseph II. einen Garanten des europäischen Friedens zu sehen. Inmitten der Anarchie waren die Schriften eines »jungen genialen Mannes« ein Lichtblick: Charles Maurras. Er hatte schon früh gezeigt, dass ihm die Abneigung gegenüber dem »Germanentum« und die Liebe zur griechisch-lateinischen Welt im Blut lagen.

Vom 6. bis zum 15. April 1896 fanden auf Initiative des Barons de Coubertin in Athen die ersten Olympischen Spiele der Neuzeit statt. Die *Gazette de France*, die älteste Tageszeitung Frankreichs mit stark royalistischer Neigung, schickte den erst 28-jährigen Charles Maurras zur Berichterstattung nach Athen.[200] Seine an Gustave Janicot, den Chefredakteur der *Gazette*, adressierten »Lettres des Jeux Olympiques« erschienen zwischen dem 15. und dem 22. April 1896. Den ersten Brief schickte Maurras nach Paris, als die Spiele bereits begonnen hatten, sein Schiff, das er in Marseille bestiegen hatte, sich aber noch mitten auf dem Ionischen Meer befand. Der Brief trug die Überschrift: »Notre Mer« – er war eine Hommage an das Mittelmeer, das Mare nostrum, die Heimat der griechisch-römischen Zivilisation. Maurras war berauscht vom Leben an Bord des Schiffes, das ihm wie ein Laienklos-

---

200 Später nahm Maurras seine Berichte von den Olympischen Spielen in den Band *Anthinéa* (1901) auf. Ich zitiere die Berichte hier nach Charles Maurras, *Lettres des Jeux Olympiques*. Présentation par Axel Tisserand, Paris (Éditions Flammarion) 2004.

ter erschien, dessen Hauptcharakteristika »Leichtigkeit, Freiheit, Spiritualität« waren. Verzaubert vom azurblauen Mittelmeer, schlug sein Herz schneller im Gefühl, sich dem Zentrum der klassischen Welt zu nähern; der Wind, der das Boot umwehte, konnte nicht anders als Zephyr heißen. Endlich kam der Peloponnes näher: »Liebe Freunde in Frankreich, wenn ihr wüsstet, wie brüderlich uns das Ganze anmutet!« So schloss der erste Brief vom 15. April.

In Athen angekommen, näherte sich Maurras dem Wunder der Akropolis in einem Zustand »der Gnade, der Inbrunst und der geheimen Erhebung«. Die Spiele aber begannen schmerzlich für ihn: Er musste den Triumph von drei deutschen Turnern miterleben. Drei Mal stieg über dem wiederhergestellten antiken Stadion die schwarzweiße Flagge auf. Beim ersten Mal erhoben sich alle Zuschauer und riefen: »Unrecht! Unrecht«. Die Kampfrichter hatten angeblich ein Fehlurteil gefällt, den Sieg hätte die griechische Mannschaft verdient gehabt. Die Leistungen von »zwei oder drei der germanischen Barbaren« aber waren so beeindruckend, dass sie schließlich allgemeinen Beifall fanden. Maurras relativierte den Erfolg der Deutschen: »Schließlich mussten sie nicht gegen französische Konkurrenten antreten!« Befriedigt erfuhr er von einem griechischen Zuschauer, dass im ersten Rennen ein französischer Läufer gesiegt hatte. Ihn ärgerte freilich, dass ihm die gute Nachricht im »Idiom Shakespeares« übermittelt wurde, denn der Grieche konnte kein Französisch, und Maurras konnte sich in dem von ihm nur schlecht artikulierten Griechisch nicht verständlich machen.

Aufmerksam beobachtete Maurras die Mitglieder der königlichen Familie, die den Spielen beiwohnten. Es handelte sich um eine aus dem Norden importierte Monarchie. Otto I., der sich nur »König von Griechenland«, nicht aber »König der Hellenen« nennen durfte, war ein Wittelsbacher, sein Nachfolger, Georg I., der auf Betreiben Englands auf den Thron gelangte, war ein Dänenprinz. Die Kronprinzessin Sophie war eine Schwester des deutschen Kaisers; ihre blonden Haare strahlten in der griechischen Luft. Maurras fielen die hellen Physiognomien auf, durch die sich die Herrscherfamilie von ihren Untertanen unterschied: Prinzessin Marie, die Tochter des Königs, war

»rosig und weiß wie Gretchen«, ihre beiden Brüder, gekleidet in Matrosenanzüge, hatten einen transparenten Teint und Augen von bleichem Blau – all dies ließ Maurras an ein »hyperboräisches Klima« denken, das sich aber in Griechenland bald verändern werde: »Ich glaube nicht, dass diese Welt zu lange damit warten wird, um sich hellenisieren zu lassen. Das hellenische Volk absorbiert und assimiliert alle Barbaren, wie es ihm gefällt, und diese Herrscherfamilie scheint absolut bereit, alles zu erhalten und alles hinzunehmen. Es gibt keine hellenische Phantasie, der sich der König nicht huldvoll hingibt, und seine drei großen Söhne, die sich im Stadion hin und her bewegen, scheinen populär zu sein.«[201] Wenn er von »Rasse« sprach, benutzte Maurras das Wort nicht im biologistischen Sinne, wie er es den verhassten Deutschen vorwarf. Den Ausdruck »race latine« lehnte Maurras ab, man konnte ihm zufolge nur von einer lateinischen Zivilisation sprechen – besser noch, nur von »Zivilisation«, weil es außerhalb der griechisch-römischen Tradition nichts als Barbarei gab. Die Zivilisation war Ausdruck einer Ordnung, die sowohl die Herkunft des Einzelnen wie die ethnische Vielfalt transzendierte. Maurras freute die Anpassung der »hyperboräischen« Königsfamilie, deren Kinder im orthodoxen Glauben erzogen wurden, an die griechische Zivilisation; die Assimilation nahm den gleichen Rang ein wie die Blutsverwandtschaft.[202] Deshalb konnte Maurras den auf »preußische Art« in seine Infanterieuniform geschnallten Thronfolger Konstantin und seine Brüder Georg und Nikolas, die das Organisationskomitee der Spiele leiteten, mit Helden der *Ilias* und der *Odyssee* vergleichen.

Der vierte Brief von Maurras trug die Überschrift »Die Nationen im Stadion und der Marathonlauf«. Schon zwei Jahre zuvor hatte Maurras den »falschen Kosmopolitismus« attackiert, für den er den Baron de Coubertin verantwortlich machte, der es zum ausdrücklichen Ziel der Olympischen Spiele der Neuzeit erklärt hatte, die Nationen der Moderne mit Hilfe des Sports nach griechischem Vorbild zu erziehen.

201 Maurras, a.a.O., S. 47–48.
202 Diese Überlegungen hat Maurras am 25. Juli 1902 in der *Gazette de France* publiziert; hier wiedergegeben nach der »Introduction à la troisième lettre« von Axel Tisserand, in: Maurras, a.a.O., S. 44.

Der wahre Internationalismus, so Maurras, würde zur Aufrechterhaltung der verschiedenen nationalen Eigenheiten beitragen, der Kosmopolitismus dagegen musste am Ende zu einer »konfusen Mischung reduzierter oder zerstörter Nationalitäten« führen. Bei seinem Eintreten für den Kosmopolitismus hatte der Baron de Coubertin die Engländer vor Augen gehabt, die, so Maurras, anderen stets den Kosmopolitismus aufzwingen wollten und doch selbst zur »nationalistischsten aller Rassen« gehörten. Von der »Internationalisierung« der Spiele zu reden führte in die Irre, denn was Coubertin tatsächlich anstrebte, war die Ausrichtung der Olympischen Spiele nach angelsächsischem Vorbild: »Was ist denn, ich bitte Sie, das kosmopolitische Leben anders als das englische Leben? Es ist die stupide Nachahmung der englischen Lebensweise.« Wie sollte mit dieser Ausrichtung eine weltweite Wiederbelebung der Olympischen Spiele möglich sein, die ihrer Idee nach doch unauflöslich mit der griechischen und lateinischen Zivilisation verbunden waren? Die Wiederbelebung der Spiele wäre vielleicht in einem christlichen, das heißt katholischen Europa möglich gewesen, aber dieses Europa war durch die Reformation und durch die Französische Revolution unwiederbringlich zerstört worden. Jetzt drohte die Hegemonie der Angelsachsen, der »ewigen Konkurrenten« der lateinischen Welt, die auf politischem und ökonomischem Gebiet nachholen wollten, was sie mit der englischen Sprache bereits erreicht hatten: »Die Ära, die jetzt in Athen beginnt, wird unseren ewigen Feinden neue Vitalität und Wohlstand geben. Das Vokabular des Sports wird dazu beitragen, eine Sprache zu fördern, die bereits jetzt den ganzen Planeten infiziert hat.« Später sollte Maurras durch den Ausgang des Spanisch-Amerikanischen Kriegs von 1898 und die Errichtung des amerikanischen Protektorats über Kuba seine schlimmsten Befürchtungen bestätigt sehen. Bei den Olympischen Spielen erschienen ihm die auftrumpfenden und indiskreten Amerikaner wie die Antipoden der zivilisierten Welt, die Hybris der ultranationalistischen Yankees war das Gegenteil des Maßes, in dem die Griechen ihr Ideal sahen. Mister James Connolly, der den Dreisprung gewann, telegraphierte an seine Landsleute: »Die Griechen haben Europa, ich habe die ganze Welt besiegt.« Dann aber kam der versöhnliche Abschluss: Der Grieche

Spiro Louys gewann den Marathonlauf, die sechs Läufer, die nach ihm kamen, waren ebenfalls Hellenen.

In Athen traf Maurras de Coubertin und nutzte die Gelegenheit, um dem Baron seine »Anglomanie« vorzuwerfen. Zugleich erkannte er die große Chance der Olympischen Spiele der Neuzeit: Sie halfen, die Angelsachsen zu durchschauen. Die Dominanz der Angelsachsen war bisher vielen als nicht so bedrohlich erschienen, weil sie sich langsam und ein Jahrhundert lang fast ohne Aufsehen herausgebildet hatte – nicht so brüsk und schlagartig, wie es bei den Preußen der Fall gewesen war. Die Angelsachsen hatten sich überall eine Vormachtstellung erschlichen, aber es fiel schwer, ihre wahre Macht einzuschätzen, weil man nicht so recht wusste, wer sie waren, was sie machten oder wovon sie träumten. Jetzt konnte man ihnen auf die Schliche kommen: »Die modernen Olympischen Spiele werden den Vorzug haben, den lateinischen Völkern die Zahl, die Macht, den Einfluss, die unverschämten Prätentionen und die Lächerlichkeiten dieser kühnen Anwärter auf die Weltherrschaft zu zeigen.«

Am Schlusstag der Spiele wurden die Sieger mit einem Lorbeerkranz geschmückt; sie erhielten einen Olivenzweig, der im heiligen Hain des alten Olympia gepflückt worden war. Die griechischen Olivenbäume, schrieb Maurras, seien schlanker als die im Westen »meiner Provence«, trügen aber das gleiche subtile Blätterwerk. Spiro Louys, der kleine Bauer aus Maroussi, der unvergessene Sieger im Marathon, warf beim Einmarsch der Athleten der Menge pausenlos Kusshände zu und übertrieb dabei, die Zuschauer entzogen ihm schließlich ihre Sympathie, weil er es nicht verstanden hatte, im Triumph Maß zu halten. Verglichen mit den »barbarischen Athleten« aber machte Louys immer noch eine gute Figur. Die »Hurrahs« der Amerikaner und die »Hochs« der Deutschen passten nicht an diesen Ort. Die Griechen wünschten sich nichts sehnlicher, als dass die Olympischen Spiele nicht, wie vorgesehen, in Zukunft den Austragungsort wechselten, sondern regelmäßig in Athen stattfanden. Maurras stimmte zu: Griechenland würde damit eine aktive und lebendige Rolle in Europa wiedergewinnen.

Für die Zukunft fürchtete Maurras die Weltherrschaft der Angloamerikaner, von aktueller Gefahr für Frankreich aber war die Aussöhnung mit Deutschland, die zur Bildung eines »empire germano-franc« oder einer »ligue germano-franque« führen konnte. Die »bons Germains« hatten sich durch den Kontakt mit griechisch-lateinischem Gedankengut gebildet und zivilisiert, die Franzosen aber liefen Gefahr, durch die Bewunderung der literarischen und philosophischen »Folklore« Germaniens zu verdummen.[203] Der militärischen war eine geistige Kapitulation gefolgt: Französische Autoren scheuten sich nicht, Lothringen ein »Land germanischer Tradition« und das Elsass ein »Land deutschen Herzens« zu nennen. Die lateinische Idee war durch einen selektiven Kosmopolitismus ersetzt worden, der auf schmähliche Weise Länder wie Italien, Spanien und Griechenland aussparte und sich einzig auf Deutschland und die skandinavischen Länder richtete – ein Kosmopolitismus des Nordens, bei dem es sich in Wahrheit um Germanolatrie handelte.

Ein Jahr bevor Maurras vor den »Amitiés Germaniques« (1895) warnte, waren Fichtes *Reden an die deutsche Nation* (1808) ins Französische übersetzt worden. In der Zeit deutscher Demütigung durch Napoleon, hatte Fichte geschrieben, sei es der Zweck seiner Reden, »Muth und Hoffnung zu bringen in die Zerschlagenen, Freude zu verkündigen in die tiefe Trauer, über die Stunde der grössten Bedrängniss leicht und sanft hinüberzuleiten«. Mut machen sollte dem »Urvolk« der Deutschen nicht zuletzt das Lob des Deutschen als einer lebendigen Sprache, deren Rang sich allenfalls mit dem Rang des Griechischen vergleichen ließ – ein Anspruch, den im 20. Jahrhundert Martin Heidegger erneuern sollte. Mit den »neulateinischen Sprachen« dagegen, so Fichte, war jeder Vergleich unmöglich, weil Leben und Tod sich nicht miteinander vergleichen ließen. Gegen die »Ausländerei« und die hochgespielte Vornehmheit der französischen Nation, die das Erbe des Römertums beanspruchte, richtete Fichte eine exaltierte Sprachkritik: »In den neulateinischen Sprachen ... ist die(se) Unverständlichkeit natürlich und ursprünglich, und sie ist durch gar kein Mittel zu

203 Charles Maurras, »Amitiés Germaniques« (1895), in: *Quand les Français ne s'aimaient pas. Chronique d'une renaissance*, Paris (Nouvelle Librairie Nationale) 1916, S. 12–13.

vermeiden, indem diese überhaupt nicht im Besitze irgend einer lebendigen Sprache, woran sie die todte prüfen könnten, sich befinden und, die Sache genau genommen, eine Muttersprache gar nicht haben.«[204] Fichtes Attacke auf das Zentrum der Latinität wünschte Charles Maurras eine millionenfache Verbreitung, um den Franzosen vor Augen zu führen, welche Gefahren von diesem »Mystiker des Deutschtums« ausgingen, der die lateinischen Sprachen erniedrigte und den lateinischen Geist verachtete.

War der Autor der in Marseille erscheinenden Zeitschrift *Œuvre sociale* womöglich von Fichte beeinflusst, als er schrieb, jedermann wisse, dass Deutschland seit einem Jahrhundert zum bedeutendsten Ideenreservoir geworden sei, dessen sich die Menschheit bisher hatte rühmen können? Dagegen seien die Möglichkeiten des »lateinischen Geistes« längst erschöpft.[205] Den Höhepunkt lateinischer Selbstkritik bildete 1903 das Buch *Le Problème de l'avenir latin* von Léon Bazalgette, der im Reigen der von Charles Maurras attackierten Zweifler an der lateinischen Idee erstaunlicherweise nicht auftaucht. Bazalgette (1873–1928) machte ein größeres französisches Publikum mit Walt Whitman bekannt, er war ein überzeugter Europäer und Kenner deutscher Kultur, veröffentlichte eine Biographie über George Grosz und war mit Stefan Zweig befreundet. Bereits 1900 hatte er im Alter von 27 Jahren ein Buch über die Ursachen der französischen Inferiorität geschrieben und dafür den Katholizismus und den Cäsarismus verantwortlich gemacht, das Ausbleiben der Reformation und den Staatsstreich Napoleons am Achtzehnten Brumaire, der die Französische Revolution beendete. Die »Civilisation méridionale et catholique«, in welcher die Anhänger der Latinität eine Ursache für die Größe Frankreichs sahen, war für Bazalgette die Ursache für seinen Niedergang. Luther dagegen hatte über das päpstliche Rom gesiegt wie einst Arminius über das imperiale Rom; mit Luther, dem »Sprachrohr eines vehementen Protests des Nordens gegen die zynische Tyrannei des Midi«, hatte sich im Nor-

204 Johann Gottlieb Fichte, »Reden an die Deutsche Nation«, in: *Fichtes Werke*, Hg. Immanuel Hermann Fichte, Bd. VII, Berlin (de Gruyter) 1971, S. 257–516, hier S. 279, 324–325.
205 Maurras, a.a.O., S. 14.

den ein »unausrottbarer Instinkt der Unabhängigkeit« bei den Menschen herausgebildet. Die Aufhebung des Edikts von Nantes und der darauffolgende Exodus der Protestanten aus Frankreich hatten Preußen groß gemacht, aus einem »kleinen armseligen, zur Hälfte unbesiedelten Land ohne jede Industrie« war eine Großmacht geworden – die künftige Nemesis Frankreichs. Um Frankreich zu retten, waren ein »renouvellement total«, eine Revolution des Bewusstseins notwendig, die aber nur dann Erfolg haben konnte, wenn die Franzosen sich eingestanden, dass das »römische Erbe« eine Hypothek war, die ihnen den Weg in die Zukunft versperrte.[206]

Über die »lateinische Zukunft« äußerte sich Bazalgette mit jugendlicher Entschiedenheit und Kompromisslosigkeit. Wie Maurras beschäftigte sich Bazalgette nicht mit der »lateinischen Rasse«, einem »Gemeinplatz«, den er für absurd hielt. Ihn bewegte das Schicksal der lateinischen Zivilisation oder der lateinischen Familie, deren Zukunft zunehmend bedroht wurde: Sadowa, Sedan und Santiago de Cuba waren die Orte, mit denen sich diese Bedrohung verknüpfte.[207] Die Zukunft der lateinischen Welt schien aussichtslos: Typisch war »die aktuelle Lage Spaniens, das einst herrschte, solange das Prinzip, aus dem sich sein moralisches Leben speiste, in der ganzen Welt gültig war, und das heute nichts mehr bedeutet, da andere Wahrheiten das Leben der Völker bestimmen … Österreich, katholisch und romanisiert, scheint nur noch auf seinen Totengräber zu warten. Lateinamerika, mit Institutionen versehen, die fast denen des angelsächsischen Amerikas gleichen, vegetiert dahin und stagniert. Das miserable Italien, das klassische Land der Kunst und des Heroismus, lebt zur Stunde nur eine prekäre Existenz. Portugal, das früher das Meer beherrschte, zählt nicht mehr.«[208]

206 Léon Bazalgette, *A quoi tient l'infériorité française*, Paris (Fischbacher) 1900, S. 32, 38, 40, 147, 293, 295.

207 In Sadowa bei Königgrätz besiegte Preußen 1866 die vereinigten Truppen von Österreich und Sachsen, in Sedan kapitulierte 1870 das französische Heer, und Napoleon III. wurde von den Preußen gefangen genommen, in Santiago de Cuba fanden 1898 die entscheidenden Schlachten im Spanisch-Amerikanischen Krieg statt, welcher die Kolonialherrschaft Spaniens in Kuba beendete.

208 Léon Bazalgette, *Le Problème de l'avenir latin*, Paris (Fischbacher) 1903, S. 135.

Europa war für Bazalgette ein geteilter Kontinent: Nord und Süd, Protestantismus und Katholizismus, germanische und lateinische Welt standen sich unversöhnlich gegenüber. Die Gallier waren für die Erbsünde der lateinischen Welt verantwortlich. Um sich vor den »schrecklichen Nachbarn« aus dem Norden zu retten, hatten sie sich mit »innerer Zufriedenheit« der romanischen Invasion gefügt. Die Unterwerfung Galliens ging schnell und tiefgreifend vor sich, wobei die äußere durch eine innere Romanisierung verstärkt wurde: Der Kelte verschwand, der ehemalige Gallier wurde römischer als ein Römer, und Gallien wurde zum wahren Herzen des Römischen Reichs. Die Gallier erkauften ihr materielles Wohlergehen mit innerer Misere, ohne Übergang schlug bei ihnen extreme Jugend in extremes Alter um, die Folge waren Dekadenz, Charakterschwäche, Lähmung der Energien, allgemeine Verweichlichung und Korruption der Sitten. Die fatalen Folgen der Romanisierung wurden durch das Christentum noch verstärkt: Das päpstliche folgte auf das imperiale Rom, der Vatikan nahm den Platz des Kapitols ein. Den dekadenten Galliern stand eine andere Welt gegenüber, die Welt der aufrechten Barbaren: »Dort ist alles rein und groß.« Und so, wie das schwache Gallien durch den Katholizismus noch mehr geschwächt wurde, blieb den Barbaren ihre ursprüngliche Stärke durch den Widerstand gegen den Katholizismus erhalten. Der Barbar kehrte als Protestant zurück: »Die Unterlegenheit ist das Schicksal des Volkes, das zivilisiert auf die Welt kommt, überlegen ist das Volk, das als Barbar geboren wird.«[209] Die Kompromisslosigkeit, mit welcher Bazalgette den Galliern ihre Unterwürfigkeit vorhielt, findet ihre Entsprechung im Comic-Pathos, mit dem die Darstellung jedes Asterix-Bandes beginnt: »Wir befinden uns im Jahre 50 v. Chr. Ganz Gallien ist von den Römern besetzt ... Ganz Gallien? Nein! Ein von unbeugsamen Galliern bevölkertes Dorf hört nicht auf, dem Eindringling Widerstand zu leisten.«

Für Bazalgette war die »lateinische Pathologie« offenkundig: Sie zeigte sich in der Bedeutung, die der »discours« bei den lateinischen Völkern hatte, ihrer Verbosität entsprach eine konstitutionelle Hand-

209 A.a.O., S. 49, 48, 76.

lungshemmung: »Oft spricht der Lateiner nur, wenn es darum ginge, zu handeln.« Im Grunde seines Herzens wünschte der Lateiner sich nichts sehnlicher, als ein ruhiges und mediokres Leben zu führen, das frei von großen Anstrengungen und ohne Ambitionen war. Als geborener Dilettant begnügte er sich damit, Zuschauer im großen Weltspektakel zu sein.[210] In hohem Maße hielten die lateinischen Völker Distanz zur Moderne, passten das Europa des Südens dem »asiatischen Geist« an und projizierten eine bestimmte Vorstellung des Orients auf die am Mittelmeer lebenden Völker: »Lateiner zu sein bedeutet, moralisch zum Orient zu gehören. Katholisch zu sein, heißt antiwestlich, antieuropäisch, antimodern zu sein.«[211] Napoleon war der »homme du midi« par excellence, solange er über Europa herrschte, konnte man sich noch der Illusion hingeben, die Lateiner würden in Europa die Überhand gewinnen: Seit der Schlacht von Waterloo aber war in Europa die Suprematie endgültig vom Midi auf den Norden übergegangen.

Für Jules Michelet lag die Stärke Frankreichs in seiner Fähigkeit zur »fusion intime des races«; der 1804 von Napoleon eingeführte Code Civil hatte das germanische und das romanische Element vereint, die stets durch die Loire getrennt gewesen waren. Frankreich hatte den Norden »meridionalisiert« und den Midi nördlicher gemacht, dem Süden hatte es den ritterlichen Geist der Normandie und Lothringens vermittelt, dem Norden hatte es die »römische Form der Munizipalität von Toulouse« und den »griechischen Fleiß« von Marseille gezeigt. Michelet zweifelte nicht daran, dass die Zukunft Frankreichs in der Verbindung mit den Völkern lateinischer Sprachen lag, mit Italien und Spanien, »diesen beiden Inseln, die sich mit der modernen Welt nur durch die Vermittlung Frankreichs verstehen können«. Wäre diese Union einmal geschaffen, hoffte Michelet, würden auch die südlichen Regionen Frankreichs die Bedeutung wiedergewinnen, die sie einmal besessen hatten. Wenn er davon sprach, bisher sei der »Familienvertrag«, der Frankreich, Italien und Spanien aneinanderband, nur ein

---

210 A.a.O., S. 94, 101–102, 118.
211 A.a.O., S. 130.

flüchtiges Bild der künftigen Union gewesen, welche die drei Länder in einer Gemeinschaft des Willens und des Denkens einander näherbringen würde, spielte er auf die Versuche zur Bildung einer Lateinischen Union an, die Napoleon mit kriegerischen Mitteln zu formen versucht hatte.[212]

Der Anspruch, die Vorherrschaft Frankreichs auf dem europäischen Kontinent durch die Fähigkeit des Landes zu begründen, Nord und Süd zusammenzuführen, ist alt. 1622 schrieb Louys Pascal de la Court in seinem *Tableau des Gaules*: »Die Südländer hinken auf einem Bein, die Nordländer auf dem andern: die Franzosen, die von beiden gleich viel haben, gehen gerade.«[213] Das entscheidende Motiv für die rabiate Abrechnung mit der Latinität lag bei Bazalgette im Zorn darüber, dass Frankreich diese innerfranzösische »fusion« – auch er benutzte das Wort – nicht auf europäischer Ebene genutzt hatte, um sich auf dem Kontinent dauerhaft als Führungsmacht zu etablieren: »Frankreich hat auf grandiose Weise eine der schönsten nationalen Karrieren versäumt, die das Schicksal ihm bot. Prächtig gelegen, wie es nun einmal ist, sowohl zum Mittelmeer wie zum Atlantik gehörig, eine natürliche Verbindung zwischen dem Norden und dem Midi, auf eine wenn auch diffuse Weise einen Teil germanischen Blutes und Geistes in sich enthaltend, hätte es zur *lebenden Synthese der beiden Welten* werden können … Diese Fusion hätte aus Frankreich so etwas wie die Probe auf eine höhere Humanität gemacht. Alles schien es für diese Rolle zu bestimmen. Frankreich hat diese Rolle nicht gewollt oder hat sie nicht spielen können. Diesen Platz wird jemand anderes einnehmen.«[214] Bazalgette war kein prominenter Autor, seine Kritik der Latinität und seine offenkundige Sympathie für das Germanentum aber erklären, warum sich vier Jahre nach der nationalsozialistischen Machtübernahme eine Dissertation an der Universität Bonn mit seinem Werk beschäftigte. Überraschen musste die Schlussfolgerung des deutschen Doktoranden, die nicht mit einer Apotheose des Germanentums endete,

212 Michelet, *Introduction à l'histoire universelle*, S. 49–51, S. 73–74.
213 Mario Wilhelm Wandruszka von Wanstetten, *Nord und Süd im französischen Geistesleben*, Jena (Gronau) 1939, S. 230.
214 Bazalgette, *Le Problème de l'avenir latin*, S. 255.

sondern mit der Beschreibung der »fusion«, in der Bazalgette wie Michelet die Bestimmung Frankreichs gesehen hatten, als Signatur des kommenden Zeitalters: »Das 20. Jahrhundert … wird die Synthese von germanischer und lateinischer Weltanschauung auf der Grundlage der völligen Gleichwertigkeit der beiden Faktoren verwirklichen.«[215] Diese Vision entsprach kaum der nationalsozialistischen Weltanschauung. In dem eben zitierten Satz darf man den Einfluss des Doktorvaters vermuten: Ernst Robert Curtius.

Maurras fand Befriedigung darin, dass es jenseits des Rheins nicht nur fanatische Deutschlandpropagandisten gab wie Fichte, sondern auch Skeptiker, ja Spötter des Deutschtums wie Goethe, Heine und – vor allen anderen – Nietzsche. Ähnlich reagierte Léon Daudet, der doch Nietzsche einmal als »Homais II« lächerlich gemacht und seine *Genealogie der Moral* »zum Heulen dumm« gefunden hatte: Nietzsches Deutschlandkritik und seine Bewunderung für das Mittelmeer hatten Frankreich gute Dienste geleistet. Und auch Louis Bertrand bekundete seine Sympathie für Nietzsche, als er dessen Schriften kennenlernte. Mitten im Ersten Weltkrieg musste Nietzsche als Vorbote des »pangermanischen Irrsinns« erscheinen, was ihn entschuldigte, war seine Entdeckung des Mittelmeers: »Für Nietzsche ist der Midi ein Ort der physiologischen, moralischen und intellektuellen Therapie … In der reinen und leichten Luft des Midi entledigt sich die nordische Seele ihrer Unbestimmtheit. Sie reinigt sich von ihren Nebeln und von ihrem verschwommenen, unsteten Mystizismus.« Auf einmal wurde Nietzsche, der »arme deutsche Philologe«, auch in Frankreich zum Erzieher, zu einem »éducateur des peuples«: »Es ist die alte mediterrane Erde, zu der er sich aufgemacht hat, um die Prinzipien seiner heroischen Pädagogik zu gewinnen.«[216] Auch Charles Maurras konnte den »mediterranen« Nietzsche nicht übersehen, aber er war zu sehr Nationalist, als dass er einem Deutschen hätte zugestehen können, entscheidend zur Regeneration Frankreichs und damit auch der Latinität beizutragen. Diese Rolle kam einem Franzosen zu, dem »Ersten Natio-

---

215 Werner Adolf Eicke, *Léon Bazalgette (1873–1929) und seine Anschauungen über Latinität und Germanentum*, Diss. Phil. Univ. Bonn, Bonn (Scheur) 1937.
216 Louis Bertrand, »Nietzsche et la Méditerranée«, in: *Les Grands Coupables*, S. 27, 29.

nalisten der Geschichte Frankreichs«: Fustel de Coulanges. Wir haben, so schrieb Maurras, weder unsere französische Armee noch unsere Comédie Française, unser Institut de France, unsere École française de Rome oder die Syndikate der französischen Bauern energisch genug verteidigt. Fustel war es, der die Franzosen dazu bringen wollte, sich wieder selbst zu lieben, und das hieß vor allem: die eigene Geschichte zu lieben und die eigenen Toten zu ehren. Die 1872 erschienenen *Questions historiques* sollten diesem Zweck dienen, aber sie blieben erfolglos, erreichten das Volk nicht, wurden nur einem esoterischen Zirkel vertraut. Seit 1815, das heißt seit Waterloo, klagte Maurras, gewann eine »liberale Schule« in der Geschichtswissenschaft die Oberhand, in der England stets weise, frei und wohlhabend, Deutschland stets als arbeitsam, ehrenhaft und intelligent erschien. Die liberale Schule erhöhte seit frühester Zeit die germanische Rasse – auf Kosten der gallischen Bevölkerung: »Gallien, das war die Korruption und die Feigheit; Germanien, das war die Tugend, die Keuschheit, *le désinteressement*, die Kraft und die Freiheit. In dem kleinen Buch von Tacitus wollten wir nur die Passagen lesen, die eine Eloge der Germanen darstellten, und unsere Augen weigerten sich, die Stellen zu sehen, an denen der Historiker von ihren Lastern sprach.«[217] Es gab – von der Zeit der Karolinger bis ins 18. Jahrhundert – keine Periode, so Fustel, in der die französischen Historiker nicht die Fehler der eigenen Nation hervorstrichen und die Fehler der Deutschen verschwiegen. Die so praktizierte Geschichtswissenschaft führte bei den Franzosen zur Indifferenz, bei den Fremden zu Verachtung: »Von daher stammt bei uns ein ganz besonderer Patriotismus. Für viele von uns heißt Patriot zu sein ein Feind des alten Frankreich zu sein. Meist besteht unser Patriotismus in nichts anderem als darin, *unsere Könige zu schmähen, unsere Aristokratie zu verachten und alles Schlechte von unseren Institutionen zu sagen.* Diese Art von Patriotismus ist im Grunde nichts anderes als der Hass auf alles,

---

217 Charles Maurras, »Le Renoncement à nous-mêmes« (1902), in: *Quand les Francais ne s'aimaient pas*, S. 51–52. Ähnlich schrieb Léon Daudet über den »großen Fustel de Coulanges«, er sei der französischen Öffentlichkeit völlig unbekannt. Léon Daudet, *L'Entre-deux-guerres. Souvenirs des milieux littéraires, politiques, artistiques et médicaux de 1880 à 1905*, Paris (Nouvelle Librairie Nationale) 1915, S. 4.

was französisch ist. In uns weckt er nur Misstrauen und Disziplinlosigkeit; anstatt uns gegen den Feind zu einen, treibt er uns geradewegs in den Bürgerkrieg.«[218] Wie Renan, Flaubert, George Sand und Paul Valéry hatte auch Fustel de Coulanges erkannt, dass die Stärke Preußens in der allumfassenden Disziplin lag, die sowohl die Erfolge seiner Wissenschaftler wie seiner Militärs erklärte. Er zog daraus nicht den Schluss, dass Frankreich von Deutschland zu lernen hatte, um zu alter Stärke zurückzufinden. Vielmehr empfahl er den Franzosen die Rückkehr zum Patriotismus und zur emphatischen Aneignung ihrer eigenen Geschichte.

Mit der in der Zeit vor dem Ersten Weltkrieg wachsenden politischen Spannung zwischen Frankreich und Deutschland änderte sich der Charakter der philosophischen Deutschlandreise, die ein französischer Wissenschaftler unternahm. Was anfangs eine Pilgerfahrt und eine Auszeichnung gewesen war, wurde erst zur Routine, dann zur Pflicht und schließlich zum Opfer. Wenn sie nach Hause kamen, jubelten die Pariser Gelehrten beim Anblick der Ile-de-France mit ihren Ulmen und Pappeln, nachdem sie so lange nur Kiefern und Fichten gesehen hatten; einer von ihnen klagte, nichts habe er in Deutschland gelernt, nur seinen Magen habe er in der schrecklichen Berliner Pension ruiniert, in welcher er ein Jahr lang hatte leben müssen. Viele, die Frankreich als Republikaner verlassen hatten, kehrten als Nationalisten zurück.[219] Mitten im Ersten Weltkrieg zogen Léon Daudet und Charles Maurras eine Bilanz des deutschen Einflusses, der Frankreich in eine politische, intellektuelle und wirtschaftliche Katastrophe getrieben hatte. Der Krieg war das beste Mittel zur Revanche: Elsass-Lothringen würde wieder französisch werden. Den Sieg vorwegnehmend, galt es, »von nun an unsere schlechten Nachbarn daran zu hindern, uns mit ihren perversen Doktrinen zu vergiften«.[220]

Alphonse Daudet, der Vater Léons, hatte nach 1870 von den »petits de la défaite« gesprochen, die in die deutsche Wissenschaft und Metaphysik wie vernarrt waren, Autoren wie Michelet, Quinet, Renan und

218 Maurras, a.a.O., S. 54–55.
219 Mit geringfügigen Änderungen aus Lepenies, *Die drei Kulturen*, S. 83–84.
220 Léon Daudet, *Hors du joug allemand*, S. 3.

auch Victor Hugo mit seinem *Shakespeare*-Essay, der England gewidmet war, gehörten dazu. Léon Daudet erzählte, wie ihm als Schüler ausgerechnet im Pariser Lycée Louis-le-Grand von einem begeisterten Lehrer die Kantsche Kritik – und damit die Verehrung Rousseaus und die Hochschätzung der Französischen Revolution – eingetrichtert worden war. Der Zynismus der Deutschen ging so weit, den Franzosen Kants Philosophie als Ersatz für das verlorene Elsass-Lothringen anzubieten. Wie Opium machte die Philosophie Kants die jungen Franzosen süchtig, die anfingen Deutsch zu lernen. Dass er selber nicht süchtig wurde, verdankte Léon Daudet seinem Vater Alphonse Daudet, dem »Latin entre les Latins«. Latinität war das Stichwort für die Renaissance Frankreichs, die sich auf allen Gebieten vollziehen musste, sie war auch der Maßstab, nach dem gerichtet wurde, welche deutschen Autoren den Franzosen in Zukunft noch zumutbar sein würden. In erster Linie gehörte dazu Goethe, der des deutschen Nationalismus unverdächtig war und seinen »bon sens« der Vertrautheit mit französischen Autoren verdankte. Begeistert war Daudet vom Widerstand der Elsässer gegen die deutsche Vorherrschaft, der zu einem großen Teil von Mistral, »diesem großen Lateiner«, inspiriert worden war. Das Elsässische Museum, das 1907 von Privatleuten in Straßburg gegründet wurde, hatte sein Vorbild in dem von Mistral in Arles konzipierten Museon Arlaten. Allgemein galt, dass die jungen Franzosen wieder zur »formation latine« zurückgeführt werden mussten. Im lateinischen Curriculum spielte Fustel de Coulanges eine bedeutende Rolle, daneben sprach Léon Daudet emphatisch über Corneille, der Richard Wagner, diesen »tönenden Fichte«, und seinen zerstörerischen Einfluss korrigieren sollte. So wie, Hugo zufolge, England Shakespeare gemacht hatte, hatte Frankreich Corneille gemacht. Niemand besser als das Werk Corneilles konnte im Curriculum des Lycée den jungen Franzosen das »lateinische Erbe« vermitteln. Ein Zeichen für die Dekadenz und die kulturelle wie politische Selbstaufgabe Frankreichs nach der Niederlage von 1870, die in die Commune und den Bürgerkrieg führte, war es gewesen, dass die Dramen Corneilles kaum gespielt wurden. Dabei hatten die Aufführungen seiner Stücke die gleiche Wirkung wie Bluttransfusionen, man sollte sie, so Daudet, »nach der

Schlacht spielen, auf den Feldern, die von kleinen Holzkreuzen übersät sind«.[221]

Charles Maurras setzte die Polemik fort, die Daudet begonnen hatte. Demokratie, Synagoge, Kirche und Börse hatten gleichermaßen dazu beigetragen, dass sich in den Salons, Akademien, Theatern, Redaktionen und Universitäten der deutsche Einfluss immer stärker bemerkbar machte. Schließlich konnten Intellektuelle ungestraft verkünden, Deutschland sei die zweite Heimat eines jeden Menschen, der lerne und nachdenke. Fast noch wichtiger als Deutschland militärisch zu besiegen war es daher, eine intellektuelle Reform in Gang zu setzen, die den deutschen Einfluss endgültig aus dem französischen Geistesleben verbannte. Es galt, an große Philosophen und Theologen wie den »Neapolitaner« Thomas von Aquin zu erinnern, der sich jedem deutschen Metaphysiker als überlegen erwies. Die Identifikation mit dem Erbe des Midi führte so weit, dass Maurice Barrès vorwurfsvoll Maurras fragte, ob er den »großen Fluss« verlassen wolle: »Eh! Quoi, nous allons quitter le grand fleuve?«[222] Keineswegs, erwiderte Maurras, es gehe nur darum, den Rhein von »monströsen Gästen« zu befreien und ihn in ein zu Frankreich passendes Bett zu lenken. Dabei erinnerte er daran, dass die Rhône, »ebenfalls ein großer Fluss«, den Léon Daudet »le fleuve de la civilisation« genannt hatte, zu lange von den Franzosen zugunsten des »deutschen Rheins« vernachlässigt worden war.[223] Zwischen dem Lothringer Barrès und dem Provenzalen Maurras blieb die Einschätzung des Midi kontrovers. Zwischen 1892 und 1904 schrieb Barrès eine Reihe von Artikeln, in denen er klagte, dass der Verlust Elsass-Lothringens auf gefährliche Weise die innere Balance Frankreichs zugunsten des Midi verändert habe: »Diese frivolen Meridionalen sind ganz hingerissen davon, dass das Elsass aus der Gruppierung verschwindet, welche die französische Nation ausmacht: da es zu ihnen kein Gegengewicht mehr gibt, sind sie nunmehr zu den Herren gewor-

---

221 A.a.O., S. 125–26.

222 Als Motto bei Charles Maurras, »Conclusion: ›Barbares et Romans‹«, in: *L'Etang de Berre*, Paris (Librairie Ancienne Édouard Champion) 1920, S. 318.

223 In dieser Konfrontation der beiden Flüsse läge es nahe, nicht nur von dem Rhein, sondern auch von dem Rhône (*le Rhône*) zu sprechen.

den. Aquitanien und Narbonne, die Länder südlich der Loire, führen nunmehr unsere Republik. Doch wohin führen sie die Republik? Zur Zerstückelung … Es ist höchst bedauerlich, dass die Seele der Republik eine meridionale Seele ist.« Maurras hielt dagegen, dass lediglich der »böse Midi« das Unglück Frankreichs zu verantworten hatte, der Midi, der aus der Französischen Revolution hervorgegangen war und die vier Gruppierungen in sich vereinte, denen der Hass von Maurras galt: Protestanten, Juden, Freimaurer und »Kanaken«, die allesamt Frankreichs Identität bedrohten.[224]

Charles Maurras versammelte die Artikel, in denen er um die Jahrhundertwende die »deutschen Freundschaften« wütend angegriffen hatte, unter dem Titel *Quand les Français ne s'aimaient pas*. Entscheidend war der in die Zukunft weisende Untertitel: *Chronique d'une Renaissance 1890–1905*: »Es gibt eine geheime Renaissance der Völker des Midi.«[225] Die Midi-Schwärmerei, in der Maurras und Léon Daudet einander zu übertreffen suchten, war durch das »hellenisch-lateinische Genie« von Frédéric Mistral ausgelöst worden, der mit der »Félibrige«-Bewegung in Anlehnung an die »Loire-Pléiade« eine Art von provenzalischer oder »Rhône-Pléiade« geschaffen hatte, deren Dichtungen die Languedoc lebendig halten sollten. Zur poetischen Produktion trat die Absicht, eine weitgehende Dezentralisation Frankreichs und damit eine möglichst große Autonomie der Provence zu erreichen, ein »Sonnenreich« mit Marseille als Hauptstadt, in dem, wie sarkastische Kritiker bemerkten, der »Dialekt von Saint-Rémy« zur Amtssprache werden sollte. Der »Mistralisme« verstand sich als das Brevier unterdrückter Nationen, die in Europa nicht untergehen wollten.[226]

Gegenüber Kritikern, die ihm vorwarfen, Frankreich spalten und die »Français du Midi« von den »Français du Nord« trennen zu wollen, betonte Mistral, einen Föderalismus des »Oui« zu vertreten, der die französischen Provinzen gerade dadurch enger aneinanderband,

224 Georges Liens, »Le stéréotype du méridional vu par les Français du Nord de 1815 à 1914«, in: *Provence Historique* XXVII (1977), S. 427.

225 Charles Maurras, *Quand les Français ne s'aimaient pas*, S. 123.

226 Alphonse Daudet und Charles Maurras, *Notre Provence*, Paris (Flammarion) 1933, S. 100.

dass er ihre jeweilige kulturelle Eigenart pflegte. Die »Félibres« organisierten die Fêtes latines in Montpellier, wo 1878 auch die Jeux floraux stattfanden, die mit einem Wettbewerb um den besten »Chant Latin« endeten, den der Rumäne Vasile Alecsandri mit seiner »Ode à la Race latine« (Cantul gentei latine) gewann. Die Sprachen der am Wettbewerb beteiligten Autoren waren Französisch, Provenzalisch, Katalanisch, Spanisch, Portugiesisch, Italienisch und Rumänisch. Mistrals politischer Ehrgeiz blieb weitgehend auf die Rhetorik beschränkt, als 1900 die Winzer im Midi revoltierten, sich bewaffneten und Mistral baten, ihre »Truppen« zu führen, schreckte er zurück. Die Bewegung der Félibres zeigte, wie sehr sich im Laufe der Jahrhunderte der Wunsch des Midi nach Autonomie abgeschwächt hatte: Aus dem Separatismus der Hugenotten war der Föderalismus der Girondisten und schließlich der Regionalismus der Félibres geworden. Als Mistral aber 1904 zusammen mit José Echegaray den Nobelpreis für Literatur erhielt, schien Victor Hugos Weissagung, die »tapfere Demokratie des Midi« werde einmal als die Avantgarde der universellen Demokratie betrachtet werden, der Verwirklichung einen Schritt näher gekommen zu sein.[227] Die Ambitionen Mistrals beschränkten sich nicht darauf, im Süden Europas eine Zivilisationsgemeinschaft, »une communauté de civilisation«, zu errichten, ausgehend vom Sonnenreich sollte der Zusammenhalt Europas gestärkt werden. 1887 begrüßte Mistral in Cannes in den Touristen, die an der Côte d'Azur überwinterten, »die glücklichen Vorläufer künftiger Föderationen«.[228] Bald mehrten sich in Frankreich die Stimmen, die in der Dritten Republik nicht nur eine Republik der französischen Provinz, sondern eine Republik des Midi sahen – worauf Maurras entgegnete, in der Tat rekrutiere die Republik ihre Funktionäre systematisch aus dem Midi, tue zugleich aber alles, um den

227 Vgl. Albert Thibaudet, *Mistral ou la République du Soleil*, Paris (Hachette) 1930. Eine ironische Abrechnung mit der Midi-Begeisterung, dem »grand Midi solaire« – »Ils veulent une Cannebière à Paris« –, ist Thibaudets Artikel »La Critique du Midi«, in: *Nouvelle Revue Française* 1. Juni 1922, S. 724–735.
228 Marcel Decremps, »Mistral et l'idée latine«, in: *Centenaire des Jeux de la latinité. La Latinité hier, aujourd'hui, demain. Avignon mai 1978*, Bukarest (Editura Eminescu) 1978, S. 193.

Midi in Abhängigkeit, in »Sklaverei« zu halten.[229] Gefährlich war in diesem Zusammenhang die Skepsis gegenüber der Moderne, die in der Bewegung der Félibres zum Ausdruck kam und drohte den wirtschaftlichen Fortschritt Frankreichs zu behindern. So protestierten die Anhänger Mistrals gegen den Ausbau des Eisenbahnnetzes, in dem einst die Saint-Simonisten die wichtigste Grundlage des Mittelmeersystems gesehen hatten. Unbeeindruckt von den grandiosen Plänen Mistrals und von der Verehrung, die ihm seine Anhänger im Süden entgegenbrachten, blieb ein Mann des Nordens, der Kritiker Sainte-Beuve, der in Boulogne-sur-Mer, der »englischsten« Stadt Frankreichs geboren war. Als Sainte-Beuve Mistral zum ersten Mal traf, begrüßte er ihn mit den Worten: »Ah, Sie sind der Monsieur, den man gewagt hat mit Homer zu vergleichen.« Der Vergleich stammte von Lamartine, andere nannten Mistral den provenzalischen Vergil, Daudet pries in ihm »le Goethe provençal«.

In Frankreich gab es niemanden, der die Idee der Latinität und ihre Bedrohung durch Deutschland umfassender und mit größerer Emphase schilderte als Paul Adam (1862–1920), der Gründer der »Ligue intellectuelle de fraternité latine«. Die Radikalität seiner Ansichten erklärt sich auch daraus, dass Adam vom Saulus zum Paulus geworden war: 1895 hatte er in der *Dépêche de Toulouse* ein flammendes Plädoyer für engere wirtschaftliche, soziale und intellektuelle Beziehungen zwischen Frankreich und Deutschland veröffentlicht: Frankreich werde für die Misere von 1870 entschädigt werden durch »die intellektuellen Gaben, die der Sieger uns bringen wird«. Notwendig sei die Gründung einer »Ligue germano-franque«, denn schließlich seien die Franken ein germanischer Stamm und die römische Renaissance, welche die Französische Revolution nach Frankreich hatte bringen wollen, sei durch den »exzessiven Meridionalismus« von Parlamentariern der Dritten Republik wirkungslos geblieben.[230] Dann aber erklärte Adam,

229 Charles Maurras, »Le Midi esclave«, in: *L'Action Française*, 1. Juli 1907.

230 Die Zusammenfassung des Artikels von Adam in der *Dépêche* nach Charles Maurras, »Pour et contre l'union sacrée« (14. September 1914), in: Maurras, *Le Pape, la Guerre et la Paix* (1917), Édition électronique réalisée par Maurras.net et l'Association des Amis de la Maison du Chemin de Paradis 2013, S. 142–143. http://maurras.net/textes/240–4.html

nur das philosophische Deutschland geliebt zu haben – und das imperiale Deutschland umso mehr zu hassen. Wie sein Biograph schrieb, wurde er von nun an nicht müde, die »germanische Gefahr« zu beschwören, die wie ein furchterregender Odin die Welt des lateinischen Mittelmeers bedrohte. Wie besessen blickte Adam auf den Rhein, »den seine siegreichen Ahnen 1793 als Träger der lateinischen Idee überschritten hatten«. Sein Buch *Reims dévastée* trug eine Widmung, die er jedem seiner Romane, jedem seiner Essays, jedem seiner Bücher hätte voranstellen können: »Dem lateinischen Geist, dem Gründer, Verteidiger und Bewahrer der gallo-römischen Einheit seit zwanzig Jahrhunderten.«[231]

An den Schriften Paul Adams lässt sich die Entwicklung nachvollziehen, in der aus widerstrebend eingeräumten Zweifeln an der Zukunft der lateinischen Nationen im Ersten Weltkrieg die Apotheose der Latinität wieder die Oberhand über Zweifel und Skepsis gewann. Bald war es keine Bewunderung für Deutschland mehr, die bei Adam zu Selbstkritik und zu Skepsis an der Latinität führte, sondern die Erfahrung in den Vereinigten Staaten. Als er 1906 von seiner Reise in das »mächtige und arbeitsame Amerika« wieder nach Paris zurückgekehrt war, verließ er damit auch »den Tumult, die Hast, die Arbeit und die intensiven Anstrengungen«.[232] Er fand »zur lateinischen Ruhe« zu-

Maurras wie Léon Daudet vergaben dem »Lateiner« Adam seine frühen deutschfreundlichen Äußerungen nie und forderten ihn auf, am besten seinen Mund zu halten. Léon Daudet nannte Adam einen »néant de bibliothèque«, der mit seinem grauenhaften Stil die französische Sprache massakriere. Léon Daudet, *L'Entre-deux-guerres*, S. 156.

231 Camille Mauclair, *Paul Adam 1862–1920*, Paris (Flammarion) 1921, S. 60, 110, 191.

232 Paul Adam, *Vues d'Amérique ou la Nouvelle Jouvence*, Paris (Société d'Éditions Littéraires et Artistiques / Paul Ollendorff) 1906, dieses und die folgenden Zitate auf den Seiten 1–3, 17, 31, 114, 123, 273, 278. Adam war des Lobes voll über Paul Bourgets Amerikabuch *Outre-Mer*, von dem er sich wohl auch beeinflussen ließ. Paul Bourget, *Outre-Mer (Notes sur l'Amérique)*, Tome Premier, Paris (Alphonse Lemerre) 1895. Mark Twain ärgerte sich über Bourgets Amerika-Notizen so sehr, dass er mit zwei Artikeln darauf antwortete: »What Paul Bourget Thinks of Us« und »A Little Note to M. Paul Bourget«, in: Mark Twain, *How to Tell a Story and Other Essays*, New York (Harper) 1897, S. 141–164, 165–181. Darüber ärgerte sich wiederum Max O'Rell: »Marc Twain and Paul Bourget«, in: *The North American Review*, Vol. 160, No. 460 (1895), S. 302–310. Marc Twain hatte spöttisch gefragt, ob Frankreich die Vereinigten Staaten überhaupt etwas lehren könne. Dazu O'Rell: »Es kann ihnen vielleicht nicht beibringen, wie man arbeiten muss, wohl

rück, aber schon das Bekenntnis, zu Hause ein Bedürfnis nach »faulem Wohlsein« zu verspüren, machte deutlich, dass die lateinische Heimat ihre Probleme hatte. An Bord des Schiffes, das ihn in die Vereinigten Staaten brachte, hatte der die Flanerie bevorzugende Franzose mit leichtem Spott die Ernsthaftigkeit der Sport treibenden Yankees zur Kenntnis genommen. In Amerika angekommen, drängte sich der Eindruck auf, dass die »produktive Majestät« des Landes etwas mit der Bereitschaft seiner Einwohner zu tun hatte, sich permanent in Form zu bringen und in Form zu halten. Adam fiel die Ungezwungenheit auf, mit der die Amerikaner den Fremden sofort zu sich nach Hause einluden – eine Verhaltensweise, die dem in seinem »lateinischen Partikularismus« erzogenen Franzosen ebenso sympathisch wie fremd vorkam. Der Besuch der Weltausstellung in Saint Louis wurde zu einer melancholischen Erfahrung, weil es die Stadt war, die Bonaparte »den Freunden Franklins und Washingtons abgetreten hatte«. Die Rede war von der sogenannten »Louisiana Purchase«, in der die USA 1803 unter Präsident Jefferson von Frankreich so viel Land erworben hatten, dass sich ihr Territorium um einen Schlag verdoppelte. Die Trauer darüber, durch diesen Verkauf vielleicht alle französischen Großmachtambitionen auf immer verspielt zu haben, wurde auch dadurch nicht geringer, dass Adam in New Orleans auf eine »meridionale« Bevölkerung traf und sich wie in einem »lateinischen Süden« fühlte. Der Vergleich mit den Amerikanern fiel für die Lateiner bitter aus: »Im Land des Jungbrunnens bringt man der Jugend eine logische Verehrung entgegen, während unsere Rassen der Senilität dumpf ihre respektvolle Ehrerbietung erzeugen.« Von Amerika aus gesehen hatte die lateinische Welt ihre große Zeit hinter sich. Es war ein Urteil, das den Zorn Léon Daudets erregte, der in seinem Loblied auf die Provence die »extreme Unterwürfigkeit« attackierte, mit der Adam sich den Vereinigten Staaten genähert hatte.[233]

aber, wie man ausruht, wie man lebt und wie man glücklich ist. Es kann ihnen zeigen, dass der Sinn des Lebens nicht im Geldmachen liegt und dass das Geldmachen nur ein Mittel sein kann, um ein Ziel zu erreichen.« A.a.O., S. 307.

233 Léon Daudet, »A Travers la Provence«, in: Daudet et Maurras, *Notre Provence*, S. 21–22.

Zunehmend aber hatte die »Malaise der lateinischen Welt« mit der Furcht zu tun, in einem kommenden Konflikt mit Deutschland der Verlierer zu sein. 1907 hatte Kaiser Wilhelm II. vom österreichischen Kaiserhaus Schloss und Park Achilleion auf Korfu erworben, die ursprünglich für die 1898 ermordete Kaiserin Elisabeth errichtet worden waren. Seit 1908 diente das Achilleion Wilhelm II. als Residenz, meist hielt sich der kaiserliche Hofstaat dort zu Ostern auf. Dass der deutsche Kaiser in Korfu sein Interesse am antiken Hellas demonstrativ zeigte – mit Hilfe des Archäologen Wilhelm Dörpfeld nahm Wilhelm II. dort sogar eigene Ausgrabungen vor – und damit eine Art preußisch-griechischer Wahlverwandtschaft demonstrieren wollte, erschien Paul Adam als unerhörte Anmaßung. Diese »Anmaßung« hatte Tradition. In seinen 1806 publizierten Betrachtungen über das klassische Altertum mit dem Titel »Latium und Hellas« hatte Wilhelm von Humboldt über Deutsche und Franzosen gesagt, sie hätten sich die Hauptelemente des griechischen Charakters geteilt und hätten dies so gründlich getan, dass sie sich wechselseitig der größten Unähnlichkeit mit den Griechen beschuldigten. Dabei beharrte Humboldt darauf, dass die Deutschen dem »Sinne des Griechen« näherkamen, ja ihn vielleicht sogar noch übertrafen, während die Franzosen über die Nachahmung der Römer nicht hinauskamen.[234]

Als Adam während des griechischen Osterfestes auf Korfu mit ansehen musste, wie Wilhelm II. von amerikanischen Yachtbesitzern als »Jupiter des Nordens« bewundert wurde, ließ sich eine Koalition vorausahnen, in der sich Deutsche und Amerikaner auf Kosten Frankreichs und der lateinischen Welt zusammenschließen würden. Dies in Korfu mitzuerleben war umso schmerzvoller, als es doch Franzosen waren, die hier einst Straßen gebaut und auf der Insel eine verlässliche Verwaltung installiert hatten! Jetzt durchquerte in einer Landschaft, in der man erwarten würde, Wagen zu begegnen, die von den Pferden des Parthenon gezogen wurden, die aus fünf Automobilen

---

234 Wilhelm von Humboldt, »Latium und Hellas oder Betrachtungen über das classische Alterthum« (1806), in: Wilhelm von Humboldt, *Schriften zur Altertumskunde und Ästhetik* [Werke II], Darmstadt (Wissenschaftliche Buchgesellschaft), 3. Auflage 1979, S. 25–64, hier S. 55.

bestehende Kavalkade des »César allemand« die Insel. Dem deutschen Kaiser war es gelungen, die Franzosen in Marokko aufzuhalten, den Russen den Frieden aufzuzwingen, die Italiener zur Treue zu zwingen und den Engländern Befehle zu erteilen – und das alles, ohne das Schwert auch nur einmal zu berühren, einzig durch eine Regung seiner olympischen Augenbrauen! Adam erinnerte wehmütig daran, wie sich Frankreich nach den Schlachten von Solferino und Magenta in der Sympathie der lateinischen Welt sonnen konnte – und das dort angesammelte Kapital wieder verspielte, weil Napoleon III. zögerte, die Attacke gegen den Feind fortzusetzen, wodurch Österreich wieder stärker und Bismarck in die Lage versetzt wurde, Italien in den Dreibund zu zwingen.

1899 und 1907 fanden die beiden Haager Friedenskonferenzen statt, bei denen die Einführung einer obligatorischen Schiedsgerichtsbarkeit in internationalen Konflikten am deutschen Einspruch scheiterte. Adam kehrte vom Besuch der Konferenzen mit trüben Vorahnungen zurück: »Ich habe mich vergewissert, dass weder England noch die in einer Koalition miteinander verbundenen germanischen Kräfte dem Wünschen der anderen Nationen stattgeben werden, alle oder fast alle sind bereit, den Konflikt vor dem Schiedsrichter durch den Konflikt der Nationen zu ersetzen.«[235] Dem Menschengeschlecht, so Adam, blieben nur die Resignation und die Vorbereitung auf den Krieg. Besonders traurig stimmte ihn die Erkenntnis, dass allenthalben französische Ideen sich durchsetzten – und zugleich die feindselige Haltung gegen Frankreich wuchs. So folgte der preußische Generalstab in seinen strategischen Überlegungen napoleonischen Grundsätzen – und pflegte gleichzeitig seinen »Hass auf das lateinische Ideal«. Zunehmend mehr Deutsche verlangten die Einhaltung der elementaren Menschen- und Bürgerrechte und vergaßen dabei, dass es diese Rechte waren, für welche »das befreiende Frankreich der Revolution zwanzig Jahre lang gekämpft, für die es später aus Magenta und aus Solferino die Unterdrücker der lateinischen Freiheit verjagt, für die Miranda,

235 Paul Adam, *Le Malaise du monde latin*. Deuxième édition, Paris (R. Roger et F. Chernoviz) 1910, S. 24.

Bolívar und San Martín, geformt durch die Triumphe unserer Republik, Südamerika befreit hatten, nachdem Washington, mit der Hilfe unseres Lafayette, die Vereinigten Staaten des Nordens zur Welt gebracht hatte.«[236]

236 Paul Adam, *Contre l'aigle. Contre nous*, Paris (H. Falque) 1910, S. 10.

Im Großen Krieg:
Lateinische Zivilisation gegen
deutsche Barbarei

Nach einer Zeit des Zweifels kehrte mit dem Ausbruch des Ersten Weltkriegs der Enthusiasmus für die Latinität zurück, verstärkt durch Entwicklungen in der künstlerischen Avantgarde, in der Bewegungen wie der Kubismus und der Futurismus eng mit der lateinischen Welt verbunden waren. Die maßgebenden Künstler stammten aus Frankreich, Spanien und Italien, »lateinische Werte« prägten die Moderne.[237] In seinem im vorletzten Kriegsjahr erschienenen Buch *La Terre qui tonne* schilderte Paul Adam seine Fronterlebnisse in Frankreich und in Italien, wobei manche Passagen in ihrer brutalen Expressivität an Ernst Jüngers *In Stahlgewittern* erinnern. Mit seinem Buch wollte Adam den lateinischen Truppen, »an denen man alles lieben muss ...«, ein Denkmal setzen. Ihre Kämpfe glichen den Kampagnen der antiken römischen Legionen – kein Wunder, stammten sie doch von Marius und Brutus ab und standen deren Mut nicht nach. In den lateinischen Truppen des Ersten Weltkriegs erlebte das Römische Reich seine Wiedergeburt.

In Italien traf Paul Adam König Viktor Emmanuel III. und den General Luigi Cadorna, der 1915 den Beschluss des italienischen Parlaments forciert hatte, den Dreibund aufzukündigen, Österreich-Ungarn den Krieg zu erklären und sich der Entente anzuschließen. In Frankreich besuchte Adam Truppen im heimischen Artois und in der Champagne, in Italien berichtete er von der Isonzofront. Der Erste Weltkrieg war für ihn ein »wunderbarer Kampf«, in dem sich die lateinische Welt von ihren Unterdrückern befreien würde. Der römischen Zivilisation und ihrem Mut stand die Wildheit der Barbaren gegen-

---

237 Amotz Giladi, »Guillaume Apollinaire et la ›latinisation‹ des avant-gardes parisiennes durant la Première Guerre mondiale« (2012); http://contextes.revues.org/5045

über, die Freiheit kämpfte gegen die »Bestialität der germanischen Tyrannei«. Die Berichte Adams von der Front schilderten die kleinsten Details täglicher Kämpfe – und nahmen zugleich den ahistorischen Charakter mythischer Auseinandersetzungen an. In den französischen Schützengräben traf Adam »poilus«, die aussahen wie die Grenadiere Napoleons – »Alle militärischen Epochen unserer Geschichte sind durch sympathische Wiedergänger vertreten«. Seine Frontberichte aus Italien erinnerten an die römische Vergangenheit. Beiläufig zitierten die jungen italienischen Offiziere, mit denen Paul Adam in Udine sprach, Seneca und Tacitus. Adam verfasste einen Propagandatext: Der »boche« war feige, sobald sie angegriffen wurden, wichen die preußischen Truppen zurück, alle Franzosen waren tapfer, kein einziger Schwerverwundeter klagte, sie litten »wie Christus am Kreuz«. Adam, der früher mit Kritik an den Angelsachsen nicht gespart hatte, bewunderte jetzt die englischen Soldaten, die den Franzosen zu Hilfe kamen, »diese feine Jugend, welche die grobschlächtigen Deutschen füsiliert und sie auslöscht«. Ebenso sehr begeisterten ihn Marokkaner und Senegalesen, »olivenfarbige Teufel und schwarze Dämonen, welche die überraschte teutonische Masse mit ihren Bajonetten erledigen« – und damit eine Schuld gegenüber den Franzosen, ihren »Befreiern«, zurückzahlten. Für Adam gehörten die afrikanischen Soldaten, »Söhne des antiken Karthago«, zur lateinischen Welt, sie verteidigten die Zivilisation gegen die Barbarei.

Mit der Rekrutierung afrikanischer Soldaten hatte Frankreich in der Mitte des 19. Jahrhunderts begonnen. Auf Dekret Napoleons III. wurden in den Kolonien Regimenter ausgehoben, in denen freigekaufte Sklaven, Kriegsgefangene oder Freiwillige dienten. Da die ersten von ihnen aus dem Senegal kamen, sprach man von den »Senegal-Schützen«, auch wenn die Soldaten aus verschiedenen afrikanischen Ländern stammten. Bald veränderte sich die ethnische Zusammensetzung der französischen Armee. Entscheidenden Anteil daran hatte der ursprünglich im Sudan stationierte General Charles Mangin mit seinem 1910 veröffentlichten Buch *La Force Noire*.

Wie viele Franzosen schockierte Mangin der Bevölkerungsrückgang in Frankreich, für den er nicht zuletzt den Verlust von Elsass-

Lothringen im Krieg von 1870–71 verantwortlich machte. Die Armee war zahlenmäßig zu schwach, um in einem künftigen Krieg gegen Deutschland bestehen zu können. Erst durch die Rekrutierung von Afrikanern, der »Schwarzen Kraft«, konnte sie gefechtsbereit werden. Die Soldaten, die aus dem Maghreb oder aus Schwarzafrika stammten, zeichneten sich in Verdun und am Chemin des Dames, wo jeder zweite Afrikaner fiel, durch Draufgängertum und große Tapferkeit aus. Die Fahne der »Tirailleurs Sénégalais« wurde mit dem Kreuz der Ehrenlegion geehrt. Unumstritten war die »Force Noire« nicht. 1910, im gleichen Jahr, in dem Mangin sein Buch publizierte, veröffentlichte auch der Sozialist Jean Jaurès seine Streitschrift *La Nouvelle Armée*. Er wollte die französische Armee nicht durch die Rekrutierung von Afrikanern, sondern durch den Aufbau einer Miliz nach dem Vorbild der Schweiz oder der preußischen Landwehr stärken. Die Armee sollte nicht farbiger, sie sollte demokratischer werden. Mangin aber setzte sich durch: Frankreich würde durch Afrika gerettet werden.

In den französischen Regimentern, die, wie der Vertrag von Versailles es vorsah, im Rheinland stationiert wurden und später das Ruhrgebiet besetzten, dienten viele afrikanische Soldaten. Ihre Präsenz löste in Deutschland einen Sturm der Entrüstung aus: Wie konnte man eine zivilisierte Bevölkerung dem Joch von Barbaren unterwerfen! Von »Schwarzer Schmach« oder »Schande« war die Rede, Reichspräsident Ebert nannte es einen Angriff auf die westliche Zivilisation, wenn schwarze Soldaten auf »niedrigster Entwicklungsstufe« eine hochentwickelte Kultur schikanierten. In *Mein Kampf* wütete Hitler gegen die angeblich von Juden betriebene Stationierung von »Negern« in Deutschland, mit der versucht wurde die weiße Rasse zu zersetzen. Zu den französischen Autoren, welche die deutsche Entrüstung zurückwiesen, gehörte Mangin. Er erinnerte daran, es habe im Ersten Weltkrieg keine große Offensive gegeben, »in der unsere Schwarzen nicht eine wichtige und oft entscheidende Rolle gespielt haben«. Maliziös fügte er hinzu: »Deutschland wird sich daran gewöhnen müssen, dass unser Vaterland nicht länger mehr in seinen europäischen Grenzen eingezwängt ist. Es sind nicht nur vierzig, es sind jetzt hundert Millionen Menschen, die das friedliebende Frankreich, geleitet vom höchsten Ideal der Gerechtigkeit und der Humanität, in den Dienst der Zivilisation stellen kann.«

Als aber berichtet wurde, schwarze Soldaten seien im Frankfurter Goethe-Haus einquartiert worden, fragte die Pariser Zeitung *Le Populaire*: »Welcher Kretin hat es für gut befunden, auf diese Weise den Autor des *Faust* herabzusetzen?« Henri Barbusse, Romain Rolland und Bernard Shaw sprachen sich gegen die Stationierung schwarzer Truppen in Deutschland aus. Allmählich wurde die »Force Noire« aus Deutschland zurückgezogen – in einem Prozess, der als »blanchiment« bezeichnet wurde. Vergessen wurde sie nicht. 1924 wurde den Helden der »Force Noire« in Reims ein Denkmal errichtet, das deutsche Soldaten beim Einmarsch in Frankreich 1940 sofort zerstörten. Vier Jahre später halfen die »Senegal-Schützen«, die deutschen Truppen erst aus der Provence und dann aus ganz Frankreich zu vertreiben. [238]

Als ob er das Stereotyp des gebildeten preußischen Offiziers, von dem Flaubert wie Paul Valéry mit entsetzter Bewunderung gesprochen hatten, verspotten wollte, schilderte Adam Sturmangriffe französischer Truppen gegen die »Schützengräben der Kultur« (*la tranchée de la Kultur*), die mit dem Massaker an deutschen Soldaten endeten, denen er Namen wie »Siegfried« und »Werther« gab. Für Adam bestand kein Zweifel daran, dass der »Satanismus der ohnmächtigen Preußen« gegenüber dem »génie lumineux des Méditerranéens« auf verlorenem Posten stand. Die neuen römischen Legionen würden Varus und seine Soldaten rächen, ihrem unaufhaltsamen Marsch würden die Straßen Germaniens offen stehen. Und« nach Kriegsende, so Adam, müssten die mediterranen Eliten am Rhein, südlich der Donau und im Norden Afrikas im Geiste Roms die Hegemonie der lateinischen Welt sichern.

---

238 Siebzig Jahre danach zelebrierte Präsident François Hollande die Erinnerung an das »Débarquement de Provence« an Bord des Flugzeugträgers »Charles de Gaulle« und nahm von dort die Parade der Kriegsmarine vor Toulon ab. Zwölf afrikanische Staatschefs waren die Ehrengäste, denn im Mittelpunkt der Feierlichkeiten standen die »Helden der Provence«, die 120 000 afrikanischen Soldaten, die entscheidend zum Erfolg der Invasion beigetragen hatten. Hollande rühmte eine einzigartige Armee, eine Armee der Freiheit und der universellen Menschenrechte, in der Soldaten aus Brest Seite an Seite mit Soldaten aus Bamako gekämpft hatten: »Dem Süden, ja dem Süden verdankt Europa seine Rettung, und wir dürfen das niemals vergessen.«

Deutschland werde Reparationszahlungen leisten, bis auch die kleinste von deutschen Truppen angerichtete Zerstörung beseitigt sein würde.

Reims Dévastée, Paul Adams letztes Buch, das 1920, im Jahre seines Todes, erschien, wurde zu einer Apotheose der lateinischen Welt und zur Abrechnung mit den »Barbaren«, mit dem deutschen Militär und deutscher Kultur. Im Mittelpunkt des Buches, das in der Reihe *La France Dévastée* erschien, stand die minuziöse Beschreibung der Wunden, welche die deutsche Artillerie im September 1914 der Kathedrale von Reims, der Krönungskirche des französischen Königtums, zugefügt hatte. Für Adam war Reims die »Hauptstadt der Latinität«, seine Kathedrale war eine »lateinische Kirche«, deren großartige Statuen von der »Macht des lateinischen Genies« zeugten. Als italienische und portugiesische Soldaten den vor Reims gelegenen französischen Truppen zu Hilfe kamen, sah Adam darin eine Wiederbelebung des Römischen Reichs. Wie drei Jahre zuvor in *La Terre qui tonne* sprach Adam von »Römischen Legionen«, die er jetzt auch »Legionen des Römischen Rechts« nannte, die Varus rächen würden; die am Mittelmeer lebenden Völker, die sich zu einer Koalition zusammengeschlossen hatten, kündeten von der Gegenwart eines »Lateinischen Reichs«. Die deutschen Soldaten dagegen standen vor Reims wie einst die Barbaren vor Rom, und es lag kein Widerspruch darin, dass sie »im Geiste Hegels und Nietzsches« handelten. Denn deutscher Militarismus und deutsche Kultur und Philosophie waren für Paul Adam, der einst den deutschen Geist bewundert hatte, jetzt untrennbar miteinander verflochten. Als die Franzosen am 13. September 1914 Reims zurückeroberten, wurde die Kathedrale zum Lazarett, das sich, Adam konnte seine Genugtuung darüber nicht verbergen, mit »blutenden Siegfrieds, amputierten Parsifals, ausgeweideten Lohengrins und sterbenden Übermenschen« füllte: »Die Stärke der Lateiner lässt die Söhne von Bismarck und von Zarathustra in Massen fliehen.«[239] Verantwortung für die Niederlage der deutschen Truppen trug letztendlich die deutsche Kultur: »Stupide Grausamkeiten von Ludendorff und Hindenburg; seltsame Ratschläge von Hegel und Nietzsche an ihre Nachkommen; absurde

239 Paul Adam, *Reims dévastée*, Paris (Librairie Félix Alcan) 1920, S. 9.

Kalküle von Leibniz und Virchow; bizarre psychologische Fehler bei den Schülern von Kant und Schopenhauer und den Freunden von Freud; unerklärliche Widersprüche in Hirnen, die von Lessing, dem Ästheten, und Mommsen, dem Apologeten der römischen Größe, instruiert worden waren.«[240] Der »baltische Wotan« war mit dem Versuch gescheitert, den »Geist des Mittelmeers« zu töten. Umso mehr zürnte Adam über die in seinen Augen unzureichenden Bestimmungen des Vertrags von Versailles. Die »lateinischen Interessen« der Belgier, Italiener, Rumänen, Portugiesen und Brasilianer waren nicht berücksichtigt worden. Trotz aller Anstrengungen Clemenceaus hatten mediokre Politiker den Frieden verspielt: Deutschland zahlte nicht genug Reparationen, und Frankreich hatte darauf verzichtet, das linke Rheinufer zu annektieren und damit die »natürlichen« Grenzen wiederzugewinnen, die in der Revolution die jakobinischen Truppen gesichert hatten.

240 A.a.O., S. 163.

Der Norden gegen den Süden Frankreichs:
Gefahr für die »Union Sacrée«

Für Verfechter der »lateinischen Idee« wie Paul Adam sollte die »Grande Guerre« zur Rache für 1870–71 werden: Die Niederlage von Sedan war ein Symbol für den drohenden Untergang der lateinischen Welt gewesen, jetzt würden die Siege im Norden und im Osten Frankreichs ihren Wiederaufstieg symbolisieren. Die Rückeroberung von Elsass-Lothringen sollte zum Triumph des Midi über den germanischen Norden werden. Wenige Wochen nach Kriegsbeginn aber zeigte sich, dass die im Gedicht eines Lothringers zum Ausdruck kommende Hoffnung, jetzt werde es in Frankreich keine Gegensätze zwischen den »petites patries«, den »kleinen Vaterländern«, mehr geben – »Au premier bruit de guerre, en France se sont tues / Les voix où les Français semblaient s'être haïs« –, ein Wunsch geblieben war.[241] Die sogenannte »Affäre des XV. Korps« machte deutlich, dass in Frankreich der Antagonismus zwischen dem Midi und dem Norden virulent geblieben war, der im Augenblick der größten Bedrohung von außen die innere Einheit der Nation, die »Union Sacrée«, zu sprengen drohte. Von ihr war erstmals am 4. August 1914 die Rede, einen Tag nachdem Deutschland Frankreich den Krieg erklärt hatte.

»Wir sind nur noch eine einzige große Armee« und »Die moralische Maschine funktioniert ohne Panne«, hatte Maurice Barrès am 29. Juli und am 5. August 1914 in Artikeln für das *Écho de Paris* geschrieben, die später in einem Buch mit dem Titel *L'Ame française et la guerre* publiziert wurden.[242] Die Ermordung des Pazifisten und Kriegsgegners Jean

241 Maurice Mistre, *La Légende noire du 15e corps d'armée. L'Honneur volé des Provençaux par le feu et l'insulte.* Avec une postface de Jean-Marie Guillon, La Bonnechère (C'Est-à-dire Éditions) 2009, S. 92/93.

242 Maurice Barrès, *L'Ame française et la guerre. 1. L'Union sacrée*, Paris (Émile-Paul Frères) 1915, S. 5, 18. Der Lothringer Barrès hielt das Programm einer deutsch-französischen Aussöhnung, wie es Jean Jaurès vertrat, für eine »erschreckende Chimäre«. Jaurès

Jaurès am 31. Juli würde die Franzosen, über alle politischen Divergenzen hinweg, noch enger zusammenschweißen, hoffte Barrès, der Jaurès einst vorgeworfen hatte, mehr deutsch als französisch zu denken: Der Sozialistenführer könne ebenso wie im Pariser Palais Bourbon ein Abgeordnetenmandat im Berliner Reichstag wahrnehmen. Stehend hörten die Abgeordneten der Nationalversammlung die Rede ihres Präsidenten Paul Deschanel, der Jaurès die letzte Ehre erwies: »Seine Gegner fühlen sich genauso betroffen wie seine Freunde und verneigen sich in Trauer ... Aber was sage ich – gibt es überhaupt noch Gegner? Nein, es gibt nur noch Franzosen. Aus dem Grab dieses Mannes, der als Märtyrer gestorben ist, aus seinen Ideen entsteht der Gedanke der Einheit.« Danach nahm Staatspräsident Raymond Poincaré das Wort: »Unsere schöne und mutige Armee, die Frankreich heute mit mütterlichen Gefühlen begleitet, hat sich zitternd vor Erregung erhoben, um die Ehre der Fahnen und den Boden des Vaterlandes zu verteidigen. Frankreich wird heldenhaft von all seinen Söhnen verteidigt, deren heilige Einheit vor dem Feind nicht zerbrechen wird.« Wenige Tage später wurde offenbar, dass ausgerechnet in der französischen Armee von einer »heiligen Einheit« keine Rede sein konnte.

In Lothringen bildeten das XV., das XVIII. und das XX. Korps die Zweite Armee. Dem sogenannten »Plan XVII« folgend, in dem sich der fanatische Offensivdrang des französischen Generalstabs und seines Chefs Joseph Joffre ausdrückte, griff die Zweite Armee nördlich von Nancy deutsche Truppen an, die sich in gut ausgebauten, von Jahr zu Jahr immer besser befestigten Stellungen verschanzt hatten, durch massive Artillerieverbände gedeckt waren und systematische Luftaufklärung betrieben. Der französische Angriff erfolgte, wie die herrschende Doktrin der *Offensive à outrance* es zuließ, ohne ausreichend schwere Artillerie und ohne Luftunterstützung; darin spiegelte sich die Überzeugung der Generalität wider, dass es stets der Mut, der Elan und der Wille des einzelnen Soldaten sind, die über den Sieg

stammte aus Castres, aus dem Südwesten Frankreichs, der nicht, wie der Norden und Osten, »achtundzwanzig« germanische Invasionen seit Karl dem Großen erlitten hatte. Vgl. Georges Tronquart, »Barrès juge de Jaurès«, in: *Bulletin de l'Association Guillaume Budé*, No. 1, Mars 1963, S. 99–113, hier S. 100.

entscheiden. Das Vorbild der napoleonischen Kampagnen war immer noch wirksam, in denen der Soldat mit aufgepflanztem Bajonett, »avec son fusil et sa poitrine«, auf die gegnerischen Linien zustürmte. »Dieser bewundernswerte Generalstab« war der Artikel überschrieben, den Maurice Barrès am 20. August, dem Höhepunkt der Schlacht, im *Écho de Paris* publizierte. Zu den wenigen Militärs, die erkannt hatten, dass die französische Taktik im Zeitalter der Maschinengewehre und Tanks nicht länger der Realität des modernen Kriegs entsprach, gehörten zwei Offiziere, die im Zweiten Weltkrieg zu Gegenspielern im Kampf um die Zukunft Frankreichs werden sollten – der Hauptmann Philippe Pétain, der im Stab des XV. Korps (!) in Marseille mit als Häresie geltenden taktischen Überzeugungen seine Karriere aufs Spiel setzte, und ein junger, in Dinant schon früh verwundeter und in Gefangenschaft geratener Leutnant mit Namen Charles de Gaulle: »Alle Tugend der Welt vermag nichts gegen das Feuer.«[243] Auf deutscher Seite dagegen galt die Doktrin der Materialschlacht, in der die Feuerkraft der schweren Waffen über Sieg und Niederlage entscheidet. Hinzu kam, dass Joffre den Angriff der Zweiten Armee in einem Gelände befahl, das bereits vor dem Ausbruch des Krieges von Militärschriftstellern als uneinnehmbar beschrieben worden war. Ortskundige hatten die französischen Soldaten vor einem Angriff in diesem Gelände gewarnt: »Dort werdet ihr massakriert werden.«

Die Zweite Armee geriet in eine Falle. Wie an anderen Stellen der Front waren die französischen Infanteristen »rote und blaue Zielscheiben, die man auf Hunderte von Metern sehen konnte« – die »pantalons rouges« fielen, ohne den Feind je gesehen zu haben.[244] Die schlecht

---

243 Auf subtile, aber deutliche Weise hat Paul Valéry auf die Differenzen aufmerksam gemacht, die Pétain von seinem Vorgänger, dem »illustren Foch«, trennten, als er nach der Wahl Pétains in die Académie Française auf dessen Dankesrede antwortete. Paul Valéry, »Réponse au Remerciement du Marchéchal Pétain à l'Académie Française«, in: *Œuvres* I, S. 1098–1128.

244 »Cibles rouges et bleues« – dies schreibt Jacques Cormery alias Albert Camus über die Marne-Schlacht, in der gleich am Anfang des Krieges sein Vater fiel. Albert Camus, *Le Premier Homme*, Paris (Gallimard) 1994, S. 70. Auf die »pantalons rouges« der französischen Gefallenen des Ersten Weltkriegs hinzuweisen wurde zum *topos* der Erinnerungskultur. »Pauvres enfants de ma classe, avec vos pantalons rouges, fauchés en plein champ, à découvert, par les mitrailleuses allemandes, ne comptez pas recevoir des

eingerichtete, deutlich unterlegene französische Artillerie feuerte in der Verwirrung auf die eigenen Truppen, in der Dunkelheit schossen einige der französischen Bataillone aufeinander, es kam zum chaotischen Rückzug. General de Castelnau, der Oberbefehlshaber der Zweiten Armee, musste Joffre die Niederlage melden, an zwei Tagen, dem 19. und 20. August hatte allein das XV. Korps 9800 Gefallene, darunter 180 Offiziere zu beklagen. Am Abend des 21. August rief Joffre den Kriegsminister Adolphe Messimy an und meldete: »Die Lothringen-Offensive hat glänzend begonnen. Durch individuelles und kollektives Fehlverhalten aber ist sie brüsk zum Stillstand gekommen, hat zum allgemeinen Rückzug geführt und uns erhebliche Verluste zugefügt. Ich habe das XV. Korps, das dem Feuer nicht standgehalten hat und verantwortlich für das Scheitern unserer Offensive ist, hinter die Front zurückgezogen. Ich werde für ein entschlossenes Vorgehen der Kriegsgerichte sorgen.« Joffre fand sein Sprachrohr in Maurice Barrès. Am Anfang seiner Artikel im *Echo de Paris* stand ein Lagebericht von der Front: »Die französischen Niederlagen im August«. Dort schrieb Barrès, die Offensive habe brillant begonnen, sei dann aber durch starkes deutsches Artilleriefeuer und den Ausfall »bestimmter Einheiten« zum Stillstand gekommen. Als Kontrast hob der Lothringer Barrés die Tapferkeit des unter dem Befehl des Generals Foch stehenden XX. Korps hervor – dessen Soldaten aus Lothringen stammten.

Joffre, der für seine militärische Karriere fürchtete, suchte einen Sündenbock und fand ihn im XV. Korps.[245] Auch dem Kriegsminister

---

jeunes Français d'aujourd'hui beaucoup plus qu'un haussement d'épaule. Vous aviez été parés pour le sacrifice«, klagte François Mauriac im Vorwort zu seinen *Mémoires politiques*, Paris (Grasset) 1967, S. 13.

245 Auf die »Affäre des XV. Korps« bin ich durch eine Ausstellung aufmerksam geworden, die der französische Historiker Jean-Yves Le Naour kuratiert hatte und die vom 24. März bis zum 5. Juli 2014 im Centre aixois des Archives départementales des Bouches-du-Rhône in Aix-en-Provence zu sehen war: »La Faute au Midi. Soldats héroïques et diffamés«. Im Zusammenhang mit der Ausstellung erschien mit Texten von Le Naour und Zeichnungen von A. Dan eine »Bande dessinée« zum Thema. Weiter stütze ich mich auf Jules Belleudys »livre de réparation«, *Que faut-il penser du XVe corps*. Préface du Colonel Gros Long, Menton (Imprimerie Coopérative) 1921; Jean-Yves Le Naour, »La Faute aux ›Midis‹: La légende de la lâcheté des méridionaux au feu«, in: *Annales du Midi* CXII (2000), No. 232, S. 499–516, und Maurice Mistre, *La légende noire du 15e corps*.

musste daran gelegen sein, für das Desaster in Lothringen Schuldige zu finden, um nicht selbst in die Kritik zu geraten. In Gegenwart des Ministerpräsidenten René Viviani verabredete Adolphe Messimy mit dem befreundeten Senator der Seine, Auguste Gervais, einen Artikel über die »Affäre« – manche Quellen behaupten, der Minister habe Gervais den Artikel diktiert –, der am anderen Tag im *Matin*, der größten Pariser Tageszeitung, erscheinen sollte. Auch die Truppen des XX. Korps hatten sich zurückziehen müssen – aber sie kamen aus Lothringen und galten als die besten Soldaten Frankreichs. Die Nachricht von ihrem Rückzug, so die Befürchtung der Politiker, hätte bei der französischen Bevölkerung eine Panik ausgelöst. Die Soldaten des XV. Korps dagegen stammten mehrheitlich aus dem Midi, den Alpes-Maritimes, dem Gard, der Ardèche und Korsika. Die Lothringer hatten sich angeblich nichts zuschulden kommen lassen, die Meridionalen aber waren feige geflohen. Den Bericht eines Offiziers, der von der Front in Lothringen eingetroffen war und dem Minister versicherte, es gebe keinen Grund von einer »panique méridionale« zu sprechen, ignorierte Messimy. Erneut wurde der Montesquieu-Effekt wirksam: Die Kälte des Nordens begünstigt Energie, Vitalität, Mut und Männlichkeit, die Wärme des Südens verleitet zu Schlaffheit und trägem Sich-gehen-Lassen.

Am 24. August stand der Artikel von Gervais auf der ersten Seite des *Matin*: »Die Wahrheit über die Affäre des 21. August. Der Rückzug in Lothringen«. Der Senator versicherte die Leser seines unerschütterlichen Vertrauens in die französischen Truppen, bevor er sich mit dem »Misserfolg« in Lothringen beschäftigte: »Ein bedauerlicher Zwischenfall hat sich ereignet. Eine Division des XV. Korps, mit Kontingenten, deren Soldaten aus Antibes, aus Toulon, aus Marseille und aus Aix kommen, hat vor dem Feind die Flucht ergriffen. Die Folgen kann man den Heeresberichten entnehmen. Sämtliche unserer Geländegewinne … sind verloren gegangen, das Ergebnis einer seit langem vorbereiteten, fähigen Strategie, deren glücklicher Auftakt uns brillante Vorteile versprach, ist für den Augenblick kompromittiert. Trotz der Anstrengungen der anderen Armeekorps, die an der Operation teilnahmen und deren Haltung untadelig war, hat das Versagen eines Teils des XV. Korps zum Rückzug auf der ganzen Linie geführt. Mit der von ihm bekannten Entschlusskraft hat der Kriegsminister unverzüglich und kompromisslos die notwendigen Strafmaßnahmen angeordnet. In der Tat ist dies nicht die Zeit für Gefühlsregungen. Jedermann, vom befehlenden General bis zum letzten Soldaten, muss davon überzeugt sein, dass es im Angesicht des Feindes nur eine Aufgabe gibt, die unsere Ahnen in der Revolution zu erfüllen wussten: Siegen oder Sterben ... Dennoch wird dieser Zwischenfall, davon sind wir überzeugt, so bedauerlich er auch ist, keine weiteren Folgen haben ... Ohne Zweifel von den schreckenerregenden Wirkungen der Schlacht überrascht, sind die Truppen der liebenswerten Provence in plötzliche Panik geraten. Das öffentliche Zugeständnis ihrer unverzeihlichen Schwäche wird die Strenge der militärischen Strafmaßnahmen zur Folge haben. Die Soldaten des Midi, die über so große kriegerische Qualitäten verfügen, werden es sich zur Ehre anrechnen, und dies von morgen an, die Beleidigung französischer Werte, für die einige von ihnen verantwortlich sind, auszulöschen. Sie werden, davon sind wir überzeugt, glorreiche Revanche nehmen und zeigen, dass in Frankreich, unabhängig von ihrem Herkommen, alle Soldaten unserer Armeen bis zum letzten Mann bereit sind, ihr Blut zu vergießen, um gegen den drohenden Angreifer das Heil des Vaterlandes zu bewahren.«[246]

In diesen Worten drückte sich »die lange unterdrückte Genugtuung aus, endlich gegen diese sonnenüberflutete Côte d'Azur zu wettern, aus der keine richtigen Soldaten kommen konnten«.[247] Zur Zeit der »Grenzschlacht«, wie die Offensive in Lothringen bezeichnet wurde, die militärische Unfähigkeit und Unzuverlässigkeit der Soldaten aus dem Midi zu behaupten war umso eigentümlicher, als das Schlüsselpersonal der Generalität aus »Meridionalen« bestand: Dazu zählten

246 Belleudy, S. 139–140. Seit 1916 bemühte sich der Historiker Jules Belleudy (1855–1938), Gründer der Zeitung *Réveil du Midi*, der zuerst Präfekt des Département Ardèche und dann des Département Vaucluse gewesen war, die Darstellung Joffres und die Vorwürfe von Gervais zu entkräften; er stützte sich dabei vor allem auf die Zeugnisse der Generalität und hoher Offiziere. Maurice Mistre hat die Arbeit von Belleudy fortgesetzt und ergänzt, indem er – mit Hilfe eines dank des Internets leichteren Zugangs zu den Quellen – auch die Berichte der »petits soldats« in seine Recherchen mit einbezog.

247 Belleudy, S. 141.

Joffre und Foch (beide stammten aus den Hautes-Pyrénées), Castelnau (Aveyron) und Galliéni (Haute-Garonne).

Der Vorwurf an die Soldaten des Midi, durch ihr feiges Verhalten die Offensive in Lothringen durchkreuzt zu haben, wog umso schwerer, als Joffre nur wenige Tage zuvor, am 18. August, aus seinem Hauptquartier dem Kriegsminister ein »triumphales Telegramm« übermittelt hatte: »In allen Kämpfen der letzten Tage, sowohl in Lothringen als auch im Elsass, haben die Deutschen erhebliche Verluste erlitten. Unsere Artillerie hat beim Feind eine demoralisierende und schreckenerregende Wirkung gezeigt. Überall haben wir in den vergangenen Tagen bedeutende Erfolge erzielt, die der Truppe, deren Eifer unvergleichlich ist, und ihren Chefs, die sie führen, die allergrößte Ehre machen.«[248] Die Zensur verbot den Zeitungen in der französischen Provinz, den im *Matin* publizierten Artikel von Gervais nachzudrucken. Man wollte jeder Panik vorbeugen und der Bevölkerung die drohende Angst vor einer Niederlage größeren Ausmaßes nehmen, die Nancy hätte bedrohen können. Einige Politiker warfen Messimy Indiskretion vor – der Artikel mit den Vorwürfen an die Soldaten der »liebenswerten Provence« hätte nie erscheinen dürfen. Andere begrüßten es, dass endlich die Lage auf dem Kriegsschauplatz realistisch dargestellt wurde, nachdem bisher die Kommuniqués aus dem Generalhauptquartier behauptet hatten, die deutschen Truppen seien von Angst gelähmt und würden wie Hasen vor den Poilus davonlaufen.

Ausgerechnet der Senator des südfranzösischen Departements Var, Georges Clemenceau, der die Strategie des französischen Generalstabs kritisiert hatte, verschärfte die Vorwürfe von Gervais noch, als er am 25. August in seiner eigenen Zeitung, *L'Homme libre,* vom leicht zu beeindruckenden Naturell der Meridionalen sprach und forderte, sie unverzüglich ins schwerste Feuer an der Front zu schicken, um ihnen die Chance zur Wiedergutmachung einzuräumen. Mit drohendem Unterton erwähnte er, obwohl er selbst über keine genauen Informationen verfüge, die Exekution von Feiglingen und Deserteuren, die jetzt auch den Soldaten aus dem Midi drohe. Als ihn Jules Bel-

248 Général Messimy, *Mes souvenirs*, Paris (Plon) 1937, S. 354–355, Anm. 2.

leudy später fragte, woher er seine Informationen gehabt habe, antwortete der »Tiger«, Messimy habe ihm alles erzählt. Später entschuldigte sich Clemenceau, er habe mit seinem Artikel auf die spöttische Bemerkung des Kriegsministers reagiert, der bei der Erwähnung des XV. Korps und seiner feigen Soldaten dem Senator aus dem Var vorgehalten hatte: »Das sind alles Ihre Wähler!« Am gleichen Tag, an dem Clemenceau die Soldaten des Midi verunglimpfte, reagierte Charles Maurras in der *Action Française* in einem Artikel, der »Deuil Provençal« überschrieben war, auf die Attacke von Gervais. Er beschrieb – im Gegensatz zu anderen Augenzeugen –, wie die Mobilisierung in der Provence sich in einer Atmosphäre des Enthusiasmus vollzogen hatte. Der Abmarsch der Regimenter an die Front habe einem Landspaziergang geglichen, so ruhig hätten die Soldaten des Midi die bevorstehenden Kämpfe erwartet.

In den betroffenen südfranzösischen Departements löste der Artikel von Gervais heftige Reaktionen aus, Abgeordnete und Senatoren protestierten gegen die Verunglimpfung ihrer Landsleute – nicht zuletzt, weil einzelne Regimenter, denen Feigheit vor dem Feind vorgeworfen wurde, in ihrer Zusammensetzung regional durchmischt waren und nicht nur Soldaten aus dem Midi in ihren Reihen hatten.[249] In Marseille und anderen Städten der Provence wurde der Verkauf des Pariser *Matin* verboten, an manchen Orten wurden Exemplare der Zeitung öffentlich verbrannt. *Le Petit Provençal* sprach von »Infamie«, *Le Petit Marseillais* nannte Gervais die »Schande des Senats«, *Le Soleil du Midi* schließlich bezichtigte den Senator, wie ein »Lakai Deutschlands« zu agieren. Im Namen der »leidenden Provence« verlangte eine Gruppe von Familienvätern, deren Söhne für Frankreich gefallen oder verwundet worden waren, Strafmaßnahmen gegen einen »schlechten Franzosen«, der das Vaterland zum Nutzen des Feindes in einem Augenblick auseinanderdividierte, da die Einheit des Landes, die von Präsident Poincaré feierlich beschworene »Union Sacrée« notwendiger war denn je. Da diese Einheit auseinanderzubrechen drohte, mussten

---

249 Zu den eher pikaresken Elementen der Affäre zählte es, dass die Bevölkerung des Midi den Frischkäse der Marke Gervais boykottierte, woraufhin der Käsefabrikant öffentlich erklärte, seine Firma habe mit dem Senator gleichen Namens nichts zu tun.

die Politiker und Militärs, die glaubten, für ihr eigenes Fehlverhalten im XV. Korps einen Sündenbock gefunden zu haben, den Rückzug antreten. Der Kriegsminister distanzierte sich von Gervais und betonte, in Lothringen habe man lediglich die Verfehlungen Einzelner zu beklagen gehabt, im Midi wie in jeder anderen Region Frankreichs seien die Soldaten bereit, für das Vaterland ihr Leben einzusetzen. Dennoch war Messimy als Minister nicht zu halten, er gehörte der am 26. August neugebildeten Regierung nicht mehr an, sein Nachfolger wurde Alexandre Millerand.[250] Am 25. August bereits hatte Joffre die Gelegenheit benutzt, um in einem Tagesbefehl zu den Kämpfen um Nancy und Lunéville die brillante Gegenattacke des XV. Korps und die »sehr schöne Haltung« seiner Truppen hervorzuheben, welche die Erinnerung »an die Überraschung vom 20. August« ausgelöscht hätten. Diese Äußerung Joffres ließ auch Gervais nicht ruhen, der nun seinerseits zwei Tage später eine öffentliche Erklärung abgab, in welcher er seinem Glauben an die kriegerischen Tugenden der Provence Ausdruck gab: »Keine Teilung, keine Zwietracht, nur Vertrauen und kaltes Blut im Blick auf die unauflösliche moralische Union aller Bürger für das Wohl des Vaterlandes!« »Dies hätte der Senator von Anfang an sagen müssen«, kommentierte lakonisch Le Petit Provençal.

In ihren Kriegstagebüchern, die im Mercure de France veröffentlicht wurden, erzählte die Schwester Arthur Rimbauds, Isabelle, an mehreren Stellen, wie abwehrend die Bevölkerung in Nordfrankreich den Soldaten aus dem Midi begegnete. Den »Kindern vom Ufer der Garonne« sei das Gefühl militärischer Ehre fremd, sie stänken nach Knoblauch, und wenn sie von der heimischen Gascogne berichteten, klinge es, als ob es sich um einen Landstrich außerhalb von Frankreich handele, jammernd beklagten sie den Mangel an Wein, ohne den sie nicht kämpfen könnten: »Point de vin, point de soldat!« Die Militärzensur aber war gehalten, die Nord-Süd-Spannungen in der Armee zu dämpfen, und so wurde im Tagebuch von Isabelle Rimbaud folgende Passage vor der Veröffentlichung 1916 gestrichen, in der von breto-

---

250 Messimy, der seine militärische Laufbahn unterbrochen hatte, um in die Politik zu gehen, kehrte in den Generalstab zurück und machte Karriere: Bei Kriegsbeginn Hauptmann, war er bei Kriegsende General.

nischen Regimentern die Rede war: »Murmeln und Ausrufe sind aus ihren Reihen zu hören und lassen uns ahnen, was sie erlebt haben: ›Es lebe die Bretagne! Nieder mit dem Midi, diesen Feiglingen, diesen Verrätern! Wir sind die tapferen bretonischen Soldaten!‹«[251]

Die Affäre des XV. Korps hätte mit der offiziellen Rücknahme der ursprünglichen Verdächtigung gegen die Soldaten aus dem Midi enden können – stattdessen kam es zur Wiederbelebung und Verschärfung des alten Konflikts zwischen dem Norden und dem Süden. Regionen im Süden solidarisierten sich mit den Truppen der Provence, weil sie befürchteten, ihre eigenen Soldaten könnten ebenfalls durch böswillige Gerüchte entehrt werden, »während sie ihr Blut für die Verteidigung der nördlichen Regionen Frankreichs vergießen«. In weiten Teilen der kämpfenden Truppe dagegen blieb die »schwarze Legende« von der Feigheit des XV. Korps wirksam und schloss alle Soldaten des Midi mit ein. Die Vorfälle häuften sich, in denen die »poilus de la Provence« von Kameraden und Vorgesetzten beschimpft und verspottet wurden, in den Lazaretten weigerten sich Ärzte und Sanitäter, Verwundete aus dem Midi zu behandeln, weil ihnen unterstellt wurde, sich Selbstverstümmelungen zugefügt zu haben, um dem Kampf an der Front zu entgehen.

Jetzt zitierte man wieder die populären, in mehr als hunderttausend Exemplaren verkauften patriotischen *Chants du Soldat*, mit denen 1885 der nationalistische Politiker und Dichter Paul Déroulède, Chef der *Ligue des Patriotes*, an den »Heiligen Krieg« von 1870–71 erinnert hatte. Der XVII. Gesang trug den Titel »De Profundis« und handelte von einem Soldaten aus Marseille, der sich vor der Einberufung gedrückt hatte:

Hast Du ihn gut gekannt? Das war ein richtiger Teufelskerl
Flink wie ein Hirsch und stark wie ein Ochse

251 Isabelle Rimbaud, »Dans les remous de la bataille (Journal de guerre)«, *Mercure de France*, 1. August 1916; abgedruckt ist die von der Zensur gestrichene Passage in Rimbaud, *Reliques*, Paris (Mercure de France) 1921, S. 167. Zitiert nach www.poetesses.fr/articles/rimbaud-isabelle-dans-les-remous-de-la-bataille-1916 und https://archive.org/details/reliquesoorimbuoft.

Im übrigen der sympathischste Plauderer, den man sich vorstellen
kann
Er zerdrückte einen Sou, so wie man ein Ei zerdrückt.

Er war es nicht, der den Krieg wollte,
Ich kann schwören, dass er mit Nein gestimmt hat
Aber als er sah, dass man den Krieg führen musste
Sagte er: Na gut, dann sollen sie ihn führen.

Die Français de France reagieren schnell
Aber er, aus Marseille, gibt den Dingen Gewicht
Er weiß, dass man nur einmal stirbt
Und dieses eine Mal ist wert, dass man es wohl bedenkt.

Im übrigen, sagte er, gilt doch mehr oder weniger:
Was ist schon ein Soldat in der ungeheuer großen Armee
In jedem Duell braucht man Zeugen
Wir werden die Zeugen sein der Français de France.

Nun, auch wenn sie weder Kraft noch Glück haben
Sollen diese Leute aus dem Norden sich doch schlagen
Schon gut! Aber es bleibt immer noch die Provence
Man komme uns nur näher, wir werden bereit sein.

Wirklich, allzeit bereit sich zu schlagen
Exerzierte er, hatte zwei Gewehre
Er sprach wie drei und schrie wie viere
Er war ein wirklich gelungener Troupier.

Und als er erfuhr dass auf den Feldern des Elsass
Der Schlachtengott uns verließ
Da wäre er gekommen, wenn er auf seinen verrückten Mut gehört
hätte,
Aber er blieb.

Ich glaube, sagte er, dass Frankreich später
Nur zu glücklich sein wird, mich wiederzufinden
Zeigen wir uns also von fern, wie die Hoffnung
Und, um stark zu bleiben, halten wir uns am Leben![252]

Damit wurde eine Behauptung erneuert und verstärkt, aus der Charles de Bonstetten in seinem Buch *L'homme du Midi et l'homme du Nord* bereits Ende des 18. Jahrhunderts in der Nachfolge Montesquieus den Tatbestand einer regionalen Anthropologie gemacht hatte: Den »heroischen Völkern« des Nordens, die beinahe überall siegreich waren, standen die »stets unterworfenen Völker des Midi« gegenüber. Die Verse von Déroulède klangen noch im Tagebuch des aus Paris stammenden Leutnants Henri Désagneaux nach, das sein Sohn 1972 ohne jeden erklärenden oder distanzierenden Kommentar veröffentlichte. Dort heißt es in einem Eintrag vom 3. Oktober 1914: »Die Truppen aus dem Midi haben die Gegend passiert, in der sie eine traurige Erinnerung hinterlassen haben … Als diesen Truppen befohlen wurde, ins Feuer zu gehen, haben sie ihre Waffen und ihre Munition weggeworfen … Sie haben gezeigt, dass sich der Midi ›außerhalb von Frankreich befindet‹. Sie hatten es ruhig zu Hause, sagten sie, sie wollten nicht kämpfen. Was sollen wir denn hier? Wir haben unsere Grenzen, bewacht ihr die eurigen … Wenn die Lothringer Lust haben, sich zu schlagen, sollen sie doch in die Schlacht ziehen. Wir aber wollen nur nach Hause. Es ist das XV. Korps, das in Sarrebourg vor dem Feind geflohen ist.«[253]

Déroulèdes Verse bestätigten das seit der Mitte des 19. Jahrhunderts gezeichnete Stereotyp von Marseille und seinen Bewohnern: Sie waren faul, vulgär, hatten keine Manieren, logen, was das Zeug hielt, ernährten sich ausschließlich von Knoblauch und Bouillabaisse und verkörperten einen Typus, der aus den Komödien der Pariser Theater nicht wegzudenken war. Man muss nicht darüber staunen, dass ausgerechnet

252 Paul Déroulède, *Chants du Soldat*, Paris (Calmann-Lévy) 1885, S. 99–102.
253 Georges Liens, »Le stéréotype du méridional vu par les Français du Nord de 1815 à 1914«, S. 413–431, hier S. 413–414. Liens korrigiert den Tagebuchschreiber: Das XV. Korps gehörte zur II. Armee, die Truppen, die in Sarrebourg vor dem Feind zurückwichen, gehörten zur I. Armee.

Alphonse Daudet in einer seiner *Montagsgeschichten* (*Contes du Lundi*) mit dem Titel »Die Verteidigung von Tarascon« die Vorurteile gegenüber Marseille und dem Süden bestätigte, denn Daudet war im Grunde genommen ein Pariser Autor: »Und während Paris an seinem Haferbrot würgte, taten sich diese Herren hier an saftigen Steinhühnern gütlich und tranken den köstlichen Papstwein dazu; mit glühenden Köpfen, die Sauce bis an die Ohren geschmiert, wohlgesättigt, hauten sie auf den Tisch und schrien, als seien sie alle taub: ›Nun macht doch endlich euren Ausbruch‹ …«[254] Verschärft wurde die Konfrontation zwischen der Metropole und der »Hauptstadt des Sonnenreichs« dadurch, dass Marseille aus seiner politischen Inkorrektheit ein Markenzeichen gemacht hatte: Gegen den von der Montagne beherrschten revolutionären Konvent blieb es der Gironde treu, war royalistisch unter Napoleon I., liberal unter Karl X., republikanisch unter Louis-Philippe und sozialistisch in einer Republik, die vom Opportunismus geprägt war. Während des Krieges fühlte sich Marseille, die »Ville rouge« von der Pariser Zentralregierung im besonderen Maße benachteiligt, so dass am 9. Februar 1917 die Zeitung *Le Petit Provençal* die Regierung daran erinnerte, »dass Marseille in Frankreich liegt«.[255]

Déroulède verkörperte das »Frankreich der Revanche«, er gehörte zur antikolonialen Bewegung, die Jules Ferry als »Deutschen« und als Protégé Bismarcks beschimpfte und ihm vorwarf, mit der kolonialen Expansion Kräfte zu binden, die Frankreich bei der Rückeroberung Elsass-Lothringens fehlen würden.[256] Im *Tableau de la France* hatte Michelet die Provence noch als »pays de militaires« bezeichnet und die unerschrockenen Matrosen des Golfe du Lion gelobt. Das entsprach Versuchen, das Stereotyp des weichen, liebenswerten, aber unzuverlässigen und im Grunde seines Herzens feigen Provenzalen durch ein Gegenstereotyp abzulösen, in dem der »homme du midi« als wild und

254 Alphonse Daudet, *Montagsgeschichten*, München (Winkler) 1981, S. 54. »Les Francs à la bataille, les Provençaux à la Victuaille«, zitiert Patrice Marcilloux, »L'Anti-Nord ou le péril méridional«, in: *Revue du Nord* 2005/2, No. 360–361, S. 648.

255 Jean-Yves Le Naour, »La culpabilité d'une ville en guerre. Marseille, 1914–1918«, in: *Villes en guerre (1914–1945)*, Sous la Direction de Philippe Chassaigne et Jean-Marc Largeaud, Paris (Armand Colin) 2004, S. 208–216.

256 Jean-Michel Gaillard, *Jules Ferry*, Paris (Fayard) 1989, S. 575.

verschlagen, brutal und besonders grausam dargestellt wurde. Nach Sedan aber war wieder von der Feigheit der Provenzalen die Rede, man konnte, so Déroulède, auf die Soldaten des Midi nicht zählen, sie waren keine wirklichen Franzosen, keine »Français de France« – und wollten es auch nicht sein. Der Midi stand abseits, »à côté de la France«. Das entsprach der Überzeugung Ernest Renans, Frankreichs Unglück sei der Süden und das Land hätte keine Probleme mehr, wenn es sich endlich vom Languedoc und der Provence trennen würde – ein Echo dieser rabiaten Ablehnung des Südens fand sich später bei Autoren wie Céline, der davon sprach, südlich von Orléans habe er nicht mehr das Gefühl, unter Franzosen zu sein.

Als Sinnbild des unzuverlässigen Meridionalen galt Tartarin von Tarascon, den Alphonse Daudet in seinem gleichnamigen Roman verewigt hatte: Ein Sonntagsjäger und Aufschneider, unfähig, auch nur einen Hasen zu erlegen. Daudet konnte mit seiner Behauptung, in Frankreich stamme jedermann ein wenig aus Tarascon, die er seinem Roman vorangestellt hatte, die Vorurteile gegen die »Midis« ebenso wenig ausräumen wie Jean Aicard, der mit seinem Roman *Maurin des Maures* (1908) eine Art »Anti-Tartarin« schrieb, es an Popularität mit Daudet aber nie aufnehmen konnte. Im Krieg wurde aus der literarischen eine militärische Negativlegende.[257] Bezeichnenderweise hieß es in der Provence über den Kriegsminister Messimy, der die »Midis« der Feigheit verdächtigte, er habe wohl zu oft *Tartarin* gelesen. Im Ersten Weltkrieg verlor für die Soldaten aus dem Süden Frankreichs die Abstempelung als »Tartarin« jeden komischen Anklang: Sie litten darunter, bereits als Feiglinge zu gelten, bevor sie noch an die Front kamen, und litten noch mehr, wenn sie verwundet in die Lazarette eingeliefert wurden.

Der Verdacht, zu den »Tartarins« zu gehören, wurde zwei Soldaten des XV. Korps zum Verhängnis, die aus dem Var bzw. aus Korsika stammten: Auguste Odde und Joseph Tomasini. Am 8. September verwundet, wurden sie zusammen mit anderen Kameraden in der Nacht

257 Albert Thibaudet, »La critique du Midi«, in: *La Nouvelle Revue Française*, 105 (juin 1988). S. 725.

vom 10. zum 11. September von dem für seine Grobheit berüchtigten Oberstabsarzt Émile Cathoire untersucht. Cathoire stammte aus dem Pas-de-Calais, einem Departement im äußersten Norden Frankreichs; von der Feigheit der Südfranzosen war er überzeugt. In einer kaum beleuchteten Scheune nahm er seine Untersuchungen vor: Mindestens sechs Soldaten, diagnostizierte er mit Bestimmtheit, hätten sich ihre Verwundungen selbst zugefügt. Er schrieb dazu keinen detaillierten Bericht, sondern füllte lediglich ein Formblatt aus, auf dem Verwundungen, die den Verdacht der Selbstverstümmelung nahelegten, aufgelistet waren. Diese Formblätter waren bei Kriegsbeginn von der Militärverwaltung verteilt worden. »In dieser Hinsicht«, spottete Belleudy, »ließen die Kriegsvorbereitungen nichts zu wünschen übrig.«[258] Der Feigheit vor dem Feind schuldig befunden, wurden die sechs Soldaten zum Tode verurteilt. An zweien wurde das Todesurteil durch Erschießen kurz danach vollstreckt: an Auguste Odde und Joseph Tomasini. Wenige Tage später untersuchte ein zweiter Arzt die vier anderen ebenfalls zum Tode Verurteilten und stellte fest, dass die Splitter in ihren Wunden von einem deutschen Schrapnell stammen. Der Arzt war Robert Proust, der jüngere Bruder des Romanciers. Bald darauf wurden die Urteile gegen Odde und Tomasini kassiert, posthum wurden sie mit Orden geehrt. Staatliche Repräsentanten suchten die Familien auf, um sich zu entschuldigen; im kleinen Ort Six-Fours-les-Plages in der Nähe von Toulon wurden sie von der Mutter von Auguste Odde nicht empfangen. 1921 fand in Nizza eine große Feier statt. Als die Namen Odde und Tomasini verlesen wurden, brach die Menge in den Ruf aus: »Gefallen auf dem Feld der Ehre!« Bis heute erinnert man sich im Midi an Frédéric Chevillon, den Stellvertretenden Bürgermeister des Städtchens Allauch in den Bouches-du-Rhône, der persönlich den Mut der »Midis« demonstrieren wollte und sich zur Armee meldete, obwohl seine administrativen Verpflichtungen ihn vom Militärdienst freistellten. Er fiel 1915 an der Front.

Im gleichen Jahr fiel auch der »heroische Poet« Lionel des Rieux, dem Charles Maurras in seinem Buch *L'Etang de Berre* ein Denkmal

258 Belleudy, S. 220.

setzte.[259] Des Rieux stammte aus den Vogesen, war aber, so Maurras, aufgrund seiner geistigen Haltung und seiner Erziehung »Provenzale« und ein »vollendeter Typus des Mediterranen«. Auch Mistral schätzte ihn – und wünschte sich, der junge Dichter möge sein Werk in der Languedoc schreiben. Des Rieux widerstand der in seiner Zeit weitverbreiteten »Desertion«, welche die jungen Franzosen dazu brachte, heimische Traditionen aufzugeben, um sich denen Deutschlands anzupassen. Die Mobilmachung begrüßte er mit »stolzer Hoffnung« – in der Konfrontation mit Deutschland, dem alten Feind, würde Frankreich zu Jugend und Stärke zurückfinden. Als er im August 1914 von Hyères an die Front aufbrach, kannte er noch nicht die diffamierenden Artikel, die Gervais und Clemenceau gegen seine Kameraden vom XV. Korps im *Matin* bzw. in *L'Homme libre* veröffentlicht hatten. Maurras machte eine »spalterische und kosmopolitische Demokratie« dafür verantwortlich, dass Politiker sich das Recht angemaßt hatten, eine ganze Region, eine Provinz oder eine Stadt zu verleumden. Sie waren dafür verantwortlich, dass die Bewohner des Midi eine Abneigung gegen die unglücklichen und bewundernswerten Einwohner im Norden Frankreichs entwickelten, die so sehr unter dem Krieg zu leiden hatten. Es war höchste Zeit, »diese absurden Antipathien zwischen Nord und Süd in das Feuer eines durch den Krieg neu angefachten Patriotismus zu werfen«. Sie hatten nur dem Feind genutzt. Der Midi sollte etwas gelassener werden, im Norden sollte man auf die Worte achten, die man benutzte, wenn man vom Süden sprach. Es war beispielsweise unangemessen, dass die Zeitung *L'Echo de Saumur* eine »ganz und gar meridionale Mentalität« dafür verantwortlich machte, dass Lieferanten aus der Provence ihren Verpflichtungen nicht nachkamen. Es hieß, auf perfide Weise und lügenhaft die Einheit der Nation zu beschwören, als *Le Temps* im Oktober 1913 über den Besuch des Präsidenten Poincaré bei Mistral schrieb: »Sein persönlicher Erfolg frischt die Einheit der Nation wieder auf. Der Mann des Nordens hat den Midi erobert. Der praktische Positivismus hat über die deklamatorische Ideologie

---

259 Charles Maurras, »Un Soldat du XVe Corps. Vie, mort et funérailles de Lionel des Rieux«, in: *L'Etang de Berre*, S. 309–342. Das Buch ist dem »Ruhm der Toten, Verwundeten und Siegreichen des Krieges« gewidmet.

den Sieg davongetragen.« Wie konnte man die Heimat von Gassendi, Vauvenargues, Auguste Comte, Renouvier und Guizot mit einer »deklamatorischen Ideologie« assoziieren! Jetzt, mitten im Krieg, durfte man hoffen, dass sich solche bedauernswerten Missverständnisse zwischen den Söhnen ein und desselben Vaterlandes nicht mehr ereignen würden.

Die Verdächtigung des Südens aber – »La Faute au Midi« – blieb während des gesamten Ersten Weltkriegs eine Gefahr für die »eine und unteilbare Republik«, wie sich Frankreich seit der Revolution nannte. Hinzu kam, dass, gleichsam als Revanche, der Verdacht gegen die Franzosen in Nord und Ost erhoben wurde, sie hätten sich, »boches du Nord«, nur zu gerne mit der deutschen Besatzung abgefunden. Um die »Union Sacrée« zu wahren, überboten sich Präsident Poincaré und andere Politiker in Lobreden für die Soldaten aus der Provence und ihre große Tapferkeit. Über alle regionalen Differenzen hinweg zählte jetzt nur noch die »Brüderlichkeit im Schützengraben«. Eine wichtige Geste der Versöhnung zwischen dem Midi und dem Norden ging auf die Initiative der Zeitung *Le Petit Marseillais* zurück. Die Städte des Südens blieben vom Krieg weitgehend verschont, während viele Städte im Norden und Osten Frankreichs in Trümmern lagen. Es entstand die Kampagne »La Provence pour le Nord«: Im Rahmen der nun gegründeten Städtepartnerschaften »adoptierte« Marseille beispielsweise Arras, das sich damit revanchierte, einen Platz nach Marseille und eine Avenue nach der Provence zu benennen. 1917 fuhr Louis Bertrand in einem mit Soldaten überfüllten Zug von Nizza nach Marseille. Hier, am »Tor zum Orient«, standen ihm wieder die fröhlichen und glänzenden Bilder einer von Energie vibrierenden, von Kunst und Poesie erfüllten Jugend vor Augen, von der viele bereits gefallen waren. Einige von ihnen waren seine Schüler gewesen, »es ist mir eine Ehre und fromme Pflicht, an sie auf diesen Seiten zu erinnern, die der Ehre Marseilles und der Provence gewidmet sind«.[260] Unter seinen Schülern ragte der aus Aix-en-Provence stammende Lyriker Joachim Gasquet hervor; in der Freundschaft des Lothringers Bertrand und des Meridio-

260 Louis Bertrand, *Les Pays méditerranéens et la guerre* S. 262.

nalen Gasquet verkörperte sich die Stärke Frankreichs, die von Michelet beschworene »fusion intime des races«, ein Resultat der Französischen Revolution, die das germanische Erbe Frankreichs und den Midi im Code Civil miteinander vereinte.[261] Auch Gasquet wurde einberufen – »Enfin!«, hieß seine Reaktion – und berichtete von den Kämpfen im eisigen Argonnerwald, bevor er dort den Tod fand. Überall in der Provence trauerten ganze Dörfer, weil so viele ihrer jungen Männer gefallen waren: »Diese Provenzalen haben es verstanden, mit Anstand zu sterben … Dieser Jugend voller Eifer hat ein wohldefiniertes nationales Ideal gefehlt – und ein wirklicher Chef, der sie hätte führen können.«

In der französischen Erinnerungskultur, wie sie sich bei offiziellen Feierlichkeiten zeigte, hatte Frankreich den Ersten Weltkrieg siegreich überstanden, weil es seine inneren Gegensätze überwunden hatte, wie Paul Valéry behauptete, als der Marschall Pétain als Nachfolger von Ferdinand Foch am 22. Januar 1931 in die Académie Française aufgenommen wurde: »Der äußerste Süden, der äußerste Norden Frankreichs haben ihre Naturen und ihre unterschiedlichen Tugenden miteinander vermischt – im Dienste und für das Heil der einen und unteilbaren Nation, für die Vereinigung im nationalen Körper der Franzosen, die davon getrennt gewesen waren.«[262] Angesichts dieser Rhetorik konnte es manchmal scheinen, als ob endlich die »Feiglinge« des XV. Korps für alle Franzosen zu Helden geworden waren. Der Eindruck täuschte, »il reste toujours quelque chose de la calomnie«, wie Jules Belleudy bitter anmerkte, als er 1916 endlich sein Buch über das XV. Korps veröffentlichen konnte, dessen Erscheinen die Militärzensur bis dahin verhindert hatte. Als bei der großen Siegesparade am 14. Juli 1919 das XV. Korps auf den Champs-Élysées defilierte, hört man neben Beifallsrufen auch Pfiffe. Cathoire, der Midi-Hasser, dessen Diagnose Odde und Tomasini vor das Erschießungspeloton gebracht hatte, blieb zeitlebens bei seinem Verdacht gegen die »Tartarins« – wie der Kriegsminister Messimy, dessen Memoiren auf seinen

261 Michelet, *Introduction à l'Histoire Universelle*, S. 51.
262 Paul Valéry, »Réponse au Remerciement du Maréchal Pétain à l'Académie Française«, in: Œuvres I, S. 1125.

Wunsch posthum erst 1936 veröffentlicht wurden. Darin bedauerte er den Artikel von Gervais – und hinterließ Andeutungen, dass die Vorwürfe an die Soldaten des XV. Korps berechtigt gewesen waren. Gegen Cathoire und Messimy protestieren bis heute Städte des Midi wie Nizza und Toulon, Saint-Tropez, Fréjus und Hyères, in denen Plätze und Avenuen nach dem XV. Korps benannt wurden. Gegen die kollektive nationale Erinnerung an den Krieg von 1914–1918, welche die Affäre des XV. Korps der Amnesie unterwarf, erinnern sie an den Konflikt, der zu Beginn des Ersten Weltkriegs Frankreich an der nord-südlichen Bruchlinie zu spalten drohte.

Der Gegensatz zwischen einem »obskuren« Frankreich im Süden und dem »aufgeklärten Frankreich« des Nordens blieb bestehen. Das »aufgeklärte« Frankreich sah sich in der Zeit zwischen den Weltkriegen als gegenüber dem Süden benachteiligt und reagierte mit der Ausbildung eines Anti-Meridionalismus oder »Nordisme«. Zeitschriften mit Namen wie »Die Kohlrübe« (*La Betterave*) beklagten die Ausbeutung des Nordens, dessen Fleiß und Wirtschaftskraft Frankreich am Leben halte, während der Süden an diesem mühsam erwirtschafteten Reichtum schmarotze.[263] So weit ging der Anti-Meridionalismus, dass sich der Norden Frankreichs gegen den Lateinunterricht in den Schulen aussprach und sich dafür einsetzte, das Land vom »lateinischen Joch« zu befreien. Und wieder spielte in dieser Nord und Süd konfrontierenden »Dialektik Frankreichs« Deutschland eine Schlüsselrolle: Während, wie *La Betterave* im Oktober 1934 betonte, die Größe Frankreichs im Kern von seinen »nordischen Elementen« bestimmt wurde, setzte Deutschland alles daran, Frankreich zu »entnorden« und damit entscheidend zu schwächen.[264] Die Priorität aber, die der Norden für sich in Anspruch nahm, hatte seinen Grund nicht zuletzt darin, dass ausschließlich der Norden im Ersten Weltkrieg gelitten und durch seine Passion das Weiterleben Frankreichs gesichert hatte.

---

263 Dazu Marcilloux, »L'anti-Nord ou le péril méridional«.
264 Marcilloux, S. 664. Vgl. Robert Lafont (Ed.), *Le Sud et le Nord. Dialectique de la France*, Toulouse (Privat) 1971.

Nach Versailles:
Deutschland gegen das Abendland

Initiativen, die einen Zusammenschluss der Länder Südeuropas im Zeichen der Latinität anstrebten, überdauerten den Ersten Weltkrieg. Es waren meist Projekte intellektueller, literarischer oder künstlerischer Zusammenarbeit. Ihre Wirkung war weitgehend symbolischer Natur, zu politisch folgenreichen Allianzen führten sie nicht. Beflügelt wurden diese Initiativen durch die Auseinandersetzung mit den sogenannten »Pangermanisten«, die sich gegen politische und kulturelle Hegemonieansprüche im Namen der Latinität verwahrten. Zu den Pangermanisten zählten französische Kritiker Autoren wie Thomas Mann, den Grafen Keyserling und Oswald Spengler. 1904 hatte Thomas Mann auf eine Enquête von Otto Julius Bierbaum in der Wiener Zeitschrift *Die Zeit*, die nach dem »französischen Einfluss« auf sein eigenes Werk fragte, abwehrend-schnippisch geantwortet: »Ich bin nordisch gestimmt, bin es mit der ganzen Bewusstheit, die heute überall in Sachen der Nationalität und der Rasse herrscht. Protestantische, moralische, puritanische Neigungen sitzen mir, wer weiß, woher, im Blute, und wie ich gegen die südliche Landschaft eine gelinde Verachtung hege, so erregt mir jene gewisse Gemeinheit, die unzweifelhaft dem romanischen Kunstgeschmack anhaftet, einen instinktiven und nervösen Unwillen.«[265] Diese ästhetische Abwehrreaktion entwickelte sich in den *Betrachtungen eines Unpolitischen* (1918) zur politischen Haltung. Hier wurden, Nietzsche folgend, am Beispiel des Gegensatzes von »Meistersingern« und »Zivilisation« das Deutsche und das Französische einander konfrontiert. Deutschland war – bei dieser Charakteristik stand Dostojewski Pate – das »protestierende Reich«, das

---

265 Thomas Mann, »Der französische Einfluss«. Antwort auf eine Umfrage von Otto Julius Bierbaum, *Die Zeit* (Wien), No. 485, 1904, zitiert nach Thomas Mann, *Miszellen*, Frankfurt a.M. (S. Fischer) 1968, S. 11.

sich gegen die römische Welt und die Erben Roms behaupten musste. Es kämpfte den »uralten deutschen Kampf gegen den Geist des Westens«, setzte deutsche Kultur dem »Imperialismus der Zivilisation« entgegen.[266] Wenige Jahre später wurde aus Abwehr Indifferenz, angeblich hassten die jungen Deutschen Frankreich nicht mehr, es war ihnen gleichgültig geworden. Alfons Paquet wurde von Thomas Mann mit der Behauptung zitiert, die auf römischen Fundamenten gebaute germanisch-romanische Zivilisation komme ins Wanken, dafür werde der slawisch-germanische Zusammenhalt immer stärker. Französische Autoren sprachen in diesem Zusammenhang vom »asiatischen Denken«, das nicht nur in Deutschland immer mehr Anhänger gewann, sie fassten es »als einen Sieg des heimlichen Orientalismus, Asiatismus Deutschlands auf, wenn heute ganz Europa den Einflüssen des Ostens sich weit in sehnsüchtiger Hoffnung öffnet«.[267] Um die Provinzialität der Lateiner zu verspotten, zitierte Thomas Mann einen Artikel Bertrand Russells aus dem *Manchester Guardian*, in dem der Philosoph dem Westen vorgeworfen hatte, kein Gefühl für die historische Größe Chinas zu haben, weil kein Land als geistig bedeutungsvoll galt, das nicht in der Nähe des Mittelmeers lag.

Die Auseinandersetzung zwischen »Pangermanisten« und »Latinisten« verschärfte sich, als deutlich wurde, dass Frankreich mit seinem revisionistisch gesinnten Präsidenten Raymond Poincaré den Anspruch auf das linke Rheinufer nicht aufgegeben hatte und aus dem Rheinland, so Thomas Manns gegenüber Maurice Barrès geäußerter Vorwurf, »ein Glacis der lateinischen Zivilisation« machen wollte«.[268] Der Vertrag von Rapallo, den am 16. April 1922 der deutsche Außenminister Walther Rathenau und sein sowjetrussischer Kollege Tschit-

266 Thomas Mann, *Betrachtungen eines Unpolitischen* (1918), in: Gesammelte Werke in Einzelbänden, Frankfurter Ausgabe, Hg. Peter de Mendelssohn, Frankfurt a.M. (S. Fischer) 1983, S. 47, 51.
267 Thomas Mann, »Das Problem der deutsch-französischen Beziehungen« (1922), in: *Politische Schriften und Reden 2*, Frankfurt a.M. (S. Fischer) 1968, S. 87. Thomas Mann bezog sich dabei auf André Suarès, doch Suarès stand mit dieser Befürchtung nicht allein.
268 Thomas Mann, »Der ›autonome‹ Rheinstaat des Herrn Barrès« (1923), in: *Miszellen*, S. 131.

scherin abschlossen, wurde nicht nur als Versuch zweier Parias gesehen, als Handelnde in die europäische Politik zurückzukehren – er galt vor allem in Frankreich als Zeichen dafür, dass Deutschland sich endgültig vom Westen abgewendet hatte und sich in Zukunft nach Osten orientieren würde. Dieser Verdacht wurde von deutschen Politikern als »Rapallo-Legende« zurückgewiesen: Gerade der Rapallo-Pakt habe den Weg für die drei Jahre später geschlossenen Verträge von Locarno geebnet, mit denen es dem Deutschen Reich gelang, seine Beziehung zu den Westmächten zu verbessern und damit den eigenen politischen Handlungsspielraum erheblich zu erweitern.[269]

Die geistespolitische Situation, in der sich Deutschland und seine lateinischen Nachbarn, vornehmlich Frankreich, in den Jahren nach dem Versailler Vertrag befanden, wurde 1921 von Thomas Mann hellsichtig und mit erstaunlich präziser Zukunftsvermutung beschrieben – in seinem Vortrag »Goethe und Tolstoi«, den er bei den Nordischen Wochen zu Lübeck hielt. Tolstoi war für Thomas Mann der Prophet und Propagandist der asiatischen Wende, die Russland mit der Oktoberrevolution genommen hatte. Die europäische Epoche Russlands, von Peter dem Großen eingeleitet, kam damit zum Abschluss. Mehr noch: Die Frage stellte sich, ob mit der Russischen Revolution nicht eine Gesellschaftsordnung liberal-humanistischer Prägung an ihr Ende gekommen war, die mit der Renaissance begonnen und in der Französischen Revolution ihren Höhepunkt erreicht hatte: »Die Frage ist heute gestellt, ob die mediterran-klassisch-humanistische Überlieferung eine Menschheitssache und darum menschlichewig oder ob sie nur Geistesform und Zubehör einer Epoche, nämlich der bürgerlich-liberalen, war und mit ihr sterben kann.«[270] Für Thomas Mann schien klar, dass Europa diese Frage längst beantwortet hatte. Mit den Worten Oswald Spenglers, der nur Gewissheiten verkündete: »Das Russentum ist das Versprechen einer kommenden Kul-

---

269 Dazu Hermann Graml, »Die Rapallo-Politik im Urteil der westdeutschen Forschung«, in: *Vierteljahrshefte für Zeitgeschichte* 18 (1970), Heft 4, S. 566–591.

270 Thomas Mann, »Goethe und Tolstoi«, Vortrag gehalten bei der Nordischen Woche zu Lübeck am 4. September 1921, in: *Schriften und Reden zur Literatur, Kunst und Philosophie*, Erster Band, Frankfurt a.M. (S. Fischer) 1968, S. 212. Die folgenden Zitate von S. 212–216.

tur, während die Abendschatten über dem Westen länger und länger werden.«[271] Damit waren Projekte, die auf die Errichtung einer Lateinischen Union abzielten, getroffen, denn ihre pathetische Gründungsformel hatte stets gelautet, dass mit der lateinisch-abendländischen Zivilisation Europa, wenn nicht die Menschheit zu ihrer Bestimmung gefunden habe.

Thomas Mann beobachtete in ganz Europa eine Abkehr von Demokratie und Parlamentarismus, eine Wendung zu Diktatur und Terror. Hellsichtig brachte er bereits 1921 den italienischen Faschismus mit seiner »antikischen Geste und Mummerei« und die Iberische Halbinsel, wo »soldatische Befehlshaberschaft« sich hielt, in einen Zusammenhang. Die südeuropäischen Faschismen würden sich zu aggressiven Gegnern der liberalen Demokratien entwickeln, doch sollte es ihnen nicht gelingen, sich zu einer »lateinischen« Koalition zusammenzuschließen. In der Beurteilung des deutsch-französischen Verhältnisses urteilte Thomas Mann jetzt differenzierter, als er es noch wenige Jahre zuvor getan hatte. Er konnte es tun, weil Deutschland es nicht länger mit einem einheitlichen Frankreich zu tun hatte. Von einer »Union Sacrée«, die auch während des Krieges Spannungen ausgesetzt gewesen war, konnte in den Augen Thomas Manns in der Nachkriegszeit keine Rede mehr sein, die »République une et indivisible« von 1792 war wieder einmal geteilt. Auf der einen Seite stand das offizielle, bürgerlich-konservative Frankreich, das durch den Deutschenhasser Raymond Poincaré repräsentiert wurde, »der die Herrschaftsidee der lateinischen Zivilisation« vertrat. Ihm stellte sich ein »heimlich lebendiges, höheres, geistiges und junges Frankreich« entgegen, das Poincaré glaubte als »kommunistisch« verunglimpfen zu können. Aus deutscher Sicht entscheidend war dabei, dass in diesem »kommunistischen« Frankreich »die Zersetzung des lateinischen Zivilisationsgedankens durch geistige Fermente, die von außen eingedrungen sind und im Blute der Jugend ihr Wesen treiben«, wirksam geworden war. Poincaré wollte »am liebsten am Rhein den limes romanus der Gesittung errichten und Deutschland, sofern es sich nicht der lateinischen

---

271 Oswald Spengler, *Preußentum und Sozialismus*, München (C.H. Beck) 1925, S. 93.

Zivilisationsidee unterwerfen will und kann, in die skythische Wildnis zurückwerfen«. Doch die »Überzeugung von dem absoluten Hoheitsrang und der Weltherrschaftssendung der lateinischen Zivilisation als ewiger Menschheitsangelegenheit«, die mit dem »alten« Frankreich verbunden war, verlor an Zuspruch, europäischer Gemeinschaftsgeist und die Bereitschaft zur Verständigung mit Deutschland fanden sich auf Seiten »des kulturell nicht mehr zuverlässig latinistischen, des neurevolutionären, des ›kommunistischen‹ Frankreich«. Da in Frankreich der lateinische Dominanzanspruch schwächer wurde, konnte es nun zur deutsch-französischen Verständigung kommen.

Umso mehr bedauerte Thomas Mann, dass der deutsche Faschismus, »völkisches Heidentum, Wotanskult« eine Verständigung Deutschlands mit dem »Antilatinismus des nachbürgerlichen Frankreich« verhinderte: »Heute in Deutschland Heidentum zu prästieren, Sonnwendfeiern und Odinsgottesdienste zu begehen, sich als völkischer Barbar aufzuführen, das heißt jene französischen Patrioten der Zivilisation vollkommen ins Recht zu setzen, welche am Rhein die Brustwehr der abendländischen Gesittung zu errichten wünschen, und es heißt, die Stellung derjenigen aufs tölpelhafteste kompromittieren, die in Frankreich zwischen Latinität und Barbarei weniger säuberlich unterscheiden und denen es um Frieden, Verständigung, Ausgleich, ein gentlemen's agreement mit Deutschland zu tun ist.« Um die Ansprüche der »lateinischen Zivilisation« ins Unrecht zu setzen, schrieb Thomas Mann, durfte der deutsche Sozialismus sich nicht antihumanistisch gebärden, notwendig war es für ihn, »dessen geistiges Leben sich allzulange in einem inferioren Wirtschaftsmaterialismus erschöpft hat«, einen spezifischen Humanismus zu verteidigen, den Humanismus eines »höheren Deutschtums, das immer ›das Land der Griechen mit der Seele‹ gesucht hat. Er ist heute in politischer Hinsicht unsere eigentliche nationale Partei; aber er wird seiner nationalen Aufgabe nicht wahrhaft gewachsen sein, bevor nicht, um das Ding auf die Spitze zu stellen, Karl Marx den Friedrich Hölderlin gelesen hat, eine Begegnung, die übrigens im Begriffe scheint, sich zu vollziehen.«

In ihren Grundzügen wurden diese Überlegungen Thomas Manns

1925 in Frankreich veröffentlicht.[272] Als er ein Jahr später im Essay »Pariser Rechenschaft« auf seinen Paris-Besuch zurückblickte, erinnerte er sich mit leiser Selbstironie daran, wie sehr er vom »aristokratischen Reiz der humanistischen Zivilisation des Westens« und der »Wohlverhaltenheit der westeuropäischen Sitten« beeindruckt worden war. In Paris verstand er auf einmal, dass diese Alte Welt sich als Bollwerk gegen eine »Barbarei« verstand, die nicht zuletzt von Deutschland repräsentiert wurde. Zugleich war das Frankreich der Revolution von 1789 und der Erklärung der Menschen- und Bürgerrechte todgeweiht, stand »im Begriffe, von östlich-proletarischen Wogen verschlungen und vergraben zu werden«. Als Henri Lichtenberger in seinen Thomas Mann einführenden Worten davon sprach, es gelte, die Eigenart der Völker zu akzeptieren, stellte Mann beifällig fest: »Das war der Verzicht auf den Vorherrschaftsgedanken der ›lateinischen Zivilisation‹.«[273] Mit fortschreitendem Einfluss und Machtzuwachs der Nationalsozialisten aber ließ sich eine antilateinische Haltung, auch wenn sie jetzt in Kreisen der französischen Intellektuellen selbst auf Sympathie hoffen durfte, nicht durchhalten. Als sich Thomas Mann am 10. Dezember 1929 beim Bankett im Stockholmer Grand Hotel für die Verleihung des Nobelpreises bedankte, hob er hervor, dass der deutsche Geist in den »letzten anderthalb Jahrzehnten« – also seit dem Ausbruch des Ersten Weltkriegs – unter »Bedingungen der Not, der Aufgewühltheit und des Leidens, eines fast östlichen, fast russischen Leidenswirrsals … das westliche, das europäische Prinzip gewahrt [habe], die *Ehre der Form*. Denn, nicht wahr, Form, das ist eine europäische Ehrensache! … Deutschland hat durch seine Dichtung Anmut bewiesen in der Qual. Es hat die Ehre gewahrt: politisch, indem es nicht in Schmerzensanarchie zerfiel, indem es das Reich bewahrte; und geistig, indem es das östliche Prinzip des Leidens zu einen vermochte mit dem westlichen Prinzip der Form, indem es in Leiden Schönes hervorbrach-

---

272 Thomas Mann, »L'esprit de l'Allemagne et son avenir entre la mystique slave et la latinité occidentale«, in: *L'Europe Nouvelle* 8 (1925), No. 369, S. 333–337 (»L'Allemagne d'Aujourd'hui«).

273 Thomas Mann, »Pariser Rechenschaft« (1926), in: *Autobiographisches*, Frankfurt a.M. (S. Fischer) 1968, S. 107–174, Zitate S. 113–119.

te.«[274] Vom deutschen Kampf gegen den Geist des Westens war keine Rede mehr. Aus der »konfliktvollen und produktiven Mischung« von Süden und Norden, wie Thomas Mann sie in *Tonio Kröger* geschildert hatte, war auf einmal ästhetische und politische Harmonie geworden. Schon bei seinem Paris-Besuch war diese Harmonie für den Verfasser der *Buddenbrooks* auf eine überraschende Weise sichtbar geworden, als der französische Kritiker Edmond Jaloux, der aus der Stadt Marseille stammte, »deren Leben und materielle Kultur … als lübeckisch schilderte, mit dem Hinzufügen, er sei erstaunt gewesen, wie sehr meine Erzählung ihn, den Künstler, Schriftsteller gewordenen, den ›entarteten Marseiller‹, an heimische Verhältnisse und an seine Emanzipation davon gemahnt habe«.[275]

Und als Thomas Mann 1931 dem Bruder Heinrich zum 60. Geburtstag gratulierte, schienen auch die Nord-Süd-Differenzen zwischen den Brüdern vergessen: »Lübecker Geist und ein Schuss Latinität – es wäre ein Irrtum, wollte man bei jedem von uns nur das eine oder andere finden.« Jetzt bekannte der früher so »nordisch gestimmte« Thomas Mann »das Ungenügen an sich selbst, das Bedürfnis nach Ergänzung und Erlösung durch das ganz andere, den Süden, die Helligkeit, Klarheit und Leichtigkeit, das Geschenk des Schönen«, und er, der 1904 davon gesprochen hatte, gegen die »südliche Landschaft … eine gelinde Verachtung zu hegen«, erklärte nun, der »sehnsüchtige Hang zum Mittelmeer, seiner Sonne, seiner Form«, habe die deutsche Klassik geschaffen.[276] Auch wenn noch von Latinität die Rede war – bedeutsamer war, mit allen bekannten Klischees, die Schwärmerei für das Mittelmeer, die es ermöglichte, sich zu einer Südsehnsucht zu bekennen, ohne damit lateinischen Dominanzanspruch anzuerkennen.

Gegen die Pangermanisten rief 1927 Henri Massis zur »Verteidigung des Abendlandes« auf.[277] Der starrsinnige Katholik war ein kompromissloser Anhänger von Charles Maurras, wurde später Mitglied

274 Thomas Mann, »Rede in Stockholm zur Verleihung des Nobel-Preises«, a.a.O., S. 214–215.
275 Thomas Mann, »Lübeck als geistige Lebensform« (1926), a.a.O., S. 183.
276 Thomas Mann, »Vom Beruf des deutschen Schriftstellers in unserer Zeit. Ansprache an den Bruder« (1931), a.a.O., S. 262–265.
277 Henri Massis, *Défense de l'Occident*, Paris (Plon) 1927.

des Conseil National in Vichy, bekennender Bewunderer von Salazar, unbelehrbarer Verteidiger der »Algérie française« und Kritiker des II. Vatikanischen Konzils.[278] Zu den aussichtslosen Schlachten, die er kämpfte – und das macht seine Aktualität aus –, gehörte nach Ende des Zweiten Weltkriegs seine mit Ressentiment beladene Ablehnung eines föderalen Europas, in dem das besiegte Deutschland eine führende Rolle spielen würde. Massis machte dabei deutlich, dass er keinen Kulturkrieg zwischen Ost und West, zwischen Orient und Okzident schüren wolle. Nicht alles am Osten war verdammens-, nicht alles am Westen war lobenswert. Ihm ging es darum, der Bedrohung des lateinischen Erbes entgegenzuwirken, die vom Osten, das heißt von Deutschland und dem bolschewistischen Russland, ausging. Nicht nur von »Lateinern« erhielt Massis Beifall für seine Attacke auf das sich angeblich vom Westen abwendende Deutschland. In seiner Vorrede für die englische Ausgabe des Buches von Massis – *Defence of the West* – sah G.K. Chesterton die Zeit für eine neue Entente zwischen Frankreich und Großbritannien gekommen. Er erinnerte an die zweite Marne-Schlacht vom August 1918, in der alliierte Truppen die deutsche Offensive zurückgeschlagen und damit die Grundlage für die Niederlage des Reichs geschaffen hatten.

1911 hatte Massis zusammen mit Alfred de Tarde unter dem Pseudonym »Agathon« eine weithin beachtete Attacke auf die »Neue Sorbonne« veröffentlicht, in der die fatalen Folgen des deutschen Einflusses auf die französische Universität beklagt wurden.[279] Besonders schädlich war der Bedeutungsverlust der lateinischen und der griechischen Sprachen, die auf einmal nicht mehr zum Prüfungskanon der Agrégation littéraire zählten. Nach Ende des Ersten Weltkriegs kam es für Massis zu einem neuen Angriff des Ostens auf die

---

278 Diese Charakteristik nach Olivier Dard, »Henri Massis et la Défense de l'Occident«, in: *Droit, politique et littérature. Mélanges en l'honneur du Professeur Yves Guchet*, Bruxelles (Bruylant) 2008, S. 386.

279 Agathon, *L'Esprit de la nouvelle Sorbonne. La Crise de la culture classique. La Crise du français*, Paris (Mercure de France) 1911. Dazu Wolf Lepenies, »Agathon und andere. Literatur und Soziologie in Frankreich um die Jahrhundertwende«, in: *Die drei Kulturen*, S. 49–102. Zu den »Pangermanisten« siehe Ernest Seillière, *Les Pangermanistes d'après-guerre*, Paris (Félix Alcan) 1924.

Latinität.[280] Bedrohlich daran war nicht zuletzt, dass auch in Frankreich Zeichen eines Zivilisationspessimismus sichtbar wurden, die das Selbstvertrauen des Westens schwächten. Herausragendes Beispiel dafür war Paul Valérys »quasipolitischer« Essay mit dem Titel »La Crise de l'Esprit«, der 1919 in Form von zwei Briefen zuerst im Londoner *Athenaeum* erschienen war und mit dem berühmt gewordenen Satz begann: »Wir, die Zivilisationen, wir wissen jetzt, dass auch wir sterblich sind.«[281] »Frankreich, England, Russland«, so Valéry, das klang auf einmal wie »Elam, Ninive, Babylon« – der Abgrund der Geschichte war groß genug, um die ganze Welt zu verschlingen. Mit dem Ersten Weltkrieg geriet die abendländische Werteordnung ins Wanken: Es waren die Tugenden der Deutschen, die Böses hervorbrachten; nicht nur ein gehöriges Maß an Wissenschaft, auch moralische Qualitäten waren notwendige Voraussetzungen der Schreckenstaten, die sie begingen. Mentale Unordnung breitete sich aus, die europäische Seele verfiel in Agonie: »Das Schwanken des Schiffes war so stark, dass selbst die am sorgfältigsten aufgehängten Lampen am Ende den Halt verloren.« Würde Europa, so fragte Valéry, »ein kleines Kap des asiatischen Kontinents« werden? Oder würde es »der wertvolle Teil des irdischen Universums, die Perle der Sphäre, das Hirn eines ausgedehnten Körpers« bleiben? Die herausragende Rolle, die Europa in der Welt gespielt hatte, ließ sich an den Küsten des Mittelmeers zeigen, besonders deutlich in Griechenland, wo die Geometrie erfunden wurde. Ursprünglich alleiniges Eigentum Europas, wurde die Geometrie zu einer intellektuellen Ware, die in der ganzen Welt gehandelt wurde. Die Rangordnung der Weltregionen wurde dadurch geschwächt, Europa büßte seine Außerordentlichkeit ein. Die Egalisierung des Wissens und der Techniken sowie das Phänomen der Demokratisierung ließen eine *deminutio capitis* Europas vorausahnen. Auch wenn sie vielleicht nicht unausweichlich war, bedrohte und lähmte sie den Kontinent.

---

280 Das folgende nach Henri Massis *L'Occident et son destin*. Siehe dazu auch die deutsche Ausgabe seiner Schrift von 1927: *Verteidigung des Abendlandes*. Übersetzt und mit einer Einführung von Georg Moenius, Hellerau (Jakob Hegner) 1930.

281 Paul Valéry, »La Crise de l'Esprit«, in: *Œuvres* I, S. 988–1000. Dort findet sich der Text in der Rubrik »Essais Quasi Politiques«.

Ein Jahr später beschrieb Ernst Robert Curtius in der *Revue de Genève* die »asiatischen Einflüsse« auf das intellektuelle Leben Deutschlands – seine Worte klangen wie ein Echo auf den Essay Valérys, den Curtius in seinem Artikel zitierte.[282] Schon während des Krieges hatte Max Scheler dem europäischen Denken den Anspruch auf Universalität abgesprochen und damit einer weitverbreiteten Überzeugung Ausdruck verliehen, die in Deutschland zur Konjunktur des »Orientalismus« führte. Beispiele dafür waren die Rezeption des Taoismus durch Gustav Wyneken und seine Freie Schulgemeinde in Wickersdorf sowie der Stellenwert, den die Freideutsche Jugend dem Werk Rabindranath Tagores gab. Der verlorene Krieg, das Friedensdiktat von Versailles und das Scheitern der Bemühungen des amerikanischen Präsidenten Woodrow Wilson zur Errichtung einer allumfassenden europäischen Friedensordnung verstärkten in der deutschen Jugend die Abkehr von kulturellen Orientierungen, die unumstößlich als grundlegend für den »Westen« gegolten hatten. Curtius gab Verständnis dafür zu erkennen, dass die deutsche Jugend sich als Reaktion auf die Niederlage von 1918 nach Osten hin orientierte.[283] Romain Rolland als Kronzeugen zitierend, behauptete er, unmittelbar vor dem Ausbruch des Krieges habe die »geistige Jugend Deutschlands und Frankreichs zueinander hingefunden«, gegen die etablierten Schulmeinungen habe sich ihr das »Leben« als »letzte Grundlage des Weltbegreifens« erschlossen. So verschwommen diese Behauptung auch formuliert wurde, so entschieden klang die Behauptung des Wandels, der sich nach Kriegsende vollzogen hatte: Der geistige Führungsanspruch Frankreichs, legitimiert durch Aufklärung und Revolution, ließ sich nicht länger aufrechterhalten. Es war nicht leicht zu verstehen, was konkret gemeint war, wenn von »slawisch-germanischem Aufbau«, »indischen Ahnungen«,

282 Ernst Robert Curtius, »Les influences asiatiques dans la vie intellectuelle de l'Allemagne d'aujourd'hui«, in: *Revue de Genève* 6 (décembre 1920), S. 890–895.
283 Ernst Robert Curtius, »Deutsch-Französische Kulturprobleme«, in: *Der Neue Merkur* 5 (1921/22), S. 145–155. Curtius war von Alfons Paquet beeindruckt, der als Korrespondent in Moskau die Oktoberrevolution als Augenzeuge miterlebt hatte und in mehreren Aufsätzen argumentierte, »Rom« sei von »Moskau« als geistiger Orientierungspunkt abgelöst worden. Die Aufsätze wurden 1923 unter dem Titel *Rom oder Moskau* im Berliner Drei Masken Verlag veröffentlicht.

»fernöstlicher Weisheit« und »asiatischem Einheitsbewusstsein« die Rede war – stets aber ging es darum, eine geistige Orientierung zu beschreiben, die sich vom Aufklärungsdenken distanzierte. Opfer dieser Abkehr vom Westen wurde Frankreich, Hort eines starren Rationalismus, der in den Schützengräben des Weltkriegs jede Überzeugungs- und Anziehungskraft verloren hatte. Wenn Spengler den Weltkrieg als »Abend der westlichen Kultur« beschrieb, war damit in erster Linie die französische Kultur gemeint. Die Gegenreaktion ließ nicht auf sich warten. Was früher »l'esprit germanique« geheißen hatte, nannte man in Paris nun abfällig »Le Germanisme«, und ein Propagandist der Latinität wie der Kritiker Pierre Lasserre bejahte die von ihm selbst gestellte Frage »Faut-il apprendre l'allemand?« – denn in der Geschichte hatte sich gezeigt, dass der Einfluss der deutschen Kultur umso geringer wurde, je besser man die Deutschen kannte![284]

Für Massis war die Katastrophe des verlorenen Krieges die Ursache dafür, dass Deutschland wie instinktiv seinen Blick auf das »konfuse Asien« richtete und davon träumte, in seinen tiefen Fall den Rest des Universums mitzuziehen. In apokalyptischen Tönen sagten deutsche Autoren den Bankrott einer Welt voraus, deren Herrschaft ihnen gerade entgangen war. Ein Volk, das sich durch energisches Handeln, Hierarchiebildung und Organisationskraft ausgezeichnet hatte und sich schmeichelte, alle Fortschritte gemacht zu haben, die dem Menschengeschlecht nur möglich waren, setzte für die Zukunft auf einen neuen Irrationalismus. Massis zitierte Thomas Manns Artikel »L'esprit de l'Allemagne et son avenir entre la mystique slave et la latinité« als Beispiel des Katastrophenbewusstseins, das Deutschland nach 1918 erfasst hatte. Ein Volk, das sich rühmte, der Menschheit große und originelle Dienste geleistet zu haben, fand sich nach der Niederlage in der Rolle eines Feindes des Menschengeschlechts wieder. In einer Art von messianischer Heilserwartung wandte sich Deutschland nach Osten. Mit ähnlichen Worten argumentierte Walther Rathenau, der zögernde Architekt des Vertrages von Rapallo, für Deutschland sei es nach

284 Dazu Ernst Robert Curtius, »Zivilisation und Germanismus«, in: *Französischer Geist im Neuen Europa*, Berlin und Leipzig (Deutsche Verlags-Anstalt) 1925, S. 217–287.

dem verlorenen Krieg zu einer Frage von Leben und Tod geworden, sich nach Osten zu orientieren. Als Folge solcher Äußerungen, so Massis, versuchten in den Jahren von 1918 bis 1922 deutsche Ideologen das Universum in ihrer eigenen Enttäuschung zu ertränken und in einem verwüsteten Europa den Samen eines zerstörerischen Asiatismus zu säen. Ihr wirksamster Sprecher war Oswald Spengler, der den unvermeidlichen *Untergang des Abendlandes* prophezeite und die klassische Idee des Menschen und der Zivilisation zu Chimären erklärte. Seine Katastrophentheorie der Geschichte hatte zum Endziel, die spirituelle Herrschaft Deutschlands in Europa wiederherzustellen. Spengler säuberte das deutsche Denken von allen Elementen einer humanistischen und lateinischen Kultur. Eine neue Ära begann, in der sich die zwei großen Ideen des Westens gegenüberstehen würden: das Staatsdenken des preußischen Sozialismus und der antistaatliche Kapitalismus der Engländer. Es handelte sich um einen Entscheidungskampf, in dem die lateinischen Völker nur noch als Komparsen auftraten.

Wie der Preuße Spengler versuchte auch der Balte Keyserling, so Massis, den deutschen Menschen den Normen des lateinischen Geistes zu entfremden, indem er ihm eine neue »Seelengestalt« versprach, die sich mit der Vertiefung in die asiatische Mystik formte. Und hinter Autoren wie Spengler und Keyserling stand die lange Reihe der deutschen Mystiker und Philosophen – nicht zuletzt Martin Luther. Die Anthroposophie eines Rudolf Steiner, der Hinduismus eines Rabindranath Tagore, nordischer Neopaganismus, taoistische Mystik, buddhistische Weisheit – es gab, spottete Massis, keine Absurdität, von der das kranke Deutschland sich nicht Heilung erhoffte. Aber auch in Deutschland stieß der »Orientalismus« auf Spott und Ablehnung. Stefan George machte sich über das »vage Religionspülicht aus christlichen und indischen Ingredienzien« lustig, das durch die deutschen Feuilletons schwappe, und Hermann Hesse beobachtete betroffen, dass die deutsche Jugend nicht länger Goethe oder Nietzsche als »ihre« Schriftsteller empfand, sondern Dostojewski, der in seinem Roman *Die Brüder Karamasoff* »ein uraltes asiatisch-okkultes Ideal« beschrieben hatte, das begann, den Geist Europas aufzufressen: »Es ist, kurz gesagt, die Abkehr von jeder festgelegten Ethik und Moral zugunsten eines Allesverstehens, Allesgeltenlassens, einer neuen, gefährlichen, grausigen Heiligkeit ...«[285] Während das Russland der Romanows sich als Avantgarde Europas in Asien verstanden hatte, schien nun die Zeit der Mongolen und Tataren wiedergekehrt, in der Russland zur Speerspitze Asiens in Europa geworden war. Germanismus und Slawismus verbanden sich im Kampf gegen den Katholizismus und den Okzident.

Bedrohlich für Frankreich und die Länder der lateinischen Zivilisation war nicht das niederdrückende Gefühl der Katastrophe, das Deutschland nach 1918 erfasst hatte, bedrohlich war, dass aus der Niederlage heraus Anstrengungen sichtbar wurden, Deutschland endlich doch zur Vorherrschaft auf dem Kontinent zu verhelfen. Beispiele dafür waren sowohl Spenglers Verkündigung, dass jetzt die Stunde des preußischen Sozialismus geschlagen habe als auch des Grafen Keyserling Prophezeiung, das sich nach Osten wendende Deutschland sei auf dem Wege, »das dauernde Weltgewissen« zu werden. Auf dem Höhepunkt seiner Verzweiflung, so fürchtete Massis, träumte Deutschland davon, zum Zentrum eines weiten »Eurasien« zu werden, das den Osten Europas mit den Steppen Asiens verbinden und die Latinität zur Bedeutungslosigkeit verdammen würde. Indem die Pangermanisten für den Niedergang der abendländischen Zivilisation den »verfluchten römischen Geist« verantwortlich machten, nahmen sie intellektuelle Rache an der lateinischen Welt. Warum, so fragte sich Massis, war sich Deutschland seiner selbst so unsicher, dass es glaubte, seine geistespolitischen Orientierungen radikal ändern zu müssen? Der Grund dafür lag in seinen Augen darin, dass sich Deutschland mit der griechisch-römischen Kultur, die Autoren wie Spengler und Keyserling so vehement zurückwiesen, nie vollständig identifiziert hatte. Die Latinität war ein Gut, das die Philologen nach Deutschland importiert hatten. In der Heimat Goethes und Hölderlins blieb die Antike eine Leihgabe, die man schnell wieder loswerden konnte.

Der Furor, mit dem Massis glaubte, das lateinische Abendland gegen Deutschland verteidigen zu müssen, fand in Frankreich große Auf-

---

285 Hermann Hesse, »Die Brüder Karamasoff oder der Untergang Europas. Einfälle bei der Lektüre Dostojewskis«, in: *Neue Rundschau* 31 (1920), S. 377.

merksamkeit. Die *Cahiers du Mois* starteten eine Umfrage unter französischen Intellektuellen, denen die Frage vorgelegt wurde: »Sind Sie mit Henri Massis der Ansicht, dass dieser Einfluss des Ostens für das Denken und die Kunst in Frankreich eine große Gefahr darstellt, die es dringend zu bekämpfen gilt, oder glauben Sie, dass die Liquidation der mediterranen Einflüsse bereits begonnen hat und dass wir uns, mit Deutschland als Beispiel, von der ›Kenntnis des Ostens‹ eine Bereicherung unserer allgemeinen Kultur und eine Erneuerung unserer Sensibilität erwarten dürfen?« Im August des gleichen Jahres wurde eine Dekade von Pontigny mit dem Thema »Nous autres Européens« vom West-Ost-Vergleich beherrscht. André Malraux, der 1926 ein Buch mit dem Titel *La tentation de l'Occident* geschrieben hatte, rezensierte *Défense de l'Occident* und fand eine passende Wendung für die Tonlage von Massis, als er schrieb, jede Äußerung von ihm ähnele einem Brief, mit dem man von einer alten Leidenschaft Abschied nimmt. Malraux ironisierte die Warnungen vor der »asiatischen Gefahr« ebenso wie die Propaganda für den römischen Katholizismus als des allein seligmachenden Heilmittels für die Malaise Europas. Letztlich, so Malraux, verteidigte Massis den Westen gar nicht, »er lässt ihn im Stich«.[286]

Gefährlicher als heimische Ironie musste Massis der Versuch eines deutschen Autors erscheinen, das »dominante Lateinertum« zu diskreditieren und die Entdeckung eines geheimen, antirationalistischen Frankreich zu feiern. In der französischen Annäherung an »germanische Seelenkunst« ließen sich die Umrisse einer Entente beider Länder erkennen, die zur Grundlage einer europäischen Erneuerung werden konnte.[287] 1919 hatte Ernst Robert Curtius sein Buch *Die litera-*

---

286 André Malraux, »Défense de l'Occident, par Henri Massis«, in: *La Nouvelle Revue Française* XIV (1927), No. 165, S. 813–818.

287 Abgesehen von Hinweisen auf sein Buch *Die literarischen Wegbereiter des neuen Frankreich* (1919) beziehe ich mich im Folgenden, ohne sie im Einzelfall zu nennen, auf Äußerungen von Ernst Robert Curtius in Zeitungs- und Zeitschriftenbeiträgen aus den 1920er Jahren, die Stefanie Müller gesammelt und kommentiert hat: *Ernst Robert Curtius als journalistischer Autor (1918–1932). Auffassungen über Deutschland und Frankreich im Spiegel seiner publizistischen Tätigkeit*, Bern (Peter Lang) 2008, vor allem S. 261–331: »Curtius' Auffassungen über Frankreich und ihr Wandel«. Scharfsinnig und facettenreich dazu: Harald Weinrich, »Ernst Robert Curtius: Das Deutschlandbild eines großen Romanisten«, in: *Ernst Robert Curtius. Werk, Wirkung, Zukunftsperspektiven. Heidelberger*

rischen Wegbereiter des neuen Frankreich publiziert. André Gide, Romain Rolland, Paul Claudel, André Suarès und Charles Péguy waren »dadurch verbunden, dass sie die geistigen Grenzen des alten Frankreich durchbrachen«. Das »alte Frankreich« – das war für Curtius das lateinische Frankreich des Aufklärungsüberschwangs und der Revolutionsbegeisterung, das Land des Klassizismus und des Vernunftglaubens, das lange Zeit die europäische Geistespolitik dominiert hatte. Von diesem Frankreich hatten sich die »Wegbereiter« distanziert. In André Gide waren die Instinkte des Klassizismus lebendig, aber zugleich war er offen »für die künstlerischen Zuströme der germanischen und der slawischen Welt« und weigerte sich, »den französischen Genius mit der Losung eines künstlichen Lateinertums« einzuengen. »Von kontemplativer Intellektualität zu erlebnishungrigem Irrationalismus« führte sein intellektueller Weg. Die Autoren des »neuen« Frankreich orientierten sich nach Osten: André Gide verehrte Dostojewski, schrieb Essays und hielt Vorträge über ihn im Théâtre du Vieux-Colombier; Romain Rolland wurde entscheidend von Tolstoi beeinflusst, über den er – ebenso wie über Mahatma Gandhi – eine Biographie schrieb. Der aus der Bretagne stammende André Suarès war ein »nordischer Mensch«, der sich gegen das »allein seligmachende Lateinertum« auflehnte und ein Gefühl für »die große germanische Seelenkunst« zu erkennen gab. Charles Péguy schrieb in einem Stil, der »allen Vorstellungen von französischem Stil ins Gesicht schlägt«, er verkörperte den »größten Gegensatz zu aller lateinischen Prägung des französischen Geistes«, den man sich nur vorstellen konnte. Der neue französische Geist, der sich in den fünf »Wegbereitern« verkörperte, zerbrach »die Tafeln der lateinischen Tradition und weckte die von ihr verdeckten in ihm angelegten Kräfte mit der Musik der germanischen und der slawischen Seele«. Nicht nur Curtius war von der Geisteswende in Frankreich beeindruckt. »Kurz vor dem Krieg lasen wir Claudel und Gide, Bergson und Suarez (sic!), und es war ein großer Geist, der aus Frankreich kam«, schrieb Gottfried Benn in seiner autobiographischen Skiz-

Symposion zum hundertsten Geburtstag 1986, Hg. Walter Berschin u. Arnold Rothe, Heidelberg (Carl Winter Universitätsverlag) 1989, S. 135–151.

ze »Lebensweg eines Intellektualisten« und fügte 1934, zur Zeit seiner Ergebenheitsadressen an die nationalsozialistische Führung, mit Blick auf Frankreich die erstaunliche und mutige Frage hinzu: »Wird es Europa noch einmal führen?«[288]

Dieser neue französische Geist stand im Gegensatz zum »lateinischen Geist, der auf der Oberfläche wirkt«, es war der »keltische Geist, der in der Tiefe der Nation tätig ist«. In den zwanziger Jahren wurde immer deutlicher, dass sich der französische Genius »der lateinischen Zivilisationsidee nicht unterordnen läßt«, er war eine Mischung aus lateinischen und keltischen Elementen.[289] Deutschland brauchte daher den Osten nicht, was es dort suchte, konnte es im »neuen«, dem »wirklichen, ewigen Frankreich« finden. Das klassische, lateinische Frankreich hatte, so schrieb Curtius, in seinem gefährlichen Siegesüberschwang die »seismische Erschütterung des Erdteils« nicht wahrgenommen, die Europa als Folge des Ersten Weltkriegs heimgesucht hatte. Es war typisch für den »französischen Geist«, sich für »das Zentralorgan des Menschengeistes, für das Gehirn der Welt und zugleich für ihren Mund zu halten«. Dieser Selbstbezug, diese »Geistesenge« waren der Grund dafür, dass Frankreich über keine Idee von Europa verfügte.[290]

Dem Frankreich, das auch Thomas Mann in den *Betrachtungen* attackiert hatte, sprach Curtius jede »Europatauglichkeit« ab. Zur Renaissance Europas konnte nur das »geheime« Frankreich beitragen, das durch die »Wegbereiter« repräsentiert wurde. Ganz im Sinne von Curtius reagierte Thomas Mann, als er Paul Claudels Drama *Der Tausch* gelesen hatte: »Diese Art Franzosentum ist für mich sehr fruchtbar, ihre Geistigkeit spricht mich unmittelbar an und hilft mir.« Das »Helfen« war wörtlich gemeint, denn Mann notierte in seinem Tagebuch, er habe aus der Lektüre Claudels Nutzen für die Arbeit am *Zauber-*

288 Gottfried Benn, »Lebensweg eines Intellektualisten« (1934), in: *Sämtliche Werke*, Band 4 (Prosa 2), Stuttgart (Klett-Cotta) 1989, S. 194.

289 Ernst Robert Curtius, »Zivilisation und Germanismus«, in: *Französischer Geist im Neuen Europa*, S. 268–270. Curtius zitiert Édouard Schurés Buch *L'Ame celtique et le génie de la France à travers les âges* (1921).

290 Ernst Robert Curtius, *Der Syndikalismus der Geistesarbeiter in Frankreich*, Bonn (Friedrich Cohen) 1921, S. 4–5.

berg gezogen.[291] Curtius hatte gespottet, französische Autoren machten die »Durchdringung Deutschlands mit französischem Geist« zur Voraussetzung einer Verständigung mit dem Nachbarn. Er selbst verhielt sich nicht anders, auch wenn er behauptete, mit Frankreich den einzig ernst zu nehmenden Konkurrenten Deutschlands im »geistigen Wettkampf der Nationen« zu schätzen. Wenn Curtius den Deutschen empfahl, mit dem Versuch einer Versöhnung zu warten, »bis die öffentliche Meinung des geistigen Frankreich die innere Freiheit wiedergefunden hat für die volle Anerkennung und Würdigung dessen, was der deutsche Geist in Vergangenheit und Gegenwart der europäischen Kulturgemeinschaft bedeutet«, erinnerte dies an die spöttische Tagebuchnotiz Franz Kafkas: »Wenn die Franzosen ihrem Wesen nach Deutsche wären, wie würden sie dann erst von den Deutschen bewundert sein.« (17. Dezember 1910)

Im Anhang seines Buches *Défense de l'Occident* hatte Massis den Artikel zitiert, in dem Ernst Robert Curtius 1920 in der *Revue de Genève* den wachsenden Einfluss des »asiatischen Denkens« auf die deutsche Jugend beschrieben hatte. Offenkundig hatte Massis, der Curtius den »Wohlmeinendsten der Schriftsteller auf dem anderen Ufer des Rheins« nannte, dem deutschen Romanisten ein Exemplar seines Buches zugeschickt. In einem auf den 8. April 1927 datierten Brief dankte Curtius Massis und beglückwünschte ihn zu seinem Buch. Er betonte, seine Zuneigung für Frankreich nie verloren und in dem von Massis zitierten Artikel lediglich auf »interessante Entwicklungen« aufmerksam gemacht zu haben, ohne mit ihnen zu sympathisieren. Im Übrigen seien diese Entwicklungen längst nicht mehr aktuell und Deutschland habe sich, ohne dass Massis sich dessen bewusst sei, längst gewandelt. Curtius warnte vor den Gefahren, die in Europa drohten, wenn das »lateinische« Frankreich gegenüber dem besiegten Deutschland an seinem Dominanzanspruch festhielt: »Ich bin nicht Katholik wie Sie, aber ich beanspruche das Recht, Christ zu sein. Ich bin nicht ein Lateiner wie Sie, aber ich beanspruche das Recht, Abendländer zu sein

---

291 Thomas Mann, Tagebucheintragung vom 3. April 1920, in: *Tagebücher 1918–1921*, Hg. Peter de Mendelssohn, Frankfurt a.M. (S. Fischer) 1979, S. 411.

und auf meine Art der Sache des Abendlandes zu dienen. Das Abendland auf den Katholizismus und die Latinität zu beschränken, kommt mir *unpolitisch* vor. Ich könnte nicht antibolschewistischer eingestellt sein, aber spüren Sie nicht, wie sehr Sie uns entmutigen, wenn Sie eine starre Grenze zwischen dem Abendland und dem *Deutschtum* errichten? Würde für einen Franzosen Ihrer Neigungen und Prägung eine realistische Intelligenz nicht darin bestehen, sich soweit wie möglich mit den germanischen Kräften zu *verbinden*? Ist es nicht der gleiche Humanismus, den wir verteidigen müssen? Haben Sie wirklich ein Interesse, uns nach dem Osten, nach Rußland, in den Orient, in die Barbarei zurückzuwerfen? Können Sie, auf der anderen Seite, wirklich die Rekatholisierung und die Latinisierung der protestantischen Länder ins Auge fassen? Es sind Fragen, die ich Ihnen stelle, mehr nicht.«[292]

Henri Massis nahm zur Kenntnis, dass mit Thomas Mann auch andere Autoren ihre Faszination für den »Osten Dostojewskis« aufgegeben hatten und Autoren wie Curtius eine neue Entente zwischen Deutschland und Frankreich anstrebten. Die Gefahren für die lateinische Welt, die von Deutschland drohten, waren damit nicht behoben. Massis zitierte einen französischen Beobachter, der davon sprach, Deutschland habe sich in den zwanziger Jahren auf der einen Seite mit Hilfe der Sowjets die Widerstandsmöglichkeit gegen den Westen und auf der anderen Seite mit den Verträgen von Locarno das Mittel gesichert, um durch seine östlichen Allianzen nicht allzu sehr eingeengt zu werden. In Deutschland hatte Massis in dem Franziskanerpater Georg Moenius einen kongenialen Mitstreiter gefunden. Die von Moenius in München herausgegebene katholische Wochenschrift *Allgemeine Rundschau* gehörte, wie die in Köln erscheinende, vom Gedankengut Carl Schmitts beeinflusste Zeitschrift *Abendland* zu den wenigen deutschen Publikationen, welche die Behauptung der unentrinnbaren Dekadenz der Latinität nicht zu ihrem Leitmotiv machten. Gegen Nationalismus und Militarismus engagierte sich Moenius für den Völ-

---

292 Der Brief von Curtius in: Michel Toda, *Henri Massis. Un témoin de la droite intellectuelle*, Paris (La Table Ronde) 1997, S. 268–9. Ich gebe »Occident« mit »Abendland« wider – wegen des Spengler-Titels und weil Massis, *Défense de l'Occident,* in der deutschen Ausgabe von 1930 als *Verteidigung des Abendlandes* übersetzt wurde.

kerbund, die deutsch-französische Aussöhnung und die Pan-Europa-Bewegung von Coudenhove-Kalergi. Zeitweise ein Bewunderer von Mussolini und Charles Maurras, wurde Moenius zum entschiedenen Gegner Hitlers und musste nach der nationalsozialistischen Machtergreifung in verschiedene europäische Länder und schließlich in die USA fliehen. 1930 war die von Moenius herausgegebene und übersetzte deutsche Fassung der *Défense de l'Occident* mit dem Titel *Verteidigung des Abendlandes* bei Jakob Hegner in Hellerau erschienen. In seiner Einleitung unterstrich Moenius, dass Deutschland immer groß gewesen war, wenn es sich an Rom orientierte: »In seinem geschichtlichen Ablauf liegen stets dort die Höhepunkte seines Wesens, wo es sich dem lateinischen Geist nicht verschlossen hielt. Und umgekehrt vollzog sich dann der Höllensturz in die Barbarei, wenn es gegen die sittigenden und disziplinierenden Kräfte der römischen Welt anrannte.«[293] Dies erinnerte an einen Artikel, den Jacques Bainville, der Historiker und Herausgeber der *Action française*, 1920 in der *Revue de Genève* veröffentlicht hatte, am gleichen Ort und im gleichen Jahr, in dem Thomas Manns Artikel über das Schwanken Deutschlands zwischen Slawentum und Latinität erschienen war.[294] Bainville behauptete, dass eine Verständigung beider Länder immer dann möglich gewesen war, wenn Frankreich sich den einzelnen deutschen Staaten gegenübersah. Ein deutscher Zentralstaat dagegen musste unweigerlich mit Frankreich in Konflikt geraten. Während in Deutschland »Versailles« zum Symbol nationaler Demütigung und Ansporn zur Revanche wurde, gingen vielen Franzosen die Bestimmungen der Kapitulation nicht weit genug. Eine Zielsetzung der französischen Außenpolitik seit den Zeiten Richelieus aufnehmend, klagte Jacques Bainville, im Friedensvertrag von Versailles sei versäumt worden, den deutschen Nationalstaat zu zerschlagen: Eine Entente zwischen Frankreich und Deutschland könne es auch in Zukunft nur geben, wenn Deutschland in seine »natürlichen Bestandteile« zerlegt würde. Hellsichtig sah Bainville voraus, dass es zwischen Deutschland, dem Schuldner, und Frankreich,

---

293 Massis, *Verteidigung des Abendlandes*, S. 25.
294 Jacques Bainville, »La France vis-à-vis de l'Allemagne«, in: *Revue de Genève* 4 (octobre 1920), S. 501–514.

dem Gläubiger, keine Freundschaft geben konnte. 60 Millionen in einem »Block« zusammengeschlossene Deutsche würden alles versuchen, um Versailles zu revidieren, den »Anschluss« Österreichs zu betreiben, den Korridor zu schließen, der Preußen auseinanderriss und Polen zum ersten Ziel ihrer kriegerischen Aktivitäten machen.

Die Latinität zur Zeit
der europäischen Diktaturen

1917 veröffentlichte der Historiker und Schriftsteller Guglielmo Ferrero, Autor eines fünfbändigen Werkes über *Größe und Niedergang Roms*, sein Buch *Le Génie latin et le monde moderne*. Der zivilisatorische Vorsprung der Mittelmeervölker vor den Germanen und Angelsachsen stand für Ferrero außer Frage; umso erstaunlicher war es, dass die Lateiner zwischen Überschwang und Depression schwankten und sich von Dekadenz bedroht fühlten. Von dieser Angst profitierten England und in besonderem Maße Deutschland, dieser »Parvenü der Zivilisation« – nach 1900 schien es, als ob die ganze Welt germanophil geworden sei. Zwei Ideale prägten Europa: das Ideal der Vollkommenheit galt bei den Lateinern, das Ideal der Stärke bei den Germanen. Europa hätte aus einem Zusammenspiel beider Ideale große Vorteile ziehen können – stattdessen standen sie in Konflikt miteinander. Eine Zeitlang galt das mächtige Deutschland als politisches Vorbild: »Die Herrschaft der Junker war gerechter und humaner als die demokratischen Regierungen Westeuropas.«[295] Frankreich und Italien vereinte, stärker als andere Länder, ein im Vergleich zu Deutschland schmerzhaftes Gefühl intellektueller und moralischer Unterlegenheit. Um mit Deutschland konkurrieren zu können, mangelte es Frankreich an einer ausreichenden Bevölkerungszahl, fehlte es Italien an Bodenschätzen, vor allem an Kohle. Nach Kriegsausbruch änderte sich die Wahrnehmung Deutschlands auf dramatische Weise: Innerhalb von Tagen wurde es aus dem Kreis der zivilisierten Völker verbannt. Für Ferrero stand fest: Hätte der lateinische Geist die moderne Welt so dominiert, wie er die antike Welt beherrscht hatte, wäre es nie zur Katastrophe des Ersten Weltkriegs gekommen.

295 Guglielmo Ferrero, *Le Génie latin et le monde moderne*, Paris (Grasset) 1917, S. 24.

Der »Große Krieg« verstärkte die Bemühungen zu einem Zusammenschluss der lateinischen Völker – zu gemeinsamen politischen Aktionen kam es nicht. Beispielhafte Projekte guten Willens waren die Ligue de la Fraternité intellectuelle latine und die *Revue des Nations Latines*. Mitten im Krieg, am 17. April 1917, wurde die Liga in Paris gegründet. Ihre Ziele waren u.a. die Bewahrung und Vervollkommnung der lateinischen Kultur, die Stärkung der moralischen und intellektuellen Solidarität unter den Lateinern und der wirtschaftliche Zusammenschluss der lateinischen Nationen. Auch wenn es schon früh Bestrebungen zu einer lateinischen Zoll- oder Münzunion gegeben hatte, war die Zielsetzung einer »entente économique« ungewöhnlich – und blieb folgenlos. Die Mitglieder der Liga kamen – mit Ausnahme der Schweiz – aus allen lateinischen Nationen Europas und aus Lateinamerika; Präsident wurde Paul Adam. Die Idee zur Gründung der Liga stammte vermutlich von dem 1916 verstorbenen nicaraguanischen Dichter und Diplomaten Ruben Darío, zu den bekannten Mitgliedern zählten Ramón dell Valle-Inclán, Maurice Maeterlinck und Guglielmo Ferrero. Höhepunkt der Aktivitäten der Liga war am 12. Juli 1921 die Errichtung eines Monuments zu Ehren des »Génie latin«, wofür Paul Adam die Unterstützung des Präsidenten Raymond Poincaré gefunden hatte. Die Regierungen der an der Liga beteiligten Nationen hatten sich bereit erklärt, die Kosten für das Monument aufzubringen, das schließlich im Garten des Palais Royal errichtet wurde – Charles Maurras sah darin ein Vorzeichen für die von ihm so leidenschaftlich herbeigesehnte lateinische Renaissance. Das Monument – eine Jünglingsgestalt auf einem Sockel mit der römischen Wölfin – war 3,75 Meter hoch und wog 15 Tonnen; sein Schöpfer war der Bildhauer Jean Magrou. Magrou hatte in Rio eine Reiterstatue des letzten brasilianischen Kaisers Pedro II. geschaffen – und bezeichnend für die große Rolle, welche Südamerika in den »lateinischen« Assoziationen spielte, war, dass die Statue zu Ehren des lateinischen Genius vom ehemaligen mexikanischen Präsidenten Francisco León de La Barra feierlich an Frankreich übergeben und bei der Einweihung eine wichtige Rede von Manuel de Peralta, dem Doyen des lateinamerikanischen diplomatischen Korps, gehalten wurde. Ein Schauspieler rezitierte Mistrals Ode an die lateinische Rasse. Die Commission du Vieux Paris hatte vergeblich versucht die Aufstellung der Statue zu verhindern, weil sie die Atmosphäre des Ortes störte. Der Neuordnung des Gartens im Palais Royal aber musste schließlich auch der »Lateinische Genius« weichen – die Statue wurde nach Béziers, dem Geburtsort Jean Magrous, überführt.

1916 hatte Ferrero zusammen mit Julien Luchaire die *Revue des Nations Latines* gegründet. Ziel war eine stärkere Allianz der »lateinischen Schwestern« Frankreich und Italien – im Sinne der Botschaft, die 1847 Victor Hugo an Garibaldi gerichtet hatte: »Nous chercherons quel est le nom de l'espérance. Nous dirons: Italie! Et tu répondras: France!« Auf der einen Seite erschien diese Allianz als »natürlich«, weil ihr ein italienischer Antigermanismus zugrunde lag, der auf die Konflikte des um seine Einheit kämpfenden Italien mit dem Habsburgerreich zurückging. Auf der anderen Seite standen der Allianz die miteinander konkurrierenden kolonialen Ambitionen von Italien und Frankreich entgegen, die um Tunesien stritten und Italien schließlich in den Dreibund mit Deutschland und Österreich-Ungarn führten.[296] Seit 1870 war der intellektuelle Einfluss Deutschlands in Italien gewachsen, typisch dafür war die Rolle, die der vom neuhegelianischen Idealismus beeinflusste Benedetto Croce spielte. Italien bewunderte die Stärke Deutschlands und sah Frankreich im Stadium intellektueller und politischer Auflösung begriffen. Die französische Politik reagierte mit der Gründung von Kulturinstitutionen, die den deutschen Einfluss konterkarieren sollten. Unterstützung fanden sie bei der Generation jüngerer Italiener, die sich von der Deutschlandbegeisterung ihrer Eltern zu distanzieren versuchten. Der Erste Weltkrieg konfrontierte in Italien »Neutrale« und »Interventionisten«, die sich für den Eintritt Italiens in den Krieg an der Seite Frankreichs und seiner Alliierten aussprachen. Am 24. Mai 1915 trat Italien in den Krieg ein. Die Gründung der *Revue des Nations Latines* genau ein Jahr später war die kulturpolitische Konsequenz dieser politisch-militärischen Kehrtwendung. Die *Revue* erschien zunächst monatlich und ab 1918

---

296 Amotz Giladi, »L'idéologie panlatine et les méandres des rapports franco-italiens: le cas de la *Revue des Nations Latines* (1916–1919)«, in: *La Revue des revues* (printemps 2013), S. 45–56.

im Zwei-Wochen-Rhythmus, wobei jetzt neben französischen auch italienische Texte publiziert wurden. Erklärtes Ziel war es, auf intellektuellem Gebiet »sich von deutschen Strömungen zu reinigen« und der politischen und wirtschaftlichen Expansion Deutschlands entgegenzutreten: Kern der lateinischen Allianz sollte die enge Verbindung von Italien und Frankreich sein. Im Zentrum des Antigermanismus stand ein Autor wie Giovanni Papini, der dazu aufrief, gegen Deutschland einen Rassen- und Kulturkrieg zu führen, um »den teutonischen Despotismus niederzumachen, einem pedantischen und bestialischen Volk eine Lektion zu erteilen und den freien und künstlerischen lateinischen Geist siegreich der gelehrten preußischen Elephantiasis entgegenzustellen, die unserem Wesen so fremd und schädlich ist.«[297] Wie andere Autoren bemühte sich auch Papini, Deutschland als den Erzfeind darzustellen – und nicht Österreich, das den Krieg nie ohne die Unterstützung des deutschen Kaisers angefangen hätte. In der *Revue* artikulierte sich eine kulturpolitische Forderung Italiens an die Adresse Frankreichs: Als Dank für das militärische Engagement Italiens auf Seiten der Entente sollte die italienische Kultur in Zukunft stärker zur Kenntnis genommen werden, als dies bisher der Fall gewesen war.

Nach Kriegsende zeigte sich, dass die politischen Differenzen zwischen Frankreich und Italien während der Kampfhandlungen zwar in den Hintergrund getreten, keinesfalls aber ausgeräumt worden waren. Dies galt insbesondere für Tunesien, seit 1881 französisches Protektorat, auf dem die »italienische Hypothek« lastete.[298] In den Friedensverhandlungen, die im Januar 1919 begannen und in denen die USA, Großbritannien und Frankreich den Ton angaben, wurde schnell deutlich, dass Italien seine territorialen Wünsche zugunsten des neugeschaffenen Jugoslawien zurückstellen musste. Clemenceau schloss eine Allianz mit der sogenannten »Kleinen Entente« (Jugoslawien, Tschechoslowakei, Rumänien) und bemühte sich um eine territoriale Balance zwischen Italien und Jugoslawien. Im April 1919 erschien die

297 Giladi, a.a.O., S. 52.
298 Hierzu Juliette Bessis, *La Méditerranée fasciste. L'Italie mussolinienne et la Tunisie*, Paris (Éditions Karthala) 1981. In Italien wütete man gegen den »Verrat von 1881«, Franzosen schallte das »Tunisi nostra« entgegen. A.a.O., S. 33.

letzte Nummer der *Revue des Nations Latines*. Die französische Kulturpropaganda fand in Italien keinen Resonanzboden mehr; Chauvinismus und Frankophobie nahmen zu, umso mehr, als Mussolini die »Entfranzösisierung« der Kulturpolitik betrieb. Die Gründung von Zeitschriften wie der von 1918 bis 1920 in Mailand erscheinenden *L'Idea Latina* – ihr Chefredakteur war zugleich Redakteur des *Popolo d'Italia*, der Zeitschrift von Mussolini – oder der in Paris beheimateten *Latinité* konnten die wachsende politische Entfremdung zwischen Italien und Frankreich nur mühsam kaschieren. Es war eine Illusion, im Glauben an die völkerverbindende Rolle der »Latinität« zu einem Zeitpunkt festzuhalten, als zwischen den lateinischen Nationen die Spannungen zunahmen: »Je crois que Dieu se sert de la Latinité / Pour préparer la terre à sa grande unité.«[299]

Von Illusionen nicht frei waren auch die Hoffnungen, die Charles Maurras am Ende des Ersten Weltkriegs in die Zukunft der Latinität setzte: Mit der Niederlage Deutschlands verstärkten sich angeblich die Chancen zur Bildung einer weltweiten Union der lateinischen Völker.[300] Lange Zeit hatten die materielle Übermacht Deutschlands und das von Intellektuellen genährte Vorurteil von der germanischen Überlegenheit den Willen gelähmt, der zu einer Union der Lateiner hätte führen können. Die deutsche Niederlage und der moralische Bankrott des deutschen Geistes hatten hier Abhilfe geschaffen. Es war von symbolischer Bedeutung, dass mit Charles Mangin ein siegreicher Weltkriegsgeneral 1920/21 auf eine Mission nach Südamerika, den »Lateinischen Kontinent« geschickt wurde, um dessen Bindung an das lateinische Europa zu stärken.[301] Mangins Bericht von seiner

299 Pierre de Nolhac, *Le Testament d'un latin*, Paris (Plon) 1929, S. 28.

300 Charles Maurras, »Les Forces latines«, Vorwort zu Maurice André, *La fin de l'Empire espagnol d'Amérique* (1922), wiederabgedruckt im gleichen Jahr in der Februarnummer der *Revue de l'Amérique latine*. Édition électronique réalisée par Maurras.net et l'Association des Amis de la Maison du Chemin de Paradis, 2011.http://maurras.net/textes/196.html

301 Das von Maurras verwendete Adjektiv »siegreich« unterschlägt die Misserfolge Mangins. Der erfolgreiche Kolonialoffizier war 1917 für die gescheiterte Nivelle-Offensive mitverantwortlich und wurde daraufhin seines Postens enthoben. Reaktiviert, sicherten im letzten Kriegsjahr erfolgreiche französische Gegenoffensiven seine militärische Reputation.

Reise begann mit einer Apotheose des Mittelmeers, deren schwärmerischer Ton den Enthusiasmus Fernand Braudels vorwegnahm: »Nie habe ich das Mittelmeer ohne innere Bewegung betrachten können … Hier hat sich die griechisch-lateinische Zivilisation entwickelt, deren erste Beherrscher des Meeres, die Phönizier und die Griechen, die Keime dieser Zivilisation entlang ihrer harmonischen Ufer verbreitet haben; hier hat die moderne Welt ihren Ursprung. Das Mittelmeer spiegelt das tiefe Blau seines Himmels wider, nirgends ist das unendliche Lächeln der Fluten bezaubernder. Es tut gut, in diesen schönen Gewässern zu baden, bevor der Gruß Frankreichs den Lateinern Amerikas überbracht wird.«[302] Als ob Spanien und Portugal auf dem Kontinent keine Rolle spielten, sah sich Mangin als Repräsentanten des französischen »Mutterlandes«, das die lateinischen Völker seiner Unterstützung versichern wollte. Nach Kriegsende war Mangin mit den siegreichen französischen Truppen in Mainz einmarschiert; im Juni 1919 hatte er – vermutlich mit stillschweigender Billigung Clemenceaus – einen Separationsputsch in Wiesbaden inszeniert, um den alten französischen Traum einer Rheinischen Republik zu verwirklichen. Der Friedensvertrag von Versailles ließ dies jedoch nicht zu – in den Augen von Maurras gehörte es zu den Versäumnissen der Nachkriegszeit, das linke Rheinufer nicht unter französische Herrschaft gebracht zu haben.

Nie war die Gelegenheit für die antiken Zivilisationen, die immer noch jung und lebendig waren und die den wunderbaren Teil der Erde bewohnten, den ein Dichter als »Reich der Sonne« bezeichnet hatte, sich zusammenzuschließen, größer als jetzt. Maurras zitierte Mistral: »Wenn Du nur nicht geteilt wärest/Wer könnte Dir das Gesetz geben?« Die Schwäche der Lateiner beruhte auf ihrer Uneinigkeit. Im Weltkrieg hatten sie sich des römischen Erbes als würdig erwiesen – von den Verträgen, die entweder dem Krieg vorausgingen oder auf ihn folgten, ließ sich dies nicht sagen. Der Krieg hätte zur vollständigen Union der Latinität führen müssen, um der Aggression der Bar-

---

302 Général Mangin, *Autour du continent latin avec le »Jules-Michelet«*, Paris (Pierre Roger et Cie) 1923, S. 1–2.

barei zu begegnen. Frankreich, Belgien, Italien, Rumänien, Portugal und viele amerikanische »Schwestern« hatten gemeinsame Sache gemacht. Aber es gab schmerzliche Lücken. So war das Volk, das Mistral nur das »großherzige Spanien« nannte, dem Bund der Lateiner ferngeblieben. Viele »Kinder Spaniens«, vor allem Katalanen, waren zu den französischen und italienischen Fahnen geeilt, offiziell aber blieb Spanien neutral, und mehr als einmal konnte man spüren, dass es sich im Einklang mit dem Feind fühlte. Dieser Hiatus hätte vermieden werden müssen.

Jetzt kam es darauf an, nicht länger von Spanien, Frankreich oder Amerika zu sprechen, sondern von der lateinischen Welt, deren Zusammenschluss es zu organisieren galt. Maurras erinnerte daran, dass der lateinische Traum selbst vom »germanischen Cäsar« geträumt worden war, der sich an die Spitze eines Heiligen Römischen Reichs Deutscher Nation gesetzt hatte. Luther war es, der den Traum zerstörte, den Geist Roms an die Grenzen des Menschengeschlechtes zu tragen. Napoleon griff zu den falschen Mitteln, um den Traum Wirklichkeit werden zu lassen: 1809 wies Spanien die Freundschaft Frankreichs zurück, die Napoleon dem Land mit Kanonen aufzwingen wollte. Maurras sah nur ein Mittel, um zu einer Entente zwischen Frankreich und Spanien zu kommen und damit einen entscheidenden Schritt auf dem Weg zu einer Union der lateinischen Völker zurückzulegen: die Wiederherstellung der Monarchie.

Gegenüber den anarchistischen und kosmopolitischen Tendenzen der Demokratie, die nur den Deutschen und den Angelsachsen nutzten, lag es im Interesse der lateinischen Nationen, argumentierte Maurras, im eigenen Land eine reaktionäre Politik der Ordnung durchzusetzen. Charakteristisch für die lateinische Welt war, dass sich in ihr die Renaissance herausgebildet hatte und der Protestantismus gescheitert war. Ihre Stabilität hing vom Katholizismus ab. Jeder Versuch, eine Einheit der Lateiner herzustellen, die sich mit der Verachtung des katholischen Glaubens verband, war zum Scheitern verurteilt – schrieb Maurras, der Agnostiker! Der Katholizismus war auf der Grundlage eines Ideals und einer Moral organisiert – die Latinität war es nicht. Die Latinität konnte vom Katholizismus nur profitieren –

und umgekehrt trafen Einbußen, die der Katholizismus erlitt, auch sie. Ein starkes Bindeglied innerhalb der katholischen Welt war die lateinische Kirchensprache – eine Föderation der lateinischen Nationen konnte auch daraus Nutzen ziehen.

Niemand hatte die Bedeutung des Katholizismus besser erkannt als Auguste Comte, der aus dem Languedoc stammte und den Maurras als den größten Philosophen der lateinischen Welt nach Descartes bezeichnete – und als einen Agnostiker, dem er sich nahe fühlte. Comte hatte die Allianz mit den Jesuiten gesucht, weil nur im Einklang mit ihnen der revolutionäre Zeitgeist und der Protestantismus einzudämmen waren, in denen viele zu Unrecht Förderer der Freiheit sahen. Überall in der Welt hatte die revolutionäre Demokratie versagt, es galt, sich an die Herrschaft Roms zu erinnern, dessen zivilisatorische Leistung unübertroffen war. Die lateinische Welt musste die Aufforderung des Anchises in Vergils *Aeneis* wieder ernst nehmen: Tu regere imperio populos, Romane memento!

Um die Jahrhundertwende sprach Maurras von einer »geheimen Renaissance der Völker des Midi«. Das Erbe der Revolution, dieser »enormen Dummheit«, verblasste mehr und mehr. In der Revolution hatte der Lateiner, ob es sich nun um einen Italiener, einen Franzosen oder einen Spanier handelte, seine Seele und seine Stellung in der Welt verloren. In der Revolution war er, wie Maurras schrieb, den »barbarischen Dogmen des deutschen Waldes und der jüdischen Wüste« erlegen. Im Zentrum dieser Dogmen stand der demokratische Geist, »der protestantisch oder jüdisch, semitisch oder germanisch ist, von uns kommt er nicht«.[303] Die Anarchie der Barbaren hatte den lateinischen Geist zersetzt und seiner historischen Rolle als »Zivilisator« entfremdet. Jetzt aber erneuerte sich der politische lateinische Geist auf Kosten der liberalen Demokratie und des anarchischen Sozialismus. Dies galt nicht nur für Frankreich, sondern für Italien und Spanien im gleichen Maße, es galt auch in Portugal, in Kanada, in Lateinamerika, in der romanischen Schweiz und in Wallonien.

303 Charles Maurras, *Quand les Français ne s'aimaient pas*, S. 123–125, 143. Die Zitate stammen aus Texten von Maurras, die 1900 bzw. 1902 publiziert wurden.

Gegen den demokratischen Anarchismus der Barbaren wollte Maurras die lateinischen Völker zur Ordnung rufen: »Kehren wir ins Land der Ordnung zurück wie ein Hausbesitzer, der heimkommt.« Dem Ordnungsdenken von Maurras und der Action française war auch die 1927 gegründete Ligue d'union latine von Raoul Follereau verpflichtet, die es zu ihrem Ziel erklärte, »die christliche Zivilisation gegen alle Paganismen und alle Barbareien zu verteidigen«. Mit der Liga verbunden war die Monatsschrift *L'Œuvre latine*. Wenig später wurde das Institut d'union latine gegründet, das griechisch-römische Studien fördern wollte. Kennzeichnend für alle Aktivitäten war dabei die Distanzierung von jeder Form des Rassedenkens: »Es gibt keine lateinische Rasse mehr, wir sind alle Mischlinge. Aber es gibt einen lateinischen Geist.« Wie für andere »Lateiner« gehörte auch für Follereau das Engagement in Lateinamerika wie selbstverständlich zu seinen kulturpolitischen Aktivitäten. Unverhohlen war die Sympathie der Ligue d'union latine für die Diktatoren Salazar in Portugal und Mussolini in Italien. Im Spanischen Bürgerkrieg unterstützte Follereau Franco; die Liga half Kardinal Gomá, dem spanischen Primas, von radikalen Linken zerstörte Kirchen wiederaufzubauen. Später fühlte sich Follereau der Révolution nationale Philippe Pétains und dem Regime von Vichy nahe. In Algerien unterhielt er engen Kontakt zum Abbé Gabriel Lambert, dem Bürgermeister von Oran. Beeinflusst vom Parti Populaire Français des Faschisten Jacques Doriot, trug die Lambert nahestehende Tageszeitung *Le Petit Oranais* das Hakenkreuz im Titel.[304]

Für Maurras und die Action française war die Errichtung autoritärer Regime die Voraussetzung für die Bildung eines Blocks lateinischer Nationen. In diesem Sinn hatte 1852 der konservative deutsche Staatsrechtler Constantin Frantz unmittelbar nach seinem Paris-Besuch den Staatsstreich Louis Napoleons in einer anonym erscheinenden Broschüre begrüßt.[305] Frantz, der beweisen wollte, dass ein parlamentari-

---

304 Nicht unterschlagen werden darf das große humanitäre Engagement Follereaus, der sich mit besonderem Nachdruck der Leprakranken annahm.

305 Constantin Frantz, *Louis Napoleon*. Von dem Verfasser »Unserer Politik«, 2. Auflage, Berlin (F. Schneider) 1852. Frantz hat seine positive Einschätzung Louis Napoleons später geändert. (1850 hatte Frantz in Berlin, ebenfalls anonym, die Schrift *Unsere Politik* publiziert.)

sches System für Frankreich denkbar ungeeignet war, jubelte darüber, dass »von der Bühne des öffentlichen Lebens … die parlamentarischen Schauspieler nach Vincennes …, in diese vortreffliche Citadelle« abgeführt worden waren. Ähnlich wie später Maurras sah Frantz in Frankreich ein Land, in dessen Geschichte sich von Chlodwig bis Napoleon die »Tendenz zum Monarchismus« durchzog. Dennoch war für ihn, anders als für Maurras, die Zeit des Königtums endgültig vorbei, was Frankreich brauchte, war eine Herrschaftsform, die er Napoleonismus nannte: »Eine Einherrschaft, die als solche Ähnlichkeit mit der Monarchie hat, aber weil sie nicht auf eigenem Rechte beruht, sondern aus dem Volkswillen hervorgeht, das Ganze doch wieder als Republik erscheinen lässt.«[306]

In einer Argumentation, die an den Montesquieu-Effekt erinnerte, behauptete Frantz, der Parlamentarismus setze ein »Volk von nüchterner Denkweise und von kaltem Blute« voraus, passe also in Länder wie Belgien, Holland, England und Nordamerika: »Wo aber der leicht bewegliche Geist zu plötzlichen Erregungen disponirt ist, wird der Parlamentarismus immer nichts anderes sein, als eine organisirte Demagogie.« Das französische Volk wolle sich nicht selbst regieren, sondern regiert sein, von Napoleon allein rühre in Frankreich alles her, »was Kraft, Haltung und Form« habe. Die Franzosen hätten einen Mann an ihre Spitze gestellt, der den Kollektivwillen des Volkes in sich vereine; die Legitimität der Verfassung, die er Frankreich gegeben habe, beruhe auf dem Plebiszit, mit dem das Volk diese Konstitution ratifiziert hatte. Die Frankreich angemessene Herrschaftsform war die Diktatur, und Frantz pries den Diktator in dithyrambischen Worten: »Das ist Napoleon! Dieser neue Herkules, der die lernäische Schlange der Demagogie getödtet, der die stymphalischen Vögel der Schwätzer vertrieben und den Augiasstall des alten Europa gereinigt; dieser Heros, der die grübelnde Welt dem Prinzip der Activität und Personalität zurückgegeben hat …« Mit seiner Verspottung des Parlamentarismus und seiner Begeisterung für die Diktatur nahm Frantz die Rhetorik der Faschisten vorweg; 1933 erschien eine Neuausgabe

306 Frantz, *Louis Napoleon*, S. 31.

seiner Schrift über Louis Napoleon mit dem zusätzlichen Haupttitel *Masse oder Volk.*[307]

Mit dem Eintreten für eine autoritäre Herrschaftsform, die nicht nur Frankreich, sondern allen lateinischen Nationen angemessen war, verband Maurras die Hoffnung, im Zeichen des Faschismus endlich die so lange erstrebte Einheit der Lateiner zu erreichen. Mit Mussolini in Italien, Salazar in Portugal, Franco in Spanien und Pétain in Vichy-Frankreich kamen in vier lateinischen Ländern autoritäre Regime an der Macht. Eine miteinander geteilte oder doch ähnliche Ideologie aber machte eine Koalition dieser Staaten im Zeichen der Latinität keineswegs leichter – im Gegenteil, charakterisiert wurde die Zeit durch die »unmögliche Lateinische Union«.[308]

Nach der Machtübernahme der italienischen Faschisten im Oktober 1922 änderte sich der politische Kontext der französisch-italienischen Beziehungen. Auf der einen Seite wurde Frankreich zum Zufluchtsland der antifaschistischen Opposition: Ende 1922 lebten eine halbe Million politischer Flüchtlinge aus Italien in Frankreich. Die Tradition der Italienreisen riss aber in Frankreich nicht ab: Die Reisen wurden jetzt damit gerechtfertigt, sich vor Ort ein Urteil über die Diktatur Mussolinis bilden zu wollen.[309] Bei vielen verband sich damit die Hoffnung, die lateinische Solidarität durch das neue Regime gestärkt zu sehen. Die Erinnerung an den italienischen Kriegseintritt an der Seite Frankreichs im Jahre 1915 war lebendig geblieben, und nach wie vor herrschte die Vorstellung, nur ein lateinischer Block könne die germanische Gefahr abwehren, die durch den Weltkrieg geschwächt, aber keineswegs beseitigt worden war. In diesem Block waren Italien und Frankreich die entscheidenden Akteure. Die Latinität, Bollwerk der Zivilisation gegen die Barbarei, hatte ihren Ursprung in Italien und war von keinem Land so leidenschaftlich verbreitet worden wie

---

307 Constantin Frantz, *Masse oder Volk. Louis Napoleon*. Herausgegeben und mit einer Einleitung versehen von Franz Kemper, Potsdam (Protte) 1933.

308 »L'impossible Union Latine« – so lautet der Untertitel von David Mataix' Buch *L'Europe des révolutions nationales 1940–1942*, Paris (L'Harmattan) 2006.

309 Vgl. Christophe Poupault, »Les voyages d'hommes de lettres en Italie fasciste. Espoir du rapprochement franco-italien et culture de la latinité«, in: *Vingtième Siècle. Revue d'histoire* 104 (octobre-décembre 2009), S. 67–79.

von Frankreich. Zeitschriften wie *Le Front Latin*, die von 1935 bis 1940 erschien, setzten es sich dabei zum Ziel, die Latinität nicht so sehr als kulturelles Phänomen darzustellen, sondern damit eine politische Leitidee zu verbinden, die das Handeln der einzelnen Nationen bestimmen sollte. Sentimentale Schwärmerei wollte man durch »eine praktische lateinische Politik« ersetzen. Beim Versuch, die französisch-italienische Annäherung durch die Machtübernahme der Faschisten in Italien nicht nur nicht zu gefährden, sondern im Gegenteil noch zu verstärken, spielten Mitglieder der Académie française eine wichtige Rolle, wie Pierre de Nolhac, Verfasser des *Testament d'un latin* (1928), der Mitglied der École française de Rome gewesen war. Es war nicht überraschend, dass konservative Intellektuelle, die dem Kommunismus feindlich gegenüberstanden und dem Nazismus misstrauten, im Faschismus italienischer Prägung ein Heilmittel gegen die Krankheiten der Demokratie und eine Möglichkeit sahen, die europäische Dekadenz zu bekämpfen. Überraschend dagegen war das Wohlwollen, das lange Zeit die französischen Juden dem faschistischen Regime in Italien entgegenbrachten. Die traditionell enge Verbundenheit mit republikanischen und humanistischen Werten hielt sie nicht davon ab, in Italien das Musterbeispiel gelungener jüdischer Assimilation, »eine perfekte Fusion von Judentum und Latinität«, zu sehen.[310] Sie glaubten, dass die Latinität den Antisemitismus hemme. Innerfranzösische Erfahrungen aber hätten bereits zeigen können, wie naiv dieser Glaube war – in Italien wurde er zur Illusion, je stärker Mussolini in den Sog der nationalsozialistischen Politik geriet. Etappen der Desillusionierung bildeten der italienische Überfall auf Äthiopien 1935, der 1936 ausbrechende Spanische Bürgerkrieg und schließlich die 1938 in Italien erlassenen Rassengesetze, welche den Juden untersagten, als Lehrer tätig zu werden, sie aus Akademien und der Armee ausschlossen und alle seit 1919 erfolgten Naturalisationen zurücknahmen.

Zu einem eindrucksvollen Symbol der französisch-italienischen Freundschaft im Zeichen der Latinität wurden die Feiern, die im März

---

310 Nina Valbousquet, Rezension von »Jérèmy Guedj, Le Miroir des désillusions. Les Juifs de France et l'Italie fasciste (1922–1939)«, in: *Histoire@Politique. Politique, culture, sociéte*, im Netz unter www.histoire-politique.fr

bzw. im Oktober 1930 Vergil und Mistral gewidmet waren, wobei in einem Über-Kreuz-Arrangement die »fêtes virgiliennes« in Paris, die »fêtes mistraliennes« in Rom stattfanden. Die Franzosen beeindruckte, dass der »große Duce« die Schirmherrschaft über die Mistral-Feiern übernommen und bei dieser Gelegenheit bekannt hatte, das Werk Mistrals gut zu kennen und in seiner Jugend dessen Versepos *Mireille* gelesen zu haben. Der Präsident des Comité France-Italie wurde von Mussolini in Privataudienz empfangen, in einer Parallelaktion wurde ein Comitato Italia-Francia gegründet. Auffallend war, dass die Präsenz der französischen Politik bei den Feiern erheblich geringer war als die der italienischen Gegenseite. Italien versuchte, aus den feierlichen Anlässen propagandistischen Gewinn zu ziehen. Höhepunkt war eine Rede des italienischen Mistral-Übersetzers Mario Chini, der Mistral zum Faschisten ehrenhalber ernannte: »Italien hat der Welt die Latinität gegeben … Und alles was lateinisch ist, in den Sprachen und in den Sitten, in der Literatur und in der Zivilisation, in den Künsten und in den Institutionen ist zusammengenommen vor allem italienisch … Da der Faschismus die lateinischste aller modernen politischen Anschauungen ist, ernennen wir Mistral ebenfalls zum Faschisten, zu einem Faschisten der ersten Stunde, einem Faschisten avant la lettre, weil viele seiner Träume, die vor dem Faschismus geboren wurden, sich im italienischen Faschismus verwirklicht haben.«[311]

Die Verstimmungen zwischen Rom und Paris aber nahmen nicht ab, die Interessengegensätze unter den Lateinern, von denen auch Mussolini offen gesprochen hatte, blieben weiter bestehen. Die französischen Italienreisenden machten dafür in erster Linie die heimische politische Klasse verantwortlich, der die guten Beziehungen zu Deutschland immer besonders wichtig gewesen waren: »Wenn wir damals nur einen Außenminister mit einem Sinn für die Latinität gehabt hätten … und wenn er nur bereit gewesen wäre, die Alpen zu überschreiten und dem Regierungschef unseres alten Alliierten ein Viertel des Vertrauens und der Aufmerksamkeiten zu gewähren, mit denen man Stresemann überschüttet hatte, hätten sich viele Irrtümer

311 Zitiert nach Poupault, S. 74.

korrigieren lassen.«[312] Um die Defizite der Politik auszugleichen, fühlten französische Intellektuelle sich verpflichtet, ihren Beitrag zur Verbesserung der politischen Beziehungen zwischen beiden Ländern zu leisten, und schufen zu diesem Zweck, wie Christophe Poupault sie genannt hat, »paradiplomatische Netzwerke«. Treffen mit Mussolini spielten dabei eine Schlüsselrolle und führten bei vielen Besuchern zu grotesken Überschätzungen der lateinischen Welt und fatalen Fehlurteilen mit Blick auf die Welt außerhalb: »Die Gesellschaften, deren Grundlagen auf dem Gold und der Industrie beruhen, stürzen ein: Bankrott der USA, Desaster in Deutschland, Zusammenbruch Russlands. Nur der lateinische Geist hält stand ... Liegt es nicht an uns, uns zu vereinen und die Bande dieser großen Familie enger zu knüpfen?«[313]

Schon Mitte der dreißiger Jahre aber zeigte sich, dass das faschistische Italien seine territorialen Ambitionen und kolonialen Interessen nicht der Solidarität mit den Lateinern opfern würde. Im Pakt, den am 7. Januar 1935 Mussolini und der französische Außenminister Pierre Laval schlossen, machte Frankreich, um sein Protektorat Tunesien zu stabilisieren, Italien erhebliche territoriale Zugeständnisse im Sudan und in Somalia und akzeptierte Mussolinis Griff nach Äthiopien. Gleichzeitig sollte der deutsche Expansionsdrang eingedämmt und Hitler der Weg nach Österreich versperrt werden. Beobachter wollten im Laval-Mussolini-Pakt die politische Abrundung der Aktivitäten sehen, die im Comité France-Italie ihren organisatorischen Rahmen gefunden hatten. Am 10. Januar jubelte die *Dépêche Tunisienne*, dass im Pakt eine »kostbare Freundschaft«, nämlich die »lateinische Brüderlichkeit« gestärkt worden sei.[314] Voreiligem Enthusiasmus aber schob Mussolini selbst einen Riegel vor – in einem Beitrag »La Latinité«, den die Zeitung *La Petite Gironde* am 12. Juni 1935 auf ihrer Titelseite abdruckte. Im April 1921 hatte Mussolini sich noch im *Popolo d'Italia*, beeinflusst von den Respektlosigkeiten der Futuristen, über die Verehrung des antiken Erbes lustig gemacht und die Überreste des antiken Rom als

312 Pierre de Nolhac 1932 in einem Artikel für das Monatsbulletin *France-Italie*, zitiert nach Poupault, S. 75.
313 Louis Gillet, zitiert nach Poupault, S, 76.
314 Bessis, *La Méditerranée fasciste*, S. 169.

»Scherben« abgetan. Jetzt begrüßte es Mussolini, dass die Frage der Latinität wieder auf der Tagesordnung stand und dass verstärkt von den
»lateinischen Schwestern« und den »lateinischen Zivilisationen« die
Rede war. Er betonte aber, dass Wendungen wie die vom »génie latin«,
in dem sich Klarheit, Gleichgewicht und Realismus ausdrückten, lediglich auf eine bestimmte Art der individuellen Lebensführung ziel-
ten – ein »System politischen Handelns«, so Mussolini, konnte darauf
nicht gebaut werden, ja, es war gefährlich, sich mit den Beschwörun-
gen der Latinität auf »sentimentales Terrain« zu begeben. Eine »relati-
ve Verständigung« im westlichen Mittelmeer zwischen Spanien, Itali-
en und Frankreich hielt der »Duce« für möglich, doch würde es wegen
der unterschiedlichen politischen und ökonomischen Interessen der
beteiligten Länder nicht zur Formierung eines »politischen Blocks der
Lateiner« kommen. Gleichzeitig behauptete Mussolini, weiterhin eine
Entente zwischen Italien und Frankreich zu erstreben, weil sie ein Ga-
rant des Gleichgewichts und der Stabilität in Europa sein konnte.

Bereits vor Kriegsausbruch verschärfte sich der Ton Mussolinis. Der
bevorstehende Sieg Francos in Spanien und die Annexion der Tschechoslowakei durch Hitlerdeutschland ermunterten den »Duce«, die eigenen Annexionsabsichten gegenüber Frankreich offen und aggressiv
zu vertreten. Er beklagte sich darüber, dass die französische Regierung
nicht bereit war, über »Probleme kolonialen Charakters« mit Italien
zu reden: »Die französische Regierung ist ganz und gar frei, selbst einfache Diskussionen über diese Probleme abzulehnen, wie sie es bis
jetzt durch ihr zu oft wiederholtes und kategorisches ›Niemals‹ getan hat. Sie wird sich in der Folge nicht darüber beschweren können,
dass der Graben, der augenblicklich die beiden Länder voneinander
trennt, so tief werden wird, dass es sehr schwer, wenn nicht unmöglich sein wird, ihn zuzuschütten … Geographisch, historisch, politisch
und militärisch ist das Mittelmeer ein vitaler Raum für Italien … Man
komme uns nicht mit dem Gerede von der Verwandtschaft der lateinischen Schwestern, von Beziehungen zwischen Cousinen oder anderen
Formen der Bastard-Verwandtschaft, weil die Beziehungen zwischen
den Staaten Machtbeziehungen sind und weil diese Machtbeziehungen die entscheidenden Elemente ihrer Politik darstellen … Es gilt

sich zu bewaffnen, Unglück über die, die es nicht zu tun vermögen … Das Wort der Stunde heißt: mehr Kanonen, mehr Kriegsschiffe, mehr Flugzeuge, um jeden Preis, selbst wenn man tabula rasa mit allem machen müsste, was sich bürgerliches Leben nennt … Kameraden, das schwarze Hemd, in dem wir gekämpft haben und weiter kämpfen werden, schmückt sich heute mit einem Zeichen in den Farben des Blutes, unseres eigenen und das der anderen, wir sind dazu bereit, es zu vergießen, wenn die Interessen des faschistischen Italien auf dem Spiel stehen.«[315] In seinem Tagebuch nannte zur gleichen Zeit Mussolinis Schwager Ciano die Franzosen ein »erbärmliches Volk«, das sich »durch den Alkohol, die Syphilis und den Journalismus zugrunde gerichtet hat«.

Am 7. April 1939, wenige Tage nach der eben zitierten Rede, überfiel Mussolini Albanien – »Der Chef einer katholischen Nation, der katholischen Nation par excellence, packte ein kleines muslimisches Volk an der Gurgel«, schrieb François Mauriac – und rühmte sich vor dem Faschistischen Rat seiner erfolgreichen Machtpolitik: »Wer Albanien in der Hand hat, hat den Balkan in der Hand. Albanien ist für Italien eine geographische Konstante. Es sichert uns die Kontrolle der Adria. Aus der Adria haben wir ein italienisches Meer gemacht. Es ist so, als ob wir am Eingang der Adria einen Damm aus Zement errichtet hätten. Niemand kann mehr in die Adria eindringen. Die Jugoslawen können sie nicht mehr verlassen. Wie ich es sagte, als ich vom Marsch zum Ozean sprach, haben wir die Sperren des mediterranen Gefängnisses beseitigt.«[316] Mussolini hatte sich stets darüber geärgert, dass die Großmächte sein Reden vom Mittelmeer als einem römischen Meer nicht ernst nahmen. Jetzt versuchte er, Fakten zu schaffen und zugleich sicherzustellen, dass Italien in seinen Ambitionen nicht auf das Mittelmeer beschränkt blieb. Was die Berufung auf die Latinität anging, war bei Mussolini aus der Ideenpolitik längst Machtpolitik geworden.

315 Mussolini am 26. März 1939 in einer Rede vor den Squadristi, den Mitgliedern der paramilitärischen faschistischen Kampfbünde; siehe Juliette Bessis, *La Méditerranée fasciste*, S. 260, 261.
316 So der italienische Erziehungsminister Giuseppe Bottai in seinem Tagebuch am 13. April 1939, nach Mataix, S. 79. François Mauriacs Kommentar vom April 1939 findet sich in seinen *Mémoires politiques*, S. 68.

In einem Kommentar mit der Überschrift »Italie! Italie!« vom Januar 1939 sprach François Mauriac von der »Comédie italienne«, welche die Franzosen von dem Augenblick an ernst nahmen, als die Personen dieser Komödie sie nicht mehr bezauberten, sondern ihre Bosheit zu erkennen gaben. Ein Familienhass hatte sich entwickelt, der Versailles und Chartres und sogar Venedig, Florenz und »dieses so sehr geliebte Rom« dem Erdboden gleichmachen konnte: »Ist es nötig, dass Rom und Paris, Florenz und Chartres ihre Würgeengel austauschen und dass über den ewigen Pflastern diese vergänglichen Menschen einander töten, diese getauften Lateiner, diese Feinde, die doch Brüder sind durch das Wasser und durch das Blut?«[317]

Sosehr die deutsche Annexion der Tschechoslowakei Mussolini in seiner eigenen aggressiven Politik bestärkt hatte – auch in Italien wuchs die Furcht vor der, wie ein italienischer Diplomat es ausdrückte, »brutalen und dummen deutschen Politik«, für die Italien in Mithaftung genommen werden konnte. Französische Politiker sahen nach wie vor in der Bildung einer Lateinischen Union die Voraussetzung für das politische Überleben Frankreichs. Nur ein lateinischer Block, so Philippe Pétain, bot seinen Mitgliedern eine Chance, sich aus dem Krieg herauszuhalten und die Ambitionen Hitlers zu beschneiden. Bei der Formierung dieses Blocks musste die Initiative vom faschistischen Italien ausgehen – Frankreich war dafür bereit, Italien Tunesien, Algerien und Somalia zu überlassen. Mussolini betrachtete solche Zugeständnisse skeptisch: Er glaubte zu durchschauen, dass Vichy sich bei Siegen der Achsenmächte diesen stets annäherte und ansonsten mit Großbritannien und den USA flirtete. Umgekehrt beklagte 1941 der italienische Botschafter in Berlin die »deutsche Frankophilie«, die sich darin ausdrückte, dass Hitler Italien aufforderte, seine Ansprüche gegenüber Frankreich zu reduzieren und sich dafür im Osten, das heißt an der Adria, schadlos zu halten. Mit welcher Nervosität die italienische Regierung herauszufinden versuchte, welche Ambitionen Hitler im Mittelmeer verfolgte, zeigen die Tagebücher des Außenministers Ciano. Dort ist unentwegt die Rede davon, dass der »Führer«

---

317 François Mauriac, *Mémoires politiques*, S. 64–66.

Mussolini versichert habe, das Mittelmeer interessiere die Deutschen nicht (17. März 1939), für die Mittelmeerpolitik sei Italien zuständig (20. Mai 1939): »Italien, ein loyaler Alliierter, agiere mit Deutschland auf Augenhöhe und sei Herrin des Mittelmeers so wie Deutschland Herrin der Ostsee sei.« (12. Oktober 1941)[318] Mussolini fühlte sich daher nicht gehindert von einem »mediterranen Reich« unter italienischer Führung zu sprechen, und versuchte mit Spanien ein territoriales Übereinkommen zu erzielen: Marokko würde zu Spanien, Tunesien und Algerien würden zu Italien gehören.

In Frankreich hatte Außenminister Laval seit 1935 versucht, sowohl Italien als auch Spanien für eine lateinische Föderation zu gewinnen, die in Europa ein Gegengewicht zu deutschen und englischen Hegemonialbestrebungen bilden sollte. Einen ähnlichen Versuch unternahm im September 1939 der französische Botschafter in Madrid – Philippe Pétain. Niemand hätte Spanien ein derartiges Projekt mit größeren Erfolgsaussichten vorschlagen können. Im Juli 1925 war der Sieger von Verdun und Marschall von Frankreich in das französisch-spanische Doppelprotektorat Marokko entsandt worden, um dort den Rif-Aufstand unter Führung von Abd el-Krim niederzuschlagen – gemeinsam mit dem Kommandeur der »Banderas del Tercio«, der Spanischen Fremdenlegion: Francisco Franco. Im Februar 1939 wurde Pétain zum Botschafter in Spanien ernannt und sah seine Aufgabe darin, die Politik der französischen Volksfrontregierung gegenüber seinem alten Waffenbruder, dem Caudillo, zu korrigieren. Doch der Schulterschluss mit Spanien erwies sich als schwierig: In Regierungskreisen gab es durchaus frankophile Tendenzen, die sich aber gegen die deutsche Propaganda und die vor allem bei den Rechten verbreitete Germanophilie nicht durchsetzen konnten. Dennoch warb Pétain im Kreis seiner Diplomatenkollegen für einen »lateinischen Block« aus Frankreich, Spanien, Portugal und Italien, dessen Bildung vielleicht sogar im Interesse Englands liegen würde. Auch der Papst musste an der Bildung eines lateinischen Blocks, der eine Re-Katholisierung Europas

318 Zitate nach Galeazzo Ciano, *Ciano's Diary. 1939–1943*, ed. with an introduction by Malcolm Muggeridge, London/Toronto (Heinemann) 1947, S. 49, 90, 383.

befördern konnte, Interesse haben. Der Boden für die Initiative Pétains war durch Charles Maurras, den leidenschaftlichen Propagandisten einer Lateinischen Union, bereitet worden. 1938 war Maurras nach Burgos gereist, der Hauptstadt Nationalspaniens, wo er den Caudillo und dessen Schwager Serrano Suñer getroffen hatte und zum korrespondierenden Mitglied der Königlichen Spanischen Akademie gewählt worden war. Vor spanischen Militärs entwickelte Maurras seine Vision einer Lateinischen Union, deren spirituelle Grundlage der Katholizismus bildete.[319] Damit hatte er Franco ganz und gar auf seiner Seite, der immer darauf beharrt hatte, dass der Faschismus in den lateinischen Ländern durch den Katholizismus geadelt sein müsse. Während Maurras von Konflikten innerhalb der lateinischen Völkerfamilie sprach, welche die Bildung einer Union miteinander verhindert hatten, bot Spanien das eklatante Beispiel eines Konflikts innerhalb eines lateinischen Landes. Die Falange war aufgrund der spanischen Territorialkonflikte mit Frankreich antifranzösisch eingestellt. Sie wurde zum entschiedenen Befürworter eines Kriegseintritts an der Seite Deutschlands, weil sie sich davon die Durchsetzung der spanischen Kolonialinteressen erhoffte.

Am 12. Februar 1941 hatten sich Mussolini und Franco in Bordighera getroffen, einen Tag später trafen sich Franco und Pétain in Montpellier. Im Ausland sah man in beiden Treffen die letzten und entscheidenden Vorbereitungen zur Bildung eines Lateinischen Blocks. Nachdem am 22. Juni der deutsche Angriff auf die Sowjetunion begonnen hatte, schwand die Gefahr einer massiven deutschen Intervention im Mittelmeer. Frankreich und Spanien kamen sich näher. Gegen Ende 1941 ließen die frankophoben Artikel im Falange-Organ *Arriba* nach, der Schriftsteller Giménez Caballero, ein Mitglied der Falange und persönlicher Freund Mussolinis, erklärte: »Frankreich muss schon aufgrund seiner geographischen Lage eine internationale Rolle spielen, die Deutschland nicht zukommen kann. Frankreich ist der geometrische Ort, an dem sich das mediterrane Denken und die nordi-

---

319 Charles Maurras, *Vers l'Espagne de Franco*, Paris (Éditions du Livre Moderne) 1943, S. 150–152.

sche Energie vereinen. Die Kraft ist germanisch, aber das Gehirn ist mediterran.«[320] Im Grunde genommen wäre das Portugal Salazars ein passenderer Partner für Vichy-Frankreich gewesen als das Spanien Francos: Der paternalistische Autoritarismus, der sich in Frankreich wie Portugal durchgesetzt hatte, unterschied sich nicht nur von der Diktatur der Nazis, sondern auch von den Totalitarismen in Italien und im Spanien Francos. In Frankreich war die Sympathie für den Sieger im Spanischen Bürgerkrieg nicht allzu ausgeprägt; außerdem sahen sich die Franzosen nach wie vor mit den kolonialen Ambitionen Spaniens konfrontiert, die ihre eigene Herrschaft in Marokko in Frage stellten.[321] Im Februar 1942 beschlossen Franco und Salazar, »gemeinsame Lösungen« zu suchen, um externen Gefahren zu begegnen, die beiden Ländern drohten. Die Rede war von der Bildung eines »Iberischen Blocks«. Am 10. Juli erzählte Salazar einem französischen Journalisten, dass er an den Sieg der Alliierten glaube und Franco und Mussolini davon überzeugen wolle, »dass eine wesentliche Aufgabe für die Latinität darin bestehe, dem Germanismus den Zugang zum Mittelmeer zu versperren«.[322] Folgerichtig war die Rede von einem atlantischen Block, zu dem neben dem Frankreich Pétains, dem Spanien Francos und dem Portugal Salazars das neutrale Irland Éamon de Valeras gehören sollte.

Pläne zur Bildung einer Lateinischen Union zirkulierten unter Diplomaten und Intellektuellen, bei den politischen Führern der betroffenen Länder hatte man den Eindruck, dass sie in der Beschwörung einer Lateinischen Union oder eines lateinischen Blocks eher einer publikumswirksamen Rhetorik folgten, als damit konkrete politische Ziele zu verbinden. Dies galt insbesondere für den Führer der Falange, Serrano Suñer, der gegen seine eigene Überzeugung behauptete, nur eine lateinische Front sei in der Lage, Deutschland an der Beherr-

---

320 Zitiert nach Matthieu Séguéla, *Pétain-Franco. Les Secrets d'une alliance*, Paris (Albin Michel) 1992, S. 233. Zu dieser Thematik vgl. auch Michel Catala, *Les Relations franco-espagnoles pendant la Deuxième Guerre mondiale. Rapprochement nécessaire, réconciliation impossible 1939–1944*, Paris (L'Harmattan) 1997.

321 Vgl. Helena Pinto Janeiro, »Salazar et les trois France (1940–1944)«, in: *Vingtième Siècle. Revue d'histoire* 62 (avril-juin 1999), S. 39–50.

322 Nach Catala, S. 224.

schung des ganzen Kontinents zu hindern. Frankreich, Italien, Spanien drohe der Untergang, wenn sie sich isolieren würden. Hitler nahm Suñer zu ernst, als er ihn »einen schädlichen Geist« nannte, der den Weg für eine Lateinische Union bereiten wollte. Und wenn die deutsche Botschaft in Madrid offiziell erklären ließ, dass das Reich die Bildung eines »lateinischen Blocks« als feindlichen Akt ansehen werde, war die Rede von einer Gefahr, die keine realistischen Grundlagen hatte.

Das Vichy-Regime, so Pétain, hatte sich mit der von ihm propagierten »Neuen Ordnung« zum Ziel gesetzt, das Erbe der lateinischen und griechischen Kultur zu bewahren und ihre Ausstrahlung in der Welt zu verstärken – »une paix toute nouvelle de collaboration« werde die Folge sein. Als aber Pétain am 12. Oktober 1942 in Avignon davon sprach, Frankreich und Spanien würden ihren Platz in Europa wiederfinden und zusammengehen »wie zwei Verwundete, die sich aufeinander stützen«, war aus der einst glanzvollen Vision einer Lateinischen Union ein lateinisches Lazarett geworden. Einen Monat später landeten die Engländer und Amerikaner in Marokko und Algerien. In seinem Prozess, in dem er zum Tode verurteilt und dann von seinem früheren Schüler und Mitarbeiter de Gaulle zu lebenslanger Haft begnadigt wurde, rechtfertigte Pétain den Waffenstillstand und die Politik der Kollaboration mit den Worten: »Ja, der Waffenstillstand hat Frankreich gerettet und zum Sieg der Alliierten beigetragen, indem er die Freiheit des Mittelmeers sicherte …« Franco bot dem alten Kameraden Asyl an, »die Gastfreundschaft unseres wunderbaren mediterranen Klimas«.[323]

Die politischen Unterschiede unter ihnen waren zu groß, die Konflikte zwischen ihnen zu tiefgreifend, als dass es zu einer Union der großen lateinischen Länder im Zeichen des Autoritarismus und der Diktatur hätte kommen können. Italien, das Frankreich am 10. Juni 1940 den Krieg erklärte, war zu abhängig von Deutschland geworden, als dass es eine Union mit dem Vichy-Regime hätte bilden können. Im besiegten Frankreich hatte Pétain Hitler gegenüber weit weniger Spielraum als Franco, der seine Distanz zum »Führer« zu wahren wusste. Salazar sicherte Portugals Neutralität und achtete darauf, dass die

323 Mataix, S. 308, 310.

traditionell guten Beziehungen des Landes zu England intakt blieben. Im Streit um den nordafrikanischen Kolonialbesitz zeichnete sich zwischen Frankreich, Italien und Spanien nie eine Einigung ab. Wenn über die Beziehungen zwischen Frankreich und Spanien in der Zeit von 1939 bis 1944 gesagt wurde, ihre Annäherung sei notwendig, ihre Versöhnung sei unmöglich gewesen, gilt dies für alle Länder einer angestrebten Lateinischen Union.

Henri Massis gehörte zu jenen, die an die Möglichkeit einer Lateinischen Union im Zeitalter der europäischen Diktaturen glaubten. Sein Buch *Défense de l'Occident* hatte er Benito Mussolini geschickt, der ihm am 15. Juni 1927 antwortete: »Gerade habe ich Ihr Buch *Défense de l'Occident* gelesen, nicht nur wegen der liebenswürdigen Widmung, sondern wegen des Interesses, das ich der Sache entgegenbringe, die Sie so tiefschürfend angegangen sind. Ja, der Osten ist eine Gefahr. Eine Infektion, wenn Sie wollen. Durch welche Kanäle dringt diese Infektion vor? Hier sind sie: Liberalismus, Demokratie, Sozialismus, Freimaurerei. Der westliche Organismus ist durch diese Ideologien erheblich geschwächt. Zur gegenwärtigen Stunde gibt es eine einzige Bewegung, die den Mut hat – weil sie über die Macht in einer großen Nation verfügt –, von Grund auf, offen und heftig antiliberal, antidemokratisch, antisozialistisch, antifreimaurerisch zu sein: der Faschismus. Es ist der Faschismus, dem man vorgeworfen hat, das Mittelalter wiederherstellen zu wollen, weil er von Autorität, Disziplin, Hierarchie und Verantwortung spricht und weil er in den Schulen und überall das Bild Christi wieder angebracht hat. Vor kurzem habe ich den Faschismus als eine organisierte, zentralistische, autoritäre Demokratie bezeichnet. Rom rüstet sich gegen Moskau. Der Faschismus gegen den Bolschewismus. Heute, wie stets, ist der Westen das christliche, katholische und faschistische Rom.«[324] Im September 1933 empfing Mussolini Massis

---

324 Zitiert nach Toda, *Henri Massis. Un témoin de la droite intellectuelle*, S. 267–68. In Mussolinis Vision der faschistischen Gesellschaft bestimmte die Faschistische Partei das politische, die Katholische Kirche das geistige Leben der Nation. Nach Mussolinis »Machtergreifung« wurden Kruzifixe in allen Schulklassen, Gerichtssälen und Krankenhauszimmern angebracht; Priesterbeleidigung galt als kriminelles Delikt, der Katholizismus musste in staatlichen Schulen gelehrt werden, die Priestergehälter wurden durch staatliche Subventionen aufgestockt.

zu einem längeren Gespräch in Rom. Davon berichtete Massis 1937 in einer Broschüre mit dem Titel *Entretien avec Mussolini*, die er zwei Jahre später in sein Buch *Chefs* aufnahm.[325] Es war, so schrieb Massis bewundernd, nicht der Mussolini, den man von der Piazza aus auf seinem Balkon erblickte, wie er die Massen mitriss, es war ein »einsamer, nachdenklicher Mussolini«, mit dem sich der französische Besucher über Sorel, Péguy und Paul Claudel unterhalten konnte. Mussolini sprach über den Krieg, aber Massis beeilte sich hinzuzufügen, dass der »lateinische Asketismus des Duce« nichts mit der Katastrophenbegeisterung zu tun hatte, die man in Oswald Spenglers Buch *Der Untergang des Abendlandes* und bei der Mehrzahl der deutschen Denker finden konnte. Mussolini verkörperte die Werte des Westens. Er hatte nichts mit dem »preußischen Philosophen« gemein, im »Duce« erkannte Massis »den Menschen des Westens par excellence, und nicht nur den lateinischen, sondern den christlichen Menschen«.

Als Massis sein Erstaunen darüber zu erkennen gab, dass der deutsche Nationalsozialismus ein so viel größeres Echo gefunden hatte als der italienische Faschismus, wurde Mussolini zum »Schulmeister, zum Mann, der Geschmack und Leidenschaft darin findet, zu belehren«, und erklärte seinem Besucher, dass es dem mitten in Europa gelegenen Deutschland stets leichter fiel, für seine Gedanken ein Echo zu finden als dem in einer Art Insellage isolierten Italien. Außerdem profitierte Deutschland seit dem 19. Jahrhundert vom positiven Vorurteil, das Land der Philosophen zu sein, das man stets ernst nehmen musste. Massis berichtete von seinen eigenen Vorurteilen gegenüber dem Faschismus, die er ablegte, nachdem er Mussolini, diesen »Mann der Nuancen«, besser kennengelernt hatte. Worauf es ihm aber besonders ankam – doch hier konnte er den raffinierten und vorsichtigen »Duce« zunächst kaum aus der Reserve locken –, war, den »lateinischen« Faschismus vom »germanischen« Nationalsozialismus zu unterscheiden und eine Allianz beider als unnatürlich zu erklären. Wenn Mussolini als charakteristisch für den Faschismus eine gewisse *italianità*

325 Henri Massis, *Entretien avec Mussolini (septembre 1933)*, Paris (Les Amis d'Édouard) 1937. Massis, »Mussolini ou la dictature des choses«, in: *Chefs*, Paris (Plon) 1939, S. 49–81. Ich zitiere nach der letztgenannten Publikation.

beschrieb, zugleich aber die europäische Mission des Faschismus betonte, machte Massis deutlich, wie sehr er ein faschistisches einem nationalsozialistischen Europa vorgezogen hätte: »Exzellenz, wenn es zur Einigung Europas kommen sollte, müsste dieses Bemühen um Einheit sich in eine konkrete Politik übersetzen, sich in einem gewissen Gleichgewicht der Kräfte verwirklichen, die Europa bilden … Oder sollte es sich vielleicht doch zum Nutzen irgendeines übermäßig großen Staates herausbilden, der eines Tages die Rolle des wirklichen Einigers spielen wird? Manches Mal taucht dieses Phantom auf, und warum sollte man es nicht beim Namen nennen? Wird das Europa von morgen das wiederbelebte Heilige Römische Reich Deutscher Nation sein, nicht dasjenige, das der Papst und der Kaiser, die damals vereint waren, vor elf Jahrhunderten begründeten, sondern in der Form, wie es sich einige heute vorstellen können?« Jetzt erst wurde Mussolini deutlich, der zweimal mit der Faust auf den Tisch schlug und mit zitternder Stimme ausrief: »Niemals, niemals! Zunächst einmal gibt es in der Weltgeschichte Dinge, die nicht zweimal vorkommen. Das Heilige Reich! Das wäre genauso absurd wie die Wiederkehr der Bourbonen in Neapel!« Massis blieb hartnäckig: »Vielleicht, entgegnete ich, aber von diesen Dingen sind ganze Bücher voll, die Abhandlungen der deutschen politischen Philosophen, und ich denke da nicht nur an Reden … Hinzu kommt, dass die Deutschen, um diese Theorien zu rechtfertigen, die römische Idee zum Nutzen des Germanismus konfiszieren. Unter ihren Historikern ist die Meinung verbreitet, dass die Römer die Preußen des Altertums waren und dass die Preußen von heute den Römern von früher gleichkommen. Sehen sie nicht in den Römern Barbaren, brutale Rassisten, die sich schamlos nur für den praktischen Erfolg interessieren? Diesen Teil des Erbes beanspruchen sie für sich selbst! – Das sind falsche Analogien, rief Mussolini in einem Ton aus, dem man die aufsteigende Ungeduld anmerkte. Die Völker, die Rom unterwarf, ähneln in nichts den modernen Nationen, einem Frankreich, einem England, einem Deutschland! Rom zerstörte keine Zivilisation!« Massis bohrte weiter: »Ist es nicht die Idee der *Romanitas*, die heute am ehesten die Stabilität Europas sichern könnte? Aber in welchem kontinentalen Block könnte sie Form annehmen? –

Dann fügte ich wie zu mir selbst hinzu: Frankreich, Italien, Österreich, Polen, all diese katholischen Nationen? – Große Stille breitete sich aus. Was sagen Sie da, nahm Mussolini das Gespräch wieder auf und zählte an den Fingern seiner Hand: Frankreich ... Italien ... Österreich ... Polen ... – Erneutes Schweigen. Und dann, indem er mich fixierte, Auge in Auge: Ja, aber zwischen Österreich und Polen gibt es die Tschechoslowakei. Mit diesen letzten Worten erhob sich Mussolini. Die Unterhaltung war beendet.« Auf der Piazza Venezia sagte sich Massis, dass Mussolini ein Gefühl für die Herausforderung entwickelt hatte, vor der die westliche Zivilisation stand. Er hatte deutlich gemacht, dass »wir« alle Mitglieder des Imperium Romanum waren, ob »wir« es nun zugeben wollten oder nicht. Die römische Idee war nicht nur eine wahre Idee, sie war eine Realität. Die Barbarei gab sich dadurch zu erkennen, dass sie diese Idee verkannte.

Zu den »Chefs«, von denen sich Henri Massis eine Stärkung des lateinischen Europa und eine Abwehr des »Germanismus« erwartete, gehörten neben Mussolini der portugiesische Diktator Antonio Salazar und Francisco Franco. Die Herrschaft Salazars, den Massis im Februar 1938 in Lissabon traf, charakterisierte er mit Jacques Bainville als die »aufrichtigste, weiseste und maßvollste Diktatur in Europa«. Salazar, der Ökonomieprofessor aus Coimbra, in dem Massis einen Schüler des Thomas von Aquin sah, wollte die portugiesische Nation, die Jahrzehnte von politischen Morden und Militärputschen hinter sich hatte, »normalisieren«, seine Politik unterschied sich grundlegend von der Exaltation und Aufgeregtheit, welche sowohl den Politikstil Mussolinis als auch die Auftritte Hitlers kennzeichneten.[326] Auch Franco, der »Soldat Gottes«, den Massis im Juli 1938 in der provisorischen spanischen Hauptstadt Burgos aufsuchte, unterschied sich von Mussolini darin, dass er Spanien in die »Normalität« zurückführen wollte. Als Massis danach fragte, ob Franco, der dem Deutschen Reich wegen seiner militärischen Hilfe im Bürgerkrieg dankbar sein musste, nicht in Gefahr geriet, unter den Einfluss des »Germanismus« zu geraten, antwortete Franco, Spanien sei Deutschland dankbar, habe aber sei-

326 Massis, »Salazar ou la dictature de l'intelligence«, in: Chefs, S. 83–137.

ne Schulden bezahlt und fühle sich Hitler gegenüber nicht mehr verpflichtet. Und was den »Germanismus« angehe, habe er in Spanien
einen Einfluss immer nur auf vereinzelte Individuen ausgeübt, ohne
dass sich dahinter geistige Wahlverwandtschaften verbargen: »Unsere Auffassungen von der Welt, unsere nationalen Traditionen, unsere
Charaktere sind zu verschieden, als dass sich zwischen uns je ein tiefer
gehender Kontakt ergeben könnte.« Massis hatte mit Genugtuung zur
Kenntnis genommen, dass Franco im August 1937 die Abberufung des
deutschen Botschafters Wilhelm Faupel erzwang, weil dieser versucht
hatte, die Jugendgruppen der Falange mit dem Gedankengut der Hit-
ler-Jugend zu indoktrinieren. Der von Massis so genannte »Religions-
krieg« des Dritten Reichs stieß Franco ab, der sich gegen die antika-
tholischen Ausschreitungen der Nazis wandte und die Rassenmystik
des Reichs auf die Tatsache zurückführte, dass Deutschland einer religiösen Einheit entbehrte und zwischen Protestantismus und Katholizismus zerrissen wurde. Die »Hispanidad« dagegen diente nicht zuletzt der Verteidigung der christlichen Zivilisation des Abendlandes:
»Wir, wir sind Katholiken«, sagte Franco, »in Spanien ist man Katholik
oder man ist nichts.«[327]

Massis träumte von einer Einheitsfront der lateinischen Diktaturen
Italiens, Spaniens und Portugals, die dem Expansionsdrang des nationalsozialistischen Deutschland Einhalt gebieten konnte. Das faschistische Italien spielte dabei eine zentrale Rolle. 1933 hatte Massis die
Veröffentlichung seiner Unterredung mit Mussolini abbrechen müssen, weil der deutsche Botschafter gegen die Wiedergabe von Äußerungen Mussolinis protestierte, die als Affront gegen den Nationalsozialismus ausgelegt werden konnten. Mussolini hatte daraufhin die
Fortsetzung der Publikation untersagt. Umso mehr freute es Massis,
dass Mussolini nach der Ermordung des österreichischen Kanzlers
Dollfuß im Juli 1934 italienische Regimenter am Brenner aufmarschieren ließ, um einen nationalsozialistischen Putsch in Österreich zu verhindern. Der »Duce«, so Massis, gab damit deutlich zu erkennen, dass
er nicht zum Vasallen des »Führers« werden wollte. Auch hatte Musso-

---

327 Massis, »Franco, Soldat de Dieu«, in: *Chefs*, S. 139–175.

lini eine klare Vorstellung davon, dass die Rolle Österreichs in Europa darin bestand, die germanische Kultur »durch ihren Kontakt mit der lateinischen Kultur zu humanisieren« und aus ihr einen Vorposten im Kampf gegen die Feinde des Katholizismus im Norden und in der Mitte Europas zu machen. Die drei lateinischen »Chefs«, Mussolini, Franco, Salazar, versuchten alles, um durch ihre Distanz zum nationalsozialistischen Deutschland dessen kriegerische Ambitionen zu dämpfen und den Frieden in Europa zu bewahren. Umso fahrlässiger war es, dass 1935 der Völkerbund, nicht zuletzt auf Drängen Englands und Frankreichs, nach dem Überfall auf Äthiopien Sanktionen gegen Italien beschloss, die Italien, das nunmehr ohne Bundesgenossen dastand, in die Arme Hitlers trieben. Als Reaktion auf die Sanktionen veröffentlichten vierundsechzig französische Intellektuelle am 4. Oktober 1935 ein Manifest mit dem Titel »Pour la Défense de l'Occident«, das Massis redigiert hatte. Die Unterzeichner protestierten gegen den Versuch, die europäischen Völker gegen Rom aufzuhetzen – unter dem Vorwand, in Afrika die Unabhängigkeit eines »Gemischs von unkultivierten Stämmen« zu schützen. Mit seiner Kolonialpolitik erfüllte Italien, nicht anders als Frankreich und England es taten, eine zivilisatorische Mission, während der Völkerbund mit seinem fehlgeleiteten Rechtsuniversalismus die Zivilisierten und die Barbaren auf eine Stufe stellte. Damit provozierte er einen Konflikt, der die innere Ordnung des jungen Italien bedrohte und wurde zum Urheber eines Attentats gegen die westliche Zivilisation. Zu den Unterzeichnern des Manifests gehörten die bekanntesten Repräsentanten der französischen Rechten, unter ihnen Léon Daudet und Charles Maurras. Einen Tag später antworteten linke Intellektuelle wie Jules Romains und Louis Aragon mit einem Gegenmanifest. In beiden Texten ging es nicht zuletzt um die Frage, welche Art von Solidarität Frankreich und Italien, die lateinischen Schwestern, einander schuldeten.[328]

Im Mai 1938 berichtete Massis für den *Petit Parisien* von der Rom-Reise Hitlers. Die politische Lage in Europa hatte sich dramatisch ge-

---

328 Die Texte beider Manifeste sind abgedruckt bei Jean-François Sirinelli, *Intellectuels et Passions françaises. Manifestes et pétitions au XXe siècle*, Paris (Fayard) 1990, S. 92–100.

wandelt: Vor vier Jahren hatte Italien Truppen mobilisiert, um einen nationalsozialistischen Putsch in Österreich zu verhindern, jetzt hatte es den »Anschluss« akzeptiert. Massis beobachtete erfreut, wie trotz befohlener Jubelszenen die Deutschen den Römern fremd blieben, vor allem Himmler und seiner SS begegneten sie mit Misstrauen. Von der magischen Anziehungskraft, die Hitler in Deutschland auf die Massen ausübte, war in Italien nichts zu spüren, was in Nürnberg wirkte, wirkte in Rom überhaupt nicht. Umso mehr schmerzte Massis der Eifer italienischer Journalisten, die versuchten, eine Wahlverwandtschaft zwischen Germanentum und Romanitas zu konstruieren. Und eigentümlich berührt war er davon, dass Mussolini seine Truppen auf einmal im Stechschritt aufmarschieren ließ, der sich auch dadurch nicht dem italienischen Temperament anpassen ließ, dass ihm der Name *passo romano* gegeben wurde. Die Chancen für eine antideutsche lateinische Koalition waren dahin, und verantwortlich dafür war in den Augen von Massis in erster Linie die französische Volksfrontregierung unter Léon Blum. Sie weigerte sich, das Franco-Regime als legitime spanische Regierung anzuerkennen, und hatte erst im Oktober 1938 mit André François-Poncet einen Botschafter nach Rom entsandt. Es war kein französischer Politiker, es war Chamberlain, der die friedensstiftende Rolle hervorhob, die Mussolini beim Zustandekommen des Münchner Abkommens gespielt hatte.[329] Im Mai 1939 reiste Massis, wieder als Korrespondent des *Petit Parisien,* erneut nach Rom; gerade war Mussolini aus Berlin zurückgekehrt, wo die Außenminister Ribbentrop und Ciano im Beisein Hitlers ein Militärbündnis, den sogenannten »Stahlpakt«, unterzeichnet hatten. Der Pakt verpflichtete die Unterzeichner zur wechselseitigen Unterstützung selbst im Falle eines Angriffskrieges. Mussolini gab Hitler zu verstehen, dass Italien zu einer solchen Unterstützung Deutschlands erst ab 1942 in der Lage sein werde, doch Massis fürchtete, die Würfel seien bereits gefallen und Mussolini werde Italien an der Seite Hitlers in den Krieg führen. Erneut durften Artikel von Massis nicht erscheinen – jetzt untersagte der französische Ministerpräsident ihre Publikation, die er für

329 Massis, »Hitler dans Rome«, in: *Chefs,* S. 235–257.

»inopportun« hielt. Um ihm das Veto Daladiers zu erklären, zeigte der Chefredakteur des *Petit Parisien* Massis ein Geheimdokument, aus dem hervorging, dass die französische Regierung es strikt ablehne, in Verhandlungen mit Mussolini einzutreten.[330]

»Les Dictatures et Nous« hieß das Kapitel, das Massis 1939 seinem Buch *Chefs* voranstellte. Hier machte er noch einmal deutlich, wie sehr er sich von den lateinischen Diktaturen, die durch das Erbe Roms und den Katholizismus vereint waren, die Bildung einer Abwehrfront gegen die »neuen Barbaren« erhofft hatte, die das Abendland bedrohten. Damit war auch Sowjetrussland, in erster Linie aber das nationalsozialistische Deutschland gemeint. Europas Heil war nur von einer »lateinischen und katholischen Politik« zu erwarten. Im Faschismus sah Massis die adäquate Antwort auf die Herausforderung einer neuen Zeit, in welcher Demokratie und Liberalismus sich überlebt hatten. Den Faschismus auf cäsaristische Machtpolitik zu reduzieren war falsch, in ihm spiegelte sich vielmehr ein neues Entwicklungsstadium der menschlichen Gesellschaft. Insbesondere Mussolinis Revolution war in diesem Sinne eine »Weltrevolution«. Irreführend war es, Faschismus und Nationalsozialismus gleichzusetzen, wie es viele Politiker der französischen Volksfront taten. Obwohl seine Propagandisten es behaupteten, war der »Hitlerismus« keinesfalls ein Verteidiger des »Abendlandes«, sondern stellte seine größte Bedrohung dar. Hitler hatte den »katholischen Universalismus« durch den Rassismus ersetzt – in der Kontinuität deutscher Geschichte, in der bereits die Reformation in Wahrheit eine antirömische deutsche Revolution und zugleich eine rassistische Revolte gewesen war. Das »fatale Jahr 1933« hatte Deutschland in die »Dunkelheit des Totalitarismus« gestürzt, die es auf immer von den europäischen Nationen trennte, die durch das gemeinsame Erbe der Latinität miteinander verbunden waren. Während der Nationalsozialismus auf Totalität aus war und ganz Europa unter das Joch einer Ideologie zwingen wollte, gab es nicht so etwas wie einen »internationalen Faschismus«. Mussolini, Franco und Salazar waren »Chefs«, die Wert darauf legten, trotz ideologischer Nähe

---

330 Toda, S. 317–321.

zueinander die nationalen Besonderheiten ihrer Völker und ihrer Regime zu wahren. Wie Charles Maurras hatte Massis auf eine Koalition der lateinischen Länder im Zeichen des Faschismus gesetzt. Der Einzige, der diese Koalition vielleicht hätte schmieden können, war paradoxerweise – Adolf Hitler. Letztendlich aber war er es, der die Bildung einer solchen Koalition verhinderte, weil er sich entschieden hatte, die Entscheidung im Krieg im Osten und nicht im Süden Europas zu suchen.

Am 17. Oktober 1941 entwickelte Hitler im Führerhauptquartier seine Vision des »neuen Ostraums«, dessen Eroberung Ende Juni mit dem »Unternehmen Barbarossa«, dem Überfall auf die Sowjetunion, begonnen hatte. Die »asiatische Steppe« würde europäisiert werden: »In dreihundert Jahren wird es eine blühende Parklandschaft von ungewöhnlicher Schönheit sein! … Schöne Gärten, Obstbäume, Äcker, ein Land, worüber einmal geschrieben werden kann: saure Wochen, frohe Feste!« Mit dem »Unternehmen Barbarossa« war endgültig entschieden, dass die Entscheidung im Krieg nicht im Süden, sondern im Osten fallen sollte. Das Klima, so Hitler, stand dieser Entscheidung nicht entgegen: »Ich weiß, dass wir dem deutschen Volk jetzt das erschlossen haben, was es zu seiner Weltbedeutung benötigt. Am meisten froh bin ich, dass wir durch diese Entwicklung vom Mittelmeer weggezogen wurden. Das Südlichste ist die Krim; darunter zu gehen hat für uns gar keinen Sinn. Bleiben wir in unserem Nordland! Da kann man auch bis zum November herumfahren, in Berlin wird es im Februar schon schön, am Rhein beginnt es im März zu blühen!«[331]

Im Mittelmeer verfolgte Hitler weitgehend defensive Ziele: Gibraltar und Suez sollten erobert werden, um das Mittelmeer für England zu sperren.[332] In der deutschen Generalität dagegen gab es Überlegun-

331 Adolf Hitler, *Monologe im Führerhauptquartier 1941–1944. Die Aufzeichnungen Heinrich Heims*, herausgegeben von Werner Jochmann, Bindlach (Gondrom) 1988, S. 90–91.

332 Zu Hitlers »Mittelmeerstrategie« vgl. Walter Ansel, *Hitler and the Middle Sea*, Durham, N.C. (Duke University Press) 1972; Douglas Porch, *Hitler's Mediterranean Gamble. The North African and the Mediterranean Campaigns in World War II*, London (Weidenfeld & Nicolson) 2004, und Simon Ball, *The Bitter Sea. The Struggle for Mastery in the Mediterranean, 1935–1949*, Hammersmith (HarperPress) 2009.

gen für eine offensive Mittelmeerstrategie. Zu deren Befürwortern zählten ausgerechnet General Alfred Jodl, der später im Oberkommando der Wehrmacht maßgeblich an der Erarbeitung der Pläne für den Feldzug gegen Russland beteiligt war, und vor allem Großadmiral Erich Raeder. Zu Raeders »Südplan« gehörte die enge Kooperation Deutschlands mit den Mittelmeer-Anrainern Frankreich, Spanien und Italien, einer Art »Lateinischer Union« unter deutscher Führung. Raeder ging so weit, durch seinen »Südplan« Hitlers »Ostplan« ersetzen zu wollen: »Das russische Problem wird in einem anderen Licht erscheinen ... Es ist zu bezweifeln, ob ein Vorgehen gegen Russland im Norden noch notwendig sein wird.«[333] Für einen Augenblick glaubte Raeder nach einem Treffen mit Hitler im September 1940, dass er den »Führer« von seiner Strategie überzeugt hatte; gegenüber seinem Marineadjutanten äußerte Hitler sein Interesse am »Südplan« – um ihn wenig später umso entschiedener abzulehnen. Im Mai 1941 eroberten deutsche Luftlandetruppen unter schweren Verlusten Kreta – Hitler hatte nach langem Zögern der Operation zugestimmt. Nicht zuletzt wegen der großen Verluste auf Kreta wurde der Plan »Herkules«, die geplante Besetzung von Malta, aufgegeben. Bis heute sind Historiker und Militärschriftsteller der Ansicht, Hitler hätte das Mittelmeer eher als Russland in seine Gewalt bringen und damit dem Krieg eine andere Wendung geben können. Hitler aber, der glaubte, die UdSSR werde schnell kapitulieren, erklärte im August 1942 im Führerhauptquartier, Deutschland könne das Mittelmeer »geographisch ... nie beherrschen«. Das Mittelmeer blieb für ihn ein Nebenkriegsschauplatz. Vorschlägen, Deutschland dort stärker zu engagieren, erteilte er eine Absage, weil er an den Erfolgsaussichten von Marine und Luftwaffe zweifelte. »Außerdem bin ich wasserscheu«, spottete er: »Man kann sagen, dass Deutschlands Krieg an Hitlers Wasserscheu scheiterte. Hätte er das Mittelmeer (*the Middle Sea*) so unbedingt haben wollen wie Russland, er hätte es bekommen. Er machte einen schwachen Versuch, der am Ende zu nichts führte. Innere Signale hemmten ihn, machten ihn unruhig und unsicher. Den bestimmenden Einfluss dieser Si-

---

333 Ansel, S. 24. Die Ausdrücke »South Plan« und »East Plan« stammen von Ansel.

gnale hätte man rechtzeitig bemerken können, ihre Wirkung hätte sich voraussehen und mit größerer Kraft und Genauigkeit konterkarieren lassen. Vieles und viele hätten vor Leid und Schrecken bewahrt werden können.«[334]

Auffallend ist, welch großen Raum in Hitlers »politischem Testament« im Februar und April 1945 Äußerungen über die »Romanen« einnehmen – intensiver ist nur das Bedauern über die gescheiterten Versuche, England zu einem frühen Friedensschluss und zum Zusammengehen mit Deutschland zu bewegen. Das Urteil über Italien und die Italiener fiel noch am positivsten aus. Hitler akzeptierte den Anspruch Italiens, »den politischen Ehrgeiz des alten Roms« wieder aufzunehmen, stellte aber nüchtern fest, den Ehrgeiz hätten die Italiener wohl gehabt, nicht aber »die moralische Härte und die materielle Kraft«, die Rom ausgezeichnet hatten. Von großem Vorteil für das Land war es, unter der Führung eines »echten Römers« zu stehen: Benito Mussolini. Frankreich dagegen war und blieb der Erbfeind, und wenn der Krieg etwas Gutes gehabt hatte, bestand es darin, »Frankreich unter die Mächte fünfter Ordnung« zurückgestuft zu haben.[335] Noch härter fiel das Urteil über Spanien aus. Das »Regime plutokratischer Ausbeuter am Gängelband der Pfaffen«, das Franco errichtet hatte, fand die Missbilligung Hitlers, der so weit ging, im Nachhinein das Eingreifen der deutschen Luftwaffe in den Spanischen Bürgerkrieg zu bedauern: »Man hat uns getäuscht, denn niemals hätte ich mich in Kenntnis des wahren Sachverhalts damit einverstanden erklärt, dass unsere Flugzeuge dazu dienten, Hungernde zu vernichten und die spanischen Adeligen und Schwarzröcke wieder in ihre mittelalterlichen Vorrechte einzusetzen.« Am Ende blieb es der beste Dienst Spaniens, die Iberische Halbinsel vom Krieg verschont zu halten. Das »unvorbereitete und mittellose Spanien« wäre für das Deutsche Reich nur ein Hemmschuh gewesen.[336]

334 Ansel, S. 484–485.
335 *Hitlers Politisches Testament. Die Bormann-Diktate vom Februar und April 1945.* Mit einem Essay von Hugh R. Trevor-Roper und einem Nachwort von André François-Poncet, Hamburg (Albrecht Knaus) 1981, S. 122–123 (2. April 1945).
336 *Hitlers Politisches Testament*, S. 60–61 (10. Februar 1945).

Für Hitler hatte der Krieg gezeigt, dass die Dekadenz der romanischen Völker unaufhaltsam war. Sie würden in Zukunft im Kampf um die Weltherrschaft keine Rolle mehr spielen. Mehrere Male wiederholte Hitler: »Wir haben kein Glück mit den Romanen!« Ob es sich nun um das feindliche Frankreich oder das verbündete Italien handelte: »Bei den romanischen Völkern paart sich die effektive Ohnmacht mit lächerlicher Anmaßung.«[337] Auch in den Äußerungen Hitlers zeigte sich der Montesquieu-Effekt: Bei den »dekadenten Romanen« musste zwischen einem aus deutscher Sicht akzeptablen Norden und einem verachtenswerten Süden entschieden werden. Der »widerwärtige italienische Typ« fand sich nur im Süden des Landes, und während der Norden Frankreichs – das »in seiner Haltung freiere Paris« – durchaus Affinitäten zu Deutschland aufwies, stand dagegen »ein uns fremdes Blut, ... der im Klerikalismus und in Freimaurerei gebundene Süden«.[338]

Im Oktober 1940 wollte Hitler in Treffen mit Franco und Pétain die Möglichkeit einer antibritischen Allianz auf dem Kontinent prüfen, der sich das Italien Mussolinis, Pétains Vichy und Francos Spanien Deutschland anschließen würden. Bereits am 22. Oktober traf sich Hitler mit dem französischen Außenminister Laval in Montoire-sur-le-Loir, reiste dann an die französisch-spanische Grenze zum Treffen mit Franco und kehrte wieder nach Montoire zurück, um Pétain zu sehen. Nicht nur in Spanien wird bis heute der Mythos gepflegt, der schlaue Franco habe in Hendaye dem Drängen Hitlers widerstanden, auf der Seite der Achse in den Krieg einzutreten.[339] In Wahrheit war Franco zum Kriegseintritt bereit – wenn Spaniens Wünsche nach ökonomischer Hilfe erfüllt und seine territorialen Ansprüche in Nordafrika anerkannt würden. Auch setzte Franco lange auf einen Sieg der Achse und wurde in dieser Einschätzung erst unsicher, als deutlich wurde, dass England so schnell nicht zu besiegen war. Schon im September 1940 hatte der spanische Außenminister Serrano Suñer bei

---

337 *Hitlers Politisches Testament*, S. 95–96 (20. Februar 1945).
338 Hitler, *Monologe im Führerhauptquartier*, S. 245–246 (31. Januar 1942).
339 Dazu Paul Preston, »Franco and Hitler: the myth of Hendaye 1940«, in: *Contemporary European History* 1 (1992), No. 1, S. 1–16.

einem Treffen mit Ribbentrop in Berlin nicht nur Spaniens Anspruch auf Marokko bekräftigt, sondern hatte zum Erstaunen des deutschen Außenministers auch eine Neuordnung der Iberischen Halbinsel als wünschenswert bezeichnet: »Geographisch gesprochen hat Portugal überhaupt kein Recht zu existieren.« Hitler dachte für einen Augenblick daran, Frankreich für die Aufgabe Marokkos durch britische Territorien in Nigeria zu entschädigen, lehnte am Ende aber die Wünsche Spaniens ab. Das Treffen war kein Erfolg, Hitler ärgerte sich über die »geschwätzigen Lateiner« und sagte über Franco: »Mit diesem Kerl ist nichts zu machen.« Im Grunde genommen war das Interesse Deutschlands an einem Kriegseintritt des unzureichend ausgerüsteten und sich in einer schwierigen wirtschaftlichen Lage befindenden Spanien gering. Auch Mussolini, von Hitler dazu aufgefordert, übte nur schwachen Druck auf Franco aus, um ihn enger an die Achse zu binden.

Dennoch: das Treffen mit Philippe Pétain am nächsten Tag in Montoire hätte das Interesse Hitlers am Kriegseintritt Spaniens erhöhen können – wenn Pétain bereit gewesen wäre, in die von Hitler erstrebte antibritische Koalition einzutreten. Als Ergebnis des »Gesprächs unter Soldaten« kündigte Pétain in einer Ansprache am 30. Oktober offiziell seine Politik der Kollaboration an, die es Frankreich gestatten würde, souverän zu bleiben und dadurch »den Abfall seiner Kolonien zu mindern«. Trotz des Waffenstillstands wollte er erreichen, dass es der Armee von Vichy erlaubt wurde, die kolonialen Interessen Frankreichs in Afrika gegen die Engländer zu verteidigen. Pétain ließ sich aber nicht dazu bewegen, formell einer antibritischen Koalition beizutreten. Umgekehrt konnte und wollte Hitler Pétain keine Zusagen machen, die nicht nur Franco, sondern auch Mussolini verärgern mussten. Schließlich sah Hitler ein, dass »spanische Wünsche und französische Hoffnungen« die Bildung der antibritischen Front verhinderten. Wenige Tage nach dem Treffen von Montoire begann Mussolini seinen Griechenlandfeldzug, der Hitler zusätzliche Probleme auf dem Balkan bringen sollte.

Am 20. Februar 1945 erinnerte sich Hitler an das Scheitern der Pläne zur Bildung einer mediterranen, antibritischen Allianz an der Seite Deutschlands: »Wir haben wirklich kein Glück mit den Romanen!

Während ich mich nach Montoire begab, um eine groteske Politik der Zusammenarbeit zu demonstrieren, und darauf nach Hendaye, um einen Judaskuss zu erdulden, benutzte ein dritter Romane (der mein wirklicher Freund war) die Gelegenheit meiner Abwesenheit, um seinen unglückseligen Griechenlandfeldzug zu starten.«[340] Am Tag zuvor hatte das Oberkommando der Wehrmacht bekanntgeben müssen, dass im Osten Deutschlands die Rote Armee südlich von Breslau, in der Tucheler Heide und an der Weichsel vorrückte. Im Westen waren amerikanischen Panzerkräften Geländegewinne zwischen Mosel und Saar gelungen. Jetzt wollte auch Hitler – »Vision des Grauens« – eine »totale Niederlage« Deutschlands nicht mehr ausschließen.

340 *Hitlers Politisches Testament*, S. 96.

Das Mittelmeer zur Zeit der europäischen Diktaturen: Paul Valéry, das Centre Universitaire Méditerranéen und Gottfried Benn

Zwei Mal, im Januar 1924 und im Mai 1933, traf Paul Valéry mit Mussolini zusammen und fand ihn nach Auskunft seines Sohnes »vulgär«. Von einer tiefsitzenden Abneigung gegen die lateinischen Faschismen aber kann bei Valéry keine Rede sein. So betonte er die »perfekte Weisheit« der Äußerungen von Salazar. Die Diktatur war für Valéry kein Unglück oder Unfall, sie war eine Reparaturmaßnahme, die notwendig wird, wenn die politische Maschine nicht mehr richtig läuft »und jeder sich fühlt wie auf einem Schiff, das untergeht«. Da die europäischen Demokratien sich in der Krise befanden, war es kein Wunder, dass die Diktatur auf einmal so ansteckend wirkte wie früher die Freiheit.[341] Wenn Valéry in seinen Essays zur Diktatur betonte, er verstehe nichts von praktischer Politik, mochte dies wie eine Entschuldigung oder eine Vorsichtsmaßnahme gegenüber Kritikern erscheinen. Tatsächlich durchzieht die Distanz zur Politik das gesamte Werk Valérys. André Gide gegenüber, der ihn zum Engagement aufforderte, beharrte er auf seiner »antipolitique lente«, er wurde zum »Separatisten par excellence«, zum »Theoretiker des Nicht-Engagements«.[342]

»La mer, la mer, toujours recommencée«, heißt es in Valérys Gedicht »Le Cimetière Marin«. Valéry war ein Mittelmeermensch – er war es mit allen Sinnen: »Dieser Mensch wird von Meeressubstanz genährt, in seinem Körper finden sich Spuren des Mittelmeers, dessen diskrete Nostalgie er nach Paris trug und von dem das höhere Leben

---

341 Valéry hat sich 1934 an zwei Stellen explizit zur Diktatur geäußert: »L'Idée de Dictature« und »Au Sujet de la Dictature«, beide in: Valéry, Œuvres II, Paris (Gallimard/Bibliothèque de la Pléiade) 1977, S. 970–976 und S. 977–981. Der erste Text ist eine Art Einleitung zu Antonio Ferros Buch Salazar. Le Portugal et son Chef.
342 François Valéry, »Paul Valéry et la politique«, in: Valéry, Les principes d'an-archie pure et appliquée, Paris (Gallimard) 1984, S. 185–211.

seines Geistes die kostbarste Ausprägung war.«[343] Valéry, Sohn eines Korsen und einer Italienerin, hat beschrieben, wie sehr ihn das Mittelmeer,»mein Meer«, formte und ihm zeitlebens vor Augen und im Gedächtnis blieb.[344] Geboren wurde er in Sète, »einem dieser Orte, wo ich gerne geboren worden wäre«, und wie der Marinemaler Joseph Vernet konnte er Tage damit zubringen, die verschiedenen Aktivitäten zu beobachten, die sich in einer Hafenstadt abspielen. Dass Valéry in seinen Kindheits- und Jugenderinnerungen der Schule, der Universität und seinen Lehrern so gut wie keinen Platz einräumte, hatte zunächst einmal damit zu tun, dass er an seine Lehrjahre nur schlechte Erinnerungen hatte und die »Dummheit und Gefühllosigkeit« des Unterrichts beklagte. Als er 1935 in Gegenwart des französischen Erziehungsministers der Preisverteilung an seiner ehemaligen Schule in Sète präsidierte, erinnerte er sich an keinen einzigen Lehrer, wohl aber an den Geruch der frischen Hefte und an »das Mysterium der ganz neuen und kalten Bücher in ihrer beinahe undurchdringlichen Rüstung aus Leim und Karton«.[345] Mit der gleichen sinnlichen Intensität blieben Hafen und Meer für Valéry lebendig. Angesichts einer ewig ursprünglichen, intakten und vom Menschen nicht veränderbaren Natur, die dauernd und sichtbar universellen Kräften unterworfen war, erhielt er von ihr einen Eindruck, wie ihn die ersten Menschen empfangen haben mochten. Im Kontrast dazu stand die rebellische Arbeit des Menschen, der versuchte, diese Natur zu verändern und sie eigenen Zwecken zu unterwerfen: »Auf diese Weise erfasst das Auge zur gleichen Zeit das Menschliche und das Nicht-Menschliche.« Neben Horace Vernet beeindruckte Valéry ein anderer Maler, Claude Lorrain, der die großen Häfen des Mittelmeers, Genua, Marseille oder

343 Pierre Darmangeat, »Valéry et l'esprit de la mer«, in: »Paul Valéry vivant«, in: *Les Cahiers du Sud* 1946, S. 307.

344 Am 24. November 1933 hielt Paul Valéry unter dem Titel »Inspirations Méditerranéennes« einen Vortrag vor der Université des Annales in Paris. 1883 hatte Jules Brisson die Zwei-Wochen-Schrift *Les Annales politiques et littéraires* gegründet. 1907 entstand die mit der Zeitschrift verbundene Université des Annales. Das Folgende entstammt dem Vortrag Valérys, der weitgehend autobiographischer Natur ist. Paul Valéry, »Inspirations Méditerranéennes«, in: Valéry, *Œuvres* I, S. 1084–1098.

345 Maurice Mignon, »Paul Valéry au Centre Universitaire Méditerranéen«, in: »Paul Valéry vivant«, *Les Cahiers du Sud* 1946, S. 145.

Neapel, wie Szenen auf dem Theater dargestellt hatte, in denen eine einzige Person agierte, sang und manches Mal starb. Nur an einer Stelle seines Textes benutzte Valéry Versalien, um diese »Person« zu benennen: DAS LICHT. Symptomatisch ist die Szene, in welcher der Schüler Valéry zusammen mit seinen Klassenkameraden den Unterricht versäumt, weil sie von ihrem Klassenzimmer aus sehen, wie im Hafen ein Dreimaster in Brand gerät, und an den Kai laufen, um die Katastrophe auf dem Meer aus möglichst großer Nähe mitzuerleben. Valéry wäre wohl zur See gefahren, hätte sich zwischen die erträumte und die gelebte Marine nicht ein Hindernis geschoben: die Mathematik. Seine Passion für die Marine musste sich auf die Literatur oder die Malerei richten; ihn überwältigte ein Gefühl der Zeitlosigkeit, als er sah, wie die Boote unter ihren »lateinischen Segeln«, mit denen die Schiffer auf Fang gingen, die gleichen Embleme trugen wie einst die Barken der Phönizier. Valéry bekannte, der »folie de lumière, folie de l'eau« verfallen zu sein, nur wenige unbezweifelbare Gottheiten gab es für ihn: das Meer, den Himmel, die Sonne.

Die sinnliche Erfahrung des Meeres und der Mittelmeerwelt sind bei Valéry so vorherrschend, dass demgegenüber die Mittelmeerpolitik in den Hintergrund rückt. »Méditerranée« ist das Schlüsselwort für Valéry, nicht »Latinité«. Am 15. November 1922 hatte Valéry in der Universität Zürich eine Rede »über den Europäer« gehalten – an der gleichen Stelle, an der am 19. September 1946 Winston Churchill der »Tragedy of Europe« die Utopie eines vereinten Kontinents entgegenstellen sollte. In der Züricher Rede von Valéry wird Europa als privilegierter Ort bezeichnet – und dieser privilegierte Ort entsteht aus einem »mediterranen Markt«. Das Mittelmeer, ein »Prä-Europa«, nimmt Europa vorweg, bevor es zu einer »Zivilisationsmaschine« wird. Europäisch zu sein, so Valéry, heißt, drei Einflüssen zu unterliegen, die mit den Worten Rom, Christentum und Griechenland gekennzeichnet werden können. Europa wird von der Mittelmeerwelt geprägt, und aus dieser Perspektive eines Ensembles von »Maxima« erscheint auch Amerika als ein Geschöpf des europäischen Geistes.[346]

346 Paul Valéry, »Note (ou L'Européen)«, in: Œuvres I, S. 1000–1014.

Fast zehn Jahre lang hatte die Handelskammer von Nizza, zusammen mit der geisteswissenschaftlichen und juristischen Fakultät der Universität von Aix-en-Provence, in Nizza wissenschaftliche Vorträge organisiert. Der französische Erziehungsminister Anatole de Monzie beschloss, diesen Vorträgen einen festen institutionellen Rahmen zu geben und in der Stadt ein »Institut d'Études Supérieures« zu errichten, das den Rang einer »Grande École« erhalten sollte. Im Juli 1933 wurden Maurice Mignon zum Direktor und Paul Valéry zum »Administrateur« der neuen Institution ernannt.[347] Der Begriff des »Administrateur« kann in die Irre führen: Es handelt sich nicht um einen Verwalter, sondern um den Leiter einer Institution, der für ihre intellektuelle Ausrichtung verantwortlich ist – Fernand Braudel beispielsweise war »Administrateur« der Pariser Maison des sciences de l'homme und beeinflusste von hier die französische Geschichtswissenschaft. Valérys Witwe bewahrte die Notizen auf, die sich ihr Mann 1933 bei einem Aufenthalt im Hotel Negresco in Nizza gemacht hatte, um die Leitideen für die neue Institution zu formulieren, bevor er als Gast der Comtesse de Béhagne auf der Halbinsel Giens, dem Ort, wo er zwischen 1932 und 1937 in der Regel Ferienmonate verbrachte, das Gründungsdokument formulierte: »Le Centre Universitaire Méditerranéen«.[348]

Nach einer Mitteilung des Sohnes François Valéry sollte das Zentrum auch errichtet werden, um ein Gegengewicht zur Kulturpolitik des faschistischen Italien zu bilden. Davon war im Text Valérys keine Rede. Vielmehr bestimmte er »den unendlich reichen Begriff des Mittelmeers« zum Leitmotiv, nach dem sich die neue Institution auszurichten hatte. Der Reichtum des Mittelmeers spiegelte sich in Nizza wider, das als Hafenstadt, Grenzstadt und Touristenzentrum alle Vorteile einer Kapitale ohne ihre Nachteile aufwies. In Nizza, seinem liebsten Refugium, in dem er die Winter von 1883 bis 1888 verbrachte, soll Nietzsche im Herbst 1884 den Plan zur Gründung einer Europä-

347 1940 wurde Valéry seines Postens enthoben.
348 Paul Valéry, »Le Centre Universitaire Méditerranéen« (1933), in: Œuvres II, S. 1128–1144. Dazu Maurice Mignon, »Paul Valéry au Centre Universitaire Méditerranéen«, in: »Paul Valéry vivant«, Les Cahiers du Sud 1946, S. 144–151.

ischen Akademie gefasst haben: »Er ist der Vorläufer des Centre Universitaire Méditerranéen.«[349]

Valéry, der zeitlebens seine »opposition à l'enseignement« nicht verleugnete und in Diplomen jeder Art den natürlichen Feind der Kultur sah, lehnte es ab, in Nizza eine Lehranstalt mit regelmäßigem Unterricht und Zeugnisvergabe zu errichten. Klientel des Zentrums würden der Amateur, der Neugierige, der Habitué, der Einwohner und der Besucher von Nizza sein, es müsste sowohl den Wünschen der »population stable« als auch der »population flottante« entsprechen. Anknüpfen werde man anfangs an die Veranstaltungen, die in Nizza bereits stattgefunden hatten, doch dann galt es, neue Bedürfnisse zu schaffen und intellektuelle Interessen zu wecken, wobei die Kooperation mit der Universität dem neuen Zentrum Kompetenz und intellektuelle Autorität sichern konnte. Die Vorträge würden nicht von einem festen Dozentenstamm, sondern von einem wechselnden Personenkreis gehalten werden, zu denen auch Ausländer gehörten. Streuten früher die Themen der Vorträge breit, so sollten sie ab jetzt einen festumrissenen Schwerpunkt haben: »Études Méditerranéennes«. Den Vorschlag, ein Diplom der »Hautes études méditerranéennes« zu verleihen, lehnte Valéry ab.

Zum Ruhme Nizzas und der französischen Nation sollte das Zentrum Ort eines »mediterranen Wissens« werden und eine Vorstellung davon vermitteln, was dieses »privilegierte Meer« zur Entwicklung der Ideen und Ressourcen des Menschen beigetragen hatte und in Zukunft weiterhin beitragen werde. Während Valérys Essays zur Geschichte und Zukunft Europas, die er nach der Erfahrung des Ersten Weltkriegs geschrieben hatte, von einem starken Zivilisationspessimismus bestimmt waren, herrschte nun ein zukunftsbejahender Ton, und die Mittelmeerstudien wurden definiert als »étude d'un dispositif, j'allais dire d'une machine, à faire de la civilisation«. Wenn Valéry in diesem Zusammenhang davor warnte, die Geschichte des Mittelmeers zu sehr als »Ereignisgeschichte« zu konzipieren, klangen seine Hinweise auf bestimmte Problemkonstellationen wie eine Vorwegnahme der

---

349 Camille Spies, *Nietzsche et Nice*, Nice (Éditions Athanor) 1942, S. 55.

Positionen Fernand Braudels: »A cette égard, les caractères du bassin méditerranéen, sa configuration peuvent suggérer des problèmes particulièrement intéressants.« Und wenn Valéry die »construction méthodique de l'idée d'un Système Méditerranéen« anstrebte, ist schwer vorstellbar, dass er dabei nicht an die frühen Projekte Michel Chevaliers und der Saint-Simonisten dachte.

Wenn Valéry davon sprach, man dürfe über dem großen Ruhm Griechenlands und dem ebenso großen Ruhm Roms andere Quellen der Zivilisation nicht vergessen, klang dies eher nach diplomatischer Höflichkeit als nach intellektuellem Interesse. Von einer »Renaissance Nordafrikas« war die Rede, ohne dass diese näher charakterisiert wurde. »Notre Système Méditerranéen« würde zum bevorzugten Studien- und Diskussionsobjekt des Zentrums werden – nicht zuletzt in der Absicht »de faire de Nice le lieu privilégié de certaines manifestations de haute culture«. Wie Valéry schrieb, fanden die Pläne zur Gründung des Zentrums im Ausland zum Teil ein stärkeres Echo als in Frankreich selbst, Kontakte mit Städten wie Barcelona, Genua und Mailand wurden geknüpft, Portugal und Lateinamerika zeigten sich interessiert – die Republik Argentinien förderte die Einrichtung eines nach Ruben Darío benannten Lehrstuhls, der 1944 mit einem Vortrag von Maurice Mignon über den »Victor Hugo Südamerikas« eingeweiht wurde. Für Valéry gab es ein deutsches und ein lateinisches Europa – ohne dass er daraus den Schluss zog, die Lateiner müssten sich politisch gegen die Germanen organisieren. So sehr galt seine Sympathie dem Süden, dass man ihm, »diesem reinen Mediterranen«, vorwarf, den Norden zu sehr aus dem Blick zu verlieren, sich in eine Mittelmeerutopie zu verirren und damit ein Zerrbild Europas zu entwerfen, das die politischen und sozialen Realitäten des Kontinents verkannte.[350] Valéry störte der »Germanismus« eines Ortega y Gasset, und als Jean Ballard, der Gründer und Herausgeber der *Cahiers du Sud*, von seinem Plan erzählte, ein Sonderheft der *Cahiers* der deutschen Romantik zu widmen – es sollte 1937 erscheinen –, nannte Valéry das Thema »mor-

350 Hierzu François Valéry, »L'entre-trois-guerres de Paul Valéry«, und Monique Allain-Castrillo, »Clio ineffaçable. Le relief du politique valéryen sur fond d'Espagne«, beide in: *Paul Valéry et le Politique*, Paris (L'Harmattan) 1994, S. 13–49, 139–255.

bide« und fragte Ballard vorwurfsvoll: »Warum beschäftigen Sie sich mit diesen Dunkelheiten ..., wo wir hier eine so leuchtende Trinität haben: den Himmel, die Sonne und das Meer.«[351] Umso mehr wird ihn, der seine Abneigung gegen den »Norden« stets zu erkennen gab, das Interesse befriedigt haben, das aus dem Norden dem Centre Universitaire Méditerranéen entgegengebracht wurde: »Enfin, certaines démarches ont déjà manifesté l'intention de l'Allemagne de participer à la vie du ›Centre de Nice‹.«

Gottfried Benn erfuhr von den Plänen Valérys, den er als Lyriker, ohne sein Werk wirklich zu kennen, nicht sehr schätzte und 1933 als »eine rein gesellschaftliche Arabeske« abgetan hatte, einen »Nachzügler, der sich in der sublimsten Weise empfindet und sich und uns in der ernstesten langweilt«.[352] Seine erste Reaktion auf die Gründung des Zentrums in Nizza war in erstaunlich sachlichem Ton gehalten, obwohl sie im Essay »Der Deutsche Mensch. Erbmasse und Führertum« stand, einem der Anbiederungstexte aus dem Jahr der nationalsozialistischen »Machtergreifung« 1933, die Benn in einem Brief wie zum Selbstschutz als »läppisches Zeug« bezeichnete, als etwas, »was man jetzt so will« und daher für gutes Honorar publizieren konnte. Gegen

351 Alain Paire, *Chronique des Cahiers du Sud 1914–1966*, Paris (IMEC) 1993, S. 234. Ballard hatte sich stets geweigert, in den *Cahiers du Sud* der Mittelmeerfolklore und damit einem »sterilen Provinzialismus« Platz zu geben.

352 »Die Aufgaben des deutschen Buchhandels im nationalsozialistischen Staat«, 1933 geschrieben, hieß Benns Antwort auf eine Umfrage der Schriftleitung des Börsenblattes, die mit der Absicht verbunden war, den deutschen Buchhandel in nationalsozialistische Fasson zu bringen. Benn gefiel sich in diesem Text in einer polemischen Abrechnung mit Größen der westeuropäischen Literatur: Galsworthy war eine »kapitalistische Fregatte«, Lawrence ein »Erotiker mit Tannenduft«, Gide ein »pedantischer Exhibitionist« und Jules Romains und Martin du Gard waren »psychologische Mixer«, in summa: »Europäische Makulatur«. Benn hätte die Bosartigkeit seiner literarischen Charakteristiken wohl dadurch gerechtfertigt, dass es sich um Autoren eines literarisch-intellektuellen Milieus handelte, das traditionell auf deutsche Geistesprodukte herabblickte: »Hierüber ein Urteil zu haben ist doch für uns heute sehr wichtig, wo sich gerade diese Länder aus angeblichen geistigen und kulturellen Gründen so schroff gegen uns stellen, als ob sie allein die letzten geistigen Mysterien und produktiven Wundenmale trügen, während am Rhein die Kirgisen beginnen und wir alle hier in Turnschuhen und unter Kommersgesängen durch die Wälder schlurfen.« Die Lateiner oder der »Westen« gegen die Barbaren – um diese Dauerkonfrontation ging es. Gottfried Benn, *Sämtliche Werke* Bd. IV (Prosa 2), Stuttgart (Klett-Cotta) 1989, S. 92–96, hier S. 94–95.

zu großen Sympathieverdacht sicherte sich Benn dadurch ab, dass er dafür warb, zur Mittelmeerinstitution ein nordisches Gegenstück zu errichten: »Wir kennen aus der Geschichte einen romanischen Menschen, einen gotischen, einen Renaissancemenschen, einen Mittelmeermenschen. Dieser letztere wird gerade wieder sehr aktuell. In Nizza, lesen wir, soll eine Mittelmeerakademie entstehen, an ihre Spitze soll der Dichter Paul Valéry treten, sie soll ein Sammelpunkt werden für die Fragen des romanischen Menschen, des lateinischen Menschen, des Erben der Antike, also eine Akademie für die Fragen des inneren französischen Seins. Es wäre also das Gegebene, eine nordische Akademie ins Leben zu rufen als Gegenzentrum und Sammlung für alle Probleme des nordeuropäischen Menschen, seiner produktiven und geistigen Elemente.«[353] Im Vergleich mit dieser sachlichen Bemerkung wirkt es umso überraschender, dass es fast zur gleichen Zeit in einem Brief an Käthe von Porada, also an einer Stelle, die viel geschützter war, zu einem wahren Wutausbruch kam, als von Valéry und seiner »Mittelmeeruniversität« die Rede war: »Lassen Sie mich überhaupt mit Ihrem warmen Meer da ungeschoren, diese Bläue, diese ewige Ansichtskarte, dieser ölige Mittelmeergent u. zum Lunch die Krabben und Oliven, diese ganzen fettigen Couleurs, dieses verlogene dolce far niente, wo keiner mehr weiß, wovon er seine Stiebel besohlen lassen soll, das alles *war* einmal, long long ago, die Mittelmeerkulturen wird auch kein Valéry auferwecken, er schon gar nicht. Keine Mittelmeeruniversität in Nizza, es gibt nur noch Nord-Europa u. das Kolonialreich in Nordafrika, das ist das Frankreich des 20. Jahrhunderts, kein Paris, kein Nizza.«[354]

Zwei Jahre später hieß es trocken in einem Brief an den Freund Oelze: »Schrieb ich Ihnen, dass ich nach Monaco eingeladen bin zur Eröffnung der ›Mittelmeerakademie‹? Zusammenschluss der romani-

353 Gottfried Benn, S. 51. Von »läppischem Zeug« spricht Benn in einem an Käthe von Porada gerichteten Brief vom 24. August 1933. Die Adressatin hält sich gerade in Monte Carlo auf ... Benn, *Den Traum alleine tragen. Neue Texte, Briefe, Dokumente*, Wiesbaden (Limes) 1966, S. 136. Auch wenn Benn von »Akademie« spricht, bezieht er sich hier eindeutig auf das Centre Universitaire Méditerranéen.

354 Gottfried Benn an Käthe von Porada, 5. August 1933, in: Benn, *Den Traum alleine tragen*, S. 131.

schen Völker gegen den Nordismus? Unterschrieben von: d'Annunzio, Pirandello, Valéry u. Maréchal Pétain. Fahre aber nicht hin.«[355] Eine »Erklärung« für den antimediterranen Wutausbruch aus dem Jahre 1933 findet sich in dem Aufsatz »Kunst und Drittes Reich«, an dem Benn seit 1938 arbeitete, den er 1941 niederschrieb, aber erst nach der Beendigung des Zweiten Weltkriegs publizieren konnte. Der Aufsatz war eine Reaktion auf die Angriffe, die gegen Benn – »Ich bin ein öffentliches Ferkel« – in der SS-Zeitung *Das Schwarze Korps* verbreitet wurden. Schon 1936 richtete Benn seinen Spott gegen die »nordische Theorie …, für die es keine Unterlagen gibt, sondern nur Hoffnungen und zwar solche, die ich für fehlgeleitet halte«. Die Distanz zum »Nordischen« verband sich mit dem Bedauern darüber, an den Mittelmeerprojekten nicht beteiligt gewesen zu sein, wobei jetzt wieder von der Académie Méditerranéenne die Rede war: »Es war unter diesem Gedanken Europa, in dem 1932 der Gedanke einer Mittelmeerakademie lebendig wurde, der Académie méditerranéenne, die ihren Sitz in Monaco haben sollte. Alle Anrainer des ›schmächtigen Meeres‹, die primären und die induzierten, wurden aufgerufen. D'Annunzio, Maréchal Pétain, Pirandello, Milhaud traten an die Spitze. Die Königlich Italienische Akademie, die Gami-el-Azhar Universität in Kairo, die Sorbonne waren unter den mitarbeitenden Körperschaften. Alles, was die heidnischen und dann die monotheistischen Geschlechter ästhetisch und begrifflich erarbeitet hatten, sollte hier von neuem sich erklären, um die heutige Erde zu bereichern und zu erziehen. Alles, was auch uns bis in den Norden hinauf erschuf und bildete: die Rätsel der Etrusker, die klaren Jahrhunderte der Antike, die maurische ausstattende Unerschöpflichkeit, der Glanz Venedigs, die marmornen Schauer von Florenz. Wer wollte leugnen, dass durch die Renaissance und die Reformation, sei es in Hingabe, sei es im Kampf, durch die Mönche, die Ritter und die Trouvers, durch Salamanca, Bologna, Montpellier, botanisch durch die Rosen, die Lilien und den Wein und biographisch durch Genua und Portofino und den Tristanpalast am Canal Grande

355 Gottfried Benn an F. W. Oelze, 20. August 1935; Benn, *Briefe an F. W. Oelze 1932–1945*, Wiesbaden (Limes) 1977, S. 61. Hier ging es nicht um das Centre in Nizza, sondern um die *Académie Méditerranéenne* in Monaco.

bis in unsere Lebensstunde atemlos schöpferisch Rom und das Mittel-meer uns mit so unauslöschlichen Zügen prägte, dass auch wir dazu gehörten? Aber die Einladungen nach Deutschland verfielen der Ge-heimen Staatspolizei. Die Kunst wurde geschlossen. ›Messieurs, à la dernière for ever.‹«[356] Unmittelbar in diesen Zusammenhang gehört der Brief, den Benn im gleichen Jahr, 1941, an Oelze schrieb: »Ich las neulich in einem sonst geschichtlich nicht uninteressanten Buch über die Zeit vor der Reformation, dass Dürer sein Deutschtum dadurch gefährdet habe, dass er sich mit den rechnerischen u. zahlenbeachten-den Fragen der Malerei beschäftigt habe, wie sie die italienische Schule unter den Einflüssen der Renaissance entwickelte; also er beschäftigte sich mit formalen u. anordnenden Bewusstseinstätigkeiten. Das war schon undeutsch u. zuviel. Der tiefe u. echte Drang des Deutschtums zum Analphabetentum sprach sich in dieser Bemerkung aus, zum Faustischen, zum Einfältigen und zum Schwung –, unser altes Thema! Der reine Himmel der Abstraktion, der über der Latinität steht, u. dort nicht unmenschlich und nicht unfruchtbar wirkt, diesem Lande ist er nicht beschieden.«[357]

Der antimediterrane Ausbruch des Jahres 1933 wird aus der Rück-schau psychologisch verständlich: Benn musste versuchen, sich von einem intellektuellen und affektiven Milieu zu distanzieren, dem er sich innerlich verbunden fühlte, aufgrund der politischen Zeitumstän-de aber nicht länger verbunden fühlen durfte. Der gegen Frankreich gerichtete Spott war dabei schwer nachvollziehbar, denn Frankreich wurde von Benn geliebt, dem »Sohn eines protestantischen Pfarrers aus der Mark und einer Mutter, der ›lieben Fremden‹, die aus Fleurier in der romanischen Schweiz stammte. 1934 bekannte er stolz, die Mit-telmeerwelt in sich zu tragen, hob hervor, daß in den Adern Fried-richs des Großen französisches Blut floß, und ließ das Deutschtum vornehmlich gelten, weil in ihm das Mediterrane seine ›dämonisch-metaphysische Ergänzung‹ fand. Für Benn gab es nur zwei Völker, die

356 Gottfried Benn, »Kunst und Drittes Reich«, in: *Sämtliche Werke* Bd. IV (Prosa 2), S. 280–281.
357 Gottfried Benn an F. W. Oelze, 24. Oktober 1941; Benn, *Briefe an F. W. Oelze 1932–1945*, S. 290–291.

sich vollendeten: Dorer und Franzosen. Sie schaute der Deutsche, ans Formlose und Verschwommene gewohnt, ratlos und bewundernd an, früh fasziniert von Paris, wo täglich im Panthéon die kleinen Sträuße zu Füßen der Jeanne d'Arc ahnen ließen, wie frisch die Selbstgewißheit dieser Nation geblieben war. Die Konvention der Lateiner liebte Benn, ihren Formgenuß, die tiefe Leidenschaft für die Abstraktion und jene Wertschätzung der Artistik, die alle Inhalte in den Hintergrund treten läßt.«[358]

Vor 1933 waren die Wertschätzung Frankreichs und die Mittelmeersehnsucht offenkundig. Deutschland dagegen war – so im Essay »Frankreich und Wir«, der 1930 in der *Literarischen Welt* erschien – das Land des Teutoburger Waldes, wo Arminius die Römer schlug, kein Anlass zum Triumph, sondern Konstatierung eines Mangels: »Keine Klarheit, keine runde Sache, keine Latinität … überall Humus, fette Erde, nirgends der helle Staub der Méditerranée.« Und Heinrich Mann wurde verehrt, weil er der Gegen-Deutsche war, weil sich in ihm nicht, wie Nietzsche es den Deutschen zuschrieb, »das Ungewisse, Unausgestaltete, sich Verschiebende, Wachsende jeder Art« zeigte, sondern »ein Gegenzug der Ordnung, der räumlich-geistigen Ordnung, der erarbeiteten Formen, der Gestalt, der Diesseitigkeit, der Latinität«. Ein Mittelmeermensch aus Lübeck: »Wo immer wir Ihr Werk aufschlagen, erblicken wir das Meer, seinen tiefen Atem, seine purpurne Bläue und den Glanz, unseren Glanz, der über ihm untergeht.« Mit der Anbiederung an den Nationalsozialismus aber wurden die Mittelmeervokabeln zum Ausdruck des Spotts, wie in der »Antwort an die literarischen Emigranten«, mit der Benn versuchte, weniger die Kritik als die Trauer Klaus Manns an sich abprallen zu lassen: »Sie stellen es so dar, als ob das, was sich heute in Deutschland abspielt, die Kultur bedrohe, die Zivilisation bedrohe, als ob eine Horde Wilder die Ideale schlechthin der Menschheit bedrohe, aber, und so lautet meine Gegenfrage, wie stellen Sie sich denn nun eigentlich vor, dass

---

358 Ich wiederhole hier, mit kleinen Veränderungen, eine Passage aus meinem Essay »Gottfried Benn oder die Form als moralische Veranstaltung«, in: *Die unerhörten Künste. Repräsentanten deutscher Kunst aus neun Dekaden 1900 bis 1990*, Hg. Peter Wapnewski, Hamburg (Mobil Oil AG) 1989, S. 83.

die Geschichte sich bewegt? Meinen Sie, sie sei in französischen Badeorten besonders tätig?«»Lateinisches Meer«, »Badeort« und »Küste« wurden zu Metaphern, mit denen Klaus Mann, der seinen Brief aus Le Lavandou an der Côte d'Azur an Benn geschrieben hatte, verspottet wurde: »Da werfen Sie nun also einen Blick auf das nach Afrika sich hinziehende Meer, vielleicht tummelt sich gerade ein Schlachtschiff darauf mit Negertruppen aus jenen 600 000 Kolonialsoldaten der gegen Deutschland einzusetzenden berüchtigtsten französischen Forces d'outre-mer ...«[359]

Umso erstaunlicher klang eine Passage über Frankreich aus dem gleichen Jahr. Der Essay »Geist und Seele künftiger Geschlechter« enthielt eine Hymne auf die Latinität, die nationalpolitisch korrekt mit dem Hinweis auf die aktuelle Degeneration Frankreichs abgeschwächt wurde: Heute, so Benn, liege die »Hegemonie der weißen Rasse« auf den Schultern von vier Staaten – Italien, Frankreich, England und Deutschland –, unter denen im historischen Rückblick Frankreich einen besonderen Rang einnehme: »Seit fünfzehnhundert Jahren national geschlossen, das lückenloseste Reich, das glücklichste, geschichtlich heute wohl vollendet, es schuf die Latinität, dieses spezifisch romanische Sein, den vollkommensten geistigen Raum, in den das Abendland nach dem Hellenentum blickte, biologisch ist es heute, wo es sich politisch von Europa fort dem Riesenblock seines afrikanischen Kolonialreichs zuwendet, ganz auf Rassenvermischung und Rassenverwischung, also auf dysgenische Neigungen eingestellt.«[360] Im »Lebensweg eines Intellektualisten« hieß es schließlich: »Ich bin von der Generation, die Frankreich noch ganz besonders empfunden hat, seinen Reiz, seine Größe, durch Nietzsche wirkte es mit Stendhal und Flaubert auf uns, durch George mit Baudelaire und Verlaine, in den letzten Jahrzehnten kam der Impressionismus hinzu, kurz vor dem Krieg lasen wir Claudel und Gide, Bergson und Suarez (sic!), und es

359 Gottfried Benn, »Antwort an die literarischen Emigranten« (1933), in: Benn, *Sämtliche Werke* Bd. IV, S. 24–32. Benn spielte auf die »Force Noire« an, die französischen Regimenter, die im Rheinland stationiert wurden und später das Ruhrgebiet besetzten.
360 Gottfried Benn, »Geist und Seele künftiger Geschlechter«, in: *Sämtliche Werke* Bd. IV, S. 60.

war ein großer Geist, der aus Frankreich kam – wird es Europa noch einmal führen? Frankreich hätte nach dem Sieg noch einmal führen können, und alle hätten seine Führung anerkannt, auch Deutschland, die wirkliche Führung eines Volkes, das so großartig und legitimiert das Abendland miterschaffen hatte – wird es mit uns in die Zukunft gehen?«[361] Es gab in Benn eine »Südsehnsucht«, eine Affinität zum Mittelmeer, die ihn zum bevorzugten »nordischen« Korrespondenten von Valérys Centre Universitaire Méditerranéen hätte machen können. Die Anbiederung an die »deutsche Ideologie« verhinderte dies.

361 Gottfried Benn,»Lebensweg eines Intellektualisten«, in: *Sämtliche Werke* Bd. IV, S. 194.

Das Mittelmeer zur Zeit der europäischen Diktaturen: Albert Camus: *Pensée de Midi* gegen Deutsche Ideologie

François Valéry hat die »Méridionaux tristes« von den »Méridionaux gais« unterschieden und seinen Vater Paul zu den »fröhlichen Mediterranen« gezählt. Albert Camus ist in mancher Hinsicht ein Antipode Valérys – aber nicht, weil man ihn als »traurigen Mediterranen« charakterisieren müsste, sondern weil er, im Gegensatz zu Valéry mit seiner »behäbigen Antipolitik«, schon früh die Umrisse einer »politischen Theorie des Mittelmeers« entwarf und später mit dieser Theorie auf die Bedrohungen durch die europäischen Diktaturen, insbesondere durch den Nationalsozialismus, reagierte.[362] Prägend für seine Wertschätzung des Mittelmeers war »meine verlorene Heimat«, wie er Algerien später nannte, als es um seine Unabhängigkeit kämpfte.

Mit Barcelona, Marseille und Alexandria gehört Algier zu den Städten, die das Bild vom Mittelmeer geprägt haben. Albert Camus wurde 1913 in Mondovi, in der Nähe von Constantine, geboren, doch Algier wurde seine Heimatstadt – und Algerien blieb sein Vaterland: 1957 dankte Camus dem Nobelpreis-Komitee dafür, dass es mit ihm einen »Franzosen aus Algerien« ausgezeichnet hatte. In Algier besuchte Camus das Gymnasium; *Sud* hieß die Zeitschrift, in welcher der Schüler seine ersten Artikel veröffentlichte. In Algier studierte Camus Philosophie, doch lernte er »das wenige an Moral, worüber ich Bescheid weiß, beim Fußball und auf dem Theater, die meine wahren Universitäten bleiben werden«. Mit fünfundzwanzig Jahren wurde er Redakteur beim *Alger Républicain* und schrieb politische Kommentare, Rezensionen und Sportreportagen. Bekannt und den Behörden verdächtig wurde Camus im Juni 1939 durch seine Artikelserie »Misère de la Kabylie«.

---

362 »Une théorie politique sur la Méditerranée« in: Camus, *Carnets* I (mai 1935 – février 1942), Paris (Gallimard) 1962, S. 50.

Er klagte die französische Kolonialverwaltung an, die einheimischen Berber dem Hunger, unmenschlichen Lebensbedingungen und medizinischer Unterversorgung preiszugeben. »Wenn wir in diesem Land eine Aufgabe haben«, schrieb Camus, »dann besteht sie darin, einer der stolzesten und menschlichsten Bevölkerungen, die es auf der Erde gibt, zu erlauben, sich selbst und ihrer Bestimmung treu zu bleiben.« Diese Bestimmung bestand, so Camus, nicht zuletzt darin, »uns, unruhigen Eroberern, die wir sind«, eine Lektion in Weisheit und Gelassenheit zu erteilen.

Schon früh hatte Camus gefordert, den Algeriern die französische Staatsbürgerschaft und damit die volle politische Mitbestimmung zu geben. 1936 unterstützte er ein Projekt der Volksfrontregierung von Léon Blum, das darauf abzielte, etwa 25000 algerischen Muslimen das Bürger- und damit auch das Wahlrecht zu verleihen. Das Projekt scheiterte sowohl am Widerstand der algerischen Nationalisten, die nach völliger Unabhängigkeit von Frankreich strebten, als auch an der wütenden Opposition der französischen Siedler. 1940 verließ Camus Algerien und ging nach Paris, das »seltsame Paris«, wie es in einem provenzalischen Gedicht heißt. Die Stadt sollte ihm zeitlebens fremd bleiben.

Camus träumte von einem »neuen Algerien«, in dem christliche Siedler und einheimische Muslime, »Français d'Algérie« und »Français musulmans«, wie sie im amtlichen Jargon hießen, »vereint in Freiheit und Gerechtigkeit« zusammenleben würden. Diesen Wunschtraum teilte Camus mit Charles de Gaulle, der sich schon früh für eine zukunftsorientierte, postkoloniale Politik eingesetzt hatte, für welche die »Algérie française« das Vorbild sein sollte. Mit Algier fühlte sich de Gaulle eng verbunden. Seine Hoffnung auf die Befreiung Frankreichs wurde für ihn zur Gewissheit, als er nach der deutschen Niederlage in Nordafrika seinen im Londoner Exil begonnenen Kampf von Algier aus fortsetzen konnte. Algier, die »Mutter aller Städte«, wie es die Muslime nannten, war die Hauptstadt des französischen Empire. Und es war, solange Paris noch von den Deutschen besetzt war, auch die »provisorische Hauptstadt Frankreichs«. Am 4. Juni 1943 bildete sich in Algier das »Comité Français de la Libération Nationale«; damit war die von de Gaulle seit langem geforderte Einheit der Résistance erreicht. Im Dezember 1943 erklärte de Gaulle in Constantine, das »neue Frankreich« werde sich verpflichtet fühlen, die Lebensbedingungen der einheimischen Algerier zu verbessern und einer stetig wachsenden Zahl von »französischen Muslimen« das volle Bürger- und damit auch das Wahlrecht zu geben. Zunehmend sollten die Algerier selbst die lokale Verwaltung übernehmen.

Aus dem Traum eines »neuen Algerien« wurde 1954 ein Alptraum: Der Algerienkrieg brach aus. Albert Camus verurteilte die Folterpraxis des französischen Militärs ebenso wie die Terroranschläge der algerischen Front de Libération Nationale (FLN), zu deren Opfern meist Zivilisten wurden. Bis zuletzt verteidigte er das Recht der französischen Siedler, in Algerien zu bleiben – darin bestärkt durch das Lebensschicksal seiner Eltern, die arme Siedler gewesen waren, zu arm, um anderen unrecht zu tun. Mit dieser Haltung setzte sich Camus zwischen alle Stühle – »Tod für Camus«, riefen die französischen Siedler ebenso wie die algerischen Aufständischen. In Kreisen der Pariser Linken wurde er zur politischen Persona non grata. 1957 traf Camus de Gaulle, um mit ihm über die Lage in Algerien zu sprechen; aus den knappen Bemerkungen in seinen Tagebüchern wird nicht ersichtlich, ob beide in ihren Einschätzungen übereinstimmten. Aber beide wussten, dass das von ihnen erstrebte »Neue Algerien« nicht entstehen würde. 1958 kam de Gaulle an die Macht, weil man sich von ihm die Lösung des Algerienkonflikts erhoffte. Doch gab es keinen Konsens, weder in Frankreich noch in Algerien, worin diese Lösung bestehen sollte – der Krieg ging weiter. Camus resignierte und beschloss, sich zur Algerienfrage nicht mehr zu äußern. Im März 1959 kehrte er zum letzten Mal in die Heimat zurück, um seine Mutter zu besuchen. Im Januar 1960 starb Camus bei einem Autounfall. Zwei Jahre später wurde Algerien unabhängig.

Das Mittelmeer hatte und hat viele Bewunderer, sie schwärmen vom Mare nostrum, in dem der Süden Europas und der Norden Afrikas, der Maghreb, sich vereinen. »Eurafrika« heißt seit den 1920er Jahren das pathetische Kürzel für die angestrebte Koalition zweier Kontinente. Aber nur wenige Menschen haben sich für eine Annäherung Europas und Nordafrikas so sehr eingesetzt wie Albert Camus, der mit seinem Algerien-Engagement Leib und Leben riskierte. Das Mittelmeer hat auch Camus zur Schwärmerei verleitet, seine »politique méditerranéenne« jedoch blieb von Nüchternheit gekennzeichnet.[363]

Seine Armut hat Camus nicht als Unglück empfunden. Das Mittelmeer spendete Licht und Wärme, bewahrte ihn vor jedem Ressentiment und vermittelte ihm ein Gefühl des Reichtums: »In Afrika kosten das Meer und die Sonne nichts.« Camus mochte die Bretagne nicht, wo man die Flut abwarten musste, um schwimmen zu können, und wo die Sonne nur selten schien; er sprach von einer »Ungerechtigkeit des Klimas«, die Menschen traf, die nicht im Süden, sondern in Orten wie Saint-Etienne oder Roubaix auf die Welt kamen und bei denen sich die Armut mit einem Leben ohne Himmel und ohne Hoffnung verband: »Arm, in einem Arbeiterviertel geboren, wusste ich nicht, was wahres Unglück war, bevor ich nicht unsere kalten Vororte kennengelernt hatte. Selbst die unter verschiedenen Himmeln anzutreffende extreme Misere der Araber lässt sich damit nicht vergleichen. Sobald man aber einmal die industriellen Vororte kennengelernt hat, fühlt man sich für ihre Existenz verantwortlich.«[364] Camus sprach von der Sonne, der

363 Auf Initiative Henri Guainos machte Nicolas Sarkozy den Vorschlag, – »une fausse bonne idée«, sagte die Kritik –, die sterblichen Überreste von Albert Camus aus dem Friedhof des Dörfchens Lourmarin am Fuße des Lubéron in das Pariser Panthéon zu überführen. Die Kinder des Schriftstellers lehnten ab. Guaino hatte sich gewünscht, 2010 auf den Stufen des Panthéons die Eloge auf Camus zu halten – ähnlich, wie an gleicher Stelle André Malraux 1964 in Gegenwart des Generals de Gaulle den von der Gestapo ermordeten Führer der Résistance Jean Moulin geehrt hatte: eine bis heute unübertroffene Demonstration des politischen Pathos. Das Manuskript der Rede, die Guaino nicht halten konnte, veröffentlichte er unter dem Titel *Camus au Panthéon*. In ihrem Zentrum steht der »homme du midi«, der immer noch unser Nachdenken über Vergangenheit, Gegenwart und Zukunft des Mittelmeers inspiriert. Für Guaino war Albert Camus der Schriftsteller, »dem es vielleicht am besten gelungen ist, das Schönste und Edelste, das Frankreich verkörpert, in Worte und Handlungen zu übersetzen«. In ihm lebte die »pensée méditerranéenne« oder »pensée de midi«, ein Denken, das vom Erbe Griechenlands geprägt wird, von einer Kultur des Maßes, der der Rationalität wie dem Glauben Platz lässt, ohne sie gegen einander auszuspielen. Im Werk von Camus wird das »wahre Mittelmeer« sichtbar. Schließlich konnte sich der Gaullist Guaino doch damit abfinden, dass Camus nicht ins Panthéon einzog: Auch Charles de Gaulle ruht nicht in Paris, sondern in Colombey-les-Deux-Églises; Lourmarin ist das Colombey von Camus. Bedauern aber bleibt, so Guaino: »Mit Camus hätte das Mittelmeer im Panthéon eine Heimstatt gefunden.« Henri Guaino, *Camus au Panthéon. Discours imaginaire*, Paris (Plon) 2013.

364 Albert Camus, »L'Envers et l'Endroit« (1937), in: *Essais*, Paris (Gallimard/Bibliothèque de la Pléiade) 1984, S. 6–7.

Nacht und dem Meer als von seinen Göttern – aber es waren Götter, die täuschten: Sie vermittelten den Menschen zunächst ein Gefühl der Freude und ließen sie danach in umso größerer Leere zurück. Den heilsamen Zweifel gegenüber einem als selbstverständlich erachteten Mittelmeerglück vermittelte Camus sein Lehrer am Lycée von Algier: Jean Grenier. Unmittelbar nach ihrem Erscheinen im Jahre 1933 las Camus Greniers Essay-Sammlung *Les Îles* – er war zwanzig Jahre alt und hatte seinen »Maître« gefunden. Schon vorher hatte Camus daran gedacht, Schriftsteller zu werden; nun stand sein Entschluss fest. Er bewunderte die »leichte Sprache« Greniers, die exakt und träumerisch zugleich war und dahinfloss wie Musik. Wenn Grenier in seinen Erinnerungen davon sprach, Camus habe in seiner Prosa nach dem Bel Canto gesucht, und hinzufügte, »wie jeder Mediterrane«, so war nicht zuletzt er selbst, der aus der Bretagne stammte, dafür verantwortlich. Die in *Les Îles* versammelten Prosastücke spiegelten für Camus seine eigene Sensibilität und Gefühlslage genau wider – Vergleichbares war nur André Gide mit den *Nourritures Terrestres* (1897) gelungen, die auch Camus in »Trunkenheit und Extase« versetzt hatten. Es gab Beobachtungen Greniers, die Camus wie ein Schock trafen: »Es ist wahr, dass bestimmte Schauspiele, die Bucht von Neapel zum Beispiel, die Blumenterrassen von Capri oder von Sidi-Bou-Saïd, permanente Einladungen zum Tode sind. Was uns erheben sollte, gräbt in uns eine unendliche Leere. Die schönsten Landschaften, die schönsten Ufer sind übersät mit Friedhöfen, die dort nicht aus Zufall liegen; in ihnen trifft man auf die Namen derer, die von Panik ergriffen wurden vor so viel Licht, das auf sie geworfen wurde. Wenn man in Sevilla die Paläste, die Kirchen, den Guadalquivir und den Rest vernachlässigt, ist das Leben aus vielen Gründen angenehm; die tiefe *Anziehung* des Landes aber spürt man in Wahrheit erst dann, wenn man auf die Spitze der Giralda steigen will und der Wärter einen daran hindert: ›Man muss zu zweit sein‹, sagt er ihnen. – ›Warum denn nur?‹ – ›Es passieren zu viele Selbstmorde.‹«[365]

Die Lektüre Greniers führte zu einer Entzauberung, die Camus vor Illusionen und unkontrolliertem Enthusiasmus bewahrte und seine

---

365 Jean Grenier, *Les Îles*. Nouvelle Édition, Paris (Gallimard) 1959, S. 86–87.

Liebe zum Mittelmeer stets mit einem Gefühl der Tragik verband: »Auf einmal verstanden wir unsere plötzlichen Melancholien. Derjenige, der zwischen einer undankbaren Erde und einem düsteren Himmel schuftet, kann von einer anderen Erde träumen, wo der Himmel und das Brot leicht sein würden. Er hofft. Diejenigen aber, die zu jeder Stunde des Tages vom Licht und den Hügeln erfüllt werden, hoffen nicht mehr. Sie können nur noch von einem imaginären Anderswo träumen. So fliehen die Menschen des Nordens zu den Ufern des Mittelmeers oder in die Wüsten des Lichts. Aber wohin könnten die Menschen des Lichts fliehen, wenn nicht in das Unsichtbare?«[366] Vom Mittelmeer zu reden hieß für Camus nie, wie es für die Südfolklore bis heute typisch geblieben ist, voller Enthusiasmus die *vie facile*, das leichte Leben, zu preisen, Lebensernst vielmehr stand für ihn stets im Vordergrund. In diesem Zusammenhang sprach Grenier von der »spanischen Seite« im Werk von Camus.[367]

In Algier bewegte sich Camus in einem intellektuellen Milieu mit dem Mittelmeer als zentralem Bezugspunkt. Schriftsteller, Journalisten und Maler trafen sich in der Buchhandlung »Les Vraies Richesses« von Edmond Charlot, der ab 1936 die Reihe »Méditerranéennes« herausgab, in der auch Camus' *L'Envers et l'Endroit* erschien. Später war die Rede von einer »École d'Alger«, einer Bezeichnung, die vermutlich von Gabriel Audisio geprägt wurde, dessen 1935 erschienenes Buch *Jeunesse de la Méditerranée* auch auf Camus einen großen Einfluss ausübte. Audisio, in dessen kosmopolitischer Familie sich die Mischung der Nationalitäten spiegelte, die für das Mittelmeer typisch ist, hatte Jura und Islamische Zivilisation in Straßburg studiert, bevor er in Algier eine Beamtenstelle im Amt des Generalgouverneurs antrat, wo er für

366 Albert Camus, »Préface« zu Grenier, *Les Îles*, S. 11. *Les Îles* waren ein Buch der Erweckung für Camus, er endet das Vorwort mit folgenden Sätzen: »Ich möchte jenen Abend wiederleben, an dem ich, nachdem ich diesen kleinen Band auf der Straße geöffnet hatte, ihn nach den ersten Sätzen, die ich darin gelesen hatte, wieder schloss, ihn gegen mich drückte und bis zu meinem Zimmer lief, um ihn dort endlich ohne Zeugen zu verschlingen. Und ich beneide, ohne Bitterkeit, ich beneide, wenn ich so sagen darf, mit einer gewissen Wärme den unbekannten jungen Mann, der heute zum ersten Mal auf diese trifft.« A.a.O., S. 15–16.

367 Jean Grenier, *Albert Camus (Souvenirs)*, Paris (Gallimard) 1968, S. 168. Der vorhin zitierte Hinweis Greniers auf das Streben von Camus nach dem Bel Canto auf S. 100–101.

Kolonialfragen zuständig war.[368] Audisios italienischer Vater war Direktor der Oper von Algier. Für sich selbst nahm Audisio eine »Art von algerischer Nationalität« in Anspruch. Während des Algerienkriegs publizierte er ein Buch (*Feux Vivants – Algérie Méditerranée*), in dem er seine Trauer darüber zum Ausdruck brachte, dass sich in Algerien die Idealvorstellung einer multinationalen, multirassischen Gesellschaft vermutlich nicht verwirklichen würde. Das Festhalten an diesem Ideal brachte Audisio dazu, sich von der in Monaco gegründeten Académie Méditerranéenne zu distanzieren, zu der zahlreiche Sympathisanten Hitlers und Mussolinis gehörten, dessen Truppen gerade Äthiopien überfallen hatten. Audisio wehrte sich gegen Versuche, die Zivilisationen des Mittelmeers gegeneinander auszuspielen und unter ihnen eine Rangordnung herzustellen – die Latinität war nur ein Aspekt des ewigen Mittelmeers, zu dem auch der semitische Osten und insbesondere der Islam gehörten. In seinem Buch *Sel de la Mer*, das als zweiter Band von *Jeunesse de la Méditerranée* 1936 erschien, nannte Audisio als abschreckendes Beispiel kulturellen Hochmuts, der dem Mediterranen fremd sein musste, den Racheakt Roms, nach der Zerstörung Karthagos dort die Erde mit Salz zu bestreuen, um sie auf immer unfruchtbar zu machen.

Vaterland, »Patrie Méditerranée«, war für Audisio ein Schlüsselbegriff seiner »sentimentalen Geographie«. Er schloss alle Völkerschaften des Mittelmeers ein. Zu den scharfen, oft vorschnell und leichtfertig benutzten Etikettierungen, die Audisio zurückwies, gehörte der Begriff »Latinität«. Audisio distanzierte sich von den Versuchen Louis Bertrands, ein lateinisches Nordafrika zu rekonstruieren, in dem die zwölf Jahrhunderte, in denen der Islam den Maghreb geprägt hatte, aus der Geschichte gelöscht wurden. Auch war das Mittelmeer kein hellenisches, byzantinisches oder phönizisches Meer: Die orientalischen Thalassokratien, Griechenland und seine Städtebünde, das Römische Reich, die Katholizität und, näher an der Gegenwart, die Schemen eines Karls V., eines Napoleon und selbst eines Mussolini – sie

368 Das Folgende nach Neil Foxlee, »Gabriel Audisio's Mid-1930s Writings on the Mediterranean«, 5. Kapitel in Foxlees Studie *Albert Camus's ›The New Mediterranean Culture‹. A Text and its Contexts*, Bern (Peter Lang) 2010, S. III–138.

alle bildeten vorübergehende Aspekte des ewigen Mittelmeers. Den Begriff der »Latinität« empfand Audisio als polemisch und provokant. Er war nichtssagend, löste sich in Dampf auf wie Wasser auf einem heißen Eisen, wenn man an die Völker dachte, welche die Ufer des Mittelmeers besiedelt hatten, von den Liguren bis zu den Katalanen, ganz zu schweigen von »mysteriösen Stämmen« wie den Sarden und den Balearen. Die Authentizität der mittelmeerischen »Rasse«, so Audisio, beruhte auf einem Amalgam von Verschiedenheiten, ohne dass sich dadurch ihr spezifischer Charakter verflüchtigte. Wohin es ihn auch immer verschlug, kein Ort des Mittelmeers konnte für einen seiner Bewohner zum Exil werden.

Für Audisio war das Mittelmeer kein »lac intérieur«, sondern ein Kontinent, »une espèce de continent liquide aux contours solidifiés«.[369] Nicht die Erde, das Wasser einte die Menschen, mit seiner Bewegung in Zeit und Raum bildete es eine fließende Dauer, die nationale Grenzziehungen hinfällig machte. Ein Matrose aus Carqueiranne hatte mehr Ähnlichkeiten mit einem Fischer aus Zypern als mit einem Bauern aus der Dauphiné: »Ich glaube an die Einheit des Mittelmeers.« Die Araber hatten recht, wenn sie den Maghreb eine »Insel« nannten, die vom Schwarzen Kontinent durch die Sahara getrennt war und sich mit ihren Ufern, »ewig geöffneten Türen«, den anderen Bewohnern des Meeres stärker annäherte als seinem Hinterland. Audisio kritisierte Paul Valéry, weil er in seinem Programmentwurf für das Centre in Nizza davon gesprochen hatte, das Mittelmeer sei von drei Kontinenten umgeben: »Nein, der Maghreb ist *noch nicht* Afrika, ebenso wenig wie Spanien *bereits* Afrika ist ... Afrika beginnt in der Sahara. Die Türkei, Syrien sind nicht Asien: Asien beginnt auf der Hochebene des Iran.«[370] Zur Untermauerung seiner These berief sich Audisio auf »Dame Anthropologie«, »Zoologie-la-Douce« und die »Feierliche Geschichte«. Sie alle belegten die Einheit des Mittelmeers: »Ich weiß es und ich wiederhole es, dass die Länder des Mittelmeers stets dazu bestimmt waren, sich ebenso natürlich einander anzunähern, wie die Weinrebe sich mit

369 Gabriel Audisio, *Jeunesse de la Méditerranée*, Paris (Éditions Gallimard / Éditions Jeanne Laffitte) 1935, S. 14.
370 A.a.O., S. 17.

der Olive vermählt. Es bedurfte unseres modernen Begriffs der Nationalitäten und seiner verrückten Übersteigerung in der Gegenwart, um diese Verzauberung, wie es scheint, zu brechen. Vaterland und Nationalismus aber darf man nicht verwechseln. Ich protestiere gegen ›la mar nostre‹ der Provenzalen ebenso wie gegen ›il mare nostro‹ der Italiener, dieses schlechte Erbe des ›Mare nostrum‹ der Lateiner … Nein, es gibt nur ein Mittelmeer.«[371] Das schönste Sinnbild dieser Einheit war das Monument, das die Bewohner von Genua dem Mittelmeer errichtet hatten: »Al mare amico«.

Audisio erinnerte an Goethe und Nietzsche, die ihren Landsleuten den Weg nach Süden gewiesen hatten. Die Deutschen reisten nicht nur des schönen Wetters wegen ans Mittelmeer. Sie suchten dort ein moralisches, vielleicht auch ein philosophisches Klima. Ein Deutscher, der die Bewohner von Toulon beim Boulespiel beobachtete, sagte zu Audisio: »Für meine Landsleute würde es keine Probleme geben, wenn sie so ähnlich sein könnten, wie diese Menschen.« Dieser Deutsche, so Audisio, »verstand sehr gut die Einfachheit dieser Boulespieler … hinter dem ›pas de problème‹ verbargen sich in Wahrheit die ewigen und die wirklichen Probleme unserer Existenz: die Suche nach dem täglichen Glück und der friedliche Heroismus, das Maß eines ganz und gar menschlichen Universums nicht zu überschreiten. *Gut* leben und *gut* sterben.« Was die Lebensweise der Menschen anging, so Audisio, kannte das Mittelmeer keine Veränderung: »Die Menschen waren geblieben, was sie waren: die Seeleute waren die gleichen wie zu Zeiten Homers, die Landbewohner waren immer noch so, wie Vergil sie besungen hatte.«[372]

Sel de la Mer enthielt eine geradezu wütende Abrechnung mit dem Begriff der »Latinität« und seinen Anhängern.[373] Audisio bekannte sich zu seiner Abneigung gegen Rom, er stellte sich auf die Seite seiner Feinde und seiner Opfer und bekundete Solidarität mit den Völkern, die Rom besiegt hatte – schon als Schüler hatte er sich mit Vercingeto-

371 A.a.O., S. 21.
372 A.a.O., S. 52.
373 Gabriel Audisio, »Rome L'Unique objet«, in: *Jeunesse de la Méditerranée II. Sel de la Mer*, Paris (Gallimard) 1936, S. 89–123.

rix gegen Cäsar, mit Jugurtha gegen die römischen Legionen gestellt. Die Abneigung gegen Rom verschärfte sich im Erwachsenen, den die »Exzesse der Latinität« und eine dem Delirium ähnelnde Schwärmerei seiner Landsleute für Rom abstießen: »Sie gehen so weit, den Okzident, den sie kühn mit der Latinität gleichsetzen, dem Orient entgegenzustellen, anstatt zu begreifen, dass das große Geheimnis des Mittelmeers die Versöhnung von Orient und Okzident ist. Auf diesem Weg enden sie im Rassismus.« Im Namen des Mittelmeers protestierte Audisio, der sich als »authentischen Mediterranen« charakterisierte, gegen die exklusive Anbetung Roms, »weil Rom vermutlich das am wenigsten Mediterrane ist, welches das Mittelmeer hervorgebracht hat«. Nicht nur Griechenland, Ägypten, Judäa, Karthago, Christus und den Islam setzte er Rom entgegen, sondern auch die wahre Latinität, denn die Latinität, von der ihre Bewunderer unentwegt schwärmten, war nichts als eine *Romanitas*, die ihr Zentrum im Rom des Augustus hatte. Und diese Romanitas war dem Mittelmeer nicht zuletzt deshalb fremd, weil sie keinen maritimen Charakter hatte, inmitten der Thalassokratien, die das Mittelmeer prägten, war Rom ein Fremdkörper. Wie verräterisch war es doch, dass man die Römer als die Preußen der Antike bezeichnete! Wenn man die Gewalt Roms anbetete, hätte man, so Audisio, mit gleichem Recht auch das Deutschland bewundern können, das Frankreich 1914 überfiel. Und Rom war nicht nur nicht das Mittelmeer, es war noch nicht einmal Italien, aus dem die Römer die ursprüngliche italienische Zivilisation der Etrusker vertrieben hatten. Wenn Audisio am Ende seiner antirömischen Philippika davon sprach, den mediterranen Patriotismus auf die Latinität und auf das imperialistische *Mare nostrum* der Römer zu gründen sei ein Verrat am Mittelmeer, wenn er von den verrückten Ambitionen eines mediterranen Imperialismus sprach, nahm er Äußerungen von Camus, die sich mit dem Fortgang des Krieges noch schärfen sollten, ebenso vorweg wie in seiner Schilderung einer mediterranen Utopie: »Eine Einheit des Mittelmeers, die sich auf die Einheit des Geistes und den Respekt der menschlichen Wahrheiten gründet, eine Heimat Mittelmeer, die durch die Seele einer Internationale der Völker des Meeres geschaffen werden wird, ein Beispiel für die Welt und für alle anderen menschlichen Familien, um zu noch größeren Zusammenschlüssen zu kommen.«[374]

Am 8. Februar 1937 eröffnete Albert Camus in Algier die neugegründete Maison de la Culture, dessen Generalsekretär er war, mit einem Vortrag »La Culture Indigène. La Nouvelle Culture Méditerranéenne«.[375] Camus, der im gleichen Jahr aus der Kommunistischen Partei ausgeschlossen wurde, fragte, warum linke Intellektuelle sich in den Dienst einer Kultur stellen sollten, die ihren eigenen Überzeugungen kaum entsprach und in vielen Fällen, Maurras war dafür ein Beispiel, von rechten Doktrinen eingemeindet worden war. Sich die Förderung eines mediterranen Regionalismus zum Ziel zu setzen konnte in der Tat wie der Versuch erscheinen, einen leeren Traditionalismus wiederzubeleben, dem keine Zukunft beschieden war, oder die Überlegenheit einer Kultur über die andere zu behaupten. Beispiel dafür war ein umgekehrter Faschismus, der die lateinischen Völker gegen die nordischen Völker in Stellung brachte. Diesen Versuchen lag ein Missverständnis zugrunde, das Camus aufhellen wollte: »Der ganze Irrtum liegt darin, dass man Mittelmeer und Latinität verwechselt und in Rom verortet, was in Athen begonnen hat.« Camus wies alle Versuche zurück, einem »nationalisme du soleil« zu folgen. Es konnte keinen mediterranen Nationalismus geben, keinen Glauben an die Überlegenheit einer mediterranen Kultur. Der Westen hatte durch den Aufschwung der Nationalismen seine Einheit verloren. Nur durch den Internationalismus konnte sie wiedergewonnen werden. Prinzip der Einheit konnte nicht mehr das Christentum sein, nicht das päpstliche Rom des Heiligen Reichs. Im Mittelpunkt musste der Mensch stehen, die Einheit des Westens ruhte nicht länger auf dem Glauben, sondern auf der Hoffnung.

Camus sprach von einer neugierigen und starken »Rasse«, die man überall am Mittelmeer antreffen konnte, ob man sich nun in einem lauten Café in Spanien, im Hafen von Genua oder auf den Kais von

374 Audisio, *Sel de la Mer*, S. 122.
375 In: Camus, *Essais*, S. 1321–1327. Im Folgenden paraphrasiere ich, von direkten Zitaten unterbrochen, diesen Text, der in all seinen Facetten von Neil Foxlee ausführlich und minuziös analysiert worden ist.

Marseille befand: Es handelte sich um ein und dieselbe Familie. Ein Jahr vor seinem Vortrag im Kulturhaus von Algier hatte Camus mit einem Freund eine Reise nach Mitteleuropa unternommen, die sich schwierig gestaltete, er hatte kaum Geld, die Trennung von seiner Frau kündigte sich an, überall fühlte er sich als Fremder. Von dieser Reise erzählte er seinen Zuhörern in Algier: »Wenn man in Europa reist und dann wieder nach Italien oder in die Provence zurückkehrt, begegnet man mit einem Seufzer der Erleichterung wieder diesen schlampigen Menschen, diesem starken und farbigen Leben, das wir alle kennen. Ich habe zwei Monate in Mitteleuropa verbracht, von Österreich bis Deutschland, und habe mich gefragt, woher dieses einzigartige Unbehagen herrührte, das sich auf meine Schultern legte, diese taube Unruhe, die mich befiel. Seit kurzem weiß ich die Antwort. Diese Leute waren zugeknöpft bis zum Hals. Sie hatten keine Ahnung, wie man sich gehen lässt. Sie wussten nicht, was Freude ist, die sich vom Lachen doch so sehr unterscheidet. Und doch sind es diese Details, mit denen man dem Wort Vaterland einen nützlichen Sinn geben kann. Das Vaterland ist keine Abstraktion, welche die Menschen zum Massaker treibt, es ist ein gewisser Geschmack am Leben, der manchen Wesen gemein ist, durch den man sich einem Bewohner Genuas oder Mallorcas näher fühlt als einem Normannen oder Elsässer. Das ist das Mittelmeer, dieser Geruch oder dieses Parfüm, die man nicht zu erklären braucht, wir spüren sie alle mit unserer Haut.«

Paul Valéry hatte das Mittelmeer als eine »Zivilisationsmaschine« bezeichnet – Camus betonte ebenfalls seine zivilisierende Wirkung. Das Mittelmeer behauptete sich gegenüber den Doktrinen, es veränderte sie, blieb selbst aber unverändert. In seinem Ursprung war das Christentum, vor allem in seiner Prägung durch die jüdische Kultur, »konzessionslos, hart, exklusiv und bewundernswert«. Im Milieu des Mittelmeers entstand daraus etwas Neues: der Katholizismus. Das Christentum verschönte sich, passte sich den Menschen an und verdankte schließlich dem Mittelmeer seine wunderbare Karriere. Es war ein Mensch des Mittelmeers, Franz von Assisi, der aus dem Christentum eine Hymne an die Natur und an die naive Daseinsfreude machte. Den einzigen Versuch, das Christentum der Welt zu entfremden, unternahm ein Mann aus dem Norden: Martin Luther. Der Protestantismus – das war der Katholizismus, dem man das Mittelmeer genommen hatte. Eine ähnlich zivilisierende Wirkung des Mittelmeers, so Camus, ließ sich in der Gegenwart beobachten. Für denjenigen, der in Deutschland wie in Italien gelebt hatte, war auffallend, dass der Faschismus in beiden Ländern eine gänzlich andere Physiognomie aufwies: »In Deutschland spürt man ihn überall, auf den Gesichtern ebenso wie in den Straßen der Städte. Dresden, eine Militärstadt, erstickt unter einem unsichtbaren Feind.« Trifft man auf einen Deutschen, sagt er einem »Heil Hitler« statt »Guten Morgen«. In Italien sind die Menschen fröhlich und zugänglich: »Auch hier scheint die Doktrin dem Land gegenüber zurückgewichen zu sein und das Mittelmeer hat ein Wunder vollbracht, weil es Menschen, die menschlich leben wollten, erlaubt hat, in einem Land mit unmenschlichen Gesetzen ohne Unterdrückung zu leben.«

Die Lebensweise, die sich mit dem Mittelmeer verband und die es vom Norden Europas und auch von Mitteleuropa unterschied, das Camus auf seiner Reise wie ein Exil, wie ein Anti-Mittelmeer erlebt hatte, konnte als Spiegelbild jener lateinischen Antike erscheinen, welche die Renaissance versucht hatte, durch das Mittelalter hindurch wiederzufinden.[376] Es war diese Latinität, die Charles Maurras und seine Anhänger – gemeint war der Kreis um die Action Française – zu »annektieren« versucht hatten. »Mais non«, rief Camus. Dies war nicht das Mittelmeer, dessen Kultur die Maison de la Culture in Algier fördern wollte, denn es handelte sich nicht um das wahre Mittelmeer. Das Mittelmeer, in dem Rom und die Römer dominierten, war ein abstraktes und konventionelles Mittelmeer. Der Anti-Latinismus von Camus stellte alles auf den Kopf, was die Anhänger der »idée latine« behauptet und woraus sie nicht nur eine zivilisatorische, sondern auch eine politische Führungsrolle für die lateinischen Nationen Europas abgeleitet hatten: »Dieses Volk von Nachahmern ohne Vorstellungskraft – *ce peuple d'imitateurs sans imagination* – stellte sich vor, das künstlerische

376 Die Bemerkung »Anti-Mittelmeer« findet sich im Kommentar der Herausgeber Roger Quilliot und Louis Faucon zu *L'Envers et l'Endroit*, in: Camus, *Essais*, S. 1178.

Genie und den Sinn für das wahre Leben, die ihm beide fehlten, durch ihr kriegerisches Genie ersetzen zu können. Und diese Ordnung, die man uns so rühmt, war eine, die mit Gewalt durchgesetzt wurde und nicht auf einer intellektuellen Grundlage beruhte. Und selbst wenn sie etwas nachahmten, verdünnten sie es. Und es ist nicht einmal das wesentliche Genie der Griechen, das sie nachahmten, es sind vielmehr die Früchte ihrer Dekadenz und ihrer Irrtümer. Es ist nicht das starke und harte Griechenland der großen Tragödien oder der großen Komödien, sondern die Artigkeit und Pfiffigkeit der letzten Jahrhunderte. Nicht sein Leben hat Rom von Griechenland übernommen, sondern die knabenhafte und vernünftelnde Abstraktion. Das Mittelmeer liegt woanders. Es ist die genaue Negation Roms und des lateinischen Geistes. Lebendig wie es ist, kann es mit der Abstraktion nichts anfangen. Und man kann Herrn Mussolini ohne weiteres zugestehen, der würdige Nachfolger der antiken Cäsar und Augustus zu sein, wenn man darunter versteht, dass er, genau wie sie, die Wahrheit und die Größe einer seelenlosen Gewalt aufopfert.«

Für Camus bestand das Wesen des Mittelmeers nicht im Vernünfteln und in der Abstraktion, sondern in einer bestimmten Art zu leben, Aeschylos verkörperte das Mittelmeer und nicht Euripides, es spiegelte sich in den dorischen Apollo-Statuen und nicht in den Kopien, die sich im Vatikan fanden. Das Mittelmeer, das war Spanien mit all seiner Kraft und seinem Pessimismus – und nicht Rom mit seiner Aufschneiderei. Zum Mittelmeer gehörten die von der Sonne aufgebrochenen Landschaften und nicht die Theaterkulissen, vor denen ein Diktator sich an seiner eigenen Stimme berauschte und die Massen manipulierte. Camus erinnerte an den italienischen Überfall auf Äthiopien und an den Spanischen Bürgerkrieg, der ein Jahr zuvor ausgebrochen war: »Was wir wollen, ist nicht die Lüge, die in Äthiopien triumphiert, es ist die Wahrheit, die man in Spanien ermordet.«

Für Camus war das Mittelmeer von jeder klassischen Ordnung weit entfernt, es war diffus und turbulent wie die arabischen Quartiere und die Häfen von Genua und Tunesien. Der triumphale Geschmack am Leben, ein Sinn für Gebrochenheit und Langeweile, die zur Mittagszeit verlassenen Plätze in Spanien, die Siesta – dies alles war das wahre

Mittelmeer, das sich dem Orient annähert, der nicht der lateinische Orient ist. Wenn Camus davon sprach, Nordafrika sei einer der wenigen Landstriche, in denen Orient und Okzident zusammenleben, und das Wesen des Mittelmeers liege in dieser Koexistenz der Kulturen, berief er sich auf Gabriel Audisio als auf seinen Kronzeugen.[377]

Aus alldem folgte für das Mittelmeer eine Aufgabe für die Zukunft. Der Landstrich, der so viele Doktrinen verwandelt hatte, sollte auch die gegenwärtig herrschenden Doktrinen ändern. Es ging um einen mediterranen Kollektivismus, der sich vom russischen Kollektivismus unterscheiden würde. Es ging darum, das Mittelmeer zu rehabilitieren und es denen zu entreißen, die es zu Unrecht für sich in Anspruch genommen hatten. Vom Orient ließe sich dabei viel lernen. Und den Bewohnern von Städten wie Algier und Barcelona käme dabei die Aufgabe zu, so schwach ihre Kräfte auch sein mochten, jene mediterrane Kultur zu stärken, die dem Menschen dienen und ihn nicht vernichten wollte. Diese mediterrane Politik – damit schlug Camus den Bogen zum Anfang seiner Rede – war nicht zuletzt eine Sache der Linken: »Die Sonne des Mittelmeers ist die gleiche für alle Menschen, die menschliche Intelligenz sollte all ihre Anstrengungen darauf richten, ein gemeinsames Erbe zu bewahren und nicht zu einer Quelle der Konflikte und der Morde zu werden.« Erneut eine mediterrane Kultur zu schaffen, die mit diesem Ideal vereinbar war, war möglich. *La Lutte sociale*, die lokale kommunistische Zeitung, nahm die Rede von Camus und die Gründung der Maison de la Culture zum Anlass, als Parallele zur Volksfront die Einrichtung einer Kulturfront zu fordern.

Die Themen seiner Rede zur Eröffnung der Maison de la Culture nahm Albert Camus ein Jahr später wieder auf, als er die Zeitschrift *Rivages* vorstellte, eine »Revue de Culture Méditerranéenne«, die im Umkreis der Buchhandlung *Les Vraies Richesses* von einem Redaktionskomitee herausgegeben wurde, zu dem auch Gabriel Audisio gehörte. Die jungen Leute, schrieb Camus, welche die Zeitschrift herausgaben, waren nicht an Doktrinen interessiert, sondern an den »vergänglichen

---

377 Eine Aufstellung der Ähnlichkeiten und Unterschiede zwischen Camus und Audisio findet sich bei Neil Foxlee, *Albert Camus's ›The New Mediterranean Culture‹*, S. 125–130.

und wesentlichen« Dingen, die ihrem Leben einen Sinn gaben: »Meer, Sonne und Frauen im Licht«. In ihnen verkörperte sich eine lebendige Kultur, die in Florenz wie in Barcelona, in Marseille wie in Algier zu finden war. Wie in seiner Rede zur Eröffnung der Maison de la Culture erinnerte Camus an die *Anabasis*, in der Xenophon von den griechischen, durch Kyros angeheuerten Söldnern berichtet, die im Jahre 401 v.Chr. von Babylon aufbrachen, nach großen Strapazen bis ans Schwarze Meer gelangten und auf der letzten Hügelkette, Erschöpfung und Müdigkeit vergessend, mit den Rufen »Thálatta! Thálatta!« (Das Meer! Das Meer!) auf die Küste zuliefen: »Dieser Tanz angesichts des Meeres, der die Schönheit und die lebendige Poesie als die einzigen Wahrheiten im Leben eines Menschen feiert, ist zugleich ein Programm für *Rivages* und eine Garantie für seine Leser. Ein Gedanke, der von den Spielen der Sonne und des Meeres inspiriert wird, kann ungerecht in seinen Urteilen und exzessiv in seinem Lyrismus sein. Ein toter Gedanke kann es nicht sein.«[378]

1933 hatte der zwanzigjährige Albert Camus ein »Poème sur la Méditerranée« geschrieben – die darin enthaltene Anspielung auf die »cimetières marins« zeigt, dass er Valérys Gedicht kannte –, in dem ohne Distanzierung oder Kritik von der »perle latine«, dem »esprit latin«, der »vie latine qui connait ses limites« und der »terre latine« die Rede war. Vier Jahre später war die Latinität für Camus Anathema geworden, die Rede zur Eröffnung des Kulturhauses in Algier mündete in eine antilateinische Polemik. Das Wesen des Mittelmeers verkörperte sich nicht in Rom, sondern in Griechenland, »Griechenland sehen«, notierte der Dreiundzwanzigjährige 1936 in seinem Tagebuch. Drei Jahre später verhinderte der Ausbruch des Krieges die geplante Reise dorthin. Erst im Frühjahr 1955 konnte Camus nach Griechenland reisen und in Athen einen Vortrag über die Zukunft der Tragödie halten, in dem er davon sprach, dass der Genius Griechenlands für ihn immer Modell und unerschöpflicher Quell der Inspiration bleiben würde. Als Camus gefragt wurde, warum er als Thema seiner Abschlussarbeit für das Diplôme d'études supérieures eine Studie über Plotin und den

---

378 Camus, »Présentation de la Revue ›Rivages‹«, in: Camus, *Essais*, S. 1329–1331.

hl. Augustinus (*Métaphysique chrétienne et Néoplatonisme*) gewählt habe, antwortete Camus, er habe sich als Grieche in einer christlichen Welt gefühlt; der Übergang von der griechischen Kultur zum Christentum sei für ihn »der einzige Wendepunkt der Geschichte«. Im *Homme Révolté* beschrieb er den Gegensatz, der für sein Denken entscheidend wurde: »Ein Unterschied, und zwar ein grundlegender, besteht darin, dass Nietzsche, der den Übermenschen erwartete, vorschlug, ja zu sagen zu dem, was ist, dagegen Marx, zu dem, was wird. Für Marx ist die Natur das, was man unterwirft, um der Geschichte zu gehorchen, für Nietzsche das, dem man gehorcht, um die Geschichte zu unterwerfen. Das ist der Unterschied zwischen Christ und Griechen.«[379]

Die Auseinandersetzung mit dem Faschismus führte Camus dazu, der »pensée méditerranénne« einen immer größeren Stellenwert einzuräumen. Das mittelmeerische Denken, so schrieb er 1948 in einem kurzen, »L'Exil d'Hélène« genannten Text, der in einer Ausgabe der *Cahiers du Sud* zum Thema »Permanence de la Grèce« erschien und den er zu seinen »Essais solaires« rechnete, wurde vom Erbe des wahren Griechenlands geprägt, von einer Kultur des Maßes, die der Rationalität wie dem Glauben Platz ließ, ohne die eine gegen die andere auszuspielen. Nichts konnte Camus, der in den Algerienfranzosen »Bastarde« geliebt hatte, eine »glückliche Mischung« von Spaniern und Elsässern, Italienern, Juden und Griechen, fremder sein als eine Weltanschauung, die sich auf die Reinheit der Rasse gründete. Indirekt spielte das mittelmeerische Denken auch in den »Briefen an einen deutschen Freund« eine Rolle, die Camus im Untergrund in den Jahren 1943 und 1944 schrieb.[380] Wenn die Nazis von Europa sprachen, hatten sie einen Kontinent vor Augen, in dem eine Kohorte unterwür-

379 Camus, *Der Mensch in der Revolte*, Hamburg (Rowohlt) 1953, S. 84.

380 Unter Anspielung auf den Text von Camus publizierte im Juli 2015 Jean-Christophe Cambadélis, der Erste Sekretär der regierenden Parti Socialiste, einen offenen »Brief an einen deutschen Freund«. Darin kritisierte er die Rigorosität der deutschen Politik gegenüber Griechenland und erinnerte Deutschland, das anderen zu gerne Lektionen erteile, daran, dass es wenige Jahre nach Ende der Naziherrschaft einen beträchtlichen Schuldenerlass und mit dem Marshall-Plan die Chance zu Wachstum und Wiederaufbau erhalten hatte. Cambadélis warnt vor einem neuen Referendum, das sich in Europa anbahne: »Pour ou contre l'Allemagne«.

figer Nationen von einem Herrenvolk wie Deutschland in eine fabelhafte und blutgetränkte Zukunft geführt wurde. Von Europa aber, so schrieb Camus ironisch, sprachen die Nazis erst, als sie Afrika verloren hatten – womit er auf die im November 1942 erfolgte Landung der Alliierten in Marokko und Algerien anspielte. Vor der Invasion am Atlantik bereitete die Invasion am Mittelmeer die Befreiung Europas vor. Die arrogante Prophezeiung der Nazis, Don Quijote könne Faust nicht widerstehen, würde widerlegt werden.

In einem René Char gewidmeten Text sprach Camus 1948 zum ersten Mal von der »pensée de midi« – und nahm den Begriff im ebenfalls 1948 geschriebenen Text »L'Exil d'Hélène« wieder auf: »Wieder einmal wird sich die Philosophie der Dunkelheiten über dem hellen Meer auflösen. Ô pensée de midi!« Dann nannte Camus das Schlusskapitel in *L'Homme Révolté* »La Pensée de Midi« und machte aus einer von der Nietzsche-Lektüre geprägten Metapher des Überschwangs und der Verbundenheit mit einer nicht zuletzt durch klimatische Randbedingungen geprägten Lebensform einen Schlüsselbegriff konkreter geschichtsphilosophischer und politischer Konflikte.[381] »Die Geschichte der ersten Internationale«, schrieb Camus, »in welcher der deutsche Sozialismus unaufhörlich gegen das freiheitliche Denken der Franzosen, Spanier und Italiener kämpfte, ist die Geschichte der Kämpfe zwischen der deutschen Ideologie und dem mittelmeerischen Geiste.«[382] Es ging um die Konfrontation zwischen Maß und Unmaß, die seit der Antike die Geschichte des Westens bestimmte, in der sich die Gemeinde und der Staat, die konkrete und die absolutistische Gesellschaft, die reflektierte Freiheit und die rationale Tyrannei und schließlich der altruistische Individualismus und die Kolonisierung der Massen gegenüberstanden – Natur vs. Geschichte. In der deutschen Ideologie, postulierte Camus, vollendeten sich zwanzig Jahrhunderte eines vergeblichen Kampfes gegen die Natur im Namen zunächst eines ge-

<hr />

381 Camus, *Essais*, S. 681–709. Dazu Thierry Fabre, *Éloge de la pensée de midi*, Arles (Actes Sud) 2007.

382 Albert Camus, *Der Mensch in der Revolte*, S. 303. In der folgenden Zusammenfassung des Textes von Camus habe ich die Schlüsselbegriffe teilweise abweichend von der deutschen Fassung bei Rowohlt übersetzt.

schichtlichen Gottes und dann einer Heilsgeschichte. Camus griff auf seine Examensarbeit über Plotin und Augustinus zurück, wenn er davon sprach, das Christentum habe seine Katholizität nur dadurch gewinnen können, dass es sich so viel wie möglich vom griechischen Denken aneignete. Dann aber verspielte die Kirche ihr mediterranes Erbe, gab der Geschichte gegenüber der Natur den Vorzug, ließ das Gotische über das Romanische triumphieren und beanspruchte, indem sie eine ursprünglich selbstgesetzte Grenze überschritt, immer mehr eine zeitliche Macht und eine historische Dynamik. Die Natur hörte auf, ein Gegenstand der Kontemplation und der Bewunderung zu sein, und wurde nur noch zum Gegenstand einer Handlung, die sie zu transformieren versuchte. Eine selbstmörderische Strategie, die schließlich dazu führte, dass Gott aus der Geschichte verstoßen wurde und die deutsche Ideologie in Handlungen mündete, die nichts als reine Eroberungen waren, Tyrannei. Dieser »arme Sieg« aber war nur vorläufig, der Kampf ging weiter. Immer hatte Europa im Kampf zwischen Midi und Mitternacht (*midi et minuit*) gestanden. Sein Abstieg begann, als es die Balance zwischen beiden aufgab und den Tag der Nacht opferte. Hoffnung aber blieb, die »pensée solaire« würde ihre unverminderte Kraft beweisen und Europa wieder die notwendige Balance zwischen der Maßlosigkeit, die sich nie ganz überwinden lässt, und dem Maß geben. Das Europa des 20. Jahrhunderts, das Europa der großen, mörderischen Ideologien, hatte sich in Maßlosigkeit verloren. Maß aber stand im Zentrum des griechischen Denkens, verkörpert durch Nemesis, die eben nicht, wie Camus oft hervorhob, die Göttin der Rache oder Vergeltung, sondern die Göttin des Maßes ist. Camus, der seine eigenen Werke in Zyklen einteilte, die er nach Gestalten der griechischen Mythologie benannte, plante nach den Sisyphos- und Prometheus-Zyklen zuletzt einen Nemesis-Zyklus.

In einem undatierten Text »Défense de ›L'Homme Révolté‹« hat Camus Goethe zitiert, um zu verdeutlichen, warum für ihn die »pensée de midi« ein Mittel zur Gegenwartserkenntnis und -kritik war. Jetzt sprach er nicht mehr von der deutschen, sondern von der europäischen Ideologie, die Kernvorstellungen des griechisch-mediterranen Denkens verleugnete: Natur, Schönheit, Maß. Die Ideologie des 19. Jahrhunderts, die auf die europäische Intelligenz immer noch einen entscheidenden Einfluss ausübte, hatte sich vom Traum Goethes abgewandt, der mit Faust und Helena den Titanismus der Gegenwart und die antike Schönheit miteinander vermählt hatte, indem er beiden einen Sohn Euphorion gab. In seiner Selbstüberschätzung, so Camus, habe der Faust der Gegenwart Euphorion ohne Helena haben wollen – und habe statt des wunderbaren Kindes nur ein Labormonster produziert. Faust an sich hatte nicht unrecht, aber um zu sein und zu erschaffen, konnte er auf Helena nicht verzichten: »Ich habe nicht – welch vergebliches Unterfangen – das Mittelmeer gegen Europa stellen wollen, ich habe lediglich festgestellt, dass Europa oft genug gezeigt hatte, dass es ohne das Mittelmeer nicht auskommen konnte. Weder Faust ohne Helena, noch Helena ohne Faust – daran glaube ich. Goethe, der seine prophetischen Momente hatte, ließ Euphorion sterben, der zu schön für das Unheil dieser Welt war. Ich für meinen Teil glaube lediglich, und dies ist der ganze Sinn meines Buches, dass es von uns selber abhängt, ob Euphorion lebt.«[383]

Das Lob der »pensée de midi« wurde bei Camus von einer manichäischen Rigorosität geprägt, die Fragen provozierte: Haben nicht gerade die nebelverhangenen Demokratien Großbritanniens und der skandinavischen Länder zu einem Zeitpunkt dem Totalitarismus widerstanden, als die Ufer des Mittelmeers sich den Faschismen öffneten? Die Frage stellt sich, auch wenn Camus nicht miterleben musste, wie das erste Land des von den Nazis befreiten und freigebliebenen Europas, das zu einer Diktatur wurde, Griechenland war, in dem sich 1967 die Obristen an die Macht putschten.[384] Camus ist für die Sentimentalität seiner Mittelmeerbegeisterung, manche sprachen sogar von »Bombast«, kritisiert worden. Man hat ihm vorgeworfen, in oberflächlicher Weise von der gleichen Lebensweise zu sprechen, die Araber und Europäer miteinander teilten – ohne auf die erheblichen ökonomischen

---

383 Albert Camus, »Défense de ›L'Homme Révolté‹«, in: *Essais*, S. 1702–1716, hier S. 1711.

384 Der kritische Hinweis auf die skandinavischen Länder findet sich bei Pierre-Louis Rey, »Pensée de midi«, in: *Dictionnaire Albert Camus*, sous la direction de Jeanyves Guérin, Paris (Robert Laffont) 2009, S. 659.

und sozialen Diskriminierungen aufmerksam zu machen, denen die einheimische Bevölkerung unterworfen war. Dieser Vorwurf an den Autor von »Misères de la Kabylie« ging zu weit, aber wenn Camus von Algerien als einem »jungen Land« sprach, war offenkundig, dass er der Geschichte des Landes vor der Kolonisierung durch die Europäer nur wenig Aufmerksamkeit schenkte. Dies alles und nicht zuletzt seine Weigerung, sich ohne Wenn und Aber auf die Seite der algerischen Unabhängigkeitsbewegung zu stellen, führte einen Kritiker wie Albert Memmi dazu, von Camus als einem »Colonisateur de bonne volonté« zu sprechen. Auf den Vorwurf, einen »mediterranen Regionalismus« zu vertreten, hat Camus 1952 reagiert: »Ich habe nicht behauptet, dass die Lösung für alles sich am Mittelmeer findet. Ich habe nur gesagt, dass seit 150 Jahren die europäische Ideologie sich gegen die Vorstellung der Natur und der Schönheit (und damit auch der Grenze) geformt hat, die im Gegensatz dazu zum Kern des mediterranen Denkens gehören. Ich habe gesagt, dass damit auch ein Gleichgewicht gestört wurde, dass Europa sich immer in diesem Kampf zwischen Mittag und Mitternacht befunden hatte und dass eine lebendige Zivilisation sich nicht außerhalb dieser Spannung stellen konnte, das heißt ohne diese seit so langer Zeit vernachlässigte mediterrane Tradition. Das ist alles. Ich finde, dass diese Diagnose von viel Vorsicht zeugt, für meinen Geschmack sogar von etwas zu viel. Von den Küsten Afrikas, an denen ich geboren bin, sieht man, wobei die Entfernung hilft, das Gesicht Europas deutlicher, und man sieht, dass es nicht schön ist.«[385]

Aufrufe zur Bildung einer Koalition der lateinischen Nationen richteten sich meist gegen Deutschland; zugleich waren sie der Versuch, ein kulturelles und politisches Gegengewicht zur weltweiten Dominanz der Anglosphäre zu schaffen. Motivation und Antriebskraft lieferte diesen Projekten ein Fascinosum: das Mittelmeer. Zur Koalitionsbildung bedurfte es angeblich keiner besonderen Anstrengung, sie würde sich wie selbstverständlich aus der Wahlverwandtschaft der Anrainer des »Mare nostrum« ergeben, die Weltsicht und Lebensauffas-

---

385 Pierre Berger / Albert Camus, »Entretien sur la Révolte« (*Gazette des Lettres*, 15. Februar 1952), in: *Essais*, S. 737–743.

sung miteinander teilten. Zur tatsächlichen Formierung einer lateinischen Koalition aber kam es nicht, wo immer sie versucht wurde, zeigte sich die politische Zerrissenheit der Mittelmeerwelt.

1957 zog Gabriel Audisio, dessen Bücher *Jeunesse de la Méditerranée* und *Sel de la Mer* neben den Schriften von Jean Grenier eine wichtige Quelle der Inspiration für Albert Camus gewesen waren, eine Bilanz der Hoffnungen und Wünsche, mit denen er und seine Freunde von Algier aus auf das Mittelmeer geblickt hatten.[386] Die Aufgabe dieser Generation, so Camus 1937 in seiner Rede im Kulturhaus von Algier, hatte darin bestanden, das Mittelmeer zu »rehabilitieren« und den Diktaturen, die sich an seinen Ufern gebildet hatten, eine Kultur entgegenzustellen, die den Menschen in den Mittelpunkt rückte, anstatt ihn als bloßes Werkzeug zur Erreichung angeblich höherer Ziel zu benutzen. Weder Audisio noch Camus erstrebten eine »lateinische« Koalition, doch die Entente der Mittelmeervölker, die sie beschworen, richtete sich auch gegen Deutschland: »pensée de midi« gegen »deutsche Ideologie«. Ein Wort Stendhals, so Audisio, wurde für ihn und seine Freunde zum Leitmotiv: »Alles, was das Menschengeschlecht auszeichnet, führt uns, wenn wir nach dem Ursprung davon suchen, an diese Ufer des Mittelmeers.«

Kurz vor Ausbruch des Zweiten Weltkriegs fanden sich die neuralgischen Punkte des Weltgeschehens fernab vom Mittelmeer, in Prag und in Danzig. Als aber Frankreich im Juni 1940 kapitulierte, sagte Audisio voraus, von nun an werde Nordafrika für den weiteren Kriegsverlauf entscheidend sein, die wichtigen Schlachten würde im »Meer der Mitte« geschlagen werden. Nach Ende des Krieges rückte das Mittelmeer wieder an den Rand des politischen Geschehens und blieb doch, was es immer gewesen war: der Mittelpunkt der Welt, an dem sich die Extreme trafen, Orient und Okzident, Orthodoxie, Judentum, Christentum und Islam. Blutige Konflikte brachen aus: der Bürgerkrieg in Griechenland, Terror und Vergeltung auf dem Boden Palästinas, den Juden wie Araber für sich beanspruchten, der Militärputsch in Ägypten, die Suezkrise, die Teilung Zyperns und die Aufstände in den früheren Ko-

---

386 Gabriel Audisio, *Feux Vivants. Algérie Méditerranée*, Limoges (Rougerie) 1957.

lonien der Westmächte in Nordafrika. Audisio glaubte daran, dass in Zukunft trotz aller Nationalismen und Fanatismen, Aufständen, Repressionen und Revolutionen das »Meer der Mitte« (*la mer du milieu*) in Zukunft zum »Meer der gerechten Mitte« (*la mer du juste milieu*) werden würde, in der Fortsetzung einer großen, von den Griechen begründeten Tradition, in welcher der Mensch über die Versuchungen der Maßlosigkeit und des Deliriums triumphierte. Das galt insbesondere für das Verhältnis des Westens zum Islam, dem 1947 die *Cahiers du Sud* eine Enquête gewidmet hatten – jetzt las man die Zeugnisse so vieler Menschen guten Willens nicht ohne Melancholie, aber zugleich mit umso stärkerer Hoffnung. Am Mittelmeer würden sich Geist und Gesetz miteinander vereinen: Ex oriente lux, ex occidente lex.

Eine Wunde aber blieb: 1957 ging der Algerienkrieg in sein drittes Jahr. Algerien bildete einen Mikrokosmos des Mittelmeers – aber nie hatte sich in ihm, klagte Audisio, eine Gemeinschaft der Religionen und Kulturen gebildet, die angeblich den ganzen Mittelmeerraum auszeichnete. Die in Algerien lebenden Europäer hatten vom Glauben und der Zivilisation der Muslime genauso wenig gewusst oder überhaupt wissen wollen wie umgekehrt. Zu einer Mischung der Kulturen war es nie gekommen, gemischte Ehen zwischen Christen und Arabern waren die Ausnahme geblieben. Eher mit Unschuld und aus Naivität als aus bösem Willen und mit aggressiven Absichten hielten alle in Nordafrika zusammenlebenden Ethnien an ihren rassistischen Vorurteilen fest. Die Europäer sprachen keinen der arabischen oder Berberdialekte, und die Araber oder Berber sprachen Französisch nur dort, wo es nützlich oder unumgänglich war. Die Gemeinsamkeiten, die sich zwischen ihnen auf der Straße, auf den Märkten, im Restaurant oder in den Stadien zeigten, waren pittoresker oder anekdotischer Natur, sie gehörten zur Oberflächenfolklore. Die Siedler, die von der Gemeinschaft mit den Algeriern sprachen, verbargen dahinter nur ihren Paternalismus. Von der Gemeinschaft der in Algerien Lebenden zu sprechen war eine Illusion. Wenn noch ein Funken der Hoffnung bestand, dass diese Gemeinschaft sich eines Tages doch verwirklichen könne, so wurde diese Hoffnung nicht von Politikern, sondern von Intellektuellen, von Künstlern und Schriftstellern am Leben erhalten, von Autoren wie Camus und Kateb Yacine. Für sie hatten die Gegensätze von Herr und Knecht, von Siedler und Eingeborenem, von Privileg und Inferiorität keine Rolle gespielt – und sie waren es, die mit aller Macht verhindern wollten, dass die in Algerien angestrebte Kommunion der Kulturen, die für das gesamte Mittelmeer vorbildhaft sein konnte, in einem Blutbad unterging. Die Hoffnungen Audisios erfüllten sich nicht.

Nachwort

1949, im Jahr, als die Bundesrepublik und die DDR gegründet wurden, veröffentlichte Henri Massis sein Buch *Allemagne d'hier et d'après-demain*. Das Motto hatte er Nietzsche entlehnt: »Les Allemands sont d'avant-hier et d'après-demain. Ils n'ont pas encore d'aujourd'hui.« Massis hätte eine längere Passage aus *Jenseits von Gut und Böse* (»Achtes Hauptstück. Völker und Vaterländer«) zitieren können, denn Nietzsche übertrug in seinem Kommentar zur *Meistersinger*-Ouvertüre den un-lateinischen Charakter der Wagnerschen Musik auf die Deutschen: »Alles in allem keine Schönheit, kein Süden, Nichts von südlicher feiner Helligkeit des Himmels, Nichts von Grazie, kein Tanz, kaum ein Wille zur Logik; eine gewisse Plumpheit sogar ... Diese Art Musik drückt am besten aus, was ich von den Deutschen halte: sie sind von Vorgestern und von Übermorgen, – *sie haben noch kein Heute*.«[387] Für Massis war Deutschland eine statische, eine immobile Nation geblieben, die sich in moralischer Hinsicht nicht entwickeln konnte, solange sie sich über ihre Identität im Unklaren war. Die Deutschen zu entnazifizieren hatte nicht ausgereicht, auch hatte die Entnazifizierung nicht zu deutscher Scham, sondern zu Ressentiment geführt. Deutschland musste man ent-germanisieren. Das Ende Hitlers bedeutete keineswegs das Ende des deutschen Expansionsstrebens, die Ursachen, die den Nationalsozialismus nicht nur möglich, sondern unvermeidlich gemacht hatten, waren immer noch wirksam. Deutschland im Jahre 1948 erinnerte an das Deutschland in der Zeit von 1919 bis 1921. Wieder einmal träumte der Verlierer davon, »in seinen Fall den Rest des Universums mitzuziehen, ein Deutschland, das sich nach der Apokalypse

---

387 Friedrich Nietzsche, »Jenseits von Gut und Böse«, # 240, in: *Sämtliche Werke. Kritische Studienausgabe*, Band 5, München/New York (Deutscher Taschenbuch Verlag/Walter de Gruyter) 1980, S. 179–180.

sehnte und den endgültigen Bankrott einer Welt voraussagte, deren Beherrschung ihm gerade entgangen war«. Der Satz des »Dr. Goebbels«, die Geschichte erweise sich als sinnlos, wenn Deutschland den Krieg nicht gewinnen würde, erinnerte Massis an Thomas Manns Äußerung von 1925, Deutschland hätte einen Krieg, der ideologisch derart aufgeladen war, nie verlieren dürfen. Das Gefühl der Verzweiflung, das die deutsche Jugend kennzeichnete, entsprach dem mentalen Klima, aus dem nach dem verlorenen Ersten Weltkrieg der Nationalsozialismus hervorgegangen war. Doch hinter den »seelischen Verwüstungen« blieb der Germanismus wirksam, überlebte die Religion der Gewalt und des Stolzes. Massis wurde 1949 an Äußerungen deutscher Autoren, ob es sich nun um Spengler, Jünger, Thomas Mann oder Ernst Robert Curtius handelte, erinnert, die sie nach der Niederlage von 1918 gemacht hatten. Angeblich erwarteten die Deutschen, dass die Konflikte, die sich unter den Siegern des Zweiten Weltkriegs abzeichneten, zu einer Explosion führen, damit aber auch für Deutschland die Chance zu einer politischen Renaissance bringen würden. 95 Prozent der Deutschen, behauptete Massis, glaubten an einen kommenden Dritten Weltkrieg und versprachen sich davon Befreiung aus gegenwärtiger Misere. Ihre aktuelle Hoffnung beruhte darauf, dass sich die Sowjets und die Westmächte den Anspruch auf den Verlierer streitig machen würden: Erneut war Deutschland in Europa zum Zünglein an der Waage geworden.

Besonders gefährlich erschienen Massis die deutschen Sozialdemokraten unter Führung von Kurt Schumacher. Deutlicher als andere Parteien gaben sie zu erkennen, dass sie die Demokratisierungsbemühungen der Alliierten nur unterstützen würden, wenn diese garantierten, die Einheit Deutschlands zu bewahren. Zugleich nährten sie den Mythos der Vereinigten Staaten von Europa – entstehen konnten diese aber nur mit, nicht gegen Deutschland. Massis kritisierte die Illusionen angelsächsischer Politiker und insbesondere Winston Churchills, die glaubten, mit dem besiegten Deutschland ein Glacis gegen die UdSSR errichten zu können – es erinnerte ihn an die Propaganda der Nationalsozialisten, die, mit der drohenden Niederlage vor Augen, behauptet hatten, nur Deutschland könne das bedrohte Abendland vor dem Ansturm der Roten Armee retten. Massis hielt die Vorstellung, Russland mit Hilfe Deutschlands in Schach halten zu können, für eine Chimäre, für ihn bestand die germanisch-russische Koalition fort, die in Wahrheit das Überleben des Abendlandes bedrohte.

Mit Walter Lippman glaubte Henri Massis, dass Deutschland, vor die Möglichkeit gestellt, zwischen den Alliierten zu wählen, sich auf die Seite Russlands schlagen würde. Als »Beweis« für seine Vermutung zitierte Massis einen Passus aus Ernst Jüngers Friedensschrift von 1945, in der es hieß, die Erfahrung habe gelehrt, welchen Segen sowohl für Deutschland wie für Russland die Freundschaft zwischen ihnen bringe: »Auf ihr kann, wie auf Atlas' Schultern, der Friede der Welt bestehen.« Massis skandalisierte die Weiterentwicklung der Russischen Revolution, die Jünger voraussagte: »Viele Zeichen künden, dass sie, nachdem sie als technisch-politische Umwälzung begann, sich metaphysisch vollenden wird. Die Wendung ist nicht nur von den großen Dichtern dieses Landes in ihren Einzelheiten prophetisch beschrieben worden, sondern sie ist vor allem am russischen Menschen zu erraten, den gleich der Oberfläche seiner Erde die Technik noch kaum anschürfte. Ihm stehen die Ernten noch bevor.«[388] Massis unterschlug die sich unmittelbar daran anschließenden Sätze Jüngers: »Die Völker werden sich in ihrer wahren Gestalt erkennen, wenn die Schemen des Hasses dahingeschwunden sind, dessen das Niedere zu seinem Regiment bedarf. So wird auch der Anteil sichtbar werden, der Frankreich an jeder friedlichen Einigung zufallen muss. Seit langem strebt der Geist in diesem Lande auf große Einheit, in der auch seine Arbeit ihre Krönung erfahren wird. Für den Franzosen wird der Schritt zum Europäer am wenigsten schmerzhaft, am wenigsten verändernd sein, weil er ihn geistig und in den Lebensformen schon vollzog. Sein Vorrat an geformter entspricht dem deutschen Überfluss an ungeformter Kraft, und beide reichen weit über den eigenen Bedarf. Auch hier wird freilich der Schatten des Krieges nur schwer zu bannen sein. Es wird der besten Köpfe und nicht geringen Mutes bedürfen, um das Notwendi-

---

388 Ernst Jünger, »Der Friede«, in: *Sämtliche Werke*. Bd. 7, *Essays I (Betrachtungen zur Zeit)*, Stuttgart (Klett) 1980, S. 226–227. Bei Massis, *Allemagne d'hier et d'après-demain*, Paris (Éditions du Conquistador) 1949, S. 59.

ge zu tun.« Trotz des raunenden Tons zeigte sich hier ein Ausblick auf das kommende Europa, der die Entwicklungen besser vorausahnte, als Massis es tat. Für den »Verteidiger des Abendlandes« aber war Jüngers Friedensschrift ein Beleg dafür, dass der »Orientalismus«, der 1918 zur Hinwendung Deutschlands nach Osten geführt hatte, 1945 noch immer wirksam war. Die Vorgänge von Brest-Litowsk und Rapallo konnten sich in einem Deutschland wiederholen, das dabei war, national-kommunistisch zu werden. Hitler machten die besiegten Deutschen einen einzigen Vorwurf: Bismarcks Testament nicht befolgt zu haben, der den Deutschen vorschrieb, stets die Allianz mit Russland zu suchen.

Für den Westen kam es darauf an, die Einheit Deutschlands mit allen Mitteln zu verhindern. Dies war umso schwerer, als sowohl die UdSSR als auch die USA, auf der Suche nach einem wertvollen Alliierten, es zum Ziel erklärt hatten, wieder einen deutschen Einheitsstaat herzustellen. Deutschland war auf dem Wege, zum »siegreichen Besiegten« (*vaincu vainqueur*) zu werden. Ob nun Europa eine amerikanische Kolonie werden würde, die bis zum Ural reichte, oder eine große russische Republik bis zu den Ufern des Atlantik – es würde ein »deutsches Europa« sein. 1930 war *Défense de l'Occident* in der deutschen Übersetzung von Georg Moenius mit dem Titel *Verteidigung des Abendlandes* erschienen. Auch in *Allemagne d'hier et d'après-demain* diente Moenius als Sekundant von Massis: Den Anhang des Buches bildete ein Essay von Moenius: »Le Germanisme contre la Romanité«.[389] Massis betonte, seine Voraussagen zur Zukunft der deutsch-französischen Beziehungen seien keine Polemik, ihre Begründung fänden sie in historischen, philosophischen und theologischen Überlegungen, die selbst in Deutschland »mutige Verteidiger« gefunden hätten. Zu diesen Verteidigern zählte Moenius, der den »Germanismus« an vorderster Front bekämpft hatte. Massis vergaß nicht hinzuzufügen, dass Moenius, von der Gestapo verfolgt, Deutschland 1933 hatte verlassen müssen und seitdem im Exil gelebt hatte.

389 Georg Moenius, »Le Germanisme contre la Romanité«, in: Massis, *Allemagne d'hier et d'après-demain*. Paris (Éditions du Conquistador) 1949, S. 97–146.

Moenius beschrieb Germanien als antirömisches Land. Seit der Schlacht im Teutoburger Wald wurde seine Romanisierung abgebrochen: Die Römer begnügten sich damit, einen Limes zu errichten, um die Gallier vor der Invasion der Horden jenseits des Rheins zu bewahren. »Los von Rom« blieb das entscheidende Schlagwort der Deutschen, denen es gelang, das Römische Reich zweimal zu zerstören: Das erste Mal ging das Reich von Romulus und Remus im Ansturm der Völkerwanderung unter; beim zweiten Mal wurde das Rom von Petrus und Paulus durch eine deutsche Revolution zerstört, der man fälschlicherweise den Namen »Reformation« gab. Erst wurde ein heidnisches Reich, dann die katholische Christenheit getroffen, und Deutschland wurde zum Unruhestifter auf dem Kontinent, der die Einheit Europas immer wieder in Frage stellte. Große Epochen durchlebte Deutschland immer nur dann, wenn es sich in »inniger und lebendiger Übereinstimmung« mit Rom befand; die Einigung Europas konnte nur gelingen, wenn sich Deutschland wieder der »Romanitas« annäherte. Dem Franziskanerpater waren die Grenzen der »Latinität« oder »Romanitas« bewusst – für ihre zivilisatorische Wirkung war weniger die griechisch-römische Kultur als die Offenbarung entscheidend, die sich mit Christus und der apostolischen Kirche vollzogen hatte: »Ohne die Offenbarung … hätte Rom weder der korrumpierenden Wirkung des Heidentums widerstehen noch die Barbaren zivilisieren können.« Die deutschen Katholiken waren für Rom nur eine schwache Stütze: Der Dauerkontakt mit den deutschen Protestanten hatte so stark auf sie abgefärbt, dass sie in Ländern wie Italien und Spanien als halbe Protestanten wahrgenommen wurden: »Man lebt nicht ungestraft unter nordischen Tannen.« Die deutschen Katholiken gehorchten Potsdam mehr als Rom und sahen zu Unrecht in der »preußischen Pflicht« ein Pendant des »christlichen Gehorsams«. Sie litten unter dem Hang zum »Individualismus«, der allen Deutschen geschadet hatte. Deutschland musste sich wieder der griechisch-römischen Zivilisation annähern, um zu geistiger »Disziplin« zurückzufinden. Angesichts der intellektuellen, sozialen und politischen Anarchie der Gegenwart konnte die Losung für Deutschland nur lauten: »Zurück zur Antike!« Der Weg dorthin, die Annäherung an die Romanitas, konnte nur mit Hilfe des

Katholizismus gelingen, wie es Charles Maurras, den Moenius hier zitierte, stets gefordert hatte: »Rom ist die europäische Lösung aller Probleme.« Moenius schlug vor, anstelle von »Latinitas« von »Romanitas« zu reden – im Wort »Latinität« verbarg sich eine Neigung zur Trennung der Lateiner von den Germanen und Slawen, während sich alle unter dem Dach der »Romanitas« zusammenfinden konnten.

Als Henri Massis 1956 verschiedene seiner Schriften in einem Sammelband mit dem Titel *L'Occident et son destin* veröffentlichte, fügte er dem ursprünglichen Text der 1925 erschienenen *Défense de l'Occident* eine Fußnote hinzu, in welcher er erneut, wie er es bereits 1949 in seinem Buch *Allemagne d'hier et d'aprè-demain* getan hatte, Kronzeugen dafür zitierte, dass sich Deutschland nach der Niederlage 1945 nicht anders verhielt als nach der Niederlage 1918: Wieder »generalisierte« Deutschland seine Niederlage, indem es die Zerrissenheit der europäischen Gegenwart betonte. Wieder wurden die Franzosen daran erinnert, dass man in Berlin »bis an die Lippen bereits im slawischen Sand steckte«. Wieder unterlagen die Deutschen der verstörenden Anziehungskraft der östlichen Welt, wie sie es bereits zu Zeiten Peters des Großen und Katharinas II. getan hatten.

Von ähnlichem Misstrauen gegenüber Deutschland zeugte ein Buch, das 1962 in zweiter Auflage unter der Schirmherrschaft des Institut d'Études Occitanes in Toulouse erschien: *L'Idée latine*. Es spiegelte Gefühlslagen und politische Wunschvorstellungen wider, die in den Jahren der europäischen Einigungseuphorie verdrängt – und in der Euro- und Europakrise wieder sichtbar wurden. Der Autor, Roger Barthe, war mehr als ein Europaskeptiker. Denkt man an de Gaulles Bild vom vereinten Europa als einer Kathedrale, wird man hier mit dem Pamphlet eines Kirchenstürmers konfrontiert. Das Europa des gemeinsamen Marktes würde für Frankreich, so Barthes Warnung, zu einer Falle werden. Die französischen Politiker verkannten, dass Deutschland erneut versuchte, auf dem Kontinent eine Vormachtstellung zu erreichen – mit wirtschaftlichen Mitteln. Die Demütigung Frankreichs würde die Folge sein.

Roger Barthe war ein »homme du midi«, Verfasser eines okzitanisch-französischen Wörterbuchs und Mitbegründer der Zeitschrift

Occitania. In der Kollaborationsregierung des Marschalls Pétain war er zum Präfekten von Vichy ernannt worden. Pétain träumte von der Errichtung eines »Etat occitan«. Die militärische Niederlage sollte als Chance zu einer Erneuerung Frankreichs genutzt werden, die vom Süden des Landes ausging. Gegen den »nördlichen« Zentralstaat der Jakobiner verfolgte Pétain – zumindest für eine gewisse Zeit – eine Politik der Regionalisierung und der Dezentralisierung. Hätte das Vichy-Regime länger gedauert, behauptete der Historiker Emmanuel Le Roy Ladurie, die Franzosen des »freien« Südens und die Franzosen des besetzten Nordens hätten sich auseinandergelebt wie die Ossis und die Wessis im geteilten Deutschland. Anfang der 1960er Jahre wollte Barthe die »lateinische Idee«, die sich in Vichy nicht hatte verwirklichen lassen, im europäischen Maßstab wiederbeleben. Europa sollte nicht im engen Schulterschluss mit den USA, sondern durch die Bildung eines »Lateinischen Blocks« zur Einheit gelangen und so seine Rolle in der Welt behaupten. Nicht der Atlantik, das Mittelmeer würde dabei als geographischer und geistiger Fixpunkt dienen. Gegen die »Germano-Yankees« und ihre neoliberale Ideologie sollte das von den Ländern des Südens geführte Europa versuchen, eine Politik der »sozialen Gerechtigkeit« zu verfolgen.

Bereits zur Zeit ihrer Veröffentlichung wirkten die Äußerungen von Autoren wie Massis und Barthe übertrieben, aggressiv und tendenziös. Das antideutsche Ressentiment, das sich darin ausdrückte, musste während der »Trente Glorieuses«, der Jahrzehnte von 1946 bis 1975, in denen Frankreich wie die meisten Länder der EG einen langanhaltenden ökonomischen Aufschwung erlebte, politisch folgenlos bleiben.[390] Beide Autoren wollten nicht zur Kenntnis nehmen, dass der Weg Deutschlands in die Allianz mit dem Westen längst geebnet war – nicht zuletzt durch die Weitsicht eines Franzosen, des Generals de Gaulle. Erst als die wirtschaftlichen Rahmenbedingungen in Frank-

---

390 Der Ausdruck »Les Trente Glorieuses« wurde von Jean Fourastié geprägt: *Les Trente Glorieuses ou la Révolution invisible de 1946 à 1975*, Paris (Fayard) 1979. Nicht zuletzt der Marshall-Plan war für drei Dekaden hoher Produktivität, hoher Löhne und hohen Konsums verantwortlich. Die Kaufkraft des durchschnittlichen französischen Arbeiters stieg in dieser Zeit um 170 Prozent.

reich sich verschlechterten und Deutschland eine zunehmend wichtigere Rolle in Europa spielte, kehrte bei Politikern und Intellektuellen der Soupçon zurück, dass Deutschland die lateinische Welt fremd geblieben war. Die deutsche Wiedervereinigung und die Ausweitung der Europäischen Union nach Osten verstärkten diesen Verdacht.

Im Augenblick der deutschen Wiedervereinigung fragte Alain Minc, wann die Franzosen endlich verstehen würden, »que notre Mitteleuropa s'appelle l'Europe du Sud«? Parallel zur Stärkung des deutschen Einflusses im Osten sollte Frankreich versuchen, im Süden Europas einen Mittelmeerblock zu bilden. Italien wartete angeblich auf eine derartige Initiative, die traditionelle Germanophobie der Italiener war lebendig geblieben, Giulio Andreotti hatte sich der deutschen Wiedervereinigung hartnäckiger zu widersetzen versucht als François Mitterrand. In Spanien schwächte sich der Philogermanismus der Linken ab, weil Deutschland Spanien zu wenig Aufmerksamkeit zollte, Frankophonie und *hispanidad* ließen sich nunmehr vereinen. Portugal erstrebte eine Mittelmeerunion, weil es glaubte, in ihr den Einfluss des spanischen Nachbarn zurückdrängen zu können. Die Zeit für einen Mittelmeerpakt war günstig: »La Latinité n'est pas morte.« Nach dem Vorbild des deutsch-französischen Freundschaftsvertrags sollten sich Frankreich, Italien, Spanien und Portugal durch einen Pakt aneinanderbinden, eine gemeinsame Einwanderungs- und Sicherheitspolitik vereinbaren und im Rahmen eines Conseil de la Méditerranée eng mit den Ländern des Maghreb kooperieren.[391]

Den ensthaften politischen Versuch einer europäischen Südpolitik unternahmen Henri Guaino und Nicolas Sarkozy mit ihrem Projekt zur Gründung einer von Brüssel und Berlin gleichermaßen unabhängigen Mittelmeerunion. Motivation und Antriebskraft lieferte, in einem Fernand Braudel entlehnten Vokabular, ein Fascinosum: das Mittelmeer. Zur Koalitionsbildung bedurfte es angeblich keiner besonderen Anstrengung, sie würde sich wie selbstverständlich aus der Wahlverwandtschaft der Anrainer des Mare nostrum ergeben, die Weltsicht und Lebensauffassung miteinander teilten. Schnell aber

391 Alain Minc, *La Vengeance des Nations*, S. 106–125.

wurde deutlich, wie sehr dieses Projekt auf Illusionen gebaut war; seine Urheber hatten das Ausmaß der Spannungen, die zwischen den einzelnen Mitgliedern der geplanten Union herrschten, unterschätzt. Offen gegen Deutschland gerichtet, hatte die Union Sarkozys in einem vom vereinten Deutschland dominierten Europa ohnehin keine Chance auf Verwirklichung. Gegründet wurde, nach deutschem Veto, die Union für das Mittelmeer. Deren Gründungsurkunde wurde auch von Diktatoren wie Hosni Mubarak, Ben Ali und Baschar al-Assad unterzeichnet. Muammar al-Gaddafi hatte bereits eine Mitgliedschaft in der ursprünglichen *Union Méditerranéenne* abgelehnt, weil er darin ein Projekt des Neokolonialismus und den Versuch sah, Institutionen wie die Arabische Liga und die Afrikanische Union zu schwächen. Eine Wirkung entfaltete die Union für das Mittelmeer nicht.

Eine Koalition der lateinischen Kulturen, von einem lateinischen »Reich« ganz zu schweigen, wird sich auf absehbare Zeit nicht bilden, auch deshalb nicht, weil aus dem Fascinosum Mittelmeer ein Tremendum geworden ist, eine Schreckensregion, ein Sammelbecken der Konflikte.[392] Audisios »Meer der gerechten Mitte« hat sich zum »Meer der ungerechten Mitte« gewandelt. Durch die israelische Siedlungspolitik und die Radikalisierung der Palästinenser ist der zentrale Nahostkonflikt von einer Lösung weiter entfernt denn je zuvor, ein Blick auf die Landkarte zeigt, dass die Gründung eines überlebensfähigen palästinensischen Staates zur Chimäre geworden ist. In den Grenzen der EU schwelt der Zypernkonflikt weiter. Der Arabische Frühling, der für einen kurzen Augenblick Hoffnungen weckte, ist zu einem Arabischen Winter geworden, auch Tunesien, das auf dem Weg zu einer parlamentarischen Demokratie am weitesten vorangeschritten ist, wird vom islamistischen Terror bedroht. In Libyen ist der sunnitische Terror-»Staat« ISIS, der bereits die Hälfte Syriens in seiner Gewalt hat, zum Anrainer des Mittelmeers geworden. Libyen, das durch eine westliche Militärintervention unter Frankreichs Führung von der Diktatur Gaddafis befreit werden sollte, ist in Anarchie verfallen und zum

---

392 In Anlehnung an Rudolf Otto, *Das Heilige*: Fascinosum und Tremendum – das Faszinierend-Anziehende und das Abstoßend-Schreckliche.

Sammelpunkt miteinander rivalisierender islamistischer Terrororganisationen in Nordafrika geworden. Im Mittelmeer, für die Saint-Simonisten Treffpunkt von Christentum und Islam, haben sich die Spannungen zwischen Okzident und Orient verschärft. Die Türkei, von der man die Entwicklung zu einem Land des säkularen Islam erhoffen konnte, wird stärker und stärker islamistisch radikalisiert. Verursacht durch die Schuldenkrise, zeigen sich in der EU Spannungen zwischen Süd und Nord, die durch medial aufgeheizte Rückgriffe auf bekannte Stereotypen zu einem Streit der Mentalitäten geworden sind.

Zu den »großen« Lösungen, die vorgeschlagen werden, um die Flüchtlingstragödie im Mittelmeer zu beenden, gehört die Aufforderung an die EU, mitzuhelfen, die Lebensbedingungen der Menschen in Afrika so zu verbessern, dass für sie kein Drang zur Fluchtmigration mehr besteht. Eine Utopie, aber sie hilft, aktuelle und historische Ursachen des Exodus aus Afrika zu verdeutlichen. Zu den aktuellen Gründen zählt die EU-Agrarpolitik. Massive Exportsubventionen haben es der europäischen Landwirtschaft erlaubt, den afrikanischen Markt zu erobern – auf Kosten der einheimischen Produzenten. Kein afrikanischer Bauer kann mit den europäischen Dumpingpreisen konkurrieren. Ein Land wie Ghana deckte bis 1990 mehr als 80 Prozent des Bedarfs an Geflügel durch heimische Produkte, heute sind es noch zehn Prozent. Der Versuch Ghanas, die Importzölle zu erhöhen, scheiterte am Veto der Weltbank, welche die Gewährung eines Entschuldungskredites vom Offenhalten des heimischen Marktes abhängig machte.

Umso überraschender kam 2014 die Ankündigung des damaligen EU-Agrarkommissars Dacian Ciolos, die Agrarexportsubventionen ganz zu streichen. 2015 wurden die Exporte nur noch mit 150 Millionen Euro subventioniert – im Jahr 2000 waren es noch sechs Milliarden gewesen. Die europäische Landwirtschaft aber bedarf keiner Subventionen mehr, um den afrikanischen Markt zu beherrschen. Ihre Produktivität hat sich so gesteigert, dass sie auch ohne Subventionen in der Lage ist, jeden Preiskampf zu gewinnen. Außerdem agieren europäische Anbieter auf einem Markt, von dem ein Großteil der heimischen Produzenten längst verschwunden ist: Europa kann die Preise wieder anziehen. »Die Landwirte blicken in eine rosige Zukunft«, heißt es in

Brüssel. Das mag für die europäischen Bauern gelten – für die afrikanischen Bauern gilt es nicht.

Die aggressive Agraraußenpolitik der EU steht am Ende einer Entwicklung, die mit der Gründung der Union begann. Deren Kerndokument ist die Erklärung des französischen Außenministers Robert Schuman vom 9. Mai 1950, der sogenannte Schuman-Plan. Oft zitiert, wird er bis heute nur unzureichend zur Kenntnis genommen. Jeder weiß, dass es darin um die Zusammenführung der Kohleförderung an der Ruhr mit der Stahlerzeugung in Lothringen ging – eine von Schuman so genannte »Solidarität der Produktion«, die künftige Kriege zwischen Frankreich und Deutschland unmöglich machen und den Weg zur europäischen Einigung ebnen sollte. Eine Schlussfolgerung des Schuman-Plans aber ist vergessen: »Europa wird dann mit vermehrten Mitteln die Verwirklichung einer seiner wesentlichsten Aufgaben verfolgen können: die Entwicklung des afrikanischen Erdteils.«

Der zitierte Satz stammt nicht von Jean Monnet, dem eigentlichen Urheber des Schuman-Plans, und auch nicht von Robert Schuman. Er wurde in buchstäblich letzter Minute in den vorbereiteten Text geschoben – von René Mayer, der mehrfach Minister in Regierungen der IV. Republik gewesen war und später Präsident der Montanunion und französischer Premier wurde. In der französischen Nationalversammlung vertrat Mayer die algerische Stadt Constantine. Heute klingt die zitierte Passage in der Erklärung von Robert Schuman wie die Aufforderung zur Konzeption eines afrikanischen Marshall-Plans. 1950 drückte sich darin das Verlangen Frankreichs aus, an den Vorteilen der europäischen Einigung die eigenen Kolonien partizipieren zu lassen. In der politischen Rhetorik war schnell von »Eurafrika« die Rede, einem Begriff, der in den zwanziger Jahren geprägt worden war. Im Klartext aber ging es, wie Jean Monnet deutlich machte, vor allem darum, die Entwicklung von Französisch-Afrika mit Hilfe Europas zu fördern, wobei der Schwerpunkt auf der einheimischen Landwirtschaft liegen sollte. Frankreich würde in die sich anbahnende europäische Hochzeit seine afrikanischen Besitzungen als »Mitgift« mitbringen. Nicht alle europäischen Staaten freuten sich über dieses Brautgeschenk, in der Bundesrepublik protestierte dagegen nicht nur die Opposition sondern auch der Wirtschaftsminister Ludwig Erhard. Konrad Adenauer aber äußerte Sympathie für die »Vision von Eurafrika«, er war bereit, für die politische Aussöhnung mit Frankreich wirtschaftliche Nachteile für Deutschland in Kauf zu nehmen. Die euro-afrikanische Vision faszinierte auch das Ausland. Die *New York Times* nannte »Eurafrika« einen Traum, »der Realität werden kann und vielleicht Realität werden muss, wenn die Welt einen anderen und größeren Holocaust verhindern will«.

Jean Monnet hatte in den Beziehungen mit Afrika der Entwicklung der Landwirtschaft den Vorrang geben wollen. Bald aber ging es darum, die Ausbeutung der in Afrika vorhandenen Rohstoffe zum Nutzen Europas voranzutreiben. Deutsches Kapital war dabei gefragt, die Steuerung der Industriepolitik behielt Frankreich sich vor. Der Rückblick auf dieses Programm führt zu einem paradoxen und ernüchternden Resümee: Anstelle der afrikanischen wurde die europäische Landwirtschaft gefördert, und in der Ausbeutung der afrikanischen Rohstoffe lief China den Europäern den Rang ab: »Chinafrika«, nicht »Eurafrika« bezeichnet heute die Realität des afrikanischen Kontinents.

Auch wenn sich hinter der Aufforderung des Schuman-Plans, die »Entwicklung des afrikanischen Kontinents« zu fördern, die Absicht verbarg, den kolonialen Interessen Frankreichs zu dienen, sollten Deutschland und Frankreich sich nicht an den Hintergedanken, sondern am Wortlaut des Schuman-Plans orientieren. Sie sollten gemeinsam zu Vorreitern einer EU-Afrikapolitik werden, der ein fairer Interessenausgleich beider Kontinente zugrunde liegt und das Mittelmeer tatsächlich zu einem »Meer der gerechten Mitte« macht. Dies wäre die Mittelmeerunion, die Europa nötig hat.

Dank

- meinem Lektor Tobias Heyl für die Betreuung des Buches von der Planung bis zum Druck

- Hans-Martin Gauger und Harald Weinrich für Kritik, Korrekturen und vielfältige Anregungen

- Den Mitarbeiter/innen in der Bibliothek des Wissenschaftskollegs für das Aufspüren entlegener Texte und die Erfüllung jedes Bücherwunsches

- Maike Voltmer für die kompromisslos sorgfältige Erstellung des Literaturverzeichnisses.

Literaturverzeichnis

Adam, Paul. *Contre l'aigle. Contre nous.* Paris: H. Falque, 1910.

Adam, Paul. »Les idées aïeules«. In: *La Renaissance latine* 1, 5 (1902): 149–164.

Adam, Paul. *Le Malaise du monde latin.* Deuxième éd. Paris: R. Roger et F. Chernoviz, 1910.

Adam, Paul. *Reims dévastée.* Paris: Librairie Félix Alcan, 1920.

Adam, Paul. *Le Taureau de Mithra.* Paris: Bibliothèque Internationale d'Édition E. Sansot & Cie., 1907.

Adam, Paul. *Les Visages du Brésil.* Paris: Société Générale d'Éditions Illustrés/ Pierre Lafitte et Cie., 1914.

Adam, Paul. *Vues d'Amérique ou la Nouvelle Jouvence.* Paris: Société d'Éditions Littéraires et Artistiques/Paul Ollendorff, 1906.

Agathon. *L'Esprit de la nouvelle Sorbonne. La Crise de la culture classique. La Crise du français.* Paris: Mercure de France, 1911.

Allain-Castrillo, Monique. »Clio ineffaçable. Le relief du politique valéryen sur fond d'Espagne«. In: *Paul Valéry et le Politique,* herausgegeben von Monique Allain-Castrillo, Philippe-Jean Quillien, François Valéry und Serge Bourjea, 139–255. Paris: L'Harmattan, 1994.

Álvarez, Jorge Lombardero. »Maeztu y la Hispanidad«. In: *El Basilisco* 2, 25 (1999): 51–60. www.filosofia.org/rev/bas/bas22504.htm.

Ansel, Walter. *Hitler and the Middle Sea.* Durham, N.C.: Duke University Press, 1972.

Arendt, Hannah. »Free and Democratic«. Artikel im *Aufbau* vom 3. November 1944. In: dies., *The Jewish Writings,* herausgegeben von Jerome Kohn und Ron H. Feldman, 230–232. New York: Schocken Books, 2007.

Arendt, Hannah. *Vor Antisemitismus ist man nur noch auf dem Monde sicher. Beiträge für die deutsch-jüdische Emigrantenzeitung ›Aufbau‹ 1941–1945,* herausgegeben von Marie-Luise Knott. München/Zürich: Piper, 2000.

Audisio, Gabriel. *Feux vivants. Algérie Méditerranée.* Limoges: Rougerie, 1957.

Audisio, Gabriel. *Jeunesse de la Méditerranée.* Paris: Gallimard/Jeanne Lafitte, 2002.

Audisio, Gabriel. »Rome l'unique objet«. In: *Jeunesse de la Méditerranée.* Band 2: *Sel de la Mer,* 89–123. Paris: Gallimard, 1936.

Auffret, Dominique. *Alexandre Kojève. La Philosophie, l'Etat, la fin de l'Histoire.* Paris: Grasset, 1990.

Bainville, Jacques. »La France vis-à-vis de l'Allemagne«. In: *Revue de Genève*, 4 (octobre 1920): 501–514.

Ball, George W. *The Past Has Another Pattern. Memoirs.* New York: Norton, 1982.

Ball, Simon. *The Bitter Sea. The Struggle for Mastery in the Mediterranean, 1935–1949.* Hammersmith: HarperPress, 2009.

Barrault, Émile. »Religion saint-simonienne. Prédication du Dimanche 15 Janvier«. In: *Le Saint-Simonisme, l'Europe et la Méditerranée* von Claude-Henri de Saint-Simon, Augustin Thierry und Michel Chevalier, 85–97. Houilles: Éditions Manucius, 2008.

Barrès, Maurice. *L'Âme française et la guerre.* Band 1: *L'Union sacrée.* Paris: Émile-Paul Frères, 1915.

Bauer, Bruno. *Rußland und das Germanenthum.* Aalen: Scientia, 1972. Neudruck der Ausgabe Charlottenburg: Bauer 1853.

Bazalgette, Léon. *À quoi tient l'infériorité française.* Paris: Fischbacher, 1900.

Bazalgette, Léon. *Le Problème de l'avenir latin.* Paris: Fischbacher, 1903.

Belleudy, Jules. *Que faut-il penser du XVe corps.* Préface du Colonel Gros Long. Menton: Imprimerie Coopérative, 1921.

Bender, Karl-Heinz. *Mitterrand und die Deutschen (1938–1995) oder die Wiedervereinigung der Karolinger.* Bonn: Bouvier, 1995.

Benn, Gottfried. *Briefe.* Band 1: *Briefe an F. W. Oelze 1932–1945,* herausgegeben von Harald Steinhagen und Jürgen Schröder. Wiesbaden: Limes, 1977.

Benn, Gottfried. *Sämtliche Werke.* Band 4: *Prosa 2,* herausgegeben von Gerhard Schuster. Stuttgart: Klett-Cotta, 1989.

Benn, Gottfried. *Den Traum alleine tragen. Neue Texte, Briefe, Dokumente,* herausgegeben von Paul Raabe und Max Niedermayer. Wiesbaden: Limes, 1966.

Bertrand, Louis. *Les Grands Coupables.* Paris: Fayard, 1915.

Bertrand, Louis. *Le Livre de la Méditerranée.* Paris: Plon-Nourrit, 1926.

Bertrand, Louis. *Les Pays méditerranéens et la guerre.* Paris: La Renaissance du Livre, 1918.

Bertrand, Louis. *Le Sang des races.* Édition complète, revue et corrigée. Paris: Ollendorff, 1920.

Bessis, Juliette. *La Méditerranée fasciste. L'Italie mussolinienne et la Tunisie.* Paris: Editions Karthala, 1981.

Bloom, Allan. »Alexandre Kojève«. In: ders., *Giants and Dwarfs. Essays 1960–1990,* 268–273. New York: Simon & Schuster, 1990.

Boissel, Jean. »Le ›midinard‹ ou la supériorité du Nord sur le Midi. Une mythologie française«. In: *Commentaire,* 8 (hiver 1979–1980): 572.

Bourdieu, Pierre. »Le Nord et le Midi: Contribution à une analyse de l'effet Montesquieu«. In: *Actes de la recherche en sciences sociales* 35 (novembre 1980): 21–25.

Bourget, Paul. *Outre-Mer (Notes sur l'Amérique).* Band 1. Paris: Alphonse Lemerre, 1895.

Brandt, Willy. *Erinnerungen.* Frankfurt am Main: Propyläen, 1989.

Braudel, Fernand. *Geschichte als Schlüssel zur Welt. Vorlesungen in deutscher Kriegs-gefangenschaft 1941*, herausgegeben von Peter Schöttler. Stuttgart: Klett-Cotta, 2013.

Braudel, Fernand. *Das Mittelmeer und die mediterrane Welt in der Epoche Philipps II.* 3 Bde, übersetzt von Grete Osterwald und Günter Seib. Frankfurt am Main: Suhrkamp, 1994.

Buber, Martin. *A Land of Two Peoples. Martin Buber on Jews and Arabs*, herausgegeben von Paul Mendes-Flohr, New York: Oxford University Press, 1983.

Butler, Eliza Marian, *The Tyranny of Greece Over Germany. A Study of the Influence Exercised by Greek Art and Poetry over the Great German Writers of the Eighteenth, Nineteenth, and Twentieth Centuries* (1935), Cambridge: Cambridge University Press, 2012.

Cabeen, David Clark. *The African Novels of Louis Bertrand: A Phase of the Renaissance of National Energy in France*. Ph. D. Diss. University of Pennsylvania. Philadelphia: Westbrook Publishing, 1922.

Camus, Albert. *Carnets*. Band 1: *Mai 1935 – février 1942*. Paris: Gallimard, 1962.

Camus, Albert. *Der Mensch in der Revolte. Essays,* übersetzt von Justus Streller. Hamburg: Rowohlt, 1953.

Camus, Albert. *Essais,* herausgegeben von Roger Quilliot und Louis Faucon. Bibliothèque de la Pléiade. Paris: Gallimard, 1984.

Camus, Albert. *Le Premier Homme*. Paris: Gallimard, 1994.

Canguilhem, Georges. »Hegel en France«. In: *Revue d'histoire et de philosophie religieuses* 28/29 (1948): 282–297.

Catala, Michel. *Les Relations franco-espagnoles pendant la Deuxième Guerre mondiale. Rapprochement nécessaire, réconciliation impossible 1939–1944.* Paris: L'Harmattan, 1997.

Chevalier, Michel. *Le Mexique. Ancien et Moderne* (1835). Deuxième Éd. Paris: Hachette, 1864.

Chevalier, Michel. »Le Système de la Méditerranée«. In: *Le Saint-Simonisme, l'Europe et la Méditerranée* von Claude-Henri de Saint-Simon, Augustin Thierry und Michel Chevalier, 99–133. Houilles: Éditions Manucius, 2008.

Ciano, Galeazzo. *Ciano's Diary. 1939–1943,* herausgegeben von Malcolm Muggeridge. London/Toronto: Heinemann, 1947.

Colard, Daniel. »La politique méditerranéenne et proche-orientale de G. Pompidou«. In: *Politique étrangère* 43, 3 (1978): 283–306.

Curtius, Ernst Robert. »Deutsch-französische Kulturprobleme«. In: *Der Neue Merkur* 5 (1921/22): 145–155.

Curtius, Ernst Robert. »Les influences asiatiques dans la vie intellectuelle de l'Allemagne d'aujourd'hui«. In: *Revue de Genève* 6 (décembre 1920): 890–895.

Curtius, Ernst Robert. *Der Syndikalismus der Geistesarbeiter in Frankreich*. Bonn: Friedrich Cohen, 1921.

Curtius, Ernst Robert. »Zivilisation und Germanismus«. In: *Französischer Geist im Neuen Europa*, 217–287. Berlin und Leipzig: Deutsche Verlags-Anstalt, 1925.

Dard, Olivier. »Henri Massis et la défense de l'Occident«. In: *Mélanges en l'honneur du Professeur Yves Guchet. Droit, politique et littérature*, herausgegeben von Pascal Morvan, 365–387. Bruxelles: Bruylant, 2008.

Darmangeat, Pierre. »Valéry et l'esprit de la mer«. In: »Paul Valéry vivant«, *Les Cahiers du Sud* 1946: 307–319.

Daudet, Alphonse. *Montagsgeschichten*, übersetzt von Liselotte Ronke. München: Winkler, 1981.

Daudet, Alphonse und Charles Maurras. *Notre Provence*. Paris: Flammarion, 1933.

Daudet, Léon. *L'Entre-deux-guerres. Souvenirs des milieux littéraires, politiques, artistiques et médicaux de 1880 à 1905*. Paris: Nouvelle Librairie Nationale, 1915.

Daudet, Léon. *Hors du joug allemand. Mesures d'après-guerre*. Paris: Nouvelle Librairie Nationale, 1915.

Decremps, Marcel. »Mistral et l'idée latine«. In: *La Latinité hier, aujourd'hui, demain. Centenaire des Jeux de la latinité 1878–1978. Actes du congrès international, Avignon mai 1978*, herausgegeben von Georges und Ilinca Barthouil-Ionesco, 189–202. Bukarest: Editura Eminescu, 1978.

Del Sarto, Raffaella A. »Israel's Contested Identity and the Mediterranean«. In: *Mediterranean Politics* 8, 1 (2003): 27–58.

Demolins, Edmond. *Les Français d'aujourd'hui. Les Types sociaux du Midi et du Centre*. Paris: Firmin-Didot, 1898.

Déroulède, Paul. *Chants du Soldat* (1872). Paris: Calmann-Lévy, 1885.

Drumont, Edouard. *La Fin d'un monde. Étude psychologique et sociale*. Paris: Albert Savine, 1889.

Dumont-Quessard, Juliette. »La défaite de 1940: une étape dans la redéfinition des relations culturelles entre la France et les intellectuels latino-américains«. In: *De Gaulle et l'Amérique latine*, herausgegeben von Maurice Vaïsse, 17–36. Rennes: Presses Universitaires de Rennes, 2014.

Duroselle, Jean-Baptiste. »Michel Chevalier Saint-Simonien«. In: *Revue Historique* 215, 2 (1956): 233–266.

Eicke, Werner Adolf. *Léon Bazalgette (1873–1929) und seine Anschauungen über Latinität und Germanentum*. Diss. Phil. Universität Bonn. Bonn: Scheur, 1937.

Fabre, Jean-Henri. »Die Fabel von der Zikade und der Ameise«. In: *Erinnerungen eines Insektenforschers*. Band 5, übersetzt von Friedrich Koch. Berlin: Matthes & Seitz, 2015, 177–193. Im Original veröffentlicht als *Souvenirs entomologiques*. Band 5. Paris: Librairie Delagrave, 1923.

Fabre, Thierry. *Éloge de la pensée de midi*. Arles: Actes Sud, 2007.

Ferreira dos Santos, Marie-José. »*La Revue du monde latin* et le Brésil, 1883–1896«. In: *Cahiers du Brésil Contemporain*, 23–24 (1994): 77–92.

Ferrero, Guglielmo. *Le Génie latin et le monde moderne*. Paris: Grasset, 1917.

Fichte, Johann Gottlieb. »Reden an die Deutsche Nation«. In: *Fichtes Werke*. Band 7: *Zur Politik, Moral und Philosophie der Geschichte*, herausgegeben von Immanuel Hermann Fichte, 257–516. Berlin: de Gruyter, 1971. Fotomechan. Nachdruck der Ausgabe Berlin: Veit, 1845–1846 und Bonn: Marcus, 1834–1835.

Filoni, Marco. *Le Philosophe du dimanche. La Vie et la pensée d'Alexandre Kojève*, übersetzt von Gérald Larché. Paris: Gallimard, 2010.

Flandre Christelle. *Socialisme ou social-démocratie? Regards croisés français-allemands, 1971–1981.* Paris: L'Harmattan, 2006.

Flaubert, Gustave. *Correspondance.* Band 4: *Janvier 1969 – décembre 1875,* herausgegeben von Jean Bruneau. Bibliothèque de la Pléiade. Paris: Gallimard, 1998.

Fourastié, Jean. *Les Trente Glorieuses ou la Révolution invisible de 1946 à 1975.* Paris: Fayard, 1979.

Foxlee, Neil. »Gabriel Audisio's Mid-1930s Writings on the Mediterranean«. In: *Albert Camus's ›The New Mediterranean Culture‹. A Text and its Contexts,* 111–138. Bern: Peter Lang, 2010.

Frantz, Constantin. *Louis Napoleon.* Von dem Verfasser »Unserer Politik«. 2. Aufl. Berlin: Schneider, 1852.

Frantz, Constantin. *Masse oder Volk: Louis Napoleon,* herausgegeben und mit einer Einleitung versehen von Franz Kemper. Potsdam: Protte, 1933.

Fröbel, Julius. »Die Gründung des mexikanischen Kaisertums«. In: ders., *Kleine Politische Schriften.* Band 2, 121–182. Stuttgart: Cotta, 1866.

Gauger, Hans-Martin, Wulf Oesterreicher und Rudolf Windisch. *Einführung in die Romanische Sprachwissenschaft.* Darmstadt: Wissenschaftliche Buchgesellschaft, 1981.

Gaillard, Jean-Michel. *Jules Ferry.* Paris: Fayard, 1989.

Gandeffe, Arthur de. *L'Empire d'Occident reconstitué ou l'équilibre européen assuré par l'union des races latines.* Paris: Ledoyen, 1857.

Gaulle, Charles de. *De Gaulle au présent,* herausgegeben von Henri Guaino. Paris: le cherche midi, 2015.

Gaulle, Charles de. *Discours et Messages. Dans l'attente (février 1946 – avril 1958).* Paris: Plon, 1970.

Gaulle, Charles de. *Discours et Messages. Pendant la guerre (juin 1940 – janvier 1946).* Paris: Plon, 1946.

Gaulle, Charles de. *Lettres, Notes et Carnets (mai 1945 – juin 1951).* Paris: Plon, 1984.

Gaulle, Charles de. *Lettres, Notes et Carnets (juin 1958 – décembre 1960).* Paris: Plon, 1985.

Gaulle, Charles de. *Lettres, Notes et Carnets (janvier 1964 – juin 1966).* Paris: Plon, 1987.

Gaulle, Charles de. *Le Renouveau (1958–1962).* In: *Mémoires d'espoir,* 24–25. Paris: Plon, 1999.

Géniaux, Charles. *Le Choc des races.* Paris: Fayard, 1923.

Giladi, Amotz. »Guillaume Apollinaire et la ›latinisation‹ des avant-gardes parisiennes durant la Première Guerre mondiale«. In: *COnTEXTES* (2012). http://contextes.revues.org/5045.

Giladi, Amotz. »L'idéologie panlatine et les méandres des rapports franco-italiens: le cas de la *Revue des Nations Latines* (1916–1919)«. In: *La Revue des revues,* 49 (printemps 2013): 45–56.

Girard, Louis. *Napoléon III.* Paris: Fayard, 1986.

Girardin, Émile de. *L'Empereur Napoléon III et l'Europe*. Bruxelles: Librairie de l'Office de Publicité, 1859.

Gollwitzer, Heinz. »Zum politischen Germanismus des 19. Jahrhunderts«. In: *Festschrift für Hermann Heimpel*. Band 1, herausgegeben von den Mitarbeitern des Max-Planck-Instituts für Geschichte, 282–356. Göttingen: Vandenhoeck und Ruprecht, 1971.

Goncourt, Edmond und Jules de. *Journal. Mémoires de la vie littéraire*. Band 2: *1866–1886*. Paris: Robert Laffont, 1989.

Graml, Hermann. »Die Rapallo-Politik im Urteil der westdeutschen Forschung«. In: *Vierteljahrshefte für Zeitgeschichte* 18, 4 (1970): 566–591.

Grandeffe, Arthur de. *L'Empire d'Occident reconstitué ou l'Équilibre européen assuré par l'union des races latines*. Paris: Ledoyen, 1857.

Grenier, Jean. *Albert Camus (Souvenirs)*. Paris: Gallimard, 1968.

Grenier, Jean. *Les Îles* (1933). Préface d'Albert Camus. Nouvelle Édition. Paris: Gallimard, 1959.

Grisoni, Dominique-Antoine. »Kojève aujourd'hui«. In: *La Règle du Jeu*, 1 (1990): 84–88.

Gromier, Marc-Amédée. *Alliance latine et Zollverein méditerranéen*. Florenz: Joseph Pellas, 1885.

Guaino, Henri. *Camus au Panthéon. Discours imaginaire*. Paris: Plon, 2013.

H.N. Rezension von *L'Avenir de l'Europe en face des progrès modernes* von Amédée Bocher. In: *Revue du monde latin* 14 (janvier–avril 1888): 404–405.

Hanotaux, Gabriel. »La Renaissance latine«. In: *La Renaissance latine* 1, 5 (1902): 1–7.

Harpprecht, Klaus. *Im Kanzleramt. Tagebuch der Jahre mit Willy Brandt (Januar 1973 – Mai 1974)*. Hamburg: Rowohlt, 2000.

Herder, Johann Gottfried. *Werke*. Band 3, Teil 1: *Ideen zur Philosophie der Geschichte der Menschheit*, herausgegeben von Wolfgang Pross. München: Hanser, 2002.

Hermon, Elly. »A propos du plan Félix Gaillard de pacte méditerranéen«. In: *Revue d'histoire diplomatique* 109 (1995): 3–28.

Hesse, Hermann. »Die Brüder Karamasoff oder der Untergang Europas. Einfälle bei der Lektüre Dostojewskis«. In: *Neue Rundschau* 31 (1920): 376–388.

Hitler, Adolf. *Hitlers Politisches Testament. Die Bormann-Diktate vom Februar und April 1945*. Mit einem Essay von Hugh R. Trevor-Roper und einem Nachwort von André François-Poncet. Hamburg: Albrecht Knaus, 1981.

Hitler, Adolf. *Monologe im Führerhauptquartier 1941–1944. Die Aufzeichnungen Heinrich Heims*, herausgegeben von Werner Jochmann. Bindlach: Gondrom, 1988.

Howse, Robert. »Kojève's Latin Empire«. In: *Policy Review*, 126 (August & September 2004). http://www.hoover.org/research/kojeves-latin-empire.

Humboldt, Wilhelm von. »Latium und Hellas oder Betrachtungen über das classische Alterthum.« In: *Werke*. Band 2: *Schriften zur Altertumskunde und Ästhetik*, 3. Aufl., herausgegeben von Andreas Flitner und Klaus Giel, 25–64. Darmstadt: Wissenschaftliche Buchgesellschaft, 1979.

Huysmans, Joris-Karl. *Là-Bas* (1891). In: *Le Roman de Durtal.* Paris: Bartillat, 1999. Übersetzt von Victor Henning Pfannkuche als *Tief unten*, 1929. Nachdruck, Berlin: Zerling, 1985.

Janeiro, Helena Pinto. »Salazar et les trois France (1940–1944)«. In: *Vingtième Siècle. Revue d'histoire*, 62 (avril–juin 1999): 39–50.

Jünger, Ernst. »Der Friede«. In: *Sämtliche Werke.* Band 7: *Essays 1. Betrachtungen zur Zeit*, 226–227. Stuttgart: Klett, 1980.

Kojève, Alexandre. »Esquisse d'une doctrine de la politique française«. 27.08.1945. Hoover Foundation. Übersetzt von Helmut Kohlenberger und Walter Seitter als »Das Lateinische Reich«. In: *Tumult. Schriften zur Verkehrswissenschaft* 15 (1991): 92–122.

Kojève, Alexandre. »Kolonialismus in europäischer Sicht«. In: *Schmittiana. Beiträge zu Leben und Werk Carl Schmitts.* Band 6, herausgegeben von Piet Tommissen, 126–143. Berlin: Duncker & Humblot, 1998.

Lafargue, Paul. *Das Recht auf Faulheit.* Hamburg: Europäische Verlagsanstalt / Rotbuch Verlag, 2001. Im Original veröffentlicht als *Le Droit à la paresse.* Paris: H. Oriol, 1883.

Lafont, Robert (Hg.). *Le Sud et le Nord. Dialectique de la France.* Toulouse: Privat, 1971.

Lainé, Valérie. »L'appel de Rome pour la Méditerranée«. 21.12.2007. *RFI.* http://www.rfi.fr/actufr/articles/096/article_60599.asp.

Lappenküper, Ulrich. *Mitterrand und Deutschland. Die enträtselte Sphinx.* München: Oldenbourg, 2011.

Le Naour, Jean-Yves. »La culpabilité d'une ville en guerre. Marseille, 1914–1918«. In: *Villes en guerre (1914–1945)*, herausgegeben von Philippe Chassaigne und Jean-Marc Largeaud, 208–216. Paris: Armand Colin, 2004.

Le Naour, Jean-Yves. »La faute aux ‹Midis›: La légende de la lâcheté des méridionaux au feu«. In: *Annales du Midi* 112, 232 (2000): 499–516.

Leblond, Marius-Ary. »Les Latins d'Afrique«. In: *La Renaissance latine* 1, 5 (1902): 110–122.

Lepenies, Wolf. *Die drei Kulturen. Soziologie zwischen Literatur und Wissenschaft.* München: Hanser, 1985.

Lepenies, Wolf. »Gottfried Benn oder die Form als moralische Veranstaltung«. In: *Die unerhörten Künste. Repräsentanten deutscher Kunst aus neun Dekaden 1900 bis 1990*, herausgegeben von Peter Wapnewski, 79–92. Hamburg: Mobil Oil AG, 1989.

Liens, Georges. »Le stéréotype du méridional vu par les Français du Nord de 1815 à 1914«. In: *Provence Historique* 27, 110 (1977): 413–431.

Malraux, André. »Défense de l'Occident, par Henri Massis«: In: *La Nouvelle Revue Française* 14, 165 (1927): 813–818.

Mangin, Général. *Autour du continent latin avec le »Jules-Michelet«.* Paris: Pierre Roger et Cie, 1923.

Mann, Thomas. *Betrachtungen eines Unpolitischen.* In: *Gesammelte Werke in Einzel-*

bänden. Frankfurter Ausgabe, herausgegeben von Peter de Mendelssohn. Frankfurt am Main: S. Fischer, 1983.

Mann, Thomas. »Goethe und Tolstoi«. In: *Schriften und Reden zur Literatur, Kunst und Philosophie*. Band 1, herausgegeben von Hans Bürgin, 132–218. Frankfurt am Main: Fischer Bücherei, 1968.

Mann, Thomas. »L'ésprit de l'Allemagne et son avenir entre la mystique slave et la latinité occidentale«. In: *L'Europe Nouvelle* 8, 369 (1925): 333–337.

Mann, Thomas. *Miszellen,* herausgegeben von Hans Bürgin. Frankfurt am Main: Fischer Bücherei, 1968.

Mann, Thomas. *Autobiographisches,* herausgegeben von Hans Bürgin. Frankfurt am Main: Fischer Bücherei, 1968.

Mann, Thomas. »Das Problem der deutsch-französischen Beziehungen«. In: *Politische Schriften und Reden*. Band 2, herausgegeben von Hans Bürgin, 77–93. Frankfurt am Main: Fischer Bücherei, 1968.

Mann, Thomas. *Tagebücher: 1918–1921*, herausgegeben von Peter de Mendelssohn. Frankfurt am Main: Fischer, 1979.

Marchat, Henry. »Pactes méditerranéens d'hier et de demain«. In: *Revue politique et parlementaire*, 693–694 (août / septembre 1959): 119–129.

Marcilloux, Patrice. »L'anti-Nord ou le péril méridional«. In: *Revue du Nord* 87, 360–361 (2005): 647–672.

Marjolin, Robert. *Le travail d'une vie. Mémoires 1911–1986*. Préface de Raymond Barre. Paris: Robert Laffont, 1986.

Martinière, Guy. »La ›latinité‹ de l'Amérique«. In: *Le Monde diplomatique*, Juli 1982.

Massis, Henri. *Allemagne d'hier et d'après-demain*, Paris: Éditions du Conquistador, 1949.

Massis, Henri. *Chefs.* Paris: Plon, 1939.

Massis, Henri. *Défense de l'Occident.* Paris: Plon, 1927. Übersetzt von Georg Moenius als *Verteidigung des Abendlandes*. Mit einer Einführung von Georg Moenius. Hellerau: Jakob Hegner, 1930.

Massis, Henri. *Entretien avec Mussolini (septembre 1933).* Paris: Les Amis d'Édouard, 1937.

Massis, Henri. *L'Occident et son destin.* Paris: Grasset, 1956.

Mataix, David. *L'Europe des révolutions nationales 1940–1942. L'impossible Union latine.* Paris: L'Harmattan, 2006.

Mauclair, Camille. *Paul Adam 1862–1920.* Paris: Flammarion, 1921.

Mauriac, François. *Mémoires politiques.* Paris: Grasset, 1967.

Maurras, Charles. *L'Etang de Berre.* Paris: Librairie Édouard Champion, 1920.

Maurras, Charles. »Les Forces latines«. Vorwort zu *La Fin de l'Empire espagnol d'Amérique* von Maurice André (1922). Édition électronique realisée par Maurras.net et l'Association des Amis de la Maison du Chemin de Paradis, 2011. http://maurras.net/textes/196.html.

Maurras, Charles. *Lettres des Jeux Olympiques.* Présentation par Axel Tisserand. Paris: Éditions Flammarion, 2004.

Maurras, Charles. »Pour et contre l'union sacrée« (14. September 1914). In: Maurras, *Le Pape, la Guerre et la Paix* (1917). Édition éléctronique réalisée par Maurras.net et l'Association des Amis de la Maison du Chemin de Paradis, 2013. http://maurras.net/textes/240-4.html.

Maurras, Charles. *Quand les Français ne s'aimaient pas. Chronique d'une renaissance.* Paris: Nouvelle Librairie Nationale, 1916.

Maurras, Charles. *Vers l'Espagne de Franco.* Paris: Éditions du Livre Moderne, 1943.

Messimy, Général. *Mes souvenirs.* Paris: Plon, 1937.

Michelet, Jules. *Introduction à l'histoire universelle.* Paris: Hachette, 1831.

Mignon, Maurice. »Paul Valéry au Centre Universitaire Méditerranéen«. In: »Paul Valéry vivant«, n° spécial, *Les Cahiers du Sud* 1946: 144–151.

Minc, Alain. »Cap au Sud«. In: *La Règle du Jeu* 1 (1990): 131–135.

Minc, Alain. *La Vengeance des nations.* Paris: Grasset, 1992.

Mistre, Maurice. *La Légende noire du 15e corps d'armée. L'Honneur volé des Provençaux par le feu et l'insulte.* La Bonnechère: C'est-à-dire Éditions, 2009.

Mitterrand, François. *L'Abeille et l'Architecte: Chronique.* Paris: Flammarion, 1978.

Mitterrand, François. *La Paille et le Grain. Chronique.* Paris: Flammarion, 1975.

Moenius, Georg. »Le Germanisme contre la Romanité«. In: Massis, *Allemagne d'hier et d'après-demain* von Henri Massis, 97–146. Paris: Éditions du Conquistador, 1949.

Monnet, Jean. *Mémoires.* Paris: Fayard, 1976.

Montesquieu. *De l'Esprit des lois.* In: *Œuvres complètes*, Band 2, herausgegeben von Roger Caillois. Bibliothèque de la Pléiade. Paris: Gallimard, 1951: 225–1117.

Mourlane, Stéphane. »Le voyage officiel en Italie du général de Gaulle (23–27 juin 1959). De l'usage du rite et du mythe en politique étrangère«. In: *Cahiers de la Méditerranée* 77 (2008): 95–110. http://cdlm.revues.org/4368.

Müller, Stefanie. *Ernst Robert Curtius als journalistischer Autor (1918–1932). Auffassungen über Deutschland und Frankreich im Spiegel seiner publizistischen Tätigkeit.* Bern: Peter Lang, 2008.

Musso, Pierre. »Préface«. In: *Le Saint-Simonisme, l'Europe et la Méditerranée* von Claude-Henri de Saint-Simon, Augustin Thierry und Michel Chevalier, 73–83. Houilles: Éditions Manucius, 2008.

Nietzsche, Friedrich. *Jenseits von Gut und Böse.* In: *Sämtliche Werke. Kritische Studienausgabe.* Band 5, herausgegeben von Giorgio Colli und Mazzino Montinari. München / Berlin: Deutscher Taschenbuch Verlag / Walter de Gruyter, 1980.

Nolhac, Pierre de. *Le Testament d'un latin.* Paris: Plon, 1929.

O'Rell, Max. »Marc Twain and Paul Bourget«. In: *The North American Review* 160, 460 (1895): 302–310.

Ohana, David. »Israel Towards a Mediterranean Identity«. In: *Integration and Identity. Challenges to Europe and Israel*, herausgegeben von Shlomo Avineri und Werner Weidenfeld, 81–99. Bonn: Europa Union Verlag, 1999.

Oncken, Hermann. *Die Rheinpolitik Kaiser Napoleons III. von 1863 bis 1870 und der Ursprung des Krieges von 1870/71.* 3 Bde. Stuttgart: Deutsche Verlagsanstalt, 1926.

Ottmann, Henning. »Kojève und Carl Schmitt. Neue Nachrichten vom Ende der Geschichte und vom Ende der Staatenpolitik«. In: *Hegel-Jahrbuch* 2002, 1 (Dezember 2002): 176–182.

Otto, Rudolf. *Das Heilige: Über das Irrationale in der Idee des Göttlichen und sein Verhältnis zum Rationalen.* Breslau: Trewendt & Granier 1917. Nachdruck München (Beck) 2004.

Paire, Alain. *Chronique des Cahiers du Sud 1914–1966.* Paris: IMEC, 1993.

Panick, Käthe. *La race latine. Politischer Romanismus im Frankreich des 19. Jahrhunderts.* Bonn: Röhrscheid, 1978.

Piketty, Thomas. »Il faut engager un bras de fer avec l'Allemagne«. *Marianne,* 947 12.–18.06.2015.

Piketty, Thomas. »Interview: Thomas Piketty Responds to Criticisms from the Left.«, Interview mit Antoine Dolcerocca und Gokhan Terzioglu. Januar 2015. In: *Potemkin Review* 1, 1 (Winter 2015). http://www.potemkinreview.com/pikettyinterview.html.

Porch, Douglas. *Hitler's Mediterranean Gamble: The North African and the Mediterranean Campaigns in World War II.* London: Weidenfeld & Nicolson, 2004.

Poupault, Christophe. »Les voyages d'hommes de lettres en Italie fasciste. Espoir du rapprochement franco-italien et culture de la latinité«. In: *Vingtième Siècle. Revue d'histoire*, 104 (octobre–décembre 2009): 67–79.

Preston, Paul. »Franco and Hitler: The myth of Hendaye 1940«. In: *Contemporary European History* 1, 1 (1992): 1–16.

Raz-Krakotzkin, Amnon. »Jewish Peoplehood, ›Jewish Politics‹, and Political Responsibility: Arendt on Zionism and Partitions«. In: *College Literature* 38, 1 (Winter 2011): 57–74.

Renan, Ernest. *La Réforme intellectuelle et morale de la France.* Paris: Michel Lévy Frères, 1871.

Revue du monde latin 2 (janvier–avril 1884), 7 (septembre–decembre 1885), 10 (septembre–decembre 1886), 14 (janvier–avril 1888).

Rey, Pierre-Louis. »Pensée de midi«. In: *Dictionnaire Albert Camus*, herausgegeben von Jeanyves Guérin, 657–659. Paris: Robert Laffont, 2009.

Rimbaud, Isabelle. »Dans les remous de la bataille (Journal de guerre)«. Teil 2: 29. August – 3. September 1914. In: *Mercure de France*, 435 (1er août 1916): 459–490. Blog *Poétesses d'expression française (du Moyen-Age au XXème siècle).* www.poetesses.fr/articles/rimbaud-isabelle-dans-les-remous-de-la-bataille-1916.

Rimbaud, Isabelle. *Reliques.* Paris: Mercure de France, 1921. https://archive.org/details/reliquesoorimbuoft.

Rosen, Stanley. »Kojève's Paris: A Memoir«. In: *Hommage à Alexandre Kojève. Actes de la »Journée A. Kojève« du 28 janvier 2003*, herausgegeben von Florence de Lussy, 68–85. Paris: Éditions de la Bibliothèque Nationale de France, 2007.

Saint-Simon, Claude-Henri de, Augustin Thierry und Michel Chevalier. *Le Saint-Simonisme, l'Europe et la Méditerranée.* Introduction par Pierre Musso. Houilles: Éditions Manucius, 2008.

Sand, George. *Journal d'un voyageur pendant la guerre*. Paris: Librairie Nouvelle, 1871.

Sarkozy, Nicolas. »Discours de M. Nicolas Sarkozy, Président de la République – Tanger le 23 octobre 2007«. In: *La France en Jordanie. Ambassade de France à Amman*. http://www.ambafrance-jo.org/Discours-de-M-Nicolas-Sarkozy.

Sarkozy, Nicolas. »Discours à Toulon, 07.02.2007«. Blog von Jean Veronis, Université de Provence. *blog.veronis.fr.* http://sites.univ-provence.fr/veronis/Discours2007/transcript.php?n=Sarkozy&p=2007-02-07.

Sarkozy, Nicolas. *Ensemble*. Paris: XO Éditions, 2007.

Séguéla, Matthieu. *Pétain-Franco. Les Secrets d'une alliance*. Paris: Albin Michel, 1992.

Séguin, Philippe. »Le Mondialiste«. In: ders., *Louis Napoléon le Grand*, 229–283. Paris: Grasset, 1990.

Seillière, Ernest. *Les Pangermanistes d'après-guerre*. Paris: Félix Alcan, 1924.

Senghor, Léopold Sédar. »Eloge de la Latinité«. In: *Liberté*. Band 1: *Négritude et Humanisme*, 354–357. Paris: Éditions du Seuil, 1964.

Senghor, Léopold Sédar. *Liberté*. Band 3: *Négritude et Civilisation de l'universel*. Paris: Éditions du Seuil, 1977.

Sirinelli, Jean-François. *Intellectuels et Passions françaises. Manifestes et pétitions au XXe siècle*. Paris: Fayard, 1990.

Smith, William. »La politique extérieure de Napoléon III: une politique des nationalités?« In: *Pourquoi réhabiliter le Second Empire? Actes du colloque organisé par le Souvenir napoléonien, Palais des Congrès de Paris, 21 octobre 1995*, présidé par Jean Tulard, 135–142. Paris: Bernard Giovanangeli Éditeur, 1998.

Soustelle, Jacques. »Latinité et Hispanité«. In: *La Sentinelle*, 26. August 1946.

Spengler, Oswald. *Preußentum und Sozialismus*. München: C.H. Beck, 1925.

Spies, Camille. *Nietzsche et Nice*. Nice: Éditions Athanor, 1942.

Stella, Costanzo. »Manifestations latines«. In: *Revue du monde latin* 10 (septembre-décembre 1886): 168–174.

Strauss, Leo. *On Tyranny*. Corrected and expanded edition. Including the Strauss – Kojève Correspondence, herausgegeben von Victor Gourevitch und Michael S. Roth. Chicago: University of Chicago Press, 2013.

Streckert, Jens. *Die Hauptstadt Lateinamerikas. Eine Geschichte der Lateinamerikaner im Paris der Dritten Republik (1870–1940)*. Köln: Böhlau, 2013.

Taguieff, Pierre-André. »L'invention racialiste du Juif«. In: *Raisons politiques* 5 (2002): 29–51.

Tarde, Gabriel. »L'Impérialisme«. In: *La Renaissance latine* 1, 5 (1902): 321–340.

Temime, Émile. *Un rêve méditerranéen. Des saint-simoniens aux intellectuels des années trente (1832–1962)*. Marseille: Actes Sud, 2002.

Tesson, Philippe. »Le Rêve Méditerranéen de Mitterrand«. In: *Le Quotidien de Paris*, 26. Mai 1975, S. 1, 3.

Thibaudet, Albert. »La critique du Midi«. In: *La Nouvelle Revue Française*, 105 (juin 1922): 724–735.

Thibaudet, Albert. *Mistral ou la République du Soleil*. Paris: Hachette, 1930.

Thiemeyer, Guido. »Napoleon III., Otto von Bismarck und die Lateinische Münzunion 1865–1867«. In: *Bankhistorisches Archiv* 28, 1 (2002): 1–20.

Tielke, Martin (Hg.). *Schmitt und Sombart. Der Briefwechsel von Carl Schmitt mit Nicolaus, Corina und Werner Sombart.* Berlin: Duncker & Humblot, 2015.

Tilley, Virginia. *The One-State Solution: A Breakthrough for Peace in the Israeli-Palestinian Deadlock.* Ann Arbor: The University of Michigan Press, 2005.

Tisserand, Axel. »Introduction à la troisième lettre«. In: *Lettres des Jeux Olympiques* de Charles Maurras, 44. Paris: Éditions Flammarion, 2004.

Toda, Michel. *Henri Massis. Un témoin de la droite intellectuelle.* Paris: La Table Ronde, 1997.

Tommissen, Piet. »Zweimal Kojève«. In: *Schmittiana. Beiträge zu Leben und Werk Carl Schmitts.* Band 6, herausgegeben von Piet Tommissen, 9–143. Berlin: Duncker & Humblot, 1998.

Treitschke, Heinrich von. »Das Zweite Kaiserreich«. In: ders., *Historische und politische Aufsätze.* Band 3: *Freiheit und Königthum.* Siebente Auflage, 289–425. Leipzig: Hirzel, 1915.

Tronquart, Georges. »Barrès juge de Jaurès«. In: *Bulletin de l'Association Guillaume Budé*, 1 (mars 1963): 99–113.

Twain, Mark. *How to Tell a Story and Other Essays.* New York: Harper, 1897.

Ullrich, Volker. *Bismarck.* Reinbek: Rowohlt, 1998.

Un Italien. »La politique latine en Europe«. In: *Revue du monde latin* 1 (septembre–décembre 1883): 292–301.

Vaïsse, Maurice. *La Grandeur. Politique étrangère du général de Gaulle 1958–1969.* Paris: Fayard, 1998.

Valbousquet, Nina. Rezension von »Le Miroir des désillusions. Les Juifs de France et l'Italie fasciste (1922–1939)« von Jérèmy Guedj. 31.07.2012. In: *Histoire@Politique: Politique, culture, sociéte.* www.histoire-politique.fr.

Valéry, François. »L'entre-trois-guerres de Paul Valéry«. In: *Paul Valéry et le Politique*, herausgegeben von Monique Allain-Castrillo, Philippe-Jean Quillien, François Valéry und Serge Bourjea, 13–49. Paris: L'Harmattan, 1994.

Valéry, François. »Paul Valéry et la politique«. In: Valery, *Les Principes d'an-archie pure et appliquée* von Paul Valéry, 185–211. Paris: Gallimard, 1984.

Valéry, Paul. *Œuvres.* Band 1, herausgegeben von Jean Hytier. Bibliothèque de la Pléiade. Paris: Gallimard, 1957.

Valéry, Paul. *Œuvres.* Band 2, herausgegeben von Jean Hytier. Bibliothèque de la Pléiade. Paris: Gallimard, 1960 und 1977.

Varenne, Charles de la. *La Fédération latine par les unités française, italienne et ibérique.* Paris: E. Dentu, 1862.

Vries, Erik Willem de. *A Kojèvean Citizenship Model for the European Union.* Ph. D. Diss., Carleton University, Ottawa, Ontario, Kanada, 2002. https://curve.carleton.ca/system/files/etd/818dd9ce-f095-4e1b-ba2c-f7b7bdce3efa/etd_pdf/5-c50b9feb1505f9897795e4e2f8ea3a6/devries-akojeveancitizenshipmodelfortheeuropeanunion.pdf.

Wachter. »L'Œuvre de M. de Bismarck. L'Allemagne dans la Méditerranée«. In: *Revue du monde latin* 7 (septembre–décembre 1885): 126–130.

Wandruszka von Wanstetten, Mario Wilhelm. *Nord und Süd im französischen Geistesleben.* Jena: Gronau, 1939.

Weinrich, Harald. »Ernst Robert Curtius: Das Deutschlandbild eines großen Romanisten«. In: *Ernst Robert Curtius. Werk, Wirkung, Zukunftsperspektiven. Heidelberger Symposion zum hundertsten Geburtstag 1986*, herausgegeben von Walter Berschin und Arnold Rothe, 135–151. Heidelberg: Carl Winter Universitätsverlag, 1989.

Willis, Henry Parker. *A History of the Latin Monetary Union. A Study of International Monetary Action.* Chicago: University of Chicago Press, 1901.

Wormser, Olivier. »Mon ami Alexandre Kojève«. In: *Commentaire* 9 (printemps 1980): 120–121.

Namenregister